W0191087

CHRONIK DER PÄPSTE

P. G. MAXWELL-STUART

CHRONIK DER PÄPSTE

VOM HL. PETRUS BIS BENEDIKT XVI.

MIT 317 ABBILDUNGEN
DAVON 112 FARBBILDER

KOEHLER & AMELANG

Danksagung des Autors
Ich möchte allen danken, die bei der Vorbereitung und der Entstehung dieses Buches mitgewirkt haben.

(S. 1) Die Schlüssel des heiligen Petrus; Prägeform für die Ziegel, mit denen 1750 die Heilige Pforte des Petersdoms zugemauert wurde.

(S. 2) Christus übergibt Petrus die Schlüssel zum Himmelreich. Dieses früheste noch erhaltene Bild Peruginos, entstanden um 1482, ist das fünfte Fresko an der Nordwand der Sixtinischen Kapelle. Es ist eines der wenigen noch existierenden Bilder, mit denen dieser Raum ursprünglich ausgeschmückt war. Viele wurden zerstört, um Platz für Michelangelos *Jüngstes Gericht* zu schaffen.

Bibliografische Information Der Deutschen Bibliothek
Die Deutsche Bibliothek verzeichnet diese Publikation in der Deutschen Nationalbibliografie; detaillierte bibliografische Daten sind im Internet über http://dnb.ddb.de abrufbar.

ISBN-13: 978-3-7338-0342-1
ISBN-10: 3-7338-0342-6

Veröffentlicht in Koproduktion mit Thames & Hudson Ltd., 181A High Holborn, London WC1V 7QX. Titel der Originalausgabe: Chronicle of the Popes. The Reign-by-Reign Record of the Papacy from St Peter to the Present

© 1997, 2006 by Thames & Hudson Ltd, London. Aktualisiert und erweitert 2006.
© der deutschen Ausgabe 2006 by Koehler & Amelang Verlag GmbH, Leipzig
www.koehler-amelang.de
www.seemann-henschel.de

Übersetzung: Dr. Werner Kügler, Prien
Satz und Herstellung: VerlagsService Dr. Helmut Neuberger & Karl Schaumann GmbH, Heimstetten
Umschlaggestaltung: Günter Hennersdorf, Berlin

Druck und buchbinderische Verarbeitung: MKT Print d.d., Slowenien

Gedruckt auf alterungsbeständigem Papier mit chlorfrei gebleichtem Zellstoff.

Die Schreibweise folgt den Regeln der neuen Rechtschreibung.

INHALT

Hl. Petrus

Innozenz III.

Clemens IX.

Pius VII.

Vom Ruhm zur Ohnmacht
1492–1769 n. Chr.   **154**

*Die Renaissancepäpste: Mäzene, Bauherren, Heerführer; die Heraus-
forderung der Reformation; die Gegenreformation; der Rückgang des
politischen Einflusses in einem von Unruhen geschüttelten Europa*

Versuch, den Kreis zu schließen
1769–2006 n. Chr.   **208**

*Wie die Päpste Napoleon, zwei Weltkriege und den Kommunismus
überlebten; Johannes XXIII. und das 2. Vatikanische Konzil; der
polnische Papst und Benedikt XVI.*

Anhang   **241**

VORWORT:
DIE VIELEN GESICHTER
DES PAPSTTUMS

Jede große Institution prägt sich in die kollektive Erinnerung durch einen Skandal ein. So hat fast jeder von der Päpstin Johanna gehört, auch wenn diese niemals existiert hat. Spricht jemand von Avignon, so erinnert man sich an die Zeit, in der es mehrere Päpste zugleich gab, von denen sich jeder als der wahre betrachtete. Hört man den Namen »Borgia«, so denkt man an Gift. Formosus (891–896) gilt als Muster der Eitelkeit, weil er sich nach seiner Wahl zum Papst diesen Namen (»der Schöne«) gab. Wer aber weiß, dass er hochintelligent und ein außergewöhnlicher Verkünder des Evangeliums war? Von Leo X. (1513–1521) heißt es, er habe nach seiner Wahl gesagt: »Gott hat Uns die Papstwürde verliehen, so lasst sie Uns genießen.« Trotzdem wurde seine Wahl vom Volk begrüßt, da er ein sehr freigebiger und gütiger Mensch war. Darüber hinaus war er einer der größten Mäzene der Renaissance. Urban VIII. (1623–1644) veranstaltete im Lateranpalast ein regelrechtes magisches Ritual, an dem einer der berühmtesten Magier seiner Zeit mitwirkte. An prickelnden Geschichten mangelt es also keineswegs.

Das Papsttum lässt sich aber treffender anhand seiner Geschichte beschreiben. Als im 5. Jahrhundert das Weströmische Reich zusammenbrach, blieb Rom für das christliche Europa ein Brennpunkt und Roms Bischof, der Papst, seine zentrale Persönlichkeit. Die Päpste übten in steigendem Maß geistliche wie weltliche Macht aus. In Italien unterstanden ihnen Ländereien, über die sie als italienische Fürsten bis Mitte des 19. Jahrhunderts regierten. Sie riefen zu den Kreuzzügen auf, wodurch das christliche Abendland immer öfter mit dem muslimischen Nahen Osten – teils feindselig, teils kulturell – in Berührung kam, was vor allem für den Westen von Nutzen war. Die Päpste förderten die Wissenschaften, verfolgten aber radikale Abweichungen von der offiziellen Lehre. Sie waren große Bauherren und ermutigten über Jahrhunderte hinweg Künstler, ihre Fertigkeiten in den Dienst der Kirche zu stellen. Man braucht nur an die berühmten Maler, Bildhauer und Architekten der Renaissance zu denken …

Auch Frauen haben in der Geschichte der Päpste eine Rolle gespielt. Da ist die altbekannte Päpstin Johanna und die Frage, warum ein ehrbarer Mönch sich die Mühe gemacht haben sollte, sie zu erfinden; die heilige Katharina von Siena, die sowohl Gregor XI. als auch Urban VI. beriet und beeinflusste; die für ihre strahlende Schönheit berühmte Giulia Farnese, eine der Mätressen Alexanders VI.; in jüngerer Vergangenheit Schwester Pasqualina, eine der Nonnen im Haushalt von Pius XII., die sich im Verlauf seines Pontifikats steigenden Einflusses erfreute. Johannes Paul II. wiederum ließ gleich bei seinem Amtsantritt die Initiale der Jungfrau Maria in das päpstliche Wappen einfügen, um so seiner Verehrung für die Gottesmutter sichtbaren Ausdruck zu verleihen.

»Papst« Johanna erweist sich durch ihre Niederkunft überraschend als Frau. Abbildung aus einer Handschrift des 15. Jahrhunderts (Paris, Bibliothèque de l'Arsenal). Die Geschichte dieser legendären Päpstin tauchte erstmals in der *Metzer Weltchronik* auf (um 1240–1250) und existierte in verschiedenen Versionen, ehe sie sich im 17. Jahrhundert als reine Erfindung herausstellte.

Es ist wohl kein Zufall, dass Leo X., der seine Verwandten schamlos begünstigte, auf dem 1518 von Raffael gemalten Porträt (Florenz, Uffizien) mit zweien seiner Vettern abgebildet ist: Giulio de' Medici (links), dem späteren Papst Clemens VII., und Kardinal Luigi de' Rossi (rechts). Raffael scheint auch auf subtilere Art Kritik zu üben – die Zurschaustellung von Spitzen und pelzverbrämtem Damast, der für den Körper etwas zu große Kopf, die schlaffen Wangen und das Doppelkinn. Der Künstler stellt Leo X. nicht als frommen Kirchenmann, sondern als weltlichen Fürsten dar und trifft damit genau das Wesen seines Auftraggebers.

Interessant sind auch die Statistiken über die Päpste. Es gab bisher 266 Päpste und 39 Gegenpäpste (also Konkurrenten, die ebenfalls gewählt wurden, deren Wahl jedoch aus verschiedenen Gründen nicht anerkannt wurde). 78 wurden heilig gesprochen, davon eigenartigerweise auch zwei Gegenpäpste; acht wurden selig gesprochen. Es hat 77 römische Päpste gegeben, 100 italienische, 14 französische, elf griechische, sieben deutsche, sechs syrische, drei sizilianische, zwei sardische, zwei spanische, zwei afrikanische, einen englischen, einen holländischen, einen portugiesischen und einen polnischen. 15 waren Mönche, vier Bettelmönche, zwei Laien und einer Eremit. Vier dankten ab, fünf wurden eingekerkert, vier umgebracht, einer vor aller Augen ermordet, einer abgesetzt und einer öffentlich ausgepeitscht. Einer erlag den Verwundungen, die er in der Schlacht erlitten hatte, ein anderer starb, nachdem ein Baldachin auf ihn herabgestürzt war. Schon die Art und Weise, wie sie begannen und endeten, ist ein spannendes Kapitel.

Schließlich sind die Päpste ein wichtiges Element im Gefüge der Geschichte. In den letzten 2000 Jahren gab es wohl kaum einen Ort der Welt, der nicht irgendwann ihren Einfluss zu spüren bekam und sich durch sie veränderte, kurzzeitig oder für immer – durch ihre öffentlichen Erklärungen, ihre Dekrete oder ihr persönliches Auftreten. Sie nehmen außergewöhnliche Titel für sich in Anspruch – »Oberster Pontifex«, »Statthalter Christi«, »Diener der Diener Gottes« –, die sie im Verlauf ihrer Geschichte unterschiedlich betonten. Richtet man am Ende des zweiten Jahrtausends den Blick zurück, scheint sich der Kreis in der Entwicklung des Papsttums zu schließen. Es begann als geistliches Amt, entwickelte sich stufenweise und manchmal gezielt zu einer bedeutenden weltlichen Macht und erreichte die Extreme weltlicher Gelehrsamkeit und Korruption. Dann begann es, seine politische Rolle wieder zu reduzieren, seine materialistischen Ansprüche abzulegen und zu seiner geistlichen Führungsaufgabe zurückzukehren.

Einer Fälschung aus dem 16. Jahrhundert zufolge, der »Weissagung des heiligen Malachias«, sollen auf Coelestin II. 110 Päpste folgen. Damit wäre Benedikt XVI. der letzte Papst. Ungeachtet dieser unfundierten Prophezeiung wird auch zu Beginn des nächsten Jahrhunderts wieder jemand auf dem Thron des heiligen Petrus sitzen. Keine andere Institution dieser Welt kann sich einer solchen Geschichte rühmen. Deshalb verdienen die Päpste, mögen wir nun für oder gegen sie sein, unsere besondere Aufmerksamkeit.

WAS BEDEUTET »PAPST«?

Der Ausdruck kommt von »papa«, im Griechischen eine liebevolle Bezeichnung für den Vater, die im Spätlateinischen zu einem Ehrentitel wurde. Sowohl die griechischsprachigen Christen des Ostens als auch die Latein sprechenden Christen des Westens gebrauchten sie für Priester, Bischöfe und Patriarchen (»Familienoberhäupter«). Denselben Ursprung hat das Wort »Pope«, das in der orthodoxen Kirche Griechenlands, Russlands und Serbiens einen Pfarrer bezeichnet. Im Lateinischen war »papa« Anfang des 3. Jahrhunderts eine ehrfurchtsvolle Bezeichnung für hochrangige Kirchenmänner; im 5. Jahrhundert wurde sie insbesondere für den Bischof von Rom gebraucht, im Westen nach dem 8. Jahrhundert ausschließlich für diesen. In der Reformation wandten sich die Protestanten gegen diese Exklusivität. Sie bezeichneten den Pontifex mit seinem alten (und immer noch gültigen) Titel »Bischof von Rom«. Oft reichte schon die Nennung des Wortes »Papst«, um bei ihnen Entrüstung auszulösen. In einem englischen Wörterbuch von 1589 steht: »Papst, oberster Bischof der böswilligen Kirche, unmittelbarer Stellvertreter Satans auf Erden.«

EUROPA um 1530
■ Kirchenstaat um 1530
— Heiliges Römisches Reich

SCHOT...
IRLAND
Dublin ●
Edin...
WALES
Lo...
0 — 500 km
0 — 300 Meilen
ATLANTIK
● Na...
PORTUGAL
● Lissabon
SPANIEN
● Madrid
KASTILIEN
ANDORRA
ARAGO...
Toulo...
MAROKKO
Al...
GEBIETE [...
ZAYYANID...

KANONISIERTE PÄPSTE

Name	Festtag
Petrus (starb 64/68)	29. Juni
Linus (66?–78?)	23. Sept.
Anaklet (78?–88?)	26. April/ 13. Juli
Clemens I. (88?–97?)	23. Nov.
Evaristus (97?–105?)	26. Okt.
Alexander I. (105?–115?)	3. Mai
Sixtus I. (115?–125?)	3. April
Telesphorus (125?–136?)	5. Jan.
Hyginus (136?–140?)	11. Jan.
Pius I. (140?–155?)	11. Jul.
Anicetus (155?–166?)	17. April
Soter (166?–175?)	22. April
Eleutherius (175?–189)	26. März
Viktor I. (189–199)	28. Juli
Zephyrinus (199–217)	26. Aug.
Calixtus I. (217–222)	14. Okt.
Urban I. (222–230)	25. Mai
Pontian (230–235)	13. Aug.
Anterus (235–236)	3. Jan.
Fabian (236–250)	20. Jan.
Cornelius (251–253)	16. Sept.
Lucius I. (253–254)	4. März
Stephan I. (254–257)	2. Aug.
Sixtus II. (257–258)	7. Aug.
Dionysius (259–268)	26. Dez.
Felix I. (269–274)	30. Mai
Eutychianus (275–283)	7. Dez.

Gaius (283–296)	22. April
Marcellinus (296–304)	2. Juni
Marcellus I. (308–309)	16. Jan.
Eusebius (309–310)	17. Aug.
Miltiades (311–314)	10. Dez.
Silvester I. (314–335)	31. Dez.
Markus (336)	7. Okt.
Julius I. (337–352)	12. April
Damasus I. (366–384)	11. Dez.
Siricius (384–399)	26. Nov.
Anastasius I. (399–401)	19. Dez.
Innozenz I. (401–417)	28. Juli
Zosimus (417–418)	26. Dez.
Bonifaz I. (418–422)	4. Sept.
Coelestin I. (422–432)	6. April
Sixtus III. (432–440)	28. März
Leo I. (440–461)	10. Nov.
Hilarius (461–468)	28. Feb.
Simplicius (468–483)	10. März
Felix III./II. (483–492)	1. März
Gelasius I. (492–496)	21. Nov.
Symmachus (498–514)	19. Juli
Hormisdas (514–523)	6. Aug.
Johannes I. (523–526)	18. Mai
Felix IV./III. (526–530)	22. Sept.
Agapitus I. (535–536)	22. April
Silverius (536–537)	20. Juni
Gregor I. (590–604)	3. Sept.
Bonifaz IV. (608–615)	25. Mai
Adeodatus I. (615–618)	8. Nov.
Martin I. (649–653)	13. April

Eugen I. (654–657)	2. Juni
Vitalian (657–672)	27. Jan.
Agatho (678–681)	10. Jan.
Leo II. (682–683)	3. Juli
Benedikt II. (684–685)	7. Mai
Sergius I. (687–701)	8. Sept.
Gregor II. (715–731)	11. Feb.
Gregor III. (731–741)	28. Nov.
Zacharias (741–752)	15. März
Paul I. (757–767)	28. Juni
Leo III. (795–816)	12. Juni
Paschalis I. (817–824)	abgeschafft

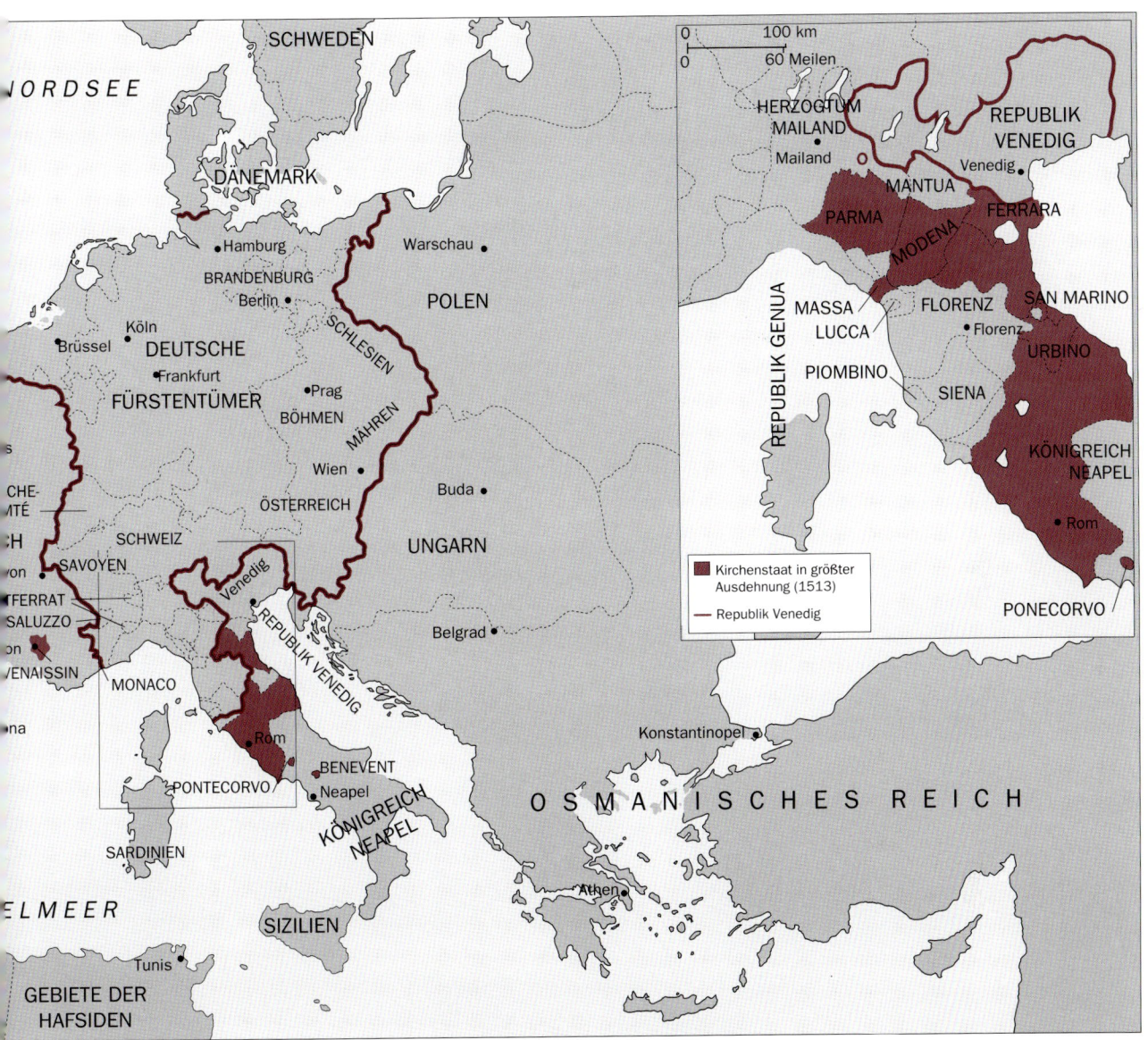

Karte von Europa um 1530. Die kleinere Karte zeigt den Kirchenstaat zur Zeit seiner größten Ausdehnung (1513).

Leo IV. (847–855)	17. Juli
Nicolaus I. (858–867)	13. Nov.
Hadrian III. (884–885)	8. Juli
Leo IX. (1049–1054)	19. April
Gregor VII. (1073–1085)	25. Mai
Coelestin V. (1294)	19. Mai
Pius V. (1566–1572)	30. April
Pius X. (1903–1914)	21. Aug.

GEGENPÄPSTE

| Hippolyt (217–235) | 13. Aug. |
| Felix II. (355–365) | 29. Juli |

SELIG GESPROCHENE PÄPSTE

Name	Festtag
Viktor III. (1086–1087)	16. Sept.
Urban II. (1088–1099)	29. Juli
Eugen III. (1145–1153)	8. Juli
Gregor X. (1271–1276)	9. Jan.
Innozenz V. (1276)	22. Juni
Benedikt XI. (1303–1304)	7. Juli
Urban V. (1362–1370)	19. Dez.
Innozenz XI. (1676–1689)	12. Aug.

Petrus
starb zwischen Ende
64 und Mitte 68

Linus
66(?)–78(?)
Anaklet
79(?)–91(?)
Clemens I.
91(?)–101(?)
Evaristus
100(?)–109(?)
Alexander I.
109(?)–116(?)
Sixtus I.
116(?)–125(?)
Telesphorus
125(?)–136(?)
Hyginus
138(?)–142(?)
Pius I.
142(?)–155(?)
Anicetus
155(?)–166(?)
Soter
166(?)–174(?)
Eleutherius
174(?)–189

Viktor I.
189(?)–198(?)
Zephyrinus
198/9–217
Calixtus I.
217–222
Urban I.
222–230

Pontian
230–235
Anterus
235–236
Fabian
236–250
Cornelius
251–253
Lucius I.
253–254
Stephan I.
254–257
Sixtus II.
257–258
Dionysius
260–268
Felix I.
269–274
Eutychianus
275–283
Gaius
283–296
Marcellinus
296–304
Marcellus I.
306(?)–308/9(?)
Eusebius
310(?)
Miltiades
311–314
Silvester I.
314–335
Markus
336
Julius I.
337–352
Liberius
352–366

Damasus I.
366–384

Siricius
384–399
Anastasius I.
399–401
Innozenz I.
401–417
Zosimus
417–418
Bonifaz I.
418–422
Coelestin I.
422–432
Sixtus III.
432–440

Leo I.
440–461

Hilarius
461–468
Simplicius
468–483
Felix III. (II.)
483–492
Gelasius I.
492–496
Anastasius II.
496–498
Symmachus
498–514

Hormisdas
514–523
Johannes I.
523–526
Felix IV. (III.)
526–530
Bonifaz II.
530–532
Johannes II.
533–535
Agapitus I.
535–536
Silverius
536–537

Vigilius
537–555

Pelagius I.
556–561
Johannes III.
561–574
Benedikt I.
575–579
Pelagius II.
579–590

Gregor I.
590–604

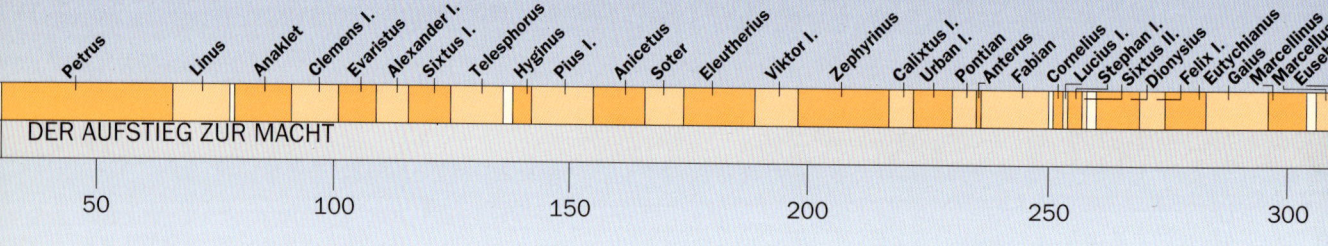

ungefähre Daten

ungewiss

DER AUFSTIEG ZUR MACHT

50   100   150   200   250   300

Hl. Petrus

Sixtus I.

Damasus I.

Gregor I.

DER AUFSTIEG ZUR MACHT
64/68–604 n. Chr.

Das Papsttum begann in einem Gespräch zwischen Jesus und Petrus, der unter den Jüngern eine führende Stellung einnahm und nach der Kreuzigung Jesu zum anerkannten Vorsteher der christlichen Urgemeinde wurde. Seine Nachfolger waren stets bemüht, sich mit ihm und seiner Position innerhalb der Christengemeinde zu identifizieren. Die Hauptsorge der Urkirche war es, zu überleben und mit dem römischen Staat zurechtzukommen, dessen Verhalten gegenüber den Christen von Gleichgültigkeit in Feindschaft umschlagen konnte. Jeder der Nachfolger Petri musste sich als »Bischof von Rom« mit der weltlichen Macht arrangieren und zugleich den Anspruch auf Oberhoheit über die anderen Würdenträger einer ständig wachsenden Kirche wahren. Diese war bemüht, Rom – den Sitz der weltlichen Macht und die Todesstätte von Petrus – zu ihrem Mittelpunkt zu machen. So wurde der Bischof von Rom, der »Papst«, wie er immer häufiger genannt wurde, zu einer politischen Figur und in gewisser Weise auch zu einem säkularen Herrscher.

Als das römische Imperium in ein West- und ein Oströmisches Reich zerfiel, mit dem Christentum in beiden Reichsteilen als Staatsreligion, konnte allein der Papst durch seine geistliche Führungsrolle eine vereinigende Kraft darstellen. Unter Leo I. (440–461) bestätigte der weströmische Kaiser den Primat des Papstes über alle Bischöfe des Reiches. Leos Nachfolger mussten aber um den Erhalt dieser Vorrangstellung kämpfen, bis Gregor I. (590–604) dem Papsttum sein altes Prestige zurückgeben konnte.

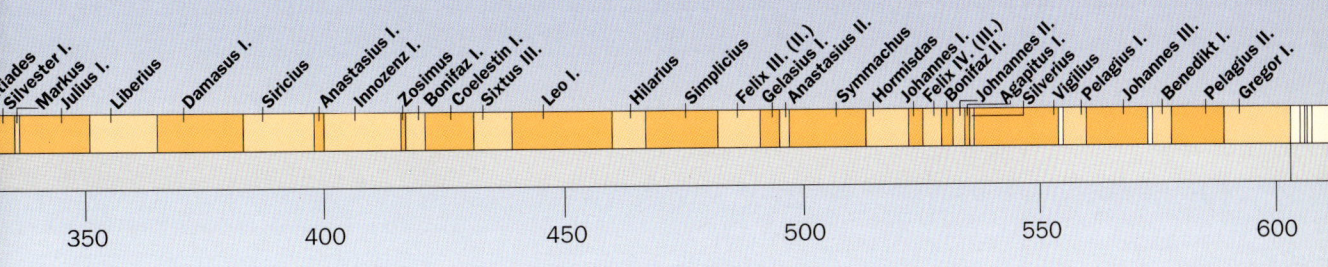

Der heilige Petrus

starb zwischen Ende 64 und
Mitte 68

Eine Steinskulptur aus der Abtei von Cluny (12. Jahrhundert) zeigt den heiligen Petrus mit seinem Emblem, den Schlüsseln des himmlischen Königreichs. Schlüssel waren seit jeher Symbole geistiger oder übernatürlicher Macht, die ihren Träger als Wächter über das Leben nach dem Tod erkennen ließen. Folgende Stelle aus dem Johannesevangelium zeigt, dass Jesus nach seiner Auferstehung Petrus zum Führer der Apostel berief und ihn beauftragte, sein Werk fortzuführen: »Als sie gegessen hatten, sagte Jesus zu Simon Petrus: Simon, Sohn des Johannes, liebst du mich mehr als diese? Er antwortete ihm: Ja, Herr, du weißt, dass ich dich liebe. Jesus sagte zu ihm: Weide meine Lämmer!«

DER HEILIGE PETRUS

Geboren
Um 4 v. Chr. in Bethseda am See Genezareth
Frühere Tätigkeit
Fischer wie sein Bruder Andreas und die Söhne des Zebedäus, Johannes und Jakob. Alle wurden Jünger Jesu.
Zivilstand
Verheiratet; nach einer unglaubwürdigen Legende hatte er eine Tochter namens Petronilla.
Ausbildung
Wenig oder keine. In den *Apostelakten*

(4,13) wird Petrus als »ungebildet und unwissend« beschrieben, was aber aus einer missgünstigen Quelle stammen könnte.
Gestorben
Als Märtyrer, evtl. 64, als den Christen die Schuld für den Brand Roms gegeben wurde, oder 68, in den Wirren nach dem Selbstmord Neros. Der Überlieferung nach ließ er sich aus Demut kopfunter kreuzigen.

Als [Petrus] aus dem Tor trat, sah er den Herrn, der in die Stadt ging. Als er ihn sah, sprach er: Herr, wohin gehst du? Und der Herr sagte: Ich komme nach Rom, um mich kreuzigen zu lassen. Petrus sagte: Herr, sollst du wieder gekreuzigt werden? Er antwortete: Ja, Petrus, ich werde wieder gekreuzigt. Petrus gewann seine Sinne wieder; und er sah den Herrn zum Himmel auffahren. Dann kehrte er nach Rom zurück. Er frohlockte und pries den Herrn und sagte: Ich werde gekreuzigt, [denn] das war Petrus bestimmt.

Petrusakten 35

Der heilige Petrus ist eine der bedeutendsten Persönlichkeiten der Kirchengeschichte. Schon zu Lebzeiten Jesu nahm er unter den Jüngern eine Vorzugsstellung ein. Jesus zeichnete ihn oft durch seine besondere Aufmerksamkeit aus. Er scheint ein eigensinniger, gefühlsbetonter Mensch gewesen zu sein, der nach dem Fortgang Jesu seinen festen Glauben und seinen Mut unter Beweis stellte. In den ersten Jahren der Urkirche spielte er die führende Rolle bei der Verbreitung des christlichen Worts in der Levante und über diese hinaus. Erfolgreich verteidigte er sich und andere, als sie verhaftet und dem Hohen Rat vorgeführt wurden. Sein Ruf als Heilkundiger war derart, dass man auf Bahren die

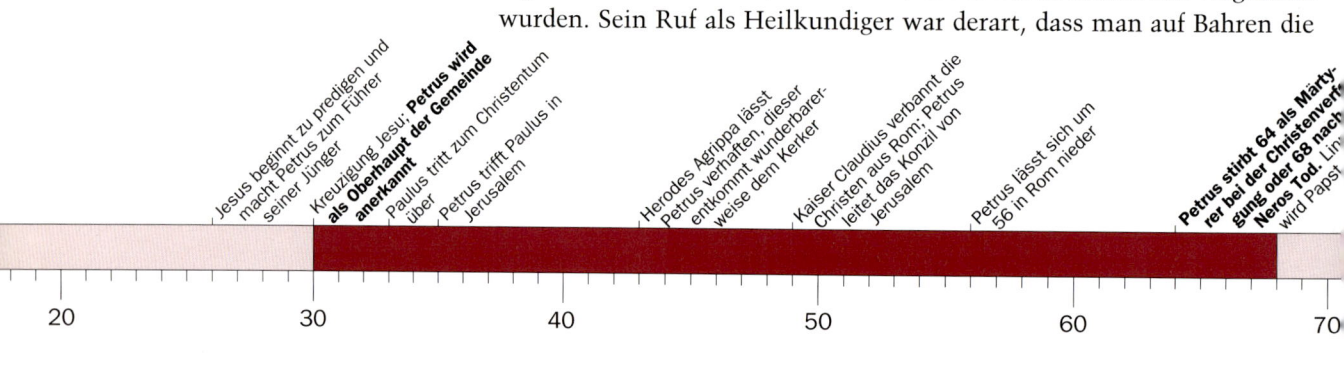

Jesus beginnt zu predigen und macht Petrus zum Führer seiner Jünger

Kreuzigung Jesu; **Petrus wird als Oberhaupt der Gemeinde anerkannt**

Paulus tritt zum Christentum über

Petrus trifft Paulus in Jerusalem

Herodes Agrippa lässt Petrus verhaften, dieser entkommt wunderbarerweise dem Kerker

Kaiser Claudius verbannt die Christen aus Rom; Petrus leitet das Konzil von Jerusalem

Petrus lässt sich um 56 in Rom nieder

Petrus stirbt 64 als Märtyrer bei der Christenverfolgung oder 68 nach Neros Tod. Lin... wird Papst

20   30   40   50   60   70

Darauf nahmen sie ihn [Jesus] fest, führten ihn ab und brachten ihn in das Haus des Hohenpriesters. Petrus folgte von weitem. (...) Eine Magd sah ihn am Feuer sitzen (...) und sagte: Der war auch mit ihm zusammen. Petrus aber leugnete es und sagte: Frau, ich kenne diesen Mann nicht. (...) Im gleichen Augenblick, noch während er redete, krähte ein Hahn. Da wandte sich der Herr um und blickte Petrus an. (...) Und er [Petrus] ging hinaus und weinte bitterlich.

Lukas 22,54–62

Als Petrus während Neros Christenverfolgung über die Via Appia Rom verließ, traf er, so heißt es, Christus, der ihm entgegenkam. »Wohin gehst du, Herr?«, fragte er ihn. »Nach Rom, um wieder gekreuzigt zu werden«, lautete die Antwort. Petrus kehrte daraufhin um und starb selbst am Kreuz. Unweit der Stätte dieser Begegnung, in der Kirche San Sebastiano, ist heute noch ein Stein mit den Fußabdrücken Christi zu sehen. (Oben) *Domine, quo vadis?* – Gemälde von Caracci (London, National Gallery).

Kranken zu ihm brachte und sie an seinem Weg abstellte, damit sein Schatten auf sie fallen konnte, um sie zu heilen.

Die im Grab unter dem Petersdom gefundenen Knochen (siehe S. 16) sind die eines Mannes Ende sechzig. Sollten sie tatsächlich von Petrus stammen, so würde dies bedeuten, dass er und Jesus ungefähr gleich alt gewesen waren. Sind hingegen die Theorien richtig, denen zufolge Christus 7 oder 5 v. Chr. geboren wurde, so müsste Petrus etwas jünger gewesen sein. Er stammte aus Bethseda, einem Ort am Nordufer des Sees Genezareth, nahe dem Jordanfluss. Sein Name bedeutet »Haus des Fischens« oder »Haus des Fischers«. Sein Vater hieß Jonas oder Johannes, er selbst Simeon oder Simon, bis Jesus ihm schließlich den Namen Petrus gab. Mit seinem Bruder Andreas und den Söhnen des Zebedäus, Jakobus und Johannes, verdingte er sich als Fischer.

Als Jesus sein Wirken begann, war Petrus schon verheiratet. Er lebte mit seiner Frau in Kapharnaum bei seiner Schwiegermutter, bis er sich Jesus anschloss. Dabei wuchs er nach und nach in die Rolle des Führers der zwölf Apostel hinein, eine Stellung, die offenbar unanfechtbar wurde, als Jesus die Jünger fragte, wer er ihrer Meinung nach sei und Simon wie folgt antwortete: »Du bist der Messias, der Sohn des lebendigen Gottes!« (Matthäus 16,13–20). Die Antwort Jesu ist in die Geschichte eingegangen, auf seinen Worten beruht der päpstliche Anspruch auf die oberste Befehlsgewalt: »Du bist Petrus und auf diesen Felsen werde ich meine Kirche bauen und die Mächte der Unterwelt werden sie nicht überwältigen. Ich werde dir die Schlüssel des Himmelreichs übergeben; was du auf Erden binden wirst, das wird auch im Himmel gebunden sein, und was du auf Erden lösen wirst, das wird auch im Himmel gelöst sein.«

Petrus spielte ohne Zweifel die Führungsrolle in der wachsenden Schar der Jünger. Dreimal vertraute sie Jesus seiner Obhut an. Petrus betrat als Erster das leere Grab, er war der Erste, dem der Auferstandene sich zeigte, er war der erste Jünger, der auf wundersame Weise einen Kranken heilte. Petrus erklärte der versammelten Menge das Pfingstwunder, sorgte dafür, dass Matthias zum Nachfolger des Judas gewählt wurde, und richtete über Ananias und Sapphira, die versucht hatten, die Gemeinde zu betrügen. Warmherzig, reizbar, impulsiv, aber zutiefst gläubig, besaß er das Charisma eines Führers. Als die Urkirche in ihren Anfängen stand, reiste Petrus viel umher, predigte, bekehrte, heilte Kranke, erweckte Tote und betreute die jungen Christengemeinden der nördlichen Levante. Einzelheiten seiner Reisen auszumachen wird jedoch zunehmend schwierig. 43 wurde er von Herodes Agrippa I. verhaftet, dann aber auf wunderbare Weise aus dem Kerker befreit. 49 leitete er ein Kirchenkonzil in Jerusalem, wo er entschied, dass Nichtjuden Vollmitglieder der Kirche werden konnten, ohne sich der vollen Strenge des jüdischen Ritualgesetzes unterwerfen zu müssen. Anschließend begab er sich wohl nach Antiochia, das ihn, so heißt es, als seinen ersten Bischof beanspruchte.

Zuletzt reiste er nach Rom. Im Neuen Testament finden sich darauf keinerlei Hinweise, frühe Chronisten der Kirche berichten jedoch übereinstimmend, dass er in Rom wirkte und starb. Dem Geschichtsschreiber Eusebius (um 260–340) zufolge wurde er unter Nero (54–68) hingerichtet. Wahrscheinlich geschah dies im Verlauf der Christenverfolgung des Jahres 64. Sie folgte auf den Großbrand, der drei der 14 Stadtbezirke Roms zerstört und sieben weitere in Mitleidenschaft gezogen hatte und für den man – zu Recht oder Unrecht – die Christen verantwortlich machte. Jesus hatte schon lang zuvor vorhergesagt, dass Petrus am Kreuz sterben würde (Johannes 21,18). Die Überlieferung, der zufolge er verlangte, mit dem Kopf nach unten gekreuzigt zu werden (wahrscheinlich um jeden gehässigen Vergleich mit der Kreuzigung Christi zu verhindern), geht auf den alexandrinischen Theologen Origenes (um 184–253) zurück und ist möglicherweise wahr. Die Legende in den apokryphen *Petrusakten* (2. Jh.) hingegen, nach der Petrus hingerichtet wurde, weil er die Konkubinen des Präfekten Agrippa überredet hatte, diesen zu verlassen und fortan in Keuschheit zu leben, ist wohl nicht ernst zu nehmen.

Dieselben *Petrusakten* berichten, dass ein vermögender römischer Konvertit, Marcellus, nach der Hinrichtung des Apostels seinen Leichnam vom Kreuz abnahm, mit Milch und Wein wusch und ihn in einem

Masaccios *Kreuzigung des heiligen Petrus* (1426) zeigt die auf einer Legende basierende Kreuzigung Petri mit dem Kopf nach unten (Berlin, Staatliche Museen). Auf der anderen Hälfte des Tafelbilds ist die Enthauptung Johannes des Täufers dargestellt. Die Kreuzigung war in der Antike eine verbreitete Hinrichtungsart. Ein Gekreuzigter sollte nicht sofort sterben. So unterstellte das jüdische Gesetz, dass er genug Zeit hatte, sich scheiden zu lassen oder von einer reichen Matrone freigekauft zu werden. Von einem Kreuz stammenden Nägeln schrieb man Heilkräfte zu.

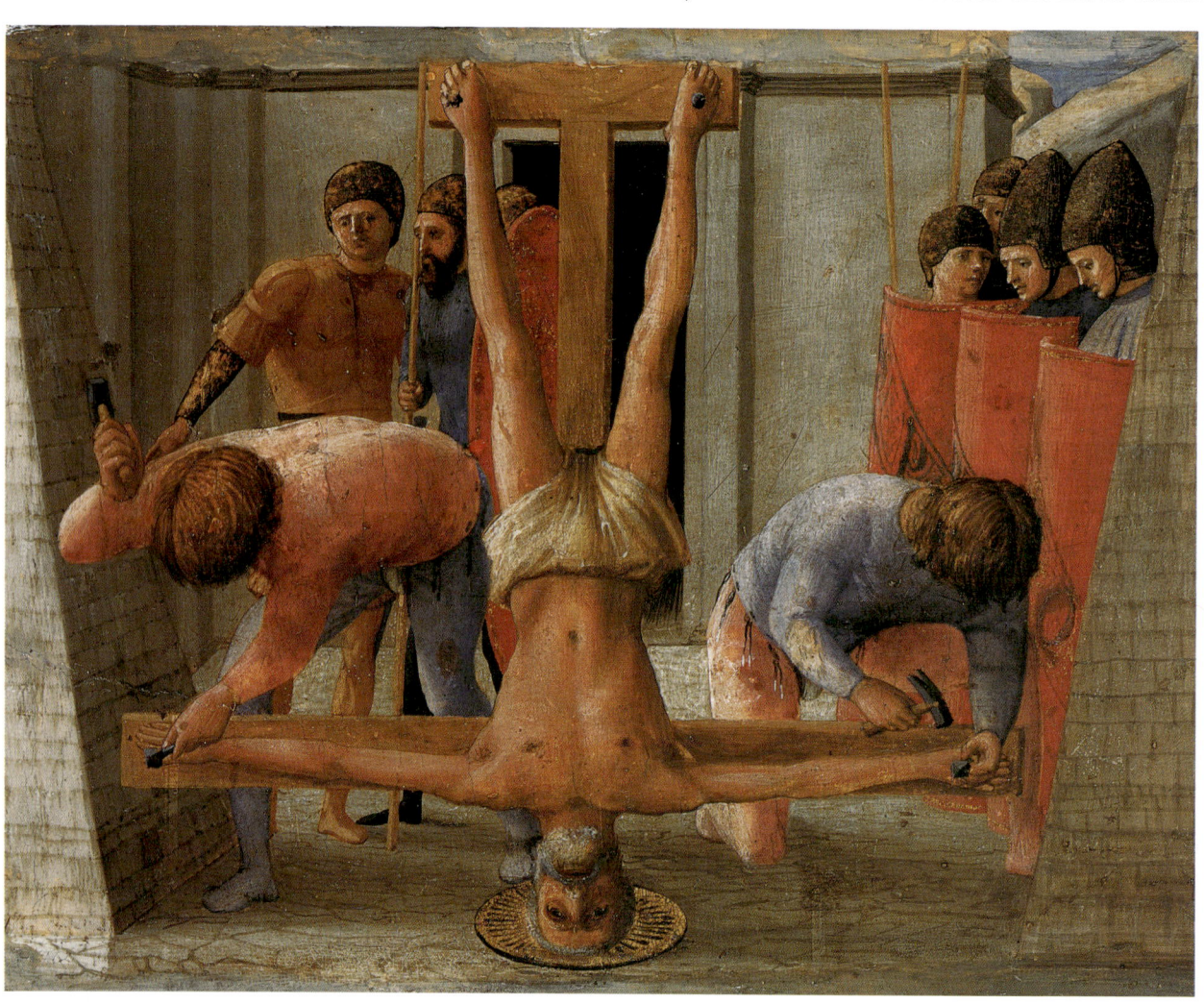

Ein katalanisches Gemälde des 12. Jahrhunderts stellt Petrus mit einer Mitra dar. Als Symbol ihres Amtes wurde die Mitra den christlichen Bischöfen offiziell erst von Konstantin I. (dem Großen) zuerkannt. Die drei zum Segen erhobenen Finger verweisen auf die Heilige Dreifaltigkeit.

Marmorsarkophag beisetzen ließ, der mit Mastixharz, Myrrhe, Aloe und attischem Honig gefüllt war. Innerhalb von 20 Jahren, heißt es, ließ Anaklet, der dritte Bischof Roms, über dem Grab ein Erinnerungsmal errichten. Es folgte eine lange, verwickelte archäologische Geschichte, die mit der von Paul VI. verfügten Bekanntmachung und der erneuten Beisetzung eines männlichen Skeletts unter dem Petersdom endete (s. S. 16).

DIE FREILEGUNG
DES PETRUSGRABES

Am 22.8.1949 meldete die *New York Times*, man habe unter dem Hochaltar des Petersdoms die Gebeine des heiligen Petrus gefunden, die nun von Papst Pius XII. verwahrt würden. 19 Jahre später, am 26.6.1968, gab Papst Paul VI. bekannt, die Überreste von Petrus seien ausreichend identifiziert worden. Am folgenden Tag feierte er einen Gottesdienst, bei dem sie wieder an ihrer ursprünglichen Ruhestätte beigesetzt wurden. Es handelte sich allerdings um jeweils andere Knochen. Die erstgenannten stammten von Stalltieren, zwei Männern und einer Frau. Beim zweiten Fund an anderer Stelle, aber noch innerhalb des Bereichs,

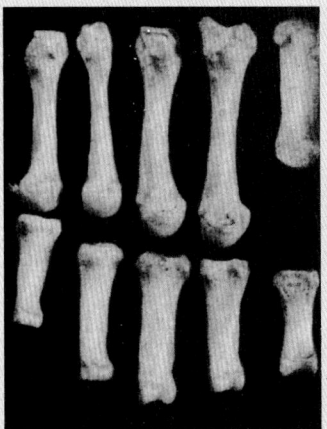

der heute als Petrusgrab gilt, handelte es sich um die Knochen eines Mannes aus dem 1. Jh. n. Chr.

Die archäologische Erforschung des Bereichs unterhalb des Hochaltars im Petersdom war 1939 durch die Vorbereitungen zur

Knochen der linken Hand vom Skelett, das wahrscheinlich von Petrus stammt. Etwa die Hälfte des Skeletts ist erhalten.

Beisetzung von Pius XI. ausgelöst worden.

Bei Umbauten der Krypta des Petersdoms, den so genannten »Vatikanischen Grotten«, wurden viele antike Gräber freigelegt. Man entdeckte eine seit frühester Zeit benutzte Nekropole sowie ein rotes Gemäuer, das sich als Teil eines über dem Petrusgrab errichteten Baus herausstellte. In dieses war ein baldachinartiger Bau, das »Tropaion« (oben), eingefügt worden (um 150), um die Stelle zu markieren, die als Grablege des heiligen Petrus galt. Daneben entdeckte man eine Mauer mit Graffitis. Viele davon beziehen sich auf Petrus. Frühe Pilger hatten offenbar ihre Gebete und religiösen Symbole an der heiligen Stätte eingeritzt.

Als aufregendsten Fund entdeckte man in einer Nische der Roten Mauer Knochen eines Mannes Mitte bis Ende sechzig aus dem 1. Jh. n. Chr. Ursprünglich waren sie in golddurchwirkten Purpur gehüllt gewesen. Der Vatikan bleibt vorsichtig, aber es ist sehr wahrscheinlich, dass es sich um die sterblichen Überreste des Apostelfürsten handelt.

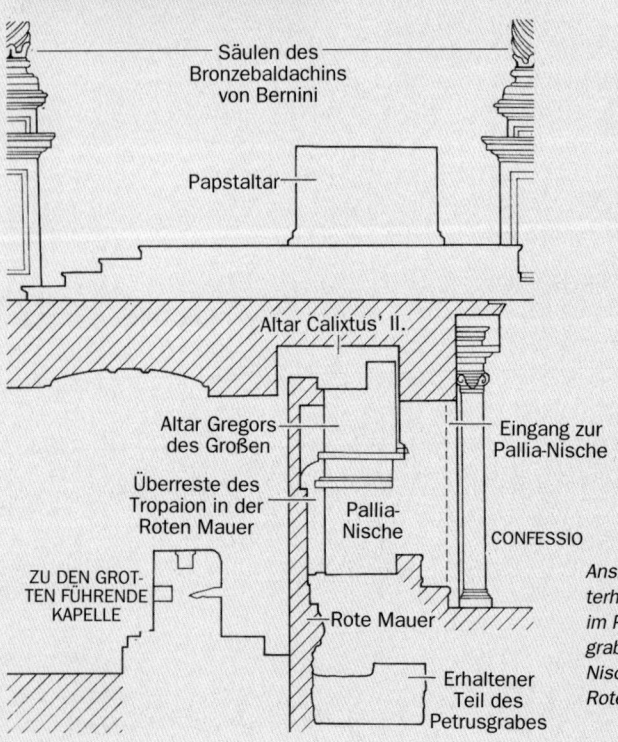

Säulen des Bronzebaldachins von Bernini
Papstaltar
Altar Calixtus' II.
Altar Gregors des Großen
Eingang zur Pallia-Nische
Überreste des Tropaion in der Roten Mauer
Pallia-Nische
CONFESSIO
ZU DEN GROTTEN FÜHRENDE KAPELLE
Rote Mauer
Erhaltener Teil des Petrusgrabes

Ansicht der Ebenen unterhalb des Hochaltars im Petersdom. Das Petrusgrab liegt unter der Pallia-Nische im Fundament der Roten Mauer.

Archäologen haben unter dem Petersdom eine antike Begräbnisstätte freigelegt. Viele dieser Gräber säumten ursprünglich eine durch das Tal führende Straße. Wie auf der Abbildung zu sehen ist, sind Teile dieser Gräberstraße bis heute erhalten geblieben.

# Linus
66(?)–78(?)

# Anaklet
79(?)–91(?)

# Clemens I.
91(?)–101(?)

# Evaristus
100(?)–109(?)

# Alexander I.
109(?)–116(?)

# Sixtus I.
116(?)–125(?)

# Telesphorus
125(?)–136(?)

# Hyginus
138(?)–142(?)

# Pius I.
142(?)–155(?)

# Anicetus
155(?)–166(?)

# Soter
166(?)–174(?)

Eleutherius
174(?)–189

PAPSTNAMEN

LINUS	EVARISTUS
Herkunft	*Herkunft*
Italien?	Griechenland?
Zum Papst gewählt	*Zum Papst gewählt*
Um 66	Um 101
Gestorben	*Gestorben*
Um 78 in Rom	Um 109
Dauer des Pontifikats	*Dauer des Pontifikats*
Etwa 11 Jahre	Etwa 8 Jahre
ANAKLET	ALEXANDER I.
Herkunft	*Herkunft*
Griechenland?	Italien, Rom?
Zum Papst gewählt	*Zum Papst gewählt*
Um 79	Um 109
Gestorben	*Gestorben*
Um 91 in Rom	Um 116
Dauer des Pontifikats	*Dauer des Pontifikats*
Etwa 12 Jahre	Etwa 7 Jahre
CLEMENS I.	SIXTUS I.
Herkunft	*Herkunft*
Italien, Rom?	Italien, Rom?
Zum Papst gewählt	*Zum Papst gewählt*
Um 91	Um 116
Gestorben	*Gestorben*
Um 101	Um 125
Dauer des Pontifikats	*Dauer des Pontifikats*
Etwa 10 Jahre	Etwa 9 Jahre

Gemäß der Anordnung des Apostels [Paulus] untersagte er [Papst Anicetus] dem Klerus, das Haar lang zu tragen.

Liber pontificalis

Es folgt eine Reihe von eher unauffälligen Päpsten, die alle in Rom amtierten. Über einige von ihnen ist kaum mehr bekannt, als aus frommen Legenden über sie hervorgeht. Alle wurden heilig gesprochen.

Linus (um 66–78) soll von Petrus und Paulus in Übereinstimmung zum Papst ernannt worden sein. Wenn die Zeitangaben ungefähr stimmen, so war er im August 70 Pontifex, als Jerusalem von Titus zerstört wurde, und muss die Scharen von Gefangenen gesehen haben, die am Bau des Flavianischen Amphitheaters (des Kolosseums) arbeiteten. Sein Nachfolger, **Anaklet** (um 79–91), dem Namen nach Grieche, war möglicherweise ein freigelassener Sklave. Einer ungesicherten Überlieferung zufolge erlitt er ebenso wie Linus den Märtyrertod.

Der Nächste in der Reihe war **Clemens I.** (um 91–101). Er soll von Petrus zum Priester geweiht worden sein und war unter Linus und Anaklet eine Art Vizebischof. Berichte, dass er ein Vetter von Kaiser Domitian gewesen sei und als christlicher Märtyrer starb, sind wohl Legenden. Ausgrabungen in Rom liefern jedoch Hinweise darauf, dass die

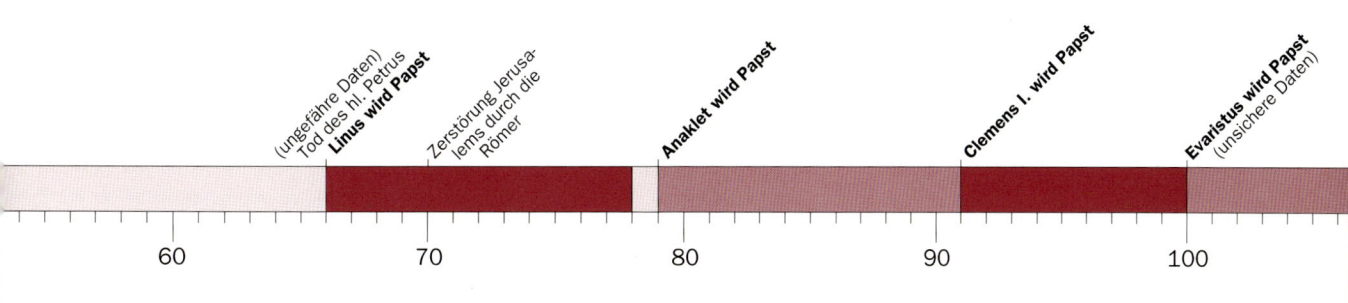

PAPSTNAMEN

TELESPHORUS
Herkunft
  Griechenland?
Zum Papst gewählt
  Um 125
Gestorben
  Um 136 als Mär-
  tyrer
Dauer des Pontifikats
  Etwa 11 Jahre

HYGINUS
Herkunft
  Griechenland?
Frühere Tätigkeit
  Philosoph
Zum Papst gewählt
  Um 138
Gestorben
  Um 142
Dauer des Pontifikats
  Etwa 4 Jahre

PIUS I.
Herkunft
  Italien, Aquileja?
Zum Papst gewählt
  Um 142
Gestorben
  Um 155
Dauer des Pontifikats
  Etwa 13 Jahre

ANICETUS
Herkunft
  Syrien, Emesa?
Zum Papst gewählt
  Um 155
Gestorben
  Um 166
Dauer des Pontifikats
  Etwa 11 Jahre

SOTER
Herkunft
  Italien, Kampanien?
Zum Papst gewählt
  Um 166
Gestorben
  Um 174
Dauer des Pontifikats
  Etwa 8 Jahre

ELEUTHERIUS
Herkunft
  Griechenland,
  Epirus?
Früheres Amt
  Diakon
Zum Papst gewählt
  Um 174
Gestorben
  189
Dauer des Pontifikats
  Etwa 15 Jahre

Fresko (11. Jahrhundert) in der Kirche San Clemente in Rom. Diese Kirche soll unmittelbar über dem Haus des Papstes Clemens I. erbaut worden sein.

Kirche San Clemente an der Stelle seines Hauses errichtet wurde. Von den zahlreichen ihm zugeschriebenen Schriften scheint nur der *Brief an die Korinther* von ihm zu stammen. Er war verfasst worden, weil es in der christlichen Gemeinde von Korinth zu einer Art Rebellion gekommen war. Wahrscheinlich wurden Clemens wegen seines großen Prestiges in der Urkirche später auch andere Werke zugeschrieben. Berichte über seinen Märtyrertod sind ebenso legendarisch.

Es folgen **Evaristus** (100–109?) – griechisch für »angenehm« oder »annehmbar« –, dann der völlig obskure **Alexander I.** (um 109–116?) und **Sixtus I.** (116–125?), der seinen Namen möglicherweise der Tatsache verdankt, dass er nach dem heiligen Petrus der sechste Papst war, Petrus mit eingerechnet jedoch der siebte, wozu sein Name nicht passt. Dieser verwundert auch, wenn man bedenkt, dass die Päpste damals griechische Namen trugen. Die Alternative zu »Sixtus« ist »Xystus«, der griechische Ausdruck für »rasiert«, was vielleicht ein Hinweis auf ein äußeres Merkmal ist: Sixtus lebte zur Zeit Kaiser Hadrians, der den Vollbart wieder in Mode gebracht hatte. Auch **Telesphorus** (125–136?) ist ein griechischer Name und bedeutet »der zum Ziel Strebende«. Zwischen seinem und dem Pontifikat seines Nachfolgers, **Hyginus** (138–142?), scheint eine Lücke zu klaffen, allerdings sind die Zeitangaben über diesen Abschnitt mehr oder minder Vermutungen. Hyginus bedeutet »gesund«. Der katholische Theologe Irenäus berichtet, dass während seines Pontifikats der Häretiker Valentinus nach Rom kam. Dieser war der führende Vertreter einer Gnostikergruppe, Menschen, die sich im Besitz des höchsten

Alexander I. wird Papst

Sixtus I. wird Papst

Telesphorus wird Papst

Hyginus wird Papst

Der Gnostiker Valentinus kommt nach Rom

Pius I. wird Papst

Pius schließt Marcion wegen seiner Irrlehre aus

Anicetus wird Pa[pst]

110   120   130   140   150

PAPSTNAMEN

Warum hatten so viele frühe Päpste griechische Namen? Es ist unwahrscheinlich, dass sie alle Griechen waren. Dem *Liber pontificalis* – einer Sammlung päpstlicher Biografien, die das Prestige der Päpste stärken sollte und deren früheste aus dem 6. Jahrhundert datiert – nach stammten sieben von ihnen aus Rom oder Italien und einer aus Syrien. Vielleicht tauschten sie ihre richtigen Nemen zum Gedenken an Petrus, dem Jesus einen griechischen Namen gegeben hatte. Diesen Brauch, so er einer war, findet man bis tief ins Mittelalter hinein. Mit wachsendem Abstand zu Petrus wird es jedoch immer unwahrscheinlicher, dass ein griechischer Name auf ihn verweisen sollte.

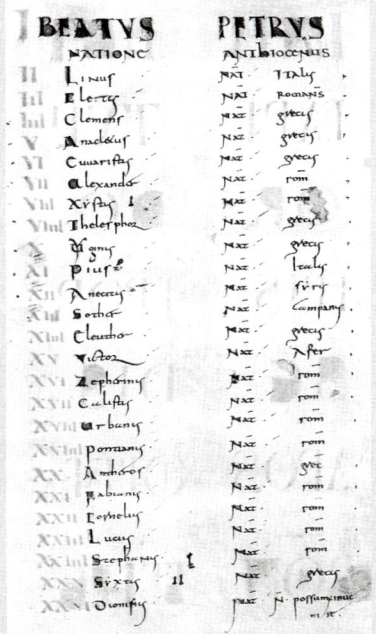

Liste von Päpsten aus dem in St. Amand um 800 entstandenen Liber pontificalis (Leiden, Universitätsbibliothek).

Ein Mosaik des 6. Jahrhunderts (Ravenna, Sant'Apollinare Nuovo) stellt Papst Sixtus I. mit dem Märtyrerkranz dar. Dem *Liber pontificalis* zufolge verfügte Sixtus, dass die heiligen Gefäße während des Gottesdienstes ausschließlich von Klerikern berührt werden durften.

Wissens über das Göttliche wähnten und sich als Mitglieder der Kirche betrachteten. Sie verehrten jedoch eine Muttergottheit und glaubten an eine komplexe Hierarchie von Himmeln und Engelsmächten. Christus war für sie ein Erlöser, aber keiner, den eine orthodoxe christliche Theologie anerkennen konnte. Valentinus selbst wollte unbedingt in der Kirche verbleiben, trat dann aber doch aufgrund der Umstände aus. Er blieb allerdings in Rom und war ein potenzieller Dorn im Fleisch des Hyginus und dessen beiden Nachfolgern.

Es folgte zunächst **Pius I.** (142–155?), dessen lateinischer Name »pflichteifrig« bedeutet und in der Reihe der ersten zwölf Papstnamen erst der zweite lateinische ist. Hat Pius ihn angenommen, weil er in der Regierungszeit von Kaiser Antoninus (138–161) zum Papst gewählt wurde, dem das Volk aus Respekt den Beinamen »Pius« gegeben hatte? Anders als der Kaiser, dem eine äußerst friedvolle Regierungszeit beschieden war, hatte Pius I. in seiner Amtszeit viele Streitigkeiten durchzustehen. Nicht nur, dass in Rom Valentinus agierte, auch andere höchst unorthodoxe Lehrer waren aktiv, so der Syrer Cerdo, der die Lehre von zwei gleichrangigen Göttern verbreitete, einem guten und einem bösen, wobei Jesus der Sohn des guten war. Marcion wiederum lehrte, die Kirche sollte dem Alten Testament keinerlei Beachtung schenken (ebenso wenig einem Großteil des Neuen Testaments) und Jesus sei nicht der von den jüdischen Propheten angekündigte Messias. Auf **Anicetus** (155–166?), das griechische Wort für »unbesiegt«, folgte **Soter** (166–174?) dessen griechischer Name »Befreier« oder »Retter« bedeutet. Rom und

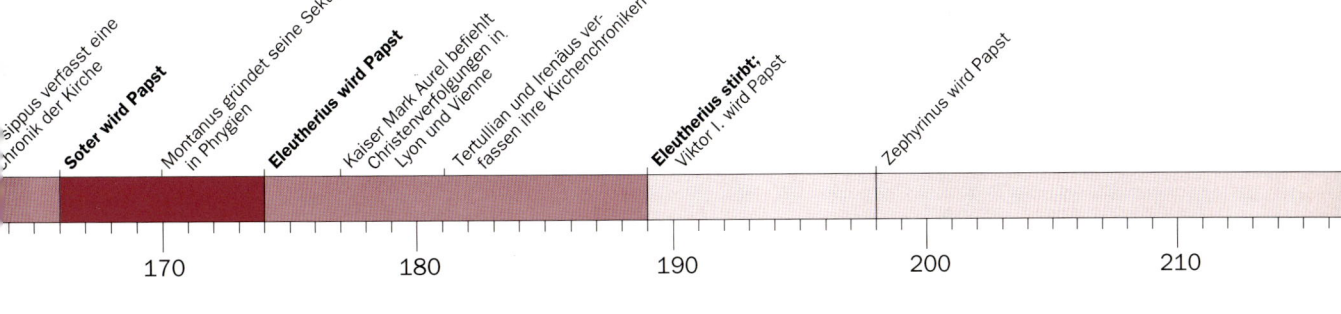

...sippus verfasst eine ...hronik der Kirche

Soter wird Papst

Montanus gründet seine Sekte in Phrygien

Eleutherius wird Papst

Kaiser Mark Aurel befiehlt Christenverfolgungen in Lyon und Vienne

Tertullian und Irenäus verfassen ihre Kirchenchroniken

Eleutherius stirbt; Viktor I. wird Papst

Zephyrinus wird Papst

170   180   190   200   210

vor allem Soter sollen armen und von Schicksalsschlägen getroffenen Christen im ganzen Römischen Reich fürsorglich geholfen haben. Nach ihm kam **Eleutherius** (174–189?), dessen griechischer Name »freimütig« bedeutet. Von Hegesippus, einem Geschichtsschreiber des 2. Jahrhunderts, wissen wir, dass er ein Diakon von Anicetus gewesen war. Unter Soter war in Phrygien der Irrlehrer Montanus in Erscheinung getreten. Er und seine Anhänger waren für ihre religiöse Verzückung bekannt, bei der sie in seltsamen Sprachen redeten und Prophezeiungen machten. Zuckungen und Massenhysterien scheinen für ihre Versammlungen typisch gewesen zu sein. Die Idee, dass diese Enthusiasten unter der unmittelbaren Führung des Heiligen Geistes agierten und die ursprüngliche Einfachheit der Kirche wiederherstellen sollten, fand sowohl in der westlichen als auch in der östlichen Reichshälfte im Volk großen Anklang. Eleutherius war Tertullian zufolge – einem bedeutenden, zum Montanisten gewordenen Kirchenautor – der Sekte anfangs wohlgesonnen, stellte sich aber schließlich gegen sie. Den Gläubigen sollte bewusst werden, dass die geistige Führung einer hierarchisch strukturierten Institution oblag und nicht dem Diktat individueller charismatischer Gefühle.

Aussichten

Was sahen diese Päpste, wenn sie Rom betrachteten? An anderen Orten Frieden und in ihrer eigenen Stadt Irrlehren, so mochte ihr Eindruck gewesen sein. Der Kaiser, auf dessen Gleichgültigkeit die Sicherheit des Papstes und seiner Herde beruhte, war oft lange Zeit abwesend. Antoninus Pius allerdings entfernte sich in den 23 Jahren seiner Regierung niemals weit von der Hauptstadt; Trajan (98–117) und Hadrian (117–138) hingegen führten viele Kriege und auch Mark Aurel (161–180) blieb Rom jahrelang fern. Er, der Nachfolger von Antoninus Pius, war den Christen keineswegs wohlgesinnt: »Wunderwirker, Magier und Exorzisten« (*Meditationen* 1,6), lautete einer seiner Kommentare. Diese Ansicht gründete möglicherweise darauf, dass die Christen sich brüsteten, Dämonen austreiben zu können. 177 wurden die Christengemeinden von Lyon und Vienne im Rhônetal grausam verfolgt; vermutlich ging die Anordnung zur Marterung auf den Kaiser zurück. Selbst wenn dies nicht stimmen sollte, wissen wir, dass er die theatralische Art nicht mochte, mit der viele Christen ihr

Elfenbeintriptychon des 11. Jahrhunderts mit den 40 Märtyrern von Sebaste. Ihre Hinrichtung erfolgte 320 unter Kaiser Licinius (Berlin, Staatliche Museen).

Martyrium auf sich nahmen. »Sie töten uns, sie hacken uns in Stücke, sie machen unter Flüchen Jagd auf uns!«, lässt er sie in seinen Berichten klagen (*Meditationen* 8,51) und antwortet: »Was hindert euch eigentlich, weiterhin reinen, vernünftigen und gerechten Geistes zu sein?«

Aber auch das Volk konnte feindselig werden: »Wenn der Tiber zu stark anschwillt«, so schreibt Tertullian sarkastisch, »oder der Nil zu wenig Wasser führt, schreien alle, die Christen müssten vor den Löwen. Alle vor einen Löwen?« Alles, was die Aufmerksamkeit des Kaisers erregte, konnte ihre Lage also erschweren.

Daneben bestand aber noch die Gefahr der blühenden Häresien. Sollten die Behörden die Christen tolerieren, so durften sie keinen Grund haben, diese zu verachten. So wurde eine zentralisierte Leitung der Kirche immer wünschenswerter.

Über die Christenverfolgungen unter Mark Aurel (oben) berichten mehrere christliche Apologeten.

Viktor I. 189(?)–199(?)	**Lucius I.** 253–254	**Marcellus I.** 306(?)–308/9
Zephyrinus 198/9–217	**Stephan I.** 254–257	**Eusebius** 310(?)
Calixtus I. 217–222	**Sixtus II.** 257–258	**Miltiades** 311–314
Urban I. 222–230	**Dionysius** 260–268	**Silvester I.** 314–335
Pontian 230–235	**Felix I.** 269–274	**Markus** 336
Anterus 235–236	**Eutychianus** 275–283	**Julius I.** 337–352
Fabian 236–250	**Gaius** 283–296	**Liberius** 352–366
Cornelius 251–253	**Marcellinus** 296–304	

Es heißt, Fabian sei das [päpstliche] Amt … durch das außergewöhnliche Wirken der göttlichen und himmlischen Gnade … übertragen worden. Denn die Brüder waren alle zusammengekommen, um einen der Ihren für das Bischofsamt zu wählen. Viele dachten dabei an herausragende Persönlichkeiten. Auch Fabian war da, doch dachte keiner an ihn. Plötzlich, so heißt es, flog eine Taube herab und setzte sich auf sein Haupt, so wie einst der Heilige Geist in Gestalt einer Taube auf das Haupt des Erlösers herabgeschwebt war. Da geschah es, dass alle wie von einer einzigen göttlichen Eingebung getrieben voll Eifer und aus ganzem Herzen riefen, Fabian sei des Amtes würdig. Und sie scharten sich um ihn und führten ihn zum Bischofsthron.

Eusebius, *Kirchengeschichte* 6,29,3–4

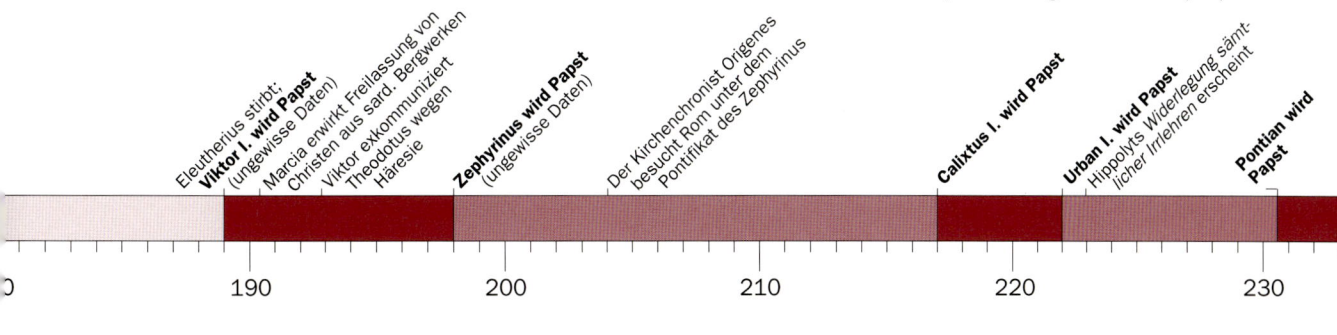

Goldgrundmosaik mit dem Porträt des heiligen Viktor in der nach ihm benannten Kapelle der Basilika Sant'Ambrosio in Mailand. Papst Viktor exkommunizierte unter anderen den Schuster Theodotus, der die Göttlichkeit Jesu leugnete und in ihm lediglich einen Menschen sah.

PAPSTNAMEN

VIKTOR I.
Herkunft
Afrika
Zum Papst gewählt
Um 189
Gestorben
Um 198
Dauer des Pontifikats
9 Jahre

ZEPHYRINUS
Herkunft
Italien, Rom?
Zum Papst gewählt
Um 198/9
Gestorben
217
Dauer des Pontifikats
18/19 Jahre

CALIXTUS I.
Herkunft
Italien?
Frühere Tätigkeit
Sklave, dann
Diakon
Zum Papst gewählt
217
Gestorben
222
Dauer des Pontifikats
5 Jahre
Gegenpapst
Hl. Hippolyt
(217–235)

URBAN I.
Herkunft
Italien,
Rom
Zum Papst gewählt
222
Gestorben
230
Dauer des Pontifikats
8 Jahre
Gegenpapst
Hl. Hippolyt
(217–235)

PONTIAN
Herkunft
Italien,
Rom
Zum Papst gewählt
21. Juli 230
Abgedankt
28. September
235
Gestorben
In Gefangenschaft
auf Sardinien
Dauer des Pontifikats
5 Jahre,
2 Monate,
9 Tage
Gegenpapst
Hl. Hippolyt
(217–235)

Viktor I. (189?–198?) war gebürtiger Afrikaner und unterstützte stets die westliche kirchliche Tradition gegenüber der östlichen. Dies zeigt sich auch in dem Beschluss, das Osterfest – wie in Rom üblich – jährlich an einem bestimmten Sonntag zu begehen. Bis dahin konnte es wöchentlich oder bei besonderen Anlässen gefeiert werden, egal auf welchen Wochentag es fiel. Da Viktor seinen Willen nicht diktieren wollte, wurden in allen großen christlichen Zentren Synoden abgehalten. Die Westkirche stimmte zu, die Ostkirche insgesamt nicht. Diese Ablehnung ärgerte den Papst derart, dass er die kleinasiatischen Kirchen exkommunizierte – eine Demonstration von Macht und Autorität, in der sich das wachsende Selbstvertrauen des Papsttums zeigte.

Zephyrinus (um 198/9–217) war völlig anders. Die machtvolle Autorität Viktors scheint ihm gefehlt zu haben. Neue Häresien entstanden und Zephyrinus rang die Hände. Ein dem Märtyrer Hippolyt zugeschriebenes Werk (*Die Widerlegung sämtlicher Irrlehren*) geht so weit, Zephyrinus als »unwissend und gierig« zu bezeichnen, als »bestechlich und geldverliebt«, als einen Mann, der sich von seiner grauen Eminenz leiten ließ,

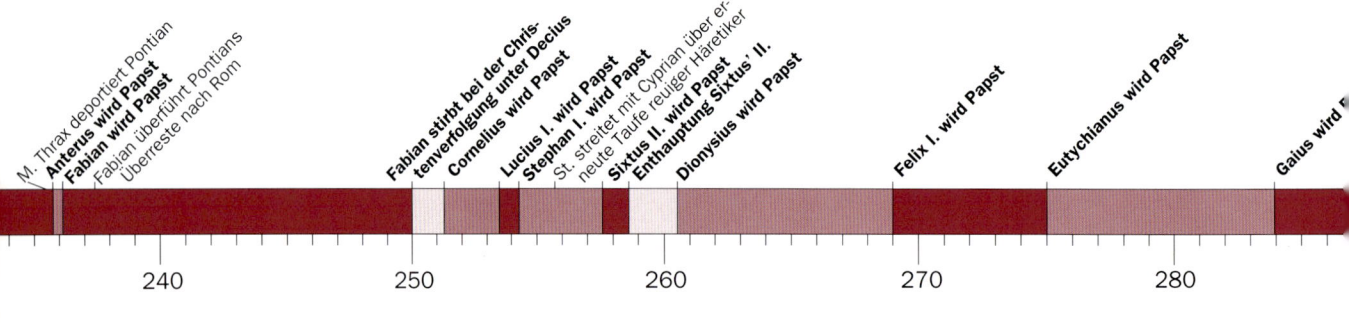

Vergoldete Glasscheibe (4. Jahrhundert) mit dem Porträt des Papstes Calixtus I. (Paris, Cabinet des Médailles). Calixtus war nach Petrus der erste Papst, der im frühesten christlichen Martyrologium, der *Depositio martyrum* (um 354), als Märtyrer aufgeführt ist.

GEGENPÄPSTE

Ein Gegenpapst ist ein Papst, der sein Amt ohne die dafür erforderliche Befugnis ausübt. Manche Gegenpäpste wurden von bestimmten Faktionen der Kardinäle ganz gezielt gewählt, andere aufgrund der verworrenen Lage in einer Zeit, in der die Regeln für die Wahl nicht feststanden, falsch ausgelegt wurden oder der legitime Papst abgesetzt bzw. ins Exil geschickt worden war. Ein Gegenpapst, Konstantin (767), verschaffte sich sein Amt durch Gewalt. In Verwendung dürfte der Begriff um 1192 gekommen sein.

dem Archidiakon Calixtus, der »unerfahren und inkompetent hinsichtlich der kirchlichen Regeln« war – eine allerdings eher vorurteilsbeladene Aufzählung. Aus der Zeit seines Pontifikats stammen die ersten schriftlichen Hinweise auf die Gräber von Petrus und Paulus. Ein Kirchenhistoriker namens Gaius schrieb an den Vorsteher der Montanistensekte: »Ich kann die Trophäen [die Grabstätten] der Apostel zeigen. Denn wenn du zum Vatikanhügel oder zur Via Ostia gehst, wirst du die Trophäen derer finden, die diese Kirche gründeten.« Vielleicht hat Origenes, einer der bedeutendsten der frühen Kirchenväter, diese Gräber persönlich besucht, als er damals nach Rom kam.

Calixtus I. (217–222) – manchmal »Callistus« genannt – war wieder ein Papst mit festerem Charakter. Sein griechischer Name bedeutet »sehr gut aussehend«. Aus der *Widerlegung sämtlicher Irrlehren* erfahren wir, dass er ursprünglich Hausklave eines Christen namens Carpophorus war, der dem kaiserlichen Haushalt angehörte. Die beiden Männer schlossen einen Vertrag, in dessen Folge Carpophorus seinem Sklaven eine bedeutende Summe anvertraute. Im Gegenzug versprach Calixtus, durch Bankgeschäfte seinem Herrn Gewinne zu verschaffen. Einige Christen legten bei ihm Geld an, aber Calixtus veruntreute es. Als Carpophorus die Konten kontrollieren wollte, versuchte jener, Italien zu verlassen. An Bord eines Frachtschiffs wurde er festgenommen und nach Rom zu seinem Herrn zurückgebracht. Man verurteilte ihn zum Tode, einige Angehörige der Christengemeinde setzten sich jedoch bei Carpophorus für ihn ein und erwirkten seine Freilassung. Calixtus verblieb allerdings unter strenger Beobachtung, weswegen er beschloss, sich aus dieser unerträglichen Lage durch Selbstmord zu befreien. An einem Sabbat stürmte er in eine Synagoge und begann die Gemeinde zu beschimpfen. Nach einem Kampf wurde Calixtus festgenommen, dem Präfekten vorgeführt und zur Bergwerksarbeit in Sardinien verurteilt. Freigekommen durch die Fürbitte Marcias, der Geliebten des Kaisers Commodus, wurde er von Papst Viktor, der ihm eine monatliche Pension bezahlte, nach Antium geschickt. Nach Viktors Tod errang Calixtus die Gunst von Papst Zephyrinus und gewann damit Einfluss in der Kirche.

Auch **Urban I.** (222–230) war der Verfolgung durch den Kaiser entgangen. Die meisten Informationen über ihn sind unwahr, so auch sein Märtyrertod. Seine Wahl wurde angefochten und ein Kirchenschriftsteller, *Hippolyt*, setzte sich selbst als Gegenpapst auf den römischen Bischofsthron. Urbans Nachfolger, **Pontian** (230–235), geriet sich mit Maximinus Thrax in die Haare, der 235 Kaiser wurde und gezielt gegen die Vorsteher der römischen Christengemeinde vorzugehen begann. Pontian und

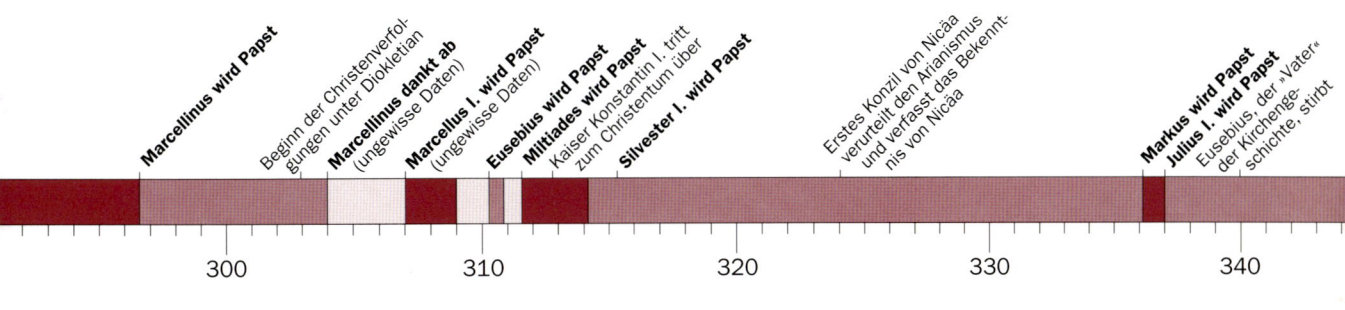

Marcellinus wird Papst

Beginn der Christenverfolgungen unter Diokletian

Marcellinus dankt ab (ungewisse Daten)

Marcellus I. wird Papst (ungewisse Daten)

Eusebius wird Papst

Miltiades wird Papst

Kaiser Konstantin I. tritt zum Christentum über

Silvester I. wird Papst

Erstes Konzil von Nicäa verurteilt den Arianismus und verfasst das Bekenntnis von Nicäa

Markus wird Papst

Julius I. wird Papst

Eusebius, der »Vater« der Kirchengeschichte, stirbt

300   310   320   330   340

(Oben) Inschrift auf der Grabplatte Papst Pontians in den Calixtuskatakomben, Rom. Sinngemäß: Pontianus Bi[schof] M[ärtyre]r.

(Rechts oben) Grabplatte Papst Fabians in den Calixtuskatakomben, Rom. Sinngemäß: Phabianos Bi[schof] M[ärtyre]r.

(Oben) Papst Fabian erlitt unter Kaiser Decius (249–251) den Märtyrertod. (London, National Gallery).

Hippolyt wurden verhaftet und nach Sardinien gebracht. Da Pontian nicht davon ausging, jemals wieder freizukommen, legte er als erster Papst der Geschichte sein Amt nieder. Er starb später an den Strapazen der Zwangsarbeit. Auf Pontian folgte **Anterus** (235–236). Sein griechischer Name verweist auf den Sohn von Venus und Mars (oder auch auf eine Amethystart) und unterscheidet sich so deutlich von den Namen früherer Päpste. Wahrscheinlich war Anterus tatsächlich Grieche, was so ziemlich das Einzige ist, was sich relativ sicher über ihn sagen lässt.

Unter dem Pontifikat **Fabians** (236–250) kam ein neuer Kaiser auf den Thron und die Verfolgungen wurden zunächst eingestellt. Auf diese Weise konnte er sich ganz der römischen Diözese widmen. Er straffte ihre Verwaltung, ordnete Bauarbeiten auf den Friedhöfen an und erwirkte (wohl mit Hilfe von Beziehungen zum kaiserlichen Hof) die Überführung der sterblichen Überreste Pontians von Sardinien nach Rom. Nach einem erneuten Wechsel auf dem Kaiserthron begannen die Verfolgungen erneut und Fabian wurde verhaftet. In seiner 1854 aufgefundenen Grabplatte ist die Abkürzung von »Märtyrer« eingraviert.

Die von Kaiser Decius (249–251) initiierte Christenverfolgung forderte derart viele Opfer, dass Fabians Nachfolger, **Cornelius** (251–253), volle 14 Monate nicht gewählt werden konnte. In der Zwischenzeit wurde die Kirche von einem Ausschuss geleitet und musste sich mit den Ansprüchen des Gegenpapstes *Novatian* auseinander setzen, der wie Hippolyt ein bedeutender Gelehrter war. **Lucius I.** (253–254) war den Verfolgungen des Kaisers Trebonianus Gallus ausgesetzt, konnte aber nach Rom zurückkehren, als unter Kaiser Valerian (253–260) die Christenverfolgungen nachließen. Soweit wir wissen, setzte er die Politik von Papst Cornelius fort. Von größerer Bedeutung war der folgende Papst, **Stephan I.** (254–257), der ganz offen versuchte, den Primat Roms durchzusetzen. Einer seiner Gegenspieler, Bischof Firmilian von Caesarea,

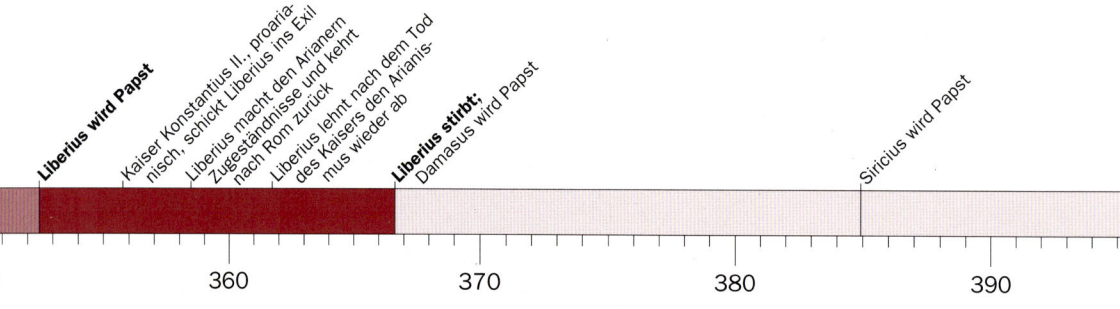

Liberius wird Papst

Kaiser Konstantius II., proarianisch, schickt Liberius ins Exil

Liberius macht den Arianern Zugeständnisse und kehrt nach Rom zurück

Liberius lehnt nach dem Tod des Kaisers den Arianismus wieder ab

Liberius stirbt; Damasus wird Papst

Siricius wird Papst

350   360   370   380   390

berichtet uns, Stephan habe sich mit seinem Bischofssitz gebrüstet und mit dem Anspruch, er sei der Nachfolger des heiligen Petrus, »auf dem die Fundamente der Kirche ruhten«. Stephan griff den Ausdruck »cathedra Petri« – »Stuhl des heiligen Petrus« – auf, um die Führungsrolle Roms zu unterstreichen. Damit machte er sich andere Bischöfe zu Feinden. Nach und nach wurden seine Ansprüche allerdings zu einer Realität, der sich die christlichen Gemeinden stellen mussten.

Sixtus II. (257–258) scheint flexibler gewesen zu sein als Stephan, denn er konnte die Beziehungen zu Bischof Cyprian von Karthago (249–258) in Afrika wiederherstellen, der sich mit Stephan über die Frage zerstritten hatte, ob die reuigen Anhänger Novatians noch einmal getauft werden mussten oder nicht. Sixtus hat wohl auch versucht, den Bruch zwischen Rom und einigen anderen Kirchen zu kitten, zu dem es durch Stephans Streit mit Cyprian gekommen war. Unglücklicherweise wurde er gerade zu dem Zeitpunkt Papst, als Kaiser Valerian die Christen wieder zu verfolgen begann. Der Kaiser befahl, Bischöfe, Priester und Diakone hinzurichten. Am 6. August 258 wurde Papst Sixtus während einer Predigt auf dem Friedhof von Praetextatus in Rom festgenommen. Aus einer von einem seiner Nachfolger, Damasus I., gestifteten Gedenktafel geht hervor, dass er zusammen mit vier Diakonen enthauptet wurde.

Die Pontifikate mehrerer auf Sixtus folgender Päpste lassen sich kurz zusammenfassen. **Dionysius** (260–268) konnte aufgrund der vom Kaiser angeordneten Verfolgungen erst gewählt werden, als in Rom die Nachricht vom Tod des Kaisers eingetroffen war. Er nutzte die Einstellung der Christenverfolgung durch Kaiser Gallienus (260–268), um die Kirche zu reorganisieren und Roms Hilfslieferungen für Not leidende Christen im gesamten Reich weiterzuführen. Über **Felix I.** (269–274) ist überhaupt nichts bekannt und auch das Pontifikat von **Eutychianus** (275–283) liegt völlig im Dunkeln. Immerhin kam es in seiner Amtszeit zu keinen Verfolgungen. **Gaius** (283–296) scheint ebenfalls ein friedliches Pontifikat gehabt zu haben, alle anderen Informationen über ihn stellen sich bei näherer Betrachtung als fragwürdig heraus. **Marcellinus** (296–304) hingegen ist scheinbar der ersten Welle der Christenverfolgungen unter Diokletian zum Opfer gefallen. Der Kaiser hatte eine harte Hand. Er befahl, die Kirchen zu zerstören und die heiligen Bücher den Behörden auszuliefern. Des Weiteren musste jeder, der vor Gericht erschien, den heidnischen Göttern opfern. Aus unbekannten Gründen beugte sich Marcellinus Anfang 303 dem kaiserlichen Befehl. Er übergab die heiligen Bücher und soll den Göttern Weihrauch geopfert haben. Das war Apostasie schlimmster Art und musste jeden Christen, der die kirchliche Führungsrolle Roms anerkannte, zutiefst verärgern. Marcellinus starb 304 und es ist unwahrscheinlich, dass er noch Papst war. Sein Kniefall vor dem Staat musste unweigerlich seine Abdankung nach sich gezogen haben. Sicher ist, dass die Kirche mehr als drei Jahre lang nicht dem Primat Roms unterstand, denn der folgende Papst wurde erst um 306 gewählt. Unter diesen Umständen mutet die spätere Heiligsprechung des Marcellinus als eine Art Wunder an.

Vergoldete Glasscheibe (4. Jahrhundert) mit dem Porträt des Papstes Marcellinus (Vatikanische Museen). Nach seinem Tod verbreiteten donatistische Häretiker, er habe seine Apostasie bereut und zur Buße das Martyrium gesucht.

PAPSTNAMEN	
MARCELLUS I.	*Zum Papst gewählt*
Herkunft	31. Januar 314
Italien, Rom?	*Gestorben*
Zum Papst gewählt	31. Dezember 335
Nov./Dez. 306	*Dauer des Pontifikats*
(oder Mai/Juni 308)	21 Jahre, 11
Gestorben	Monate
16. Januar 308	
(oder 16. Januar	MARKUS
309)	*Herkunft*
Dauer des Pontifikats	Ungewiss
Ungewiss	*Zum Papst gewählt*
	18. Januar 336
EUSEBIUS	*Gestorben*
Herkunft	7. Oktober 336
Griechenland?	*Dauer des Pontifikats*
Frühere Tätigkeit	8 Monate, 20 Tage
Arzt	
Zum Papst gewählt	JULIUS I.
18. April 310	*Herkunft*
Gestorben	Italien, Rom
21. Oktober 310,	*Zum Papst gewählt*
in der Verbannung	6. Februar 337
in Sizilien	*Gestorben*
Dauer des Pontifikats	12. April 352
6 Monate, 3 Tage	*Dauer des Pontifikats*
	15 Jahre, 2 Mona-
MILTIADES	te, 6 Tage
Herkunft	
Italien, Rom?	LIBERIUS
Zum Papst gewählt	*Herkunft*
2. Juli 311	Italien, Rom
Gestorben	*Zum Papst gewählt*
10. Januar 314	17. Mai 352
Dauer des Pontifikats	*Gestorben*
2 Jahre, 6 Monate,	24. September 366
8 Tage	*Dauer des Pontifikats*
	14 Jahre, 4 Mona-
SILVESTER I.	te, 6 Tage
Herkunft	*Gegenpapst*
Ungewiss	Felix II. (355–365)

Mosaik (14. Jh.), Santa Maria Maggiore, Rom. Papst Liberius segnet den Patrizier Johannes. Liberius gab einer der frühesten Ausgabe des *Liber pontificalis* seinen Namen, dem »Liberianischen Katalog«, in dem Petrus ein Pontifikat von 25 Jahren zugeschrieben wird.

Marcellus I. (306?–308/9?) begann unter der toleranten Herrschaft von Kaiser Maxentius (306–312) die Kirche neu zu organisieren, was jedoch in einem blutigen Durcheinander endete, so dass er aus Rom verbannt wurde. **Eusebius** (um 310) wurde von Maxentius ebenfalls ins Exil geschickt. **Miltiades** (311–314) hingegen erfreute sich lange der kaiserlichen Gunst. Unter seinem Pontifikat erschienen Kaiser Konstantin (306–337) unmittelbar vor Beginn der Schlacht an der Milvischen Brücke ein leuchtendes Kreuz am Himmel und die Worte »Durch dieses Zeichen wirst du siegen«, was offenbar zu seiner Bekehrung zum Christentum führte. Konstantin verlegte den Sitz der weltlichen Macht in die Stadt Byzanz, der er den Namen Konstantinopel gab. Durch diese folgenreiche Maßnahme verloren Rom und die westliche Reichshälfte insgesamt an politischer Bedeutung. Über **Silvester I.** (314–335) weiß man trotz seines langen Pontifikats seltsamerweise wenig. Was über ihn bekannt ist, sind Fälle bemerkenswerter Abwesenheit. Weder nahm er am Kirchenkonzil von Arles teil, noch am Ersten Konzil von Nicäa (324–325), bei dem das Nicänische Bekenntnis verkündet und die Irrlehre des Arius verurteilt wurde; sogar die berühmte *Konstantinische Schenkung*, eine Urkunde, die Silvester und seinen Nachfolgern angeblich die Oberhoheit über alle anderen Patriarchen und die weltliche Herrschaft über das Weströmische Reich zuerkannte, ist eine Fälschung aus späterer Zeit. Auch von **Markus** (336) weiß man praktisch nichts. Sein Pontifikat war offenbar von internen Streitigkeiten überschattet, die ihren Ausgang in Nicäa nahmen.

Julius I. (337–352) hingegen begann wieder Ordnung zu schaffen und die Ansprüche Roms auf den Primat über die Bischöfe des Ostens zu verstärken. **Liberius** (352–366), der erste nicht kanonisierte Papst – wahrscheinlich, weil er sich durch seine Konzessionen an die Häretiker kompromittiert hatte –, legte anfangs jenen Starrsinn an den Tag, der oft von einem schwachen Charakter zeugt. Als er jedoch von Kaiser Konstantius II. (337–361) drangsaliert und ins Exil geschickt wurde, gab er östlichen Forderungen nach und machte Zugeständnisse an die Arianer.

KONSTANTIN UND DIE SCHLACHT AN DER MILVISCHEN BRÜCKE

Er berichtete, dass er am Mittag, als die Sonne langsam nach Westen abzusinken begann, mit eigenen Augen am Himmel das triumphale Zeichen eines leuchtenden Kreuzes erblickte. Es befand sich über der Sonne und trug die Inschrift: »Durch dieses Zeichen wirst du siegen.« Angesichts dieser Erscheinung erschrak er ebenso wie die Soldaten, die ihn auf seinem Marsch begleiteten und Zeugen dieses Wunders wurden.

Eusebius, *Das Leben Konstantins* I, 27–28

Konstantins Übertritt zum Christentum ist dreifach bedeutsam. Erstens gewährte er den Christen Religionsfreiheit. Da seine Mutter Helena eine bekennende Christin war, stand – anders als bei anderen Toleranzedikten – zu erwarten, dass die kaiserliche Gunst dauerhaft sein würde. Zweitens gewährte er den Christengemeinden mehr Einfluss im Staatsapparat. Drittens berief er mit Einverständnis Silvesters I. das Erste Nicäische Konzil ein, das die arianische Irrlehre verurteilte und den rechten Glauben im Nicänischen Bekenntnis formulierte. Damit wurde das Christentum in die Struktur des Reiches und in die politischen Konzeptionen des Kaisers eingebunden.

(Links) Kopf des Kaisers Konstantin, gefunden in der Basilica Nova in Rom.

(Oben) Der Legende nach wurde Konstantin von Silvester I. in den Bädern des Lateranpalastes getauft und dadurch vom Aussatz geheilt.

(Unten) Die Konstantinische Schenkung war eine Urkunde, mit der Kaiser Konstantin dem Papst angeblich den Lateranpalast und die Herrschaft über Rom, Italien und die westliche Reichshälfte übertrug. Diese Schenkung, die der Kaiser zum Dank für seine Taufe und Heilung gemacht haben soll, wurde erst im 15. Jh. als Fälschung entlarvt.

Erstes Konzil von Nicäa (324–325)

Kaiser Konstantin war durch die Lehren eines Priesters im ägyptischen Alexandria beunruhigt, eines Mannes namens Arius, der erklärte, Gottvater habe bereits vor dem Sohn existiert, weshalb der Sohn geringer sei als der Vater und im Grunde ein Geschöpf des Vaters. Die Bischöfe von Ägypten und Libyen waren empört. Sie luden Arius um 320 zu einer Synode, auf der er sich uneinsichtig zeigte und deshalb exkommuniziert wurde. Arius begab sich anschließend nach Syrien, wo er von mehreren Persönlichkeiten der Kirche freundschaftlich aufgenommen wurde, womit sein Einfluss und gleichzeitig die Kontroversen um ihn anwuchsen.

Da Konstantin den Christen seinen kaiserlichen Schutz gewähren wollte, empfand er es als seine Pflicht, den Arianischen Streit beizulegen. Nachdem seine ersten Versuche keine Lösung erbracht hatten, berief er ein Konzil der wichtigsten Bischöfe des Reiches ein. Sie versammelten sich in Nicäa (dem heutigen Iznik in der nordwestlichen Türkei). Auf ihrer Tagesordnung standen nicht nur die Lehren des Arius, ihre Hauptsorge galt vielmehr der Festlegung der

Der Irrlehrer Arius wirft sich auf dem Konzil von Nicäa vor dem Kaiser und den Bischöfen zu Boden. Im Römischen Reich war der Arianismus Ende des 4. Jahrhunderts praktisch erloschen, doch blieben Teile einiger Germanenstämme weiterhin Arianer, so dass der Arianismus später wieder in die westliche Reichshälfte eindrang.

Glaubensartikel. Ihre Beratungen führten schließlich zur Abfassung des Nicänischen Glaubensbekenntnisses, der ersten von der Kirche offiziell verkündeten Definition des christlichen Glaubens. Das Osterfest, bis dahin an unterschiedlichen Tagen und unter Beachtung jüdischer Gebräuche gefeiert, sollte auf ein für alle Christen verbindliches Datum festgelegt und ohne Einbeziehung jüdischer Traditionen begangen werden. Man beriet auch über eine Reihe anderer Punkte, vor allem über den Status des Klerus und Fragen der Taufe.

Arius wurde als Häretiker verurteilt. Solange Konstantin lebte, beruhigte sich der Arianische Streit, flammte aber im 5. Jahrhundert erneut auf, bis schließlich im 6. Jahrhundert der Arianismus ausgemerzt wurde.

Unter einigen Nachfolgern Konstantins erhielt die arianische Irrlehre Auftrieb. Als sie vom kaiserlichen Hof begünstigt wurde, mussten ihre rechtgläubigen Gegner fliehen (oben). 381 war der Arianismus jedoch in großen Teilen des Römischen Reichs erloschen.

Schließlich durfte er nach Rom zurückkehren, wo inzwischen der Gegenpapst *Felix II.* an seine Stelle getreten war. Trotz seiner späteren Rückkehr zur rechtgläubigen Denkweise war sein Ruf ruiniert, als er starb.

Diese lange Liste von Päpsten macht eines deutlich: Die Verfolgungswellen lehrten die christlichen Gemeinden, dass man auf die Gewogenheit des Staates nicht zählen konnte. Deswegen war eine feste Führung durch eine andere Autorität nötig: Wer, wenn nicht der Papst? Je gebieterischer das Papsttum auftrat, desto mehr wurde es – trotz örtlicher Widerstände – als solches akzeptiert, bis schließlich sogar der Staat die Ansprüche der Päpste bis zu einem gewissen Grad anerkannte.

Damasus I.
366–384

Papst Damasus spricht zum heiligen Hieronymus (nicht abgebildet). Handschrift vom Ende des 11. oder Anfang des 12. Jahrhunderts (Paris, Bibliothèque Nationale). Damasus erbaute mehrere Kirchen, setzte die Katakomben instand und förderte die Märtyrerverehrung. Er war auch literarisch interessiert und schrieb Gedichte über frühere Päpste und zu Ehren der Märtyrer.

DAMASUS I.	
Herkunft	*Alter zur Zeit der Wahl*
Italien, Rom	Etwa 61
Geboren	*Gestorben*
Um 305	11. Dezember 384
Abstammung	*Dauer des Pontifikats*
Sohn eines Priesters	18 Jahre,
Früheres Amt	2 Monate,
Diakon	11 Tage
Zum Papst gewählt	*Gegenpapst*
1. Oktober 366	Ursinus (366–367)

Damasus und Ursinus, die beide von dem glühenden Wunsch beseelt waren, das Bischofsamt anzutreten, stritten heftig über ihre gegensätzlichen Ansichten. Ihre Anhänger gingen in ihren Streitigkeiten so weit, dass sie [einander] tödliche Wunden zufügten ... Damasus trug bei diesen Auseinandersetzungen dank der Anstrengungen seiner Anhänger den Sieg davon; es ist bekannt, dass in der Sicininusbasilika, in der die Christensekte ihre Versammlungen abhält, an einem einzigen Tag 137 Leichen von Getöteten gefunden wurden.

Ammianus Marcellinus, *Römische Geschichte* 27,3,12–13

Damasus I. (366–384) steht wieder am Anfang einer Reihe von Heiligen. Nach dem Tod des Liberius kam es in Rom zu Auseinandersetzungen. Damasus warb Schläger an, die über die Anhänger des Gegenpapstes *Ursinus* herfielen. Auch nach seiner Inthronisation zum Papst gingen die Gewalttätigkeiten weiter, bis er die Lage fest in der Hand hatte. In seiner Amtszeit verstärkte er mit Unterstützung des kaiserlichen Hofes den Anspruch auf den Primat, wobei er den römischen Bischofssitz immer wieder als »Apostolischen Stuhl« bezeichnete. »Auch wenn wir die Apostel dem Osten verdanken«, so lauten sinngemäß die von ihm verfassten Verse einer Gedenktafel, die er über den Gräbern von Petrus und

Er wurde in gehässiger Weise des Ehebruchs beschuldigt und es wurde eine Synode einberufen, auf der ihn 44 Bischöfe freisprachen. Gleichzeitig verurteilten sie die Diakone Concordius und Callistus, die ihn angeklagt hatten, und schlossen sie aus der Kirche aus.

Liber pontificalis

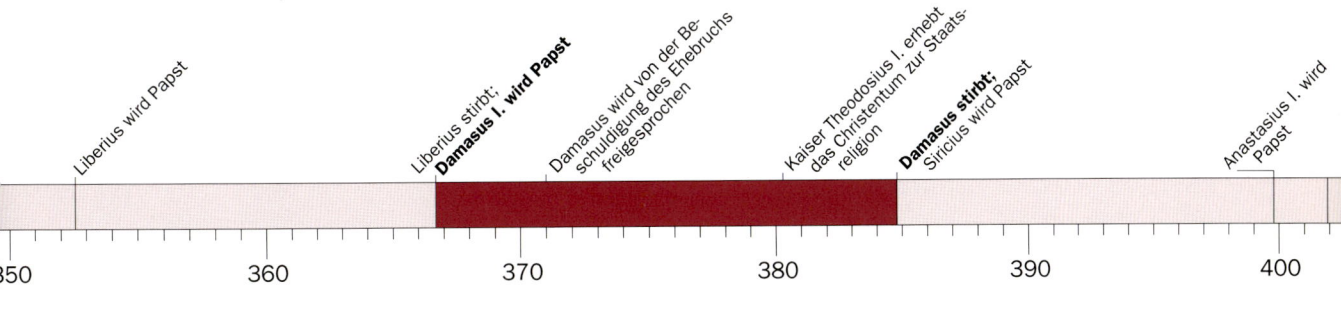

Liberius wird Papst

Liberius stirbt; **Damasus I. wird Papst**

Damasus wird von der Beschuldigung des Ehebruchs freigesprochen

Kaiser Theodosius I. erhebt das Christentum zur Staatsreligion

Damasus stirbt; Siricius wird Papst

Anastasius I. wird Papst

350   360   370   380   390   400

AUFWÄNDIGES PONTIFIKAT

Trotz seines unleugbaren Charmes wurde Damasus ob seines aufwändigen Lebensstils kritisiert:

Wenn ich an die Prachtentfaltung in Rom denke, leugne ich nicht, dass jene, die so etwas wünschen, sich unter Schmähung anderer voll dafür einsetzen sollten, um zu erlangen, wonach sie streben; denn sobald sie es erlangen, sind sie aller Sorgen ledig; und dies sosehr, dass sie, durch die Gaben verheirateter Frauen reich geworden, in Karossen fahren, sich mit größter Sorgfalt kleiden und Bankette von derartiger Üppigkeit veranstalten, dass ihre Festessen die Gastmähler von Königen in den Schatten stellen.

Ammianus Marcellinus, *Römische Geschichte* 27,3,14

Paulus anbringen ließ, »aufgrund ihres Martyriums hat Rom ein höheres Recht, sie als seine Bürger zu beanspruchen.«

Damasus übte eine gewisse Anziehungskraft insbesondere auf Damen der Oberschicht aus. Dies mag der Beschuldigung des Ehebruchs, die gegen ihn erhoben wurde, Gewicht verliehen haben. Sein Konzept: Bekehre die Frauen und die Ehemänner werden ihnen folgen. Damit lag er nicht falsch. Das Christentum wurde in aristokratischen Kreisen zwar nicht Mode, aber zumindest akzeptabel. Dies wiederum konnte das wachsende Prestige und die Macht des Papstes nur stärken, die durch den aufwändigen Lebensstil Damasus' und den Reichtum seiner »goldglänzenden« und »mit Ornamenten und kostbarem Marmor« ausgeschmückten Kirchen allen vor Augen geführt wurde.

Der Kampf gegen Irrlehren und die Kirchenspaltung war jedoch nicht beendet. Sein ganzes Pontifikat hindurch musste Damasus gegen all jene kämpfen, die vom rechten Glauben abwichen oder sich weigerten, die Oberhoheit des Heiligen Stuhls anzuerkennen. Am 28. Februar 380 wurde er für seine Bemühungen belohnt. Kaiser Theodosius I. (379–395) befahl »allen Bewohnern des Reiches die Religion anzunehmen, die der Apostel Petrus den Römern hinterlassen hat und der nun Bischof Damasus und Petrus von Alexandria angehören«.

Seine Ausstrahlung und sein energisches Wesen zeigen sich in der Art, wie die Menschen auf ihn reagierten. Der heilige Hieronymus schrieb 376 an ihn: »Auch wenn Eure Eminenz mich ängstigt, so fühle ich mich durch Eure Güte zu Euch hingezogen.« Im Jahr darauf wurde er sein Sekretär. Auf Anordnung Damasus' korrigierte und übersetzte Hieronymus die Septuaginta – eine griechische Fassung des Alten Testaments – sowie das Neue Testament ins Lateinische. Damit gewann die Kirche eine verbindliche Fassung der Heiligen Schrift, die Vulgata. Durch diese Zentralisierungsmaßnahme wurde Latein in Rom zur wichtigsten litur-

Papstkrypta in den Calixtuskatakomben. Papst Damasus verfasste eine Grabinschrift für Sixtus II., in der dessen Name »Xysti Pon« (Papst Sixtus) erwähnt ist. Eine Version seines Todes besagt, er sei mit dem Schwert durchbohrt worden. Prudentius, ein Dichter des 4. Jahrhunderts, dachte irrigerweise, er sei am Kreuz gestorben.

Episoden aus dem Leben des heiligen Hieronymus aus der Ersten Bibel Karls des Kahlen (9. Jahrhundert). Ganz unten: Hieronymus beim Verteilen seiner lateinischen Bibelübersetzung, der Vulgata.

gischen Sprache und Rom zum Mittelpunkt der Bibelwissenschaft. Der heilige Basilius hingegen empfand Damasus als jemanden, mit dem nicht auszukommen war. In einem Brief zitierte er Diomedes, der über Achill sagte: »Du solltest ihn meiden, denn es heißt, der Mann sei hochmütig.«

Siricius
384–399

Anastasius I.
399–401

Innozenz I.
401–417

Zosimus
417–418

Bonifaz I.
418–422

Coelestin I.
422–432

Sixtus III.
432–440

PAPSTNAMEN

SIRICIUS
Herkunft
  Italien, Rom
Früheres Amt
  Diakon
Zum Papst gewählt
  Dezember 384
Gestorben
  26. November
  399
Dauer des Pontifikats
  14 Jahre, 10 Mona-
  te, 26 Tage

ANASTASIUS I.
Herkunft
  Italien, Rom
Zum Papst gewählt
  27. November 399

Familie
  Sein Sohn ist
  Innozenz I.
Gestorben
  19. Dezember 401
Dauer des Pontifikats
  2 Jahre, 9 Monate,
  23 Tage

INNOZENZ I.
Herkunft
  Italien, Rom
Zum Papst gewählt
  21. Dezember 401
Gestorben
  12. März 417
Dauer des Pontifikats
  15 Jahre, 2 Mona-
  te, 22 Tage

Wir tragen die Bürde all jener, die schwer beladen sind. Ohne Zweifel trägt der heilige Apostel Petrus in uns diese Dinge und – dessen sind wir sicher – beschützt uns durch seine Führung bei all unseren Aufgaben und wacht über seine Nachfolger.

Siricius, *Briefe* 1,13

Als Damasus starb, kandidierte der frühere Gegenpapst Ursinus noch einmal. Selbst Hieronymus hegte die Hoffnung, seinem Beschützer auf den Papstthron folgen zu können. Die Wahl fiel aber auf **Siricius** (384–399), der sein ganzes Pontifikat hindurch gleich seinem Vorgänger den Primat Roms betonte. Seine Antworten auf Anfragen anderer Bischöfe waren entschieden und gebieterisch, Häresien gegenüber zeigte er sich kompromisslos. Er war der erste Bischof von Rom, der den Titel »Papst« im heutigen Sinn gebrauchte. Möglicherweise trug diese entschiedene Ausübung des Primats dazu bei, dass Paulinus von Nola Siricius als hochmütig und unnahbar ansah.

Inschrift an einem Pfeiler der Basilika San Paolo: »Siricius, der Bischof, Christus ganz und gar ergeben«. Siricius begann 386 mit der Restaurierung der an der Via Ostia erbauten Basilika.

SIRICIVSEPISCOPVS TOTAMENTEDEVOTVS

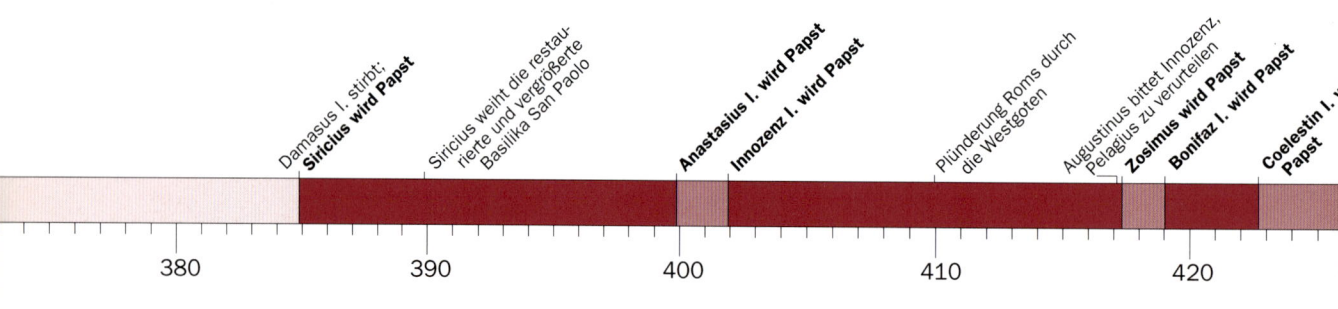

DIE REICHSTEILUNG

Kurz nachdem Konstantin 324 Alleinherrscher geworden war, verlegte dieser die kaiserliche Residenz von Rom nach Byzanz, das in »Konstantinopel« umbenannt wurde. Diese Maßnahme erklärt sich aus dem Übertritt Konstantins zum Christentum, der eine neue christliche Hauptstadt frei von heidnischen Reminiszenzen erforderlich machte, vor allem aber aus der Tatsache, dass das sich weit ausdehnende Römische Reich ein weiter östlich gelegenes ziviles und militärisches Verwaltungszentrum erforderte. Nach und nach zerfiel das Reich in zwei Teile, die jeweils ihre eigene Verwaltung und schließlich ihren eigenen Kaiser hatten. Vom 6. Jahrhundert an besaßen die fünf bedeutendsten christlichen Bischofssitze – Rom, Konstantinopel, Alexandria, Antiochia und Jerusalem – die Oberhoheit über alle anderen. Ihre Amtsinhaber wurden »Patriarchen« genannt, allerdings nicht in Rom, dessen Bischof der Papst war. Da Konstantinopel eine kaiserliche Hauptstadt war, betrachtete sich sein Patriarch als dem Papst gleichwertig. Weil sich der päpstliche Anspruch auf den Primat mit diesem Standpunkt nicht vereinbaren ließ, mussten die Inhaber der beiden Ämter zu Feinden werden. Diese Entwicklung endete 1054 mit dem Bruch zwischen der westlichen und der östlichen Kirche, der – ungeachtet kleinerer Kittversuche – bis heute andauert.

410 wurde Rom von den Westgoten geplündert. Der hl. Hieronymus: »Die Stadt, welche die ganze Welt erobert hatte, wurde selbst erobert. Im Grunde ging sie am Hunger zugrunde, ehe sie durch das Schwert zugrunde ging, und es gab nur mehr sehr wenige, die gefangen genommen werden konnten.« *Brief 127*

Anastasius I. (399–401) ist vor allem durch eine heftige Kontroverse bekannt. Es ging dabei um die Übersetzung von Schriften des alexandrinischen Theologen Origenes aus dem 3. Jahrhundert. Sowohl Hieronymus als auch Theophilus, der Patriarch von Alexandria, übten auf den Papst rücksichtslos Druck aus. Er sollte die Schriften des Origenes zu gefährlichen Irrtümern erklären und verurteilen. Da Anastasius in Rom unter dem Einfluss der Freunde und Anhänger des Hieronymus stand, willigte er schließlich ein und verurteilte die Schriften, obwohl er selbst nicht ein einziges Wort davon gelesen hatte. Hieronymus dankte es ihm gebührend. Nach dem Tod des Anastasius feierte er sein Andenken als das eines frommen und heiligen Bischofs »reich an Armut und apostolischer Fürsorge«, der erfolgreich die römische Kirche durch eine Zeit geführt hatte, in der im Osten der Sturm der Häresie tobte.

Unter **Innozenz I.** (401–417), der angeblich der Sohn seines Vorgängers war, kam es zu einer Katastrophe, angesichts derer der Papst seine Festigkeit und seine Fähigkeiten unter Beweis stellen musste. 410 wurde auf Befehl des Westgotenkönigs Alarich I. Rom geplündert. Ursache war die

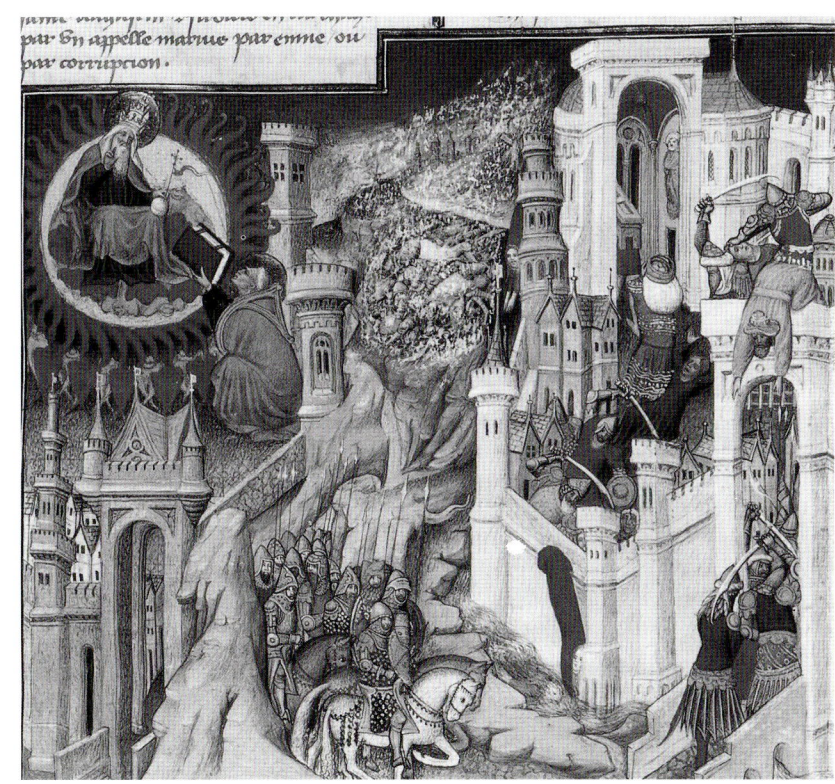

von Ephesos verurteilt
...estorius als Häretiker

Sixtus III. wird Papst

Sixtus III. stirbt;
Leo I. wird Papst

Hilarius wird Papst

Simplicius wird Papst

440   450   460   470   480

PAPSTNAMEN

ZOSIMUS *Herkunft* Griechenland *Abstammung* Vielleicht jüdisch *Zum Papst gewählt* 18. März 417 *Gestorben* 26. Dezember 418 *Dauer des Pontifikats* 1 Jahr, 9 Monate, 8 Tage	*Gegenpapst* Eulalius (418–419) **COELESTIN I.** *Herkunft* Italien, Kampanien *Früheres Amt* Archidiakon von Rom *Zum Papst gewählt* 10. September 422 *Gestorben* 27. Juli 432 *Dauer des Pontifikats* 9 Jahre, 10 Mo- nate, 17 Tage
BONIFAZ I. *Herkunft* Italien, Rom *Abstammung* Sohn eines Pries- ters *Zum Papst gewählt* 28. Dezember 418 *Gestorben* 4. September 422 *Dauer des Pontifikats* 3 Jahre, 8 Monate, 7 Tage	**SIXTUS III.** *Herkunft* Italien, Rom *Zum Papst gewählt* 31. Juli 432 *Gestorben* 19. August 440 *Dauer des Pontifikats* 8 Jahre, 19 Tage

Schwäche des Reiches, das in zwei Hälften geteilt worden war. Im Westen regierte Honorius, der seit 404 in Ravenna residierte, Sitz des oströmischen Kaisers war Konstantinopel. Der weströmische Heerführer Stilicho hielt die Westgoten in Schach, doch seine Ermordung und die Schwäche des Honorius ermöglichten es Alarich, Rom 408 einzuschließen. Alarich hungerte die Stadt aus, bis sie bereit war, ein hohes Lösegeld zu bezahlen. Innozenz begab sich nach Ravenna, um Honorius zu überzeugen, dieses Lösegeld zu bezahlen, damit Rom gerettet werden konnte. Honorius versuchte, Zeit zu gewinnen, woraufhin Alarich 409 erneut gegen Rom vorrückte und den Hafen von Ostia besetzte, wo das Korn für die Hauptstadt lagerte. Es begann eine zweite Belagerung. Im August 410 öffneten Verräter die Tore und die Westgoten rückten in die Stadt ein, die sie drei Tage lang plünderten. Da Alarich Christ war, verschonte er die christlichen Gebäude, zerstörte aber die heidnischen Bauten. Innozenz, der währenddessen in Ravenna weilte, kehrte nach dem Abzug der Westgoten nach Rom zurück und organisierte öffentliche Hilfsaktionen.

In seinen letzten Regierungsjahren wurde die Kirche in Afrika durch eine britische Irrlehre erschüttert, den Pelagianismus. Der heilige Augustin und weitere afrikanische Bischöfe insistierten beim Papst, die Lehren

AUGUSTINUS

Der heilige Augustinus (354–430) wurde in Nordafrika geboren. Nach einer Jugend voller Ausschweifungen begeisterte er sich für den Manichäismus, dem zufolge auf der Welt ein ständiger Kampf zwischen Gut und Böse herrscht und jeder für das eine oder das andere kämpfen muss.

Augustinus wurde bald enttäuscht und ging nach Mailand, wo ihn Bischof Ambrosius zum Christentum bekehrte. Schließlich wurde er Bischof der Stadt Hippo in Afrika (rechts). Augustinus verfasste umfangreiche Schriften, sein bekanntestes Werk sind die *Confessiones* (397–401), in denen er über seine geistige Ruhelosigkeit und die darauf folgende Bekehrung berichtet, und der *Gottesstaat* (413–427), eine komplexe Untersuchung über den Kampf zwischen Eigenliebe und Gottesliebe. Er selbst musste Irrlehren bekämpfen – Manichäismus, Donatismus, Pelagianismus und Arianismus – und dabei neue Theorien über theologische Fragen entwickeln sowie deren Implikationen formulieren. Diese Theorien sollten später Einfluss auf andere Theologen haben, wie zum Beispiel auf Martin Luther.

HÄRESIEN

Der Ausdruck kommt vom griechischen *hairesis*, das im Sinn von »Gefangennahme« oder »Erwerb« und im Sinn von »philosophisches System« bzw. »Sekte« verwendet wurde. Er konnte neutral oder abschätzig gebraucht werden, und bald schon assoziierte man damit Stolz, Eigenwilligkeit und hochmütigen Widerstand gegen die wahre Lehre der rechtgläubigen Kirche. Damit war Häresie etwas Verwerfliches, da sie aus der Halsstarrigkeit des Einzelnen entstand und die Einheit der Kirche und der Gläubigen bedrohte.

Die aufgelisteten Häresien sind nur einige der Irrlehren, die die Kirche der Frühzeit bekämpfen musste.

Donatismus: Eine Häresie des 4. Jahrhunderts, die behauptete, Sakramente seien nur wirksam, wenn der sie spendende Priester würdig und im Besitz der göttlichen Gnade ist.

Pelagianismus: Irrlehre des 5. Jahrhunderts, nach der der Mensch kraft seines freien Willens sowohl für das Gute wie für das Böse bereit ist.

Nestorianismus: Eine Häresie des 5. Jahrhunderts, die in Christus ein göttliches und ein menschliches Wesen sah. Für die Nestorianer war Maria nicht die Mutter Gottes, sondern nur die Mutter des Menschen Christus.

Monophysitismus: Eine Häresie, der zufolge Christus nur eine (und zwar eine göttliche) Natur und nicht zwei (eine göttliche und eine menschliche) hatte. Diese im 5. Jahrhundert aufkommende Lehre war einer von mehreren Versuchen, mit dem Begriff der beiden Naturen zurechtzukommen, die gleichzeitig und vollkommen in derselben Person gegeben waren.

Monotheletismus: Im 7. Jahrhundert Teil eines Versuchs, die Monophysiten wieder in die Reichskirche zurückzubringen. Sie sprach Christus trotz seiner zwei Naturen nur einen einzigen Willen zu, der von seiner göttlichen Natur bestimmt werde.

des Pelagius zu verurteilen. Innozenz' Forderung, sich in allen wichtigen Religionsfragen an ihn zu wenden, scheint Wirkung gezeigt zu haben.

Auch **Zosimus** (417–418) musste sich mit der Kontroverse über den Pelagianismus befassen, es fehlte ihm jedoch am nötigen Takt und er geriet mit den afrikanischen Bischöfen in Streit.

Bonifaz I. (418–422) wiederum hatte einen Gegenpapst, Eulalius, und musste aufgrund mächtiger politischer Gegenspieler Rom eine Zeit lang verlassen. Aber er hatte auch Freunde am Hof, und sobald er seine Autorität wiederhergestellt hatte, ging er daran, das von Zosimus hinterlassene Durcheinander zu beseitigen. Wie sein Vorgänger unterstrich er die Ansprüche des Papsttums und übergab seinem Nachfolger **Coelestin I.** (422–432) eine Kirche, die nun eher bereit war, päpstlichen Anordnungen Folge zu leisten. Die größte Herausforderung für Coelestin war jedoch eine weitere Häresie, der Nestorianismus. Nestorius war der Patriarch von Konstantinopel (428–451). Der Träger dieses Amtes unterstand seit 381 in Glaubensfragen dem Papst. Nestorius löste einen folgenreichen Streit über die Frage aus, ob die Jungfrau Maria als *theotokos* (»Gottesmutter«) bezeichnet werden sollte oder nicht. Schließlich wurde er 431 auf dem Konzil von Ephesos als Häretiker verurteilt, obwohl Coelestin ursprünglich seiner Ernennung zum Patriarchen zugestimmt hatte. Auch gegenüber der afrikanischen Kirche, die weiterhin über ihre Handlungsfreiheit wachte, konnte sich Coelestin nicht durchsetzen.

Sixtus III. (432–440) setzte Coelestins Politik fort und hinterließ Rom zur Erinnerung an sein Pontifikat die von ihm erbaute Kirche Santa Maria Maggiore, deren Mosaiken zeigen, dass die Jungfrau Maria im katholischen Glauben mehr und mehr Bedeutung erlangte.

Detail eines Mosaiks in der von Sixtus III. erbauten Kirche Santa Maria Maggiore. Es zeigt, dass sich die Kirche in zunehmendem Maß kaiserliche Symbole aneignete. Der Bogen über dem Hochaltar erinnert deutlich an einen römischen Triumphbogen.

Leo I.

440–461

Detail einer Handschrift des 13. Jahrhunderts, der so genannten *Sächsischen Weltchronik*. Es zeigt Papst Leo I., der den Hunnenkönig Attila (nicht abgebildet) begrüßt. Leo wurde als erster Papst in St. Peter begraben. Seine sterblichen Überreste wurden viermal in verschiedenen Teilen der Basilika beigesetzt. 1607, bei der dritten Beisetzung, war der Leichnam noch fast vollständig erhalten.

LEO I.	
Herkunft	diplomatischer
Italien, Rom	Mission in Gallien
Früheres Amt	befand
Diakon	*Gestorben*
Zum Papst gewählt	10. November 461
August/September	*Dauer des Pontifikats*
440; die Wahl fand	21 Jahre, 2–3
statt, als er sich in	Monate, 10 Tage

Keiner, innig geliebter Freund, kann sich rühmen, in diesem Leben Verdienste gesammelt zu haben, wenn er keine guten Werke vorweisen kann; noch kann er sich der Reinheit seines Körpers sicher sein, wenn er diesen nicht durch Almosen reinigt. Durch die Gabe von Almosen tilgt man die Sünde, besiegt den Tod und löscht die Strafe des ewigen Feuers.

Leo I., *Predigt 10*

Rom wurde sich selbst überlassen und Geiserich schloss es ein. Der heilige Bischof Leo zog ihm entgegen, um ihn vor den Mauern zu treffen, und mit Gottes Hilfe besänftigten ihn seine Bitten, so dass er, obwohl alles in seiner Macht stand, nach der Übergabe der Stadt von Feuer, Gemetzel und Bestrafung Abstand nahm.

Prosper von Aquitanien, *Chronik des Jahres 445*

Leo I. (440–461) war für Coelestin I. und Sixtus III. tätig gewesen und der erste von nur zwei Päpsten, die »der Große« genannt wurden. Er hatte Erfahrung im Umgang mit Häresien, ob sie nun unter früheren Pontifikaten im Jahrhundert davor entstanden waren oder aus christologischen Kontroversen seiner Zeit. Vor allem bei Letzteren war er kompromisslos. Dies zeigt sich am Beispiel eines häretischen Mönchs, Eutyches, der eine monophysitische Lehre gepredigt hatte, den Glauben, dass Christus nur eine Natur habe, da die menschliche von der göttlichen aufgesogen worden sei. Diese Lehre wurde von Flavian, dem Patriarchen von Konstantinopel, verurteilt, Eutyches verwahrte sich dagegen und appellierte an Rom. 449 wurde deswegen in Ephesos ein Konzil einberufen.

Leo ließ sich nicht herab, persönlich zu erscheinen, sondern entsandte bevollmächtigte Vertreter. Sie waren mit einer doktrinalen Erklärung

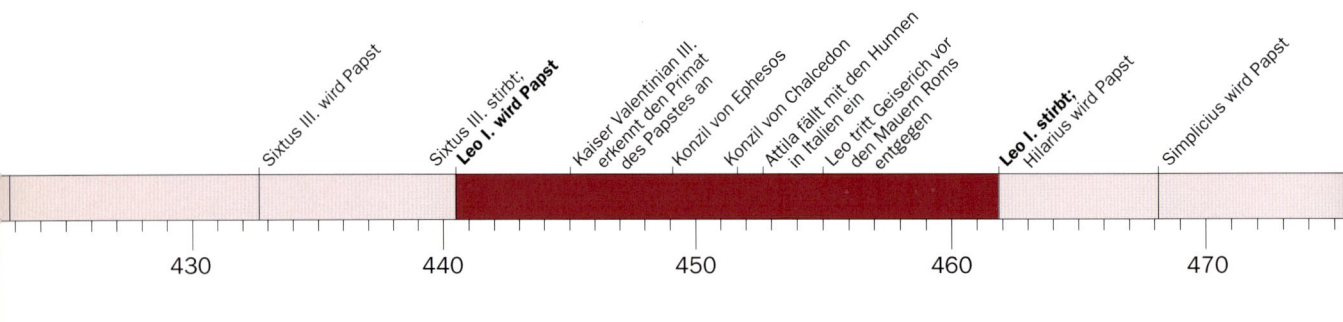

Sixtus III. wird Papst

Sixtus III. stirbt: **Leo I. wird Papst**

Kaiser Valentinian III. erkennt den Primat des Papstes an

Konzil von Ephesos

Konzil von Chalcedon

Attila fällt mit den Hunnen in Italien ein

Leo tritt Geiserich vor den Mauern Roms entgegen

Leo I. stirbt: Hilarius wird Papst

Simplicius wird Papst

430 440 450 460 470

Der päpstliche Primat

Es ist gewiss, dass der einzige Schutz für uns und unser Reich die Gunst des himmlischen Gottes ist; und um diese zu verdienen, ist es unsere wichtigste Aufgabe, den christlichen Glauben und seine ehrwürdige Religion zu unterstützen. Da die Oberhoheit des Apostolischen Stuhls feststeht – aufgrund der Verdienste des heiligen Petrus, des Fürsten der Bischöfe, aufgrund der führenden Stellung der Stadt Rom und der Autorität einer heiligen Synode –, darf niemand glauben, er könne etwas gegen die Autorität dieses Heiligen Stuhls unternehmen. Denn letztlich wird der Friede der Kirchen bewahrt werden, wenn der gesamte Körper seinen Herrscher anerkennt.

Leo, *Briefe* 11 (die Anordnung Valentinians III. zitierend)

Die Ansichten Papst Leos über das Papsttum sind wichtig, weil er den Begriff der päpstlichen Nachfolge im Rahmen des römischen Erbrechts klären wollte. Gesetzlich war ein Papst nicht Nachfolger seines jeweiligen Vorgängers, sondern des heiligen Petrus, wodurch dessen Gewalt auf ihn überging. Das Amt des Papstes wurde von seinem Inhaber getrennt, so dass Prestige und Autorität von den Tugenden oder Verfehlungen des jeweiligen Papstes unberührt (oder zumindest legal) bleiben würden. Der Papst wurde Ausführender eines Amtes, sein Charakter war ohne Belang für den Vollzug der päpstlichen Gewalt.

(*tome*) ausgestattet, die besagte, dass in Christus zwei getrennte Naturen vereinigt waren. Leo ließ die Teilnehmer wissen, dass diese Erklärung nicht in Frage gestellt werden könne. »Rom hat gesprochen, die Angelegenheit ist erledigt« ist ein Ausspruch, den er wohl als richtig betrachtet hätte. Leo hatte die Unterstützung des Kaisers. Valentinian III. erkannte den Anspruch auf den päpstlichen Primat mit einem Edikt (445) an, durch das Leo ermächtigt wurde, einen lästigen gallischen Bischof, Hilarius von Arles, in seine Diözese zu verbannen.

Leo scheint jedoch nicht hochmütig geworden zu sein. Er nahm sein Hirtenamt ernst und war ein fleißiger Prediger. Seine 96 erhalten gebliebenen Predigten zeigen seine Bestrebungen, Spenden für die Armen zu sammeln, das Fasten zu verbreiten und gegen das Sonnenbaden auf den Stufen von St. Peter vorzugehen. Es fehlte ihm auch nicht an persönlichem Mut. Als 452 der Hunnenkönig Attila in Oberitalien eingefallen war, zog ihm Leo in der Nähe von Mantua entgegen und bewog ihn, mit seinen Truppen umzukehren. 455 trat er dem Wandalen Geiserich vor den Mauern von Rom in den Weg und bewirkte durch sein Einschreiten, dass die Stadt daraufhin weniger intensiv geplündert wurde.

Man bekommt den Eindruck, es handelte sich um einen Mann, der nicht daran zweifelte, dass er die volle, vom heiligen Petrus den römischen Bischöfen übertragene Gewalt hatte und damit allen anderen Patriarchen und Bischöfen übergeordnet war. Nach seinem Tod wurde er in der Vorhalle von St. Peter beigesetzt. 668 wurde sein Grab in das Innere der Basilika verlegt und mit einem Erinnerungsmal ausgestattet – eine große Ehre, die Leo als erstem Papst zuteil wurde.

Papst Leo I. tritt Attila entgegen. Skulptur von Alessandro Algardi, 17. Jahrhundert (Rom, Petersdom). Attila hatte einen gewissen Sinn für Humor. Vor allem Bischof Lupus und Papst Leo I. war es gelungen, den Hunnenkönig dazu zu bringen, die Städte Troyes und Rom zu verschonen. »Ich kann Menschen unterwerfen«, sagte Attila, »aber nicht den Löwen [*Leo*] und den Wolf [*Lupus*].«

Hilarius
461–468

Simplicius
468–483

Felix III. (II.)
483–492

Gelasius I.
492–496

Anastasius II.
496–498

Symmachus
498–514

Hormisdas
514–523

Johannes I.
523–526

Felix IV. (III.)
526–530

Bonifaz II.
530–532

Johannes II.
533–535

Agapitus I.
535–536

Silverius
536–537

Er [Papst Gelasius I.] gab sich keinen nutzlosen, eitlen und verschwenderischen Gelagen hin, die Körper und Seele krank machen. Dieser Hirt war ein Nachahmer des Guten Hirten, ein außergewöhnlicher Bischof auf dem Apostolischen Stuhl, der die göttlichen Gebote vorlebte und lehrte.
Dionysius Exiguus, *Dekretalen der römischen Pontifices*

PAPSTNAMEN

HILARIUS
Herkunft
  Sardinien
Früheres Amt
  Archidiakon
Zum Papst gewählt
  19. November 461
Gestorben
  29. Februar 468
Dauer des Pontifikats
  6 Jahre, 3 Monate, 12 Tage

SIMPLICIUS
Herkunft
  Italien, Tivoli
Zum Papst gewählt
  3. März 468
Gestorben
  10. März 483
Dauer des Pontifikats
  15 Jahre, 7 Tage

FELIX III. (II.)
Herkunft
  Italien, Rom
Abstammung
  Aristokratisch; Sohn eines Priesters
Zum Papst gewählt
  13. März 483
Zivilstand
  Witwer
Nachkommen
  Mindestens zwei Kinder – Vorfahren von Agapitus I. und Gregor I.
Gestorben
  1. März 492
Dauer des Pontifikats
  8 Jahre, 11 Monate, 18 Tage

Nachfolger eines großen Papstes zu sein, war gewiss nicht leicht, doch **Hilarius** (461–468) war ein Mitarbeiter Leos gewesen und nahm ihn sich zum Vorbild. So scheute er auch nicht einen Konflikt mit dem weströmischen Kaiser Anthemius (467–472), als dieser Häretiker im Herzen Roms zu begünstigen schien. Hilarius festigte Roms Oberhoheit über die Kirchen Galliens und Spaniens, betonte in seinen Schreiben an die Bischöfe des Ostens den Primat Roms und bekämpfte Irrlehren in Italien ebenso wie im Ausland. **Simplicius** (468–483) wurde Zeuge der Absetzung des letzten weströmischen Kaisers, Romulus Augustulus, zugunsten Odoakers, eines germanischen Heerführers und Häretikers. Ihr folgte der Zerfall des Weströmischen Reiches in romanisierte, aber nicht mehr römische Fürstentümer. Dadurch wurde die Kirche zur aussichtsreichsten Erbin des kaiserlichen Ansehens und der kaiserlichen Autorität. Im Osten gewann allerdings die von Leo I. bekämpfte monophysitische Leh-

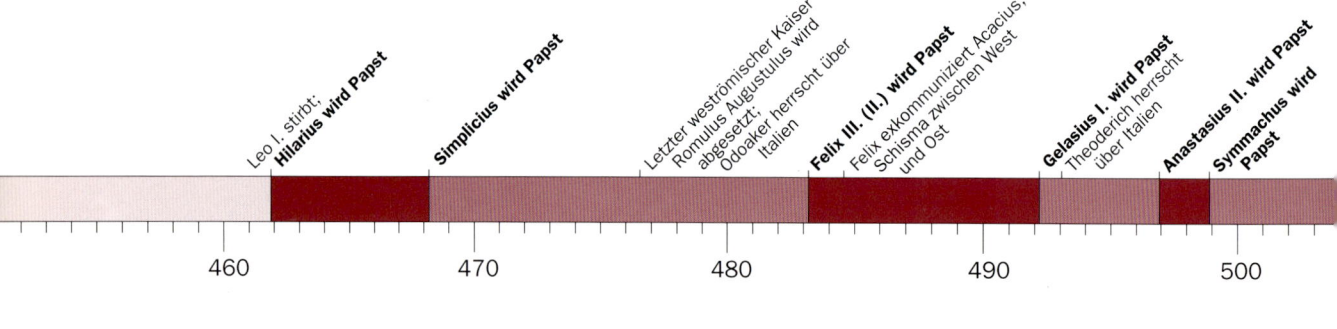

Leo I. stirbt; **Hilarius wird Papst**

Simplicius wird Papst

Letzter weströmischer Kaiser Romulus Augustulus wird abgesetzt; Odoaker herrscht über Italien

Felix III. (II.) wird Papst / Felix exkommuniziert Acacius; Schisma zwischen West und Ost

Gelasius I. wird Papst Theoderich herrscht über Italien

Anastasius II. wird Papst

Symmachus wird Papst

460   470   480   490   500

Papst Gelasius I. Detail des Frontispizes eines in Fulda um 975 illuminierten Gesangbuches (Göttingen, Universitätsbibliothek). Gelasius verfasste zahllose Briefe und theologische Abhandlungen. Er entwickelte eine Theorie, der zufolge es zwei Gewalten gab, eine bischöfliche und eine königliche. Letztere hatte insbesondere der Kaiser inne, die erstere und der letzteren überlegene hingegen der Papst.

re immer mehr an Boden, ohne dass Simplicius etwas dagegen tun konnte, denn der oströmische Kaiser konsultierte ihn einfach nicht mehr.

Felix III. (483–492) – oder Felix II., wenn man den früheren Gegenpapst Felix nicht mitrechnet – musste bald erfahren, dass Konstantinopel wenig Respekt vor ihm und seinem Amt hatte, worauf er den Patriarchen Acacius exkommunizierte, der einen Monophysiten als Bischof von Antiochia an die Stelle eines rechtgläubigen Bischofs gesetzt hatte. Acacius ignorierte den Bannspruch, so dass es zu einer 35-jährigen Spaltung zwischen Ost und West kam. Felix blieb bei seiner ablehnenden Haltung gegenüber den Monophysiten, trotz der Versuche des neuen Kaisers, eine Annäherung zu erreichen. Sein Widerstand ist bemerkenswert. Er zeigt die Entwicklung des Papsttums seit der Zeit, in der es sich das hochmütige Entgegenkommen der weltlichen Macht sichern musste.

Unter dem Pontifikat von **Gelasius I.** (492–496), dem zweiten Papst afrikanischer Herkunft, verschärfte sich das westöstliche Schisma. An die Stelle Odoakers trat der Ostgote Theoderich, wodurch die Reste des Westreichs noch mehr von Ostrom abrückten. Gelasius verweigerte hartnäckig jeden Kompromiss mit Konstantinopel und warnte seine Gesandten vor den Tricks und der verbohrten Häresie der »Griechen«. Er konnte hervorragende Beziehungen mit Theoderich knüpfen, der, wiewohl Arianer (oder vielleicht gerade deshalb), Gelasius in Kirchenfragen freie Hand ließ. Aber sogar in Rom billigten nicht alle die Unbeugsamkeit des Papstes und sein Nachfolger, **Anastasius II.** (496–498), zeigte dem oströmischen Kaiser gegenüber eine versöhnliche Haltung. »Wir wünschen nicht, dass die Streitigkeiten zwischen den Kirchen fortdauern«, schrieb er und ließ dem Brief eine Gesandtschaft folgen.

Theoderich, König der Ostgoten und Vizekönig von Italien im Namen des oströmischen Kaisers Zeno I., schaltete 493 Odoaker aus, um König von Italien zu werden. Die Inschrift lautet: »König Theoderich, der fromme Herrscher«. Theoderich war Arianer, unterstützte aber die Katholiken Italiens gegen den Wunsch des oströmischen Kaisers, den Monophysitismus zu verbreiten.

Theoderich unterstützt den Symmachus gegen den Gegenpapst Laurentius

Hormisdas wird Papst

Justinus wird Kaiser in Ostrom
Ende des Schismas zwischen Ost und West

Johannes I. wird Papst
Johannes reist nach Konstantinopel

Felix IV. (III.) wird Papst
Justinian I. wird Kaiser in Ostrom

Bonifaz II. wird Papst

Johannes II. wird Papst

Agapitus I. wird Papst
Silverius wird Papst
Silverius wird abgesetzt;
Vigilius wird Papst

Pelagius I. wird Papst

510 520 530 540 550 560

(Rechts) Theoderichs Palast in Ravenna. Mosaik in Sant'Appolinare Nuovo, Ravenna. Theoderich und seine Höflinge wurden daraus entfernt, nachdem der oströmische Feldherr Belisar Ravenna 540 erobert hatte.

(Unten) Ziegel aus der Kirche San Martino ai Monti mit dem Abdruck von Theoderichs Stempel. Er wurde während der von Theoderich angeordneten Wiederaufbauarbeiten in Rom hergestellt. Die Inschrift besagt: »Unter der Herrschaft unseres Herrn Theoderich, zum Besten Roms«.

+REÇONTHEODE
+RICOBONOROME

Und vor dem unerträglichen Gestank, der aus dem tiefen Abgrund strömte, flüchteten wir uns hinter einen großen Grabstein, auf dem ich diese Inschrift fand: »Hier liegt Papst Anastasius.«
Dante, *Inferno*, 11. Gesang

PAPSTNAMEN	
JOHANNES I.	*Dauer des Pontifikats*
Herkunft	4 Jahre, 2 Monate,
Toskana	10 Tage
Früheres Amt	
Diakon	BONIFAZ II.
Zum Papst gewählt	*Herkunft*
13. August 523	Germane, geboren
Alter bei der Wahl	in Rom
Fortgeschritten	*Abstammung*
Gestorben	Reich
18. Mai 526 in	*Früheres Amt*
Ravenna	Archidiakon
Dauer des Pontifikats	*Zum Papst gewählt*
2 Jahre, 9 Monate,	22. September
4 Tage	530
	Gestorben
FELIX IV. (III.)	17. Oktober
Herkunft	532
Italien, Samnium	*Dauer des Pontifikats*
Früheres Amt	2 Jahre,
Diakon	25 Tage
Zum Papst gewählt	*Gegenpapst*
12. Juli 526	Dioscorus
Gestorben	(September 530–
22. September 530	Oktober 530)

Theoderich wiederum schlug dem Kaiser vor, seinen (Theoderichs) Anspruch auf den Titel eines Königs von Italien zu unterstützen. Es wurde vereinbart, dass der Kaiser Theoderich als König anerkennen würde, wenn der Papst dem Monophysitismus gegenüber konzilianter wäre. Anastasius geriet jedoch schnell in Schwierigkeiten: Rom war in Hardliner und Kompromissbereite gespalten. Die Ausflüge des Papstes in die Diplomatie bewirkten ein internes Schisma. Als er auf dem Höhepunkt der Krise plötzlich starb, schrieben seine Feinde dies dem Zorn Gottes zu.

Dieses Schisma zeigte sich auch bei der Papstwahl. **Symmachus** (498–514) stand der Gegenpapst *Laurentius* gegenüber. Angesichts der heftigen Konfrontationen sprach sich Theoderich für Symmachus aus, der daraufhin von den Anhängern des Laurentius beschuldigt wurde, Ostern am falschen Tag zu feiern, unkeusch zu sein und kirchliches Eigentum zu missbrauchen. Als Theoderich ihn aufforderte, sich zu verteidigen, flüchtete Symmachus törichterweise nach Rom und schloss sich in St. Peter ein. Dies führte zu einer erneuten Spaltung des Klerus. Symmachus wurde erst 502 entlastet. Theoderich war über seine Rehabilitierung verstimmt und eine Zeit lang koexistierte Symmachus in Rom mit Laurentius. Beide regierten mit Hilfe ihrer gewalttätigen Anhänger. 506 änderte Theoderich seine Meinung und unterstützte ausschließlich Symmachus. Laurentius flüchtete sich auf das Landgut seines wichtigsten Beschützers, wo er bald starb. Das restliche Pontifikat Symmachus' blieb von den Ereignissen dieser frühen Jahre negativ beeinflusst. **Hormisdas** (514–523) gelang es schließlich, nicht nur zwischen den Parteien in Rom, sondern auch zwischen Rom und Konstantinopel Frieden zu schließen. Der unter Felix III. begonnene Streit wurde endlich beigelegt mit Hilfe eines neuen oströmischen Kaisers, Justinus I. (518–527), der den Monophysiten seine Unterstützung entzog.

Johannes I. (523–526), ein früherer Anhänger des Gegenpapstes Laurentius, musste sich sofort einer politischen Herausforderung stellen. Justinus I. hatte begonnen, die Arianer zu verfolgen. Die Anhänger des

PAPSTNAMEN

JOHANNES II.
Herkunft
Ungewiss
Ursprünglicher Name
Mercurius
Zum Papst gewählt
2. Januar 533
Alter bei der Wahl
Fortgeschritten
Gestorben
8. Mai 535
Dauer des Pontifikats
2 Jahre, 4 Monate,
6 Tage
Bemerkenswertes
Johannes war vielleicht nach Petrus der erste Papst, der seinen Namen änderte, es sei denn die griechischen Namen der ersten Päpste sind ebenfalls Zeichen eines Namenswechsels.

AGAPITUS I.
Herkunft
Italien, Rom
Abstammung
Aristokratisch; Sohn eines Priesters
Zum Papst gewählt
13. Mai 535

Früheres Amt
Archidiakon
Gestorben
22. April 536 in Konstantinopel
Dauer des Pontifikats
11 Monate,
10 Tage

SILVERIUS
Herkunft
Italien, Frosinone
Abstammung
Sohn des Papstes Hormisdas
Früheres Amt
Subdiakon
Zum Papst gewählt
8. Juni 536
Abgesetzt
11. März 537; nach Patara verbannt, einem Hafen in Südwestanatolien
Abgedankt
11. November 537, auf Palmaria, einer Insel im Golf von Gaeta
Gestorben
2. Dezember 537
Dauer des Pontifikats
1 Jahr, 5 Monate,
2 Tage

König Theoderich urteilt über Johannes I. Fresko des 14. Jahrhunderts in der Kirche Santa Maria in Porto Fuori, Ravenna. Ein weiteres Fresko zeigt den Papst im Gefängnis. Die Bilder sind Ausdruck eine zweifelhaften Überlieferung, der zufolge Theoderich Johannes festnehmen und hinrichten ließ. Eine Darstellung seiner Hinrichtung findet sich auf einer Miniatur des 15. Jahrhunderts.

Arius, eines Irrlehrers des 4. Jahrhunderts, leugneten die Konsubstantialität Jesu mit Gott (d. h. dass ihm die gleiche Natur eignete wie Gottvater), für sie war Jesus geringer als Gott. Diese Lehre hatte sich in einigen Gegenden verbreitet. König Theoderich war selbst Arianer und darüber verärgert, dass Justinus seinen Glauben unterdrückte. Er befahl dem Papst, in Konstantinopel mit dem Kaiser zu verhandeln. Johannes reiste als erster Papst in den Osten. Man bereitete ihm einen glänzenden Empfang, aber er blieb erfolglos, was Theoderich erzürnte. Zu seinem Glück starb er, ehe der König über sein Schicksal entschieden hatte.

Der nächste Papst kam aus den Reihen der Gesandtschaft, die nach Konstantinopel gereist war. **Felix IV.** oder III. (526–530) scheint Theoderichs Favorit gewesen zu sein, jedenfalls genoss er während seiner Amtszeit die Gunst des Gotenkönigs. Das nächste Pontifikat begann mit

Papst Felix IV. Detail eines stark restaurierten Mosaiks des 6. Jahrhunderts in der Kirche Ss. Cosma e Damiano, Rom. Felix war der erste Papst, der heidnische Gebäude auf dem Forum Romanum zu christlichen Kirchen machte. Die Bibliothek am Friedensforum und der benachbarte Tempel des Romulus etwa wurden in eine den Märtyrern Kosmas und Damian geweihte Kirche umgewandelt. Dieses Mosaik in der Apsis der Kirche ist das erste erhaltene Porträt eines Papstes. Leider wurde es durch spätere Eingriffe stark verändert.

Problemen. **Bonifaz II.** (530–532), der erste Papst germanischer Herkunft, war von Felix regelwidrig zu seinem Nachfolger ernannt worden. Ein Gegenpapst, *Dioscorus*, erhielt eine beunruhigend hohe Zahl von Stimmen. Er starb allerdings 22 Tage später und Bonifaz ließ alle, die für ihn gestimmt hatten, einen Brief unterschreiben, in dem sie ihren Irrtum eingestanden. Die von ihm eingeleitete Versöhnung machte er aber zunichte, indem er seinerseits einen Nachfolger bestimmen wollte. Angesichts einer drohenden Revolte verzichtete er auf dieses Vorhaben und entging dadurch der königlichen Ungnade.

Als Bonifaz gestorben war, kam es zur skandalösesten Papstwahl, die es je gegeben hatte. Zweieinhalb Monate lang war Rom der Schauplatz von Intrigen, Schikanen und Korruption. Groß angelegte Bestechungen von königlichen Beamten und einflussreichen Senatoren erreichten ein solches Ausmaß, dass Theoderichs Nachfolger, König Athalarich, eigens ein Gesetz erließ, das die Wiederholung solcher Vorfälle verhindern sollte. Als Sieger ging **Johannes II.** (533–535) hervor, der sowohl zu Athalarich als auch zum neuen oströmischen Kaiser, Justinian I. (527–565), gute Beziehungen hatte. Letzterer erließ ein den Monophysiten gegenüber konziliantes Dekret; Johannes, ungeachtet eines Appells oströmischer Mönche, stimmte ihm zu und kehrte damit von der Linie Papst Hormisdas' ab. **Agapitus I.** (535–536), ein gebildeter Aristokrat, war weniger entgegenkommend und sprach sich gegen Justinians Absicht aus, in Italien einzumarschieren, um es wieder dem Reich einzugliedern. Er begab sich nach Konstantinopel, um den Kaiser umzustimmen. Da das Vermögen der Kirche in der Wahlschlacht von 532 verschwendet worden war, musste er heilige Gefäße verpfänden, um seine Reise finanzieren zu können. Diese brachte leider nicht das gewünschte Ergebnis. Es konnte zwar Justinian davon überzeugen, dass der Patriarch von Konstantinopel, Anthimus, ein Häretiker war und abgesetzt werden musste. Doch Justinian blieb bei seiner Absicht, in Italien einzumarschieren.

Als Agapitus in Konstantinopel starb, bot Kaiserin Theodora, eine Monophysitin, die den abgesetzten Patriarchen begünstigt hatte, dem römischen Diakon Vigilius den päpstlichen Thron an, sofern er ihren Schützling wieder einsetzte. Inzwischen war aber in Rom **Silverius** (536–537) zum Papst gewählt worden. Dieses Hindernis ließ sich jedoch beseitigen. Belisar, Justinians Feldherr, versuchte in Rom, Silverius zu überreden zurückzutreten. Als dieser sich weigerte, setzte ihn Belisar gewaltsam ab und schickte ihn ins Exil. Silverius appellierte an Justinian. Der Kaiser ordnete an, Silverius nach Rom zurückzubringen und vor Gericht zu stellen, weil er angeblich mit den Goten gegen ihn konspiriert hatte. Vigilius, nun selbst Papst, betrieb sofort dessen offizielle Abdankung und Silverius starb, ein zweites Mal verbannt, wenig später an Unterernährung.

Vigilius
537–555

Bonifaz II. ernannte den Diakon Vigilius (rechts) zu seinem Nachfolger, man entschied jedoch, dass das Amt des Papstes von seinem Inhaber nicht wie ein Eigentum behandelt werden dürfe. Die Ernennung wurde für nichtig erklärt.

VIGILIUS	
Herkunft	*Gestorben*
Italien	7. Juni 555,
Abstammung	in Syrakus, an
Aristokratisch,	Gallensteinen
Konsul	*Dauer des Pontifikats*
Früheres Amt	18 Jahre,
Diakon	2 Monate,
Zum Papst gewählt	10 Tage
29. März 537	

Theodora berief Vigilius zu sich und drängte ihn heimlich zu dem Versprechen, dass er als Papst das Konzil [von Chalcedon 451] auflösen und ein Schreiben an Theodosius, Anthimus und Severus [führende Monophysiten] richten würde, um sie seiner Loyalität zu versichern. Sie versprach, ihm einen Befehl für Belisar mitzugeben, ihn zum Papst krönen zu lassen und ihm 700 Goldstücke auszuhändigen. Aus Liebe zum Amt des Papstes und zum Gold gab ihr Vigilius willfährig das Versprechen. Und als er sein Wort verpfändet hatte, begab er sich nach Rom, wo er erfuhr, dass bereits Silverius Papst war.

Liberatus von Karthago, *Breviarium* 22

Kaiser Justinian als Eroberer. Goldgedenkmünze (London, British Museum).

Dass die Geschichte der Päpste mit Vigilius einen Tiefpunkt erreicht hat, daran lässt sich nichts beschönigen. Gewiss sind ihm die verfügbaren Quellen großteils feindlich gesinnt, aber auch wenn man von dieser Parteilichkeit absieht, bleibt genug zu kritisieren übrig. Drei Dinge sind klar: Vigilius war eine Kreatur Justinians und Theodoras; seine Karriere verdankte sich vor allem seinem Wunsch, Papst zu werden, und er war mitschuldig am Fall des Silverius. Trotzdem verdient er ein gewisses Verständnis. Angesichts der vom kaiserlichen Hof in Konstantinopel begonnenen militärischen Unternehmungen, des entschlossenen Widerstan-

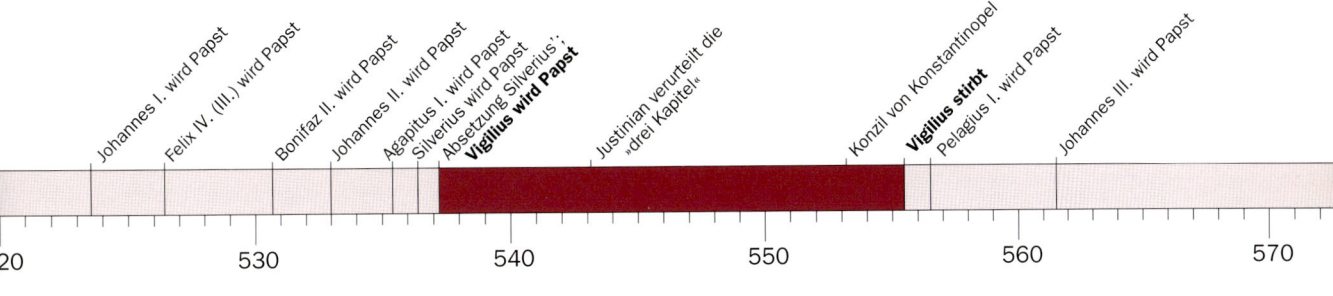

Johannes I. wird Papst · Felix IV. (III.) wird Papst · Bonifaz II. wird Papst · Johannes II. wird Papst · Agapitus I. wird Papst · Silverius wird Papst · Absetzung Silverius' · **Vigilius wird Papst** · Justinian verurteilt die »Drei Kapitel« · Konzil von Konstantinopel · **Vigilius stirbt** · Pelagius I. wird Papst · Johannes III. wird Papst

20   530   540   550   560   570

KAISERIN THEODORA

Theodora hatte ständig Grausamkeiten im Sinn. Sie wurde niemals von irgendjemandem überzeugt oder gezwungen etwas zu tun, sondern handelte stets nach ihren Wünschen und einzig und allein kraft ihres eigenen Willens. Niemand wagte es, bei ihr für jemanden vorstellig zu werden, der ihr Missfallen erregt hatte. Weder der Lauf der Zeit noch härteste Bestrafung noch die demütigsten Bitten noch Androhung des Todes … konnten sie dazu bringen, ihren Zorn in irgendeiner Weise zu mäßigen. Kurzum, niemand erlebte es, dass Theodora jemandem vergab, der sie beleidigt hatte, nicht einmal, wenn er bereits im Land der Toten weilte. Das Kind des Verstorbenen erbte den Hass der Kaiserin genauso, wie es von seinem Vater andere Dinge erbte, und hinterließ ihn der dritten Generation.

Prokopius, *Geheime Geschichte* 15

Kaiserin Theodora. Detail eines Mosaiks aus dem 6. Jahrhundert in der Kirche San Vitale, Ravenna.

des der Goten in Italien und des Konflikts zwischen progotischen und prokaiserlichen Faktionen in Rom, nicht zu reden von dem Kampf der rechtgläubigen Lehre und der monophysitischen Häresie um Geist und Herzen der Menschen musste das Papsttum befürchten, zu einem Stück Fleisch zu werden, das von zwei streitenden Hunden zerrissen wurde.

Theodora, ursprünglich Schauspielerin und Prostituierte, hatte Justinians Aufmerksamkeit auf sich gezogen, als er noch Thronfolger war. Kurz nach seiner Thronbesteigung hatte er sie geheiratet. Vigilius machte ihre Bekanntschaft, als er sich als Vertreter von Papst Bonifaz II. in Konstantinopel befand. Während der Intrigen nach dem Tod von Agapitus I. gelangte Vigilius mit Hilfe der Truppen Belisars schließlich auf den Papstthron, war also dem Kaiser zu Dank verpflichtet. Unglücklicherweise waren Kaiser und Kaiserin Opponenten im doktrinalen Streit, und während Vigilius an Justinian schrieb, er unterstütze seinen theologischen Standpunkt, ließ er der Kaiserin über den früheren Patriarchen von Konstantinopel mitteilen, dass er den Monophysiten wohlgesinnt sei und ihre Lehre gutheiße. Ein solcher Balanceakt konnte nicht gut gehen.

543 erließ Justinian ein Dekret, in dem die Schriften dreier Kleriker verurteilt wurden, die alle drei die rechtgläubige Position in Bezug auf die zweifache Natur Christi vertraten. Damit begann der so genannte »Drei-Kapitel-Streit«, und für Vigilius wurde es unmöglich, zu überleben, ohne sich zusätzlich mit Schande zu bedecken. Justinian hatte wohl gehofft, dass sein antiorthodoxes Dekret den zahlreichen Monophysiten im Reich gefallen und sie besänftigen würde, in Wirklichkeit vertiefte er den Graben zwischen Ost und West nur noch mehr. Vigilius versuchte zuerst, der Anweisung des Kaisers, das Dekret zu unterzeichnen, zu widerstehen. Justinian war jedoch nicht gewillt, Widerstände zu dulden, ließ den Papst verhaften und nach Konstantinopel bringen. Dieser zeigte sich lange Zeit kompromisslos, gab aber schließlich nach in der Hoffnung, Zeit zu gewinnen. Er würde, so sagte er, die Drei Kapitel verurteilen, aber bei seiner rechtgläubigen Position bleiben.

Im Westen sah man dies als Verrat an und es erhob sich ein solcher Sturm, dass Justinian seine Zustimmung zu einem Konzil gab, auf dem das Problem gelöst werden sollte. Während der nun folgenden Wartezeit verurteilte Justinian voll Ungeduld die Drei Kapitel noch einmal, Vigilius verweigerte ihm nun strikt seine Zustimmung. Das war der Anfang von seinem Ende. Von Soldaten angegriffen, floh er ins Exil, und als das Konzil 553 in Konstantinopel zusammentrat, nahm er lieber nicht persönlich daran teil. Das vom Kaiser gelenkte Konzil urteilte so, wie er es wünschte. Der Papst wurde nach Konstantinopel gebracht, unter Hausarrest gestellt und schließlich gezwungen, sich dem Kaiser zu beugen.

Nach etwa sieben Jahren im Exil bekam er als gebrochener und kranker Mann die Erlaubnis, nach Rom zurückzukehren. Er verstarb noch auf der Reise, Ende 554 oder Anfang 555, das genaue Datum ist nicht bekannt, in Syrakus, wie es heißt, an Gallensteinen. Sein Leichnam wurde nach Rom gebracht und in der Kirche San Marcello an der Via Salaria beigesetzt.

Pelagius I.
556–561

Johannes III.
561–574

Benedikt I.
575–579

Pelagius II.
579–590

Pelagius II. restaurierte die Basilica San Lorenzo fuori le Mura in Rom. Auf einem ihrer Mosaiken aus dem 6. Jahrhundert ist er mit einem Modell der restaurierten Kirche dargestellt.

PAPSTNAMEN

PELAGIUS I.
Herkunft
    Italien, Rom
Abstammung
    Aristokratisch; reich
Zum Papst gewählt
    16. April 556
Alter bei der Wahl
    Fortgeschritten
Gestorben
    3. März 561
Dauer des Pontifikats
    4 Jahre, 10 Monate, 17 Tage

JOHANNES III.
Herkunft
    Italien, Rom
Abstammung
    Senatorenfamilie; Sohn eines Provinzstatthalters
Ursprünglicher Name
    Catelinus
Zum Papst gewählt
    17. Juli 561
Gestorben
    13. Juli 574

Dauer des Pontifikats
    12 Jahre, 11 Monate, 27 Tage

BENEDIKT I.
Herkunft
    Italien, Rom
Zum Papst gewählt
    2. Juni 575
Gestorben
    30. Juli 579
Dauer des Pontifikats
    4 Jahre, 1 Monat

PELAGIUS II.
Herkunft
    Gote, geboren in Rom
Zum Papst gewählt
    26. November 579
Gestorben
    7. Februar 590, in Rom, an einer Seuche
Dauer des Pontifikats
    10 Jahre, 2 Monate, 12 Tage

So groß sind Not und Drangsal, die wir durch die Niedertracht der Langobarden trotz all ihrer feierlichen Versprechen erleiden müssen, dass niemand sie angemessen beschreiben könnte … Das Reich ist in einer derart kritischen Lage, dass wir verloren sind, wenn nicht Gott das Herz unseres frommen Fürsten bewegt, damit er seinen Dienern sein Mitleid zeigt und uns einen Heerführer schickt. Denn das Gebiet um Rom ist ohne jede Verteidigung und der Exarch schreibt uns, dass er nichts für uns tun kann, da er selbst nicht in der Lage ist, das Gebiet um Ravenna zu verteidigen. Möge Gott dem Kaiser gebieten, uns so rasch wie möglich zu Hilfe zu eilen, ehe das Heer der Langobarden, dieses gottlosen Volkes, sich der Regionen bemächtigt, die noch Teil des Reiches sind.

Ein Brief von Pelagius II. an seinen Vertreter in Ligurien

Vigilius litt nicht als Einziger unter der Ungnade des Kaisers. Sein Diakon, Pelagius, war ins Gefängnis geworfen worden, um die Halsstarrigkeit von Vigilius zu brechen. Als dieser starb, wurde Pelagius als Wunschkandidat des Kaisers nach Rom geschickt, wo ihm niemand freundlich entgegentrat. Er wurde niemals zum Papst gewählt und erst dann gekrönt, als zwei Bischöfe zu dieser Zeremonie gedrängt worden waren. **Pelagius I.** (556–561) stand unter einem ungünstigen Stern, aber

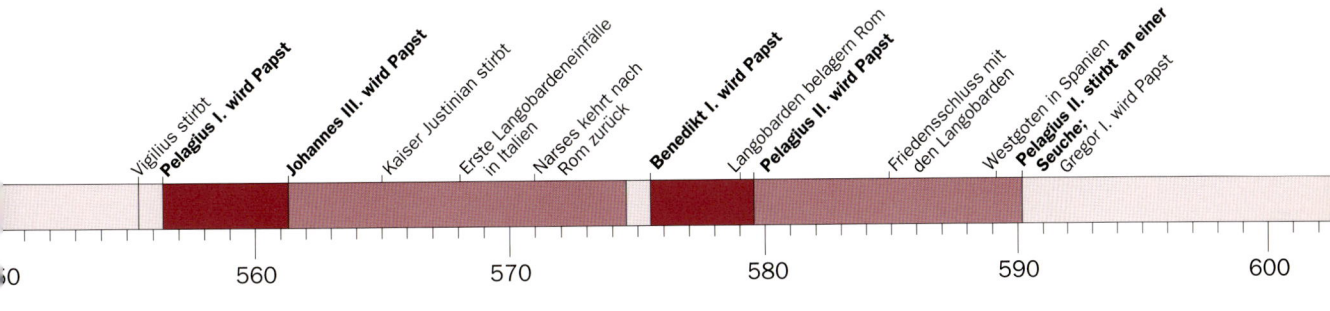

Vigilius stirbt
Pelagius I. wird Papst
Johannes III. wird Papst
Kaiser Justinian stirbt
Erste Langobardeneinfälle in Italien
Narses kehrt nach Rom zurück
Benedikt I. wird Papst
Langobarden belagern Rom
Pelagius II. wird Papst
Friedensschluss mit den Langobarden
Westgoten in Spanien
Pelagius II. stirbt an einer Seuche.
Gregor I. wird Papst

560   570   580   590   600

DIE PEST IN LIGURIEN

Die Menschen bekamen an den Leisten und anderen empfindlichen Stellen des Körpers Drüsenschwellungen, die wie Nüsse oder Datteln aussahen. Bald darauf folgte ein Fieber, das so stark und unerträglich war, dass die davon Befallenen am dritten Tag starben. Wenn aber jemand den dritten Tag überlebte, so konnte er hoffen, durchzukommen. Überall herrschten Leid und Tränen und überall, so wird berichtet, flohen die Menschen vor der Seuche; die Häuser wurden von ihren Bewohnern verlassen, nur junge Hunde waren darin anzutreffen. Die Herden blieben allein auf den Weiden zurück, kein Hirte kümmerte sich um sie … Söhne flohen und ließen die Leichname ihrer Eltern unbegraben; Eltern vergaßen ihre Pflicht und ließen ihre Kinder in heißem Fieber zurück. Wenn zufällig das alte Pflichtbewusstsein jemandes Gefühle so weit durchdrang, dass er einen toten Verwandten begrub, so blieb er doch selbst unbestattet, denn während der Beerdigung ging er zugrunde. … Das Korn konnte nicht geerntet werden und wartete vergebens auf den Schnitter. Der Weinberg blieb unberührt, die Blätter lagen auf dem Boden, die Trauben glänzten noch, als der Winter kam. … Liebliche Fluren waren zu Friedhöfen geworden und menschliche Behausungen zur Zuflucht wilder Tiere.

Paulus Diaconus, *Geschichte der Langobarden* 2,4

Westgotischer König. Spanische Handschrift des 10. Jahrhunderts. Die Westgoten, ursprünglich in Schweden beheimatet, waren im 2. Jahrhundert n. Chr. in Südrussland ansässig. Konstantin I. machte sie zu Verbündeten des Reiches, doch Anfang des 5. Jahrhunderts waren sie stark genug, um in Italien einzufallen und 410 Rom zu plündern. Da sie Arianer waren, blieb ihr Königreich in Spanien eine Bastion des Arianismus, bis sie um 590 zum katholischen Glauben übertraten. 711 wurde ihr Reich von den Arabern erobert.

er strengte sich an, um in Rom und Italien die Folgen der vergangenen Kriege zu beseitigen, die päpstlichen Finanzen zu reorganisieren und die Lebensweise der Mönche und Kleriker zu reformieren. Das Ansehen des Papstes hatte durch die Verzögerungstaktik des Vigilius schweren Schaden genommen und so gesehen waren die Leistungen Pelagius' angesichts der Umstände doch beachtlich. Unter seinem Nachfolger, **Johannes III.** (561–574), wurde Italien erneut das Ziel einer Invasion, dieses Mal durch die Langobarden. Sie verwüsteten ein Land, das aufgrund der Pest, die drei Jahre zuvor gewütet hatte, ohnehin schon einem Friedhof glich. Johannes flüchtete in einen Ort südlich von Neapel und überredete hier Narses, den früheren Statthalter Ostroms in Italien, in Rom die Verteidigung zu organisieren. Narses war aus seinem Amt entlassen worden, weil er beim Volk unbeliebt war. Seine Rückkehr verursachte neue Unruhen. Der Papst wollte nicht in die Konflikte verwickelt werden, verließ Rom und versah sein Amt für den Rest seines Lebens von einer Kirche aus, die zwei Meilen vor der Stadt lag.

In der Zwischenzeit verbesserte sich das Verhältnis zwischen Rom und Konstantinopel etwas. Wegen der Unruhen in Italien musste **Benedikt I.** (575–579) jedoch elf Monate warten, ehe die kaiserliche Zustimmung zu seiner Wahl eintraf. Sein ganzes Pontifikat hindurch drängten die Langobarden weiter nach Süden und schlossen 579 Rom ein. Ein Entsatzheer aus Ostrom konnte nicht viel ausrichten, ägyptische Getreidelieferungen erleichterten die Lage der Stadt auch nur vorübergehend. Eine Hungersnot brach aus und inmitten dieses Elends starb Papst

Die Votivkrone Rekkeswinths, des westgotischen Königs von Spanien (653–672), mit anhängendem Kreuz (Madrid, Achäologisches Museum). Unter dem Pontifikat von Pelagius II. traten die arianischen Westgoten zum Katholizismus über.

Die nebenstehende Karte zeigt die langobardischen Territorien in Italien vom 6. bis zum 8. Jahrhundert. Die Langobarden, ursprünglich an der Ostseeküste ansässig, waren nach Süden gezogen und hatten sich in einem Gebiet niedergelassen, das später von den Awaren bedroht wurde. Unter dem Druck der Awaren begannen sie in Italien einzudringen. Diese Invasion sollte für die Päpste weit reichende Folgen haben, auch wenn es den Langobarden nie gelang, Rom zu erobern.

Benedikt. Der gotische Papst **Pelagius II.** (579–590) erbte eine verzweifelte Lage. Seine Appelle an Konstantinopel fruchteten nicht, da der Kaiser selbst Mühe hatte, die Angriffe der Perser abzuwehren. Erst 585 erreichte Konstantinopel einen akzeptablen Waffenstillstand mit den Anführern der Langobarden. Ein Erfolg des Papstes – die Bekehrung der spanischen Westgoten zum katholischen Glauben – wurde durch den Beginn eines Streits um den Titel »Ökumenischer Patriarch«, den der Patriarch von Konstantinopel 588 der Tradition gemäß angenommen hatte, überschattet. Pelagius sah darin einen Verstoß gegen das Prinzip des päpstlichen Primats und protestierte. Im August 589 kam es aber, so das *Liber pontificalis*, zu »derart heftigen Regenfällen, dass alle von einer Sintflut sprachen; und es gab derart viele Opfer, dass niemand sich erinnern konnte, in der Welt je etwas Ähnliches gesehen zu haben«. Eine Seuche brach aus, die den Papst hinwegraffte, und die Kirche blieb fast ein Jahr lang ohne Oberhaupt.

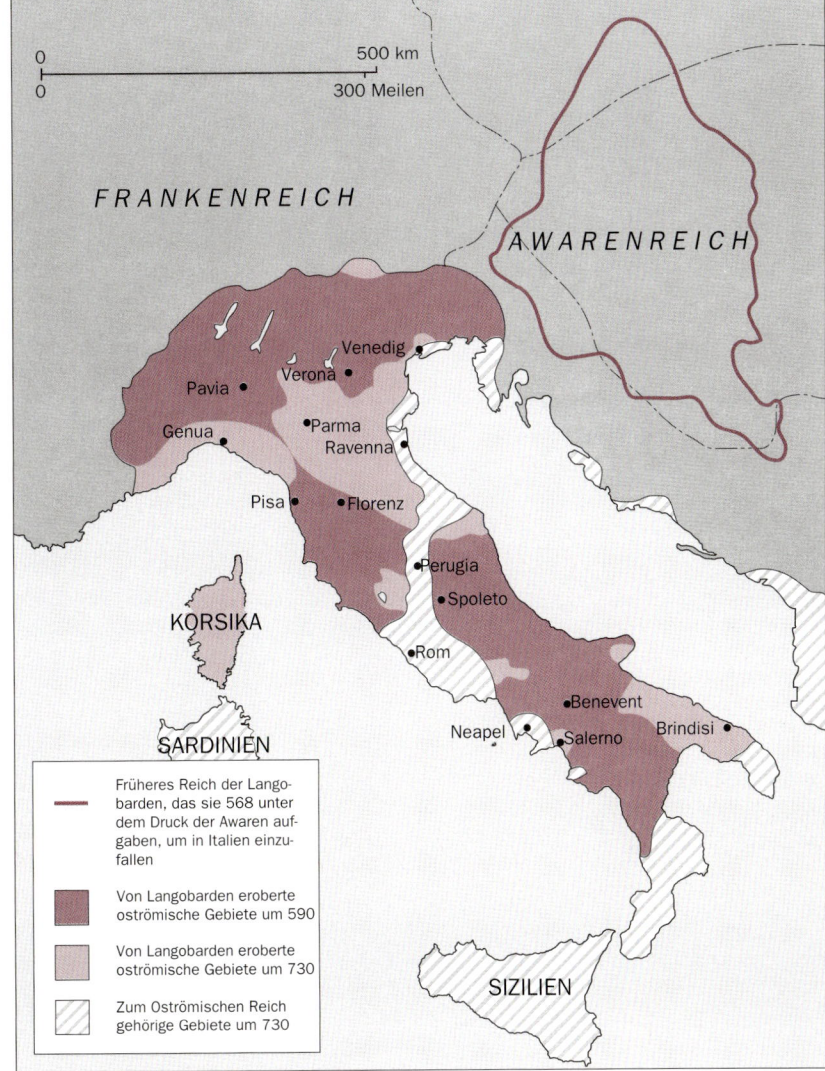

Frankenreich

Awarenreich

Venedig
Verona
Pavia
Genua
Parma
Ravenna
Pisa
Florenz
Perugia
Spoleto
Korsika
Rom
Benevent
Sardinien
Neapel
Salerno
Brindisi
Sizilien

0   500 km
0   300 Meilen

— Früheres Reich der Langobarden, das sie 568 unter dem Druck der Awaren aufgaben, um in Italien einzufallen

Von Langobarden eroberte oströmische Gebiete um 590

Von Langobarden eroberte oströmische Gebiete um 730

Zum Oströmischen Reich gehörige Gebiete um 730

Gregor I.
590–604

Gregor der Große. Detail einer Handschrift des 11. Jahrhunderts. Gregor war der erste Papst, der den Ausspruch »ex cathedra sprechen« gebrauchte. Er bedeutet »mit dem ganzen Gewicht und der Autorität des päpstlichen Amtes«. Eine *cathedra* war ursprünglich ein Stuhl mit hoher Lehne, später bezeichnete man damit den Thron des Bischofs.

GREGOR I.	
Herkunft	*Dauer des Pontifikats*
Italien, Rom	13 Jahre,
Abstammung	6 Monate,
Aristokratisch; reich	8 Tage
Frühere Ämter	*Bemerkenswertes*
Präfekt von Rom	Gregor war der
um 572–574;	erste Mönch, der
nach dem Tod	Papst wurde, und
des Vaters	ist einer von nur
Mönch; Diakon	zwei Päpsten
Zum Papst gewählt	(der andere ist
3. September 590	Leo I.), deren
Gestorben	Name den Zusatz
12. März 604	»der Große« hat.

Er [Gregor] war von normaler Größe und gut proportioniert. ... Sein Haupt war ziemlich kahl, die Mitte seiner Stirn zierten zwei kleine, nach rechts geschweifte Locken. ... Seine Wangen waren wohlgeformt und aus seinem Kiefer ragte ein schönes Kinn hervor. Sein Teint war dunkel und voll Lebenskraft, nicht blass und schwächlich, wie er es später wurde.

Johannes Diaconus, *Vita Sancti Gregorii Magni* 4,84

Unter dem Vorwand, zu einem Bischof gemacht zu werden, wurde ich in die Welt zurückgeführt und widme mich nun dem Dienste weltlicher Dinge in weit größerem Maße als ich mich erinnere, es jemals als Laie getan zu haben. Ich habe die tiefe Freude meines ruhigen Friedens verloren, und während ich äußerlich aufgestiegen zu sein scheine, bin ich innerlich in einem Zustand des Zusammenbruchs. ... Siehe, erlauchtester Herr, der Kaiser hat einem Affen befohlen, ein Löwe zu werden. Aber während dieser kraft des Befehls Löwe genannt werden kann, so kann er doch kein Löwe werden. Deshalb darf der Kaiser die Schuld für all meine Fehler und Versäumnisse nicht mir geben, sondern seiner Güte, die ihn dazu brachte, die Ausübung der Macht einem zerbrechlichen Menschen zu übertragen.

Gregor, *Registrum epistularum* 1,5

Nachdem er sich seiner Wahl zum Papst nur widerstrebend gefügt hatte, machte sich **Gregor I.** (590–604) an die Arbeit. Zunächst musste er etwas gegen die Hungersnot in Rom unternehmen. Bei der Organisation der Hilfsaktionen begann er auch mit der Neuordnung der Verwaltung der großen, aber weit verstreuten päpstlichen Besitzungen, damit dem Heiligen Stuhl verlässliche Geldquellen zur Verfügung stünden, um in Krisen-

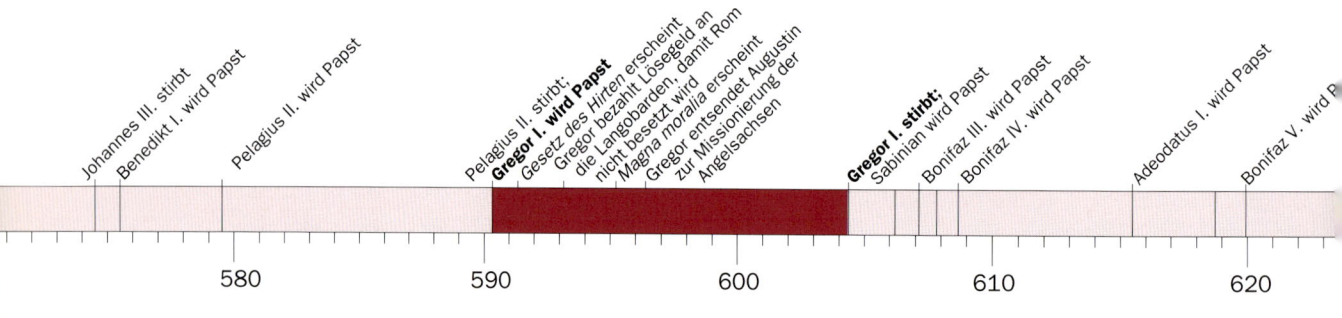

Johannes III. stirbt
Benedikt I. wird Papst

Pelagius II. wird Papst

Pelagius II. stirbt;
Gregor I. wird Papst
Gesetz des Hirten erscheint
Gregor bezahlt Lösegeld an die Langobarden, damit Rom nicht besetzt wird
Magna moralia erscheint
Gregor entsendet Augustin zur Missionierung der Angelsachsen

Gregor I. stirbt:
Sabinian wird Papst
Bonifaz III. wird Papst
Bonifaz IV. wird Papst

Adeodatus I. wird Papst

Bonifaz V. wird P

580   590   600   610   620

»DIENER DER DIENER GOTTES«

Der einzige Papst, der neben Leo I. als »der Große« bezeichnet wird, entstammte einer reichen römischen Adelsfamilie. Über seine Jugend wissen wir wenig, er war jedoch gebildet und seine Schriften verraten ein starkes Interesse an Naturwissenschaften, Geschichte, klassischer Literatur und Musik. Er sprach Latein, Griechisch lernte er trotz eines mehrjährigen Aufenthalts in Konstantinopel nie, was zeigt, wie sehr der Westen und der Osten auseinander drifteten. Das Nichtbeherrschen des Griechischen – Gregor war nicht der Einzige – bewirkte, dass die Päpste bei ihren Disputen mit griechischen Theologen im Nachteil waren.

Nach einer Laufbahn in der städtischen Verwaltung wurde Gregor Mönch (um 574) und richtete im elterlichen Haus ein Kloster ein. Er führte fortan und bis zu seinem Tod ein streng geregeltes, von Gebet und Fasten geprägtes Leben, was langfristig zu Lasten seiner Gesundheit ging. Etwa 579 wurde er von Pelagius II. als Vertreter des Papstes nach Konstantinopel entsandt, wo er die wichtigsten Strippenzieher des Oströmischen Reiches kennen lernte. Um 585 wurde er nach Rom zurückberufen, um Papst Pelagius zu beraten, insbesondere in der heiklen Frage des Abfalls einiger italienischer Bischöfe, die sich über die Art empört hatten, in der Vigilius die Frage der »Drei Kapitel« behandelt hatte.

Deutsche Elfenbeinarbeit, 10. Jahrhundert: Gregor bei der Arbeit. Auf seiner Schulter sitzend und ihm ins Ohr flüsternd der Heilige Geist in Form einer Taube (Wien, Kunsthistorisches Museum).

Als Papst Pelagius starb, wurde Gregor einstimmig zu seinem Nachfolger gewählt. Er war über diese Wahl entsetzt und richtete an Kaiser Mauritius (582–602) ein Schreiben mit der Bitte, seine Einwilligung zu verweigern. Doch der Kaiser bestätigte seine Wahl und am 3. September 590 wurde Gregor als erster Mönch der Geschichte zum Papst gekrönt.

Detail vom Helm des Langobardenkönigs Agilulf (Florenz, Bargello).

zeiten Nahrungsmittel für die Hungernden zu kaufen. Da die kaiserliche Streitmacht zu klein war, um Rom gegen Angriffe aus dem Norden zu schützen, setzte Gregor die Verteidigungsanlagen instand, warb Soldaten und zahlte 591 und 593 den Langobarden sogar Lösegeld, um sie vom Plündern abzuhalten.

Statt dankbar zu sein, war Kaiser Mauritius verärgert über diese »Einmischung« und erhielt für diese Kleingeistigkeit eine verdiente päpstliche Rüge. Auch außerhalb Italiens war die Aufmerksamkeit des Papstes gefordert. Afrika

Münzporträt des Kaisers Mauritius (London, British Museum). Mauritius wurde in Kappadokien geboren, seine armenische Herkunft ist legendarisch. Anders als Justinian I. stand er für Dezentralisierung. Er verteidigte das Reich erfolgreich gegen die Perser, konnte aber die Langobardeneinfälle in Norditalien nicht verhindern. Phokas, sein Nachfolger, ließ ihn hinrichten.

Es ist schon lange her, dass ich noch die Kraft hatte, mich von meinem Bett zu erheben. Bald quälen mich Gichtschmerzen, bald verspüre ich im ganzen Körper ein schmerzhaftes Feuer (ich weiß nicht welcher Art). Gewöhnlich leide ich gleichzeitig unter einem brennenden Fieber, und Körper wie Geist versagen mir den Dienst. Ich bin nicht in der Lage, die vielerlei anderen Krankheiten aufzuzählen, die man zusätzlich zu den genannten an mir festgestellt hat. Aber, in ein paar Worten gesagt, ein giftiger Körpersaft zehrt mich derart auf, dass das Leben für mich eine Strafe ist und ich mich nach dem Tod sehne, denn ich glaube, dass er als Einziger mir Heilung für meine Leiden bringen kann.

Gregor, *Registrum epistularum* 11,20 (Brief an Marianus, Bischof von Arabien, Februar 601)

erlebte eine Neuauflage des im 4. Jahrhundert entstandenen Donatismus, dessen Vertreter glaubten, nur ihre Kleriker könnten gültige Sakramente spenden. Der Papst versuchte, diese Häresie aufzuhalten. Mit Spanien und Gallien pflegte er hingegen freundschaftliche Beziehungen. Nach England sandte er 596 den Prior seines römischen Klosters, Augustinus, zur Bekehrung der Angelsachsen. Mit Konstantinopel schwelte der Streit wegen des Titels »Ökumenischer Patriarch« weiter, der unter seinem Vorgänger Pelagius II. begonnen hatte.

Neben diesen Problemen musste sich Gregor auch mit der Disziplin innerhalb der Kirche befassen. Im Glauben, dass das Ende der Welt nahe sei, begann er, die Seelen auf die Wiederkunft Christi vorzubereiten. So legte er in einem Buch, dem *Liber regulae pastoralis* (um 591), die Regeln für die Wahl und das Verhalten von Bischöfen fest. Ohne Zögern degradierte er Kleriker, die seinen hohen moralischen Anforderungen nicht entsprachen. Er bekräftigte insbesondere den Zölibat, der für Bischöfe, Priester und Diakone seit Siricius, für Subdiakone seit Leo I. bestand.

Aus seiner Feder stammen zahlreiche weitere Schriften. Verschiedene Homilien lieferten Kommentare zu den Evangelien und ausgewählten Büchern des Alten Testaments; seine *Dialoge*, die das Leben und die Wunder von Heiligen erzählen, entstanden um 593; *Magna moralia* (eine umfassende Behandlung moralischer Fragen), eine Sittenlehre zum Buch Hiob in 35 Bänden und vielleicht sein bekanntestes Werk, erschien 595. Es wurde sehr bewundert, aber kurz darauf wegen seiner Länge exzerpiert, um es zugänglicher zu machen. Schließlich haben wir 854 in 14 Büchern zusammengefasste Briefe, die Einblicke in seinen Charakter, seine Reaktionen auf die Ereignisse seiner Amtszeit und die immer komplexeren Verantwortungen des Papstes geben.

All dies hatte seinen Preis. 604 war Gregor am Ende seiner Kräfte. Einmal mehr drohten die Langobarden mit einem Angriff und Rom litt, wie schon 590 bei seiner Wahl zum Papst, unter einer schrecklichen Hungersnot. Das Volk geriet in Panik und wandte sich gegen ihn, weil es jemanden brauchte, dem es die Schuld geben konnte. Diese Entfremdung zeigte sich auch, als er im März 604 starb. Der Osten betrachtete ihn als Heiligen, Spanien als großen Schriftsteller, England als seinen Apostel. Nur Rom ignorierte ihn mehr oder minder, ein Unrecht, das erst im 9. Jahrhundert wieder gutgemacht wurde. Es gibt eine Geschichte, die erstmals von Johannes von Salisbury berichtet wurde und der zufolge Gregor strikt gegen Astrologen war. Er hatte sie vom päpstlichen Hof verbannt und darüber hinaus die Schriften der Palatinischen Bibliothek verbrennen lassen, die ein Glanzpunkt des heidnischen Roms gewesen waren. Tatsache ist, dass Gregor von Literatur als solcher wenig hielt und die lateinischen Klassiker ablehnte, weil es sich um heidnische Schriften

BESCHÜTZER DER ARMEN

Am ersten Tag jedes Monats verteilte er an alle Armen den Teil der kirchlichen Einkünfte, die in Naturalien bezahlt wurden. Korn, Wein, Käse, Gemüse, Speck, Fleisch, Fisch und Öl wurden je nach Jahreszeit individuell vom Oberhaupt der Familie des Herrn verteilt. ... Jeden Tag entsandte er in die Straßen und Gassen der Stadtbezirke Boten, die den Kranken und Behinderten gekochte Nahrungsmittel überbrachten. Den Anspruchsvolleren pflegte er ein Gericht von seiner eigenen Tafel zu übersenden, ehe er selbst zu essen begann. Dieses wurde ihnen an ihrer Haustür als Segen des Apostels [Petrus] übergeben. Auf diese Weise war wirklich niemand von der Güte dieses höchst mitleidigen Wohltäters ausgeschlossen.

Johannes Diakonus, *Vita Sancti Gregorii Magni* 2,26,28

handelte. Er selbst hinterließ ein reiches Erbe: Wir verdanken ihm die Überlieferung exegetischer Schriften, die Entwicklung volksnaher Predigten, die Förderung des Mönchstums im Westen, eine effektivere päpstliche Verwaltung und den Erhalt einer speziell römischen Sicht von Recht und Ordnung. Es verwundert nicht, dass sein Epitaph ihn als »Konsul Gottes« bezeichnet. Gregor selbst gab sich einen bescheideneren Titel: »Diener der Diener Gottes«.

Eine Handschrift des 10. Jahrhunderts, das *Registrum Gregorii*, zeigt Papst Gregor, der Diakon Peter zum Diktat gerufen hat (Trier, Stadtbibliothek). Wie gewöhnlich ist auf seiner rechten Schulter der Heilige Geist in Form einer Taube zu sehen. Peter wurde als eifriger Fälscher bekannt. Zahlreiche früheren Autoritäten zugeschriebene Schriften stammen de facto aus seiner Feder. Seine Handschrift ist bekannt, was das Erkennen von Fälschungen etwas erleichtert.

Sabinian
604–606
Bonifaz III.
607
Bonifaz IV.
608–615
Adeodatus I.
615–618
Bonifaz V.
619–625
Honorius I.
625–638

Severin
640
Johannes IV.
640–642
Theodor I.
642–649
Martin I.
649–653
Eugen I.
654–657
Vitalian
657–672
Adeodatus II.
672–676
Donus
676–678
Agatho
678–681
Leo II.
682–683
Benedikt II.
684–685
Johannes V.
685–686
Conon
686–687
Sergius I.
687–701
Johannes VI.
701–705
Johannes VII.
705–707

Sisinnius
708
Konstantin
708–715
Gregor II.
715–731
Gregor III.
731–741
Zacharias
741–752
Stephan (II.)
752
Stephan III. (II.)
752–757
Paul I.
757–767
Stephan IV. (III.)
768–772

Hadrian I.
772–795
Leo III.
795–816

Stephan V. (IV.)
816–817
Paschalis I.
817–824
Eugen II.
824–827
Valentin
827
Gregor IV.
827–844
Sergius II.
844–847
Leo IV.
847–855
Benedikt III.
855–858
Nikolaus I.
858–867
Hadrian II.
867–872
Johannes VIII.

872–882
Marinus I.
882–884
Hadrian III.
884–885
Stephan VI. (V.)
885–891
Formosus
891–896
Bonifaz VI.
896
Stephan VII. (VI.)
896–897
Romanus
897
Theodor II.
897
Johannes IX.
898–900
Benedikt IV.
900–903
Leo V.
903
Sergius III.
904–911
Anastasius III.
911–913
Lando
913–914
Johannes X.
914–928
Leo VI.
928
Stephan VIII. (VII.)
928–931
Johannes XI.
931–935/6
Leo VII.
936–939
Stephan IX. (VIII.)
939–942
Marinus II.
942–946
Agapitus II.
946–955

Johannes XII.
955–964
Leo VIII.
963–965
Benedikt V.
964
Johannes XIII.
965–972
Benedikt VI.
973–974
Benedikt VII.
974–983
Johannes XIV.
983–984
Johannes XV.
985–996
Gregor V.
996–999
Silvester II.
999–1003

Johannes XVII.
1003
Johannes XVIII.
1003–1009
Sergius IV.
1009–1012
Benedikt VIII.
1012–1024
Johannes XIX.
1024–1032
Benedikt IX.
1032–1044; 1045;
1047–1048
Silvester III.
1045
Gregor VI.
1045–1046
Clemens II.
1046–1047
Damasus II.
1048
Leo IX.
1049–1054

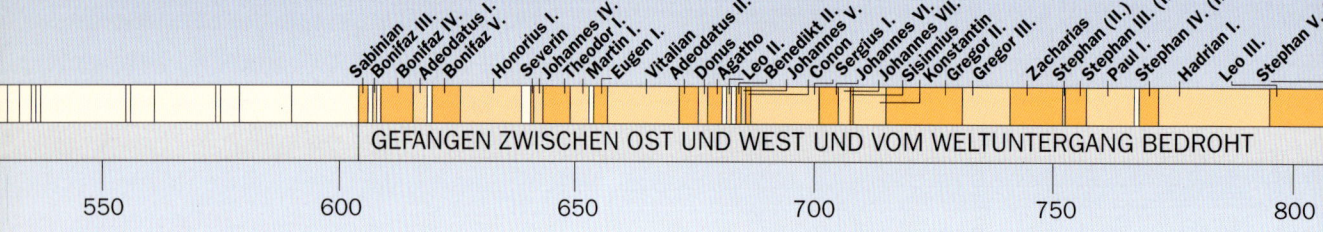

GEFANGEN ZWISCHEN OST UND WEST UND VOM WELTUNTERGANG BEDROHT

550   600   650   700   750   800

Honorius I.

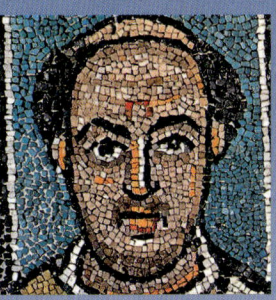
Paschalis I.

Leo IV.

Silvester II.

Gefangen zwischen Ost und West und vom Weltuntergang bedroht
604–1054 n. Chr.

Anfang des 7. Jahrhunderts hatte sich der Heilige Stuhl beachtliches Ansehen erworben. Die Päpste standen unter dem Einfluss Konstantinopels und blickten bis weit ins 8. Jahrhundert hinein nach Osten, dennoch hielten sie am Primat Roms fest und trachteten, sich der Kontrolle des oströmischen Kaisers zu entziehen. Schließlich brachten sie die ständigen Einfälle der Langobarden dazu, sich im Westen nach Hilfe umzusehen. Nach der Gründung des Heiligen Römischen Reiches durch Karl den Großen, das ein Gegengewicht zum Oströmischen Reich und Konstantinopel bildete, mussten die Päpste zwischen Ost und West balancieren. Vermehrt wurden sie auch zu weltlichen Herrschern. Aus dieser säkularen Verantwortung erwuchsen ihnen allerdings politische Probleme. Bei ihren Bemühungen, sich der Kontrolle der römischen Aristokratie zu entziehen, in deren Rivalitäten sie immer wieder hineingezogen wurden, gerieten sie unter die Oberhoheit des Reiches. Trotz ihres geistlichen Primats waren sie zur Zeit der Jahrtausendwende manchmal kaum mehr als eine Marionette – des römischen Adels oder des Kaisers. Das Jahr 1054 schließlich brachte der Christenheit eine Katastrophe: Die westliche und die östliche Kirche exkommunizierten sich gegenseitig.

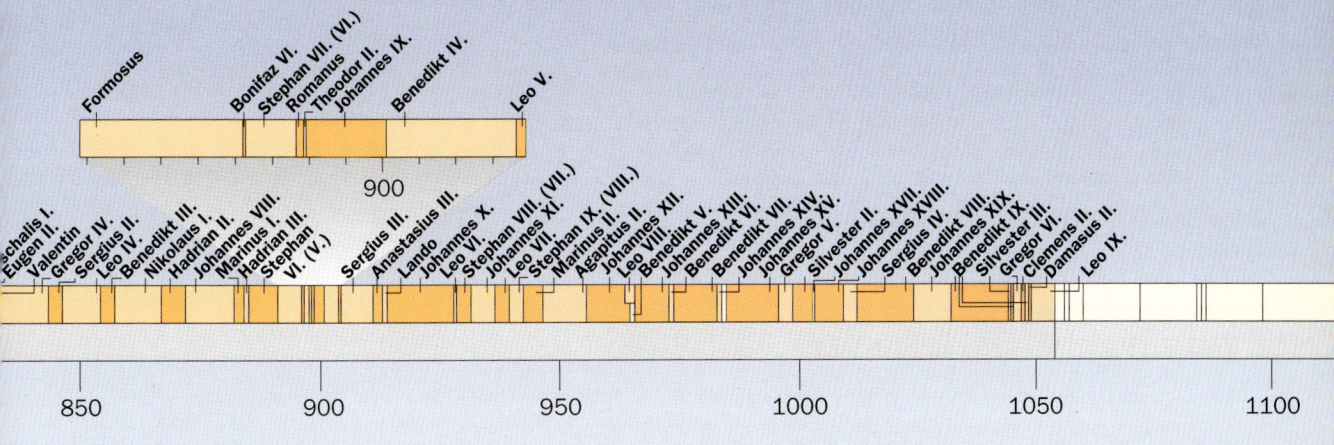

Sabinian
604–606

Bonifaz III.
607

Bonifaz IV.
608–615

Adeodatus I.
615–618

Bonifaz V.
619–625

Honorius I.
625–638

Honorius I. mit einem Modell der von ihm erbauten Kirche Sant'Agnese fuori le Mura in Rom. Mosaikporträt des 7. Jahrhunderts. Honorius ließ mehrere römische Kirchen ausschmücken und gründete das Kloster Santi Andrea e Bartolomeo.

PAPSTNAMEN

SABINIAN
Herkunft
  Italien, Volterra,
  Toskana
Zum Papst gewählt
  13. September 604
Gestorben
  22. Februar 606
Dauer des Pontifikats
  1 Jahr, 5 Monate,
  8 Tage

BONIFAZ III.
Herkunft
  Grieche, geboren
  in Rom
Zum Papst gewählt
  19. Februar 607
Gestorben
  12. November 607
Dauer des Pontifikats
  8 Monate, 22 Tage

BONIFAZ IV.
Herkunft
  Italien, L'Aquila

Abstammung
  Sohn eines
  Arztes
Zum Papst gewählt
  15. September
  608
Gestorben
  8. Mai 615
Dauer des Pontifikats
  6 Jahre, 7 Monate,
  24 Tage

ADEODATUS I.
Herkunft
  Italien, Rom
Abstammung
  Sohn eines
  Subdiakons
Zum Papst gewählt
  19. Oktober 615
Alter bei der Wahl
  Fortgeschritten
Gestorben
  8. November 618
Dauer des Pontifikats
  3 Jahre, 21 Tage

Die auf Gregor I. folgenden Päpste schwankten zwischen Nachahmung seines Beispiels und gewolltem Kontrast dazu. So förderten einige das Mönchstum, andere wiederum nicht. Alle schafften es, gute Beziehungen mit Konstantinopel zu unterhalten, obwohl die byzantinischen Kaiser, die viel mit Kriegen beschäftigt waren, auf einen Papstwechsel in Rom oft nur mit großer Verzögerung reagierten.

Über **Sabinian** (604–606) ist wenig Gesichertes bekannt. Seine Wahl erfolgte in einem vom Feind bedrohten Rom, in dem eine Hungersnot herrschte und das von Unruhen erschüttert wurde. Es heißt, Sabinian habe das Getreide teuer verkauft, statt es wie Gregor aus den päpstlichen Kornspeichern großzügig und kostenlos zu verteilen. Möglicherweise ist dies aber nur eine Erfindung von Gregors Biografen, die dessen Ruf postum noch mehr festigen wollten. **Bonifaz III.** (607) musste fast ein Jahr lang auf die kaiserliche Bestätigung warten, hatte jedoch die Befriedigung, dass Kaiser Phokas (602–610) offiziell den Primat Roms über sämtliche Kirchen bestätigte. Auch **Bonifaz IV.** (608–615) bekam die Zustimmung Ostroms erst spät. Wie Gregor I. förderte er die Klöster und lebte nach seiner Wahl selbst wie ein Mönch. Unter seinem Pontifikat

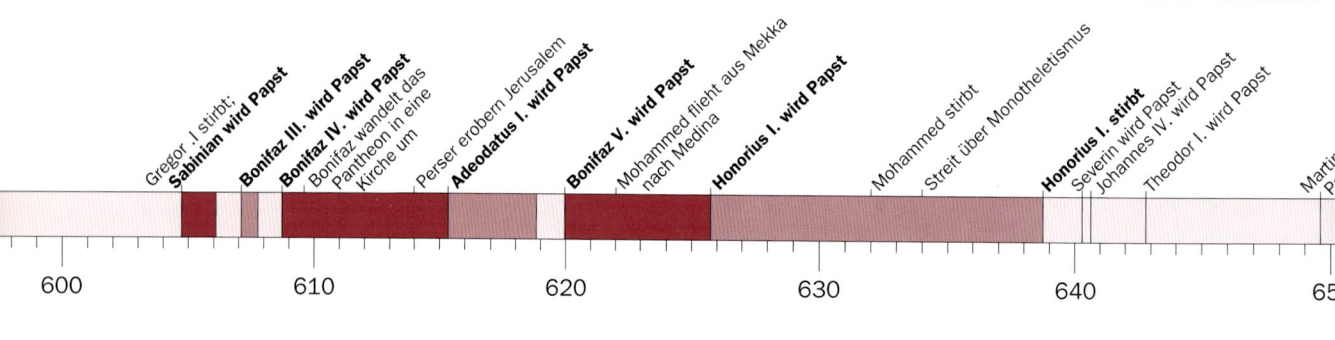

Gregor I. stirbt; **Sabinian wird Papst** · **Bonifaz III. wird Papst** · **Bonifaz IV. wird Papst** · Bonifaz wandelt das Pantheon in eine Kirche um · Perser erobern Jerusalem · **Adeodatus I. wird Papst** · **Bonifaz V. wird Papst** · Mohammed flieht aus Mekka nach Medina · **Honorius I. wird Papst** · Mohammed stirbt · Streit über Monotheletismus · **Honorius I. stirbt** · Severin wird Papst · Johannes IV. wird Papst · Theodor I. wird Papst · Martin ...

600   610   620   630   640   65

PAPSTNAMEN	
BONIFAZ V.	*Abstammung*
Herkunft	Aristokratisch;
Italien, Neapel	reich;
Zum Papst gewählt	Konsuln
23. Dezember 619	*Zum Papst gewählt*
Gestorben	27. Oktober
25. Oktober 625	625
Dauer des Pontifikats	*Gestorben*
5 Jahre, 10 Mo-	12. Oktober
nate, 2 Tage	638
	Dauer des Pontifikats
HONORIUS I.	12 Jahre,
Herkunft	11 Monate,
Italien, Kampanien	16 Tage

wurde das Pantheon zu einer Kirche umgestaltet und Maria und allen Märtyrern geweiht. Über **Adeodatus I.** (615–618) – den »von Gott Gegebenen« – ist weiter nichts bekannt. Auch in seiner Amtszeit litt Italien unter Naturkatastrophen und militärischen Rückschlägen. **Bonifaz V.** (619–625), der sich besonders für die Kirche in England interessierte, musste mehr als ein Jahr auf die Bestätigung durch den oströmischen Kaiser warten, da dieser mit einem Krieg gegen die Perser beschäftigt war. **Honorius I.** (625–638) hingegen wurde rasch gekrönt. Gregors Beispiel folgend hatte er Mönche als Mitarbeiter und gleich Bonifaz IV. verwandelte er sein Haus in ein Kloster. Bekannt wurde er allerdings durch einen theologischen Streit. Honorius zufolge hatte Christus statt eines göttlichen und eines menschlichen Willens nur einen einzigen, den er kraft seiner göttlichen und zugleich menschlichen Natur ausübte. Die von ihm formulierte Lehre, der Monotheletismus, wurde später auf dem Dritten Konzil von Konstantinopel (680–681) als Häresie verurteilt, was für spätere Päpste und Konzile eine peinliche Angelegenheit war.

Kaiser Phokas (602–610) gab unter dem Pontifikat von Bonifaz III. die Erklärung ab, dass Rom das Haupt aller Kirchen sei. Zeitgenössische byzantinische Geschichtsschreiber bezeichnen ihn als blutdürstigen Tyrannen.

Innenansicht des Pantheons. Das erste Pantheon, ein heidnischer Tempel, erbaut in Rom 27. v. Chr., fiel einem Brand zum Opfer. Der heute bestehende Bau wurde von Kaiser Hadrian errichtet. Papst Bonifaz IV. erhielt ihn 609 von Phokas zum Geschenk und weihte ihn der Jungfrau Maria und den Märtyrern unter dem Namen Sancta Maria ad Martyres (Santa Maria Rotonda).

DER ISLAM

Während des Pontifikats von Honorius I. starb Mohammed in Medina (632). Er hatte seine Botschaft bis in die entferntesten Ecken der Arabischen Halbinsel getragen. Um das Jahr 750 war der Islam im Westen bis Spanien und Frankreich, im Osten bis in das heutige Pakistan vorgedrungen (siehe Karte). Die folgenden 21 Päpste mussten mit ansehen, wie die neue Religion alles wegzuschwemmen schien. Ausgedehnte Gebiete wie Nordafrika, Syrien und Spanien gingen Rom für lange Zeit oder für immer verloren.

Bemerkenswert ist, dass vor allem in den ersten hundert Jahren der islamischen Expansion Rom und Konstantinopel zusammenrückten. In den hundert Jahren vor 650 etwa stammten die meisten Päpste aus Rom oder Italien, im darauf folgenden Jahrhundert hingegen kamen die meisten aus dem Osten. Mehr noch: Nach dem Wegfall der alten Rivalen im Kampf um das Prestige – der Patriarchate Antiochia, Jerusalem und Alexandria, die von der Flut des Islam weggeschwemmt wurden – blieben Rom und Konstantinopel in der christlichen Welt ohne ebenbürtige Gegner zurück.

Unter der Oberfläche schwelte der Zwist jedoch weiter. Allein die Tatsache,

dass so viele Päpste des 7. und frühen 8. Jahrhunderts nicht aus Rom oder Italien stammten, missfiel den Christen im Westen. Beide Seiten wollten die Unterschiede in Lehre und Religionsausübung nicht endlos dulden, ebenso wenig konnte die lateinische Kirche ewig die weltliche Oberhoheit des byzantinischen Kaisers hinnehmen. Da Konstantinopel immer stärker auf seine Verteidigung im Osten bedacht war, konnte Rom sich mit den aufstrebenden Mächten im Westen arrangieren: der Hauptgrund dafür, dass die Expansion des Islam die Christen des Ostens und des Westens auseinander trieb. Nach einiger Zeit ließ sich diese Kluft nicht mehr verbergen.

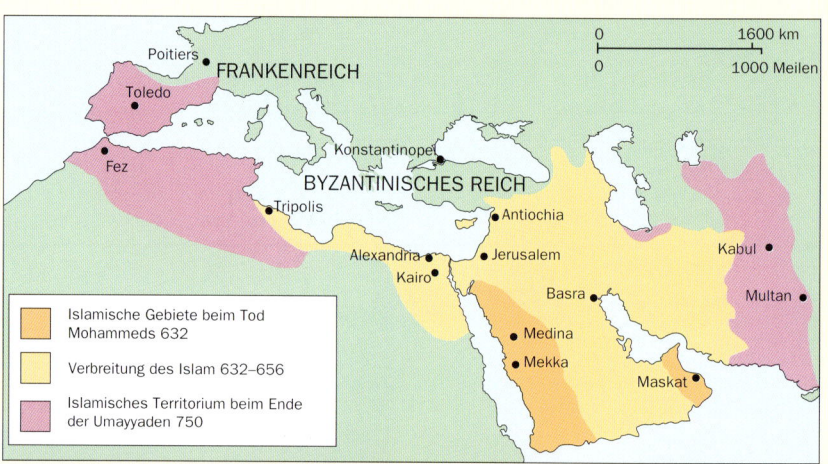

Islamische Gebiete beim Tod Mohammeds 632

Verbreitung des Islam 632–656

Islamisches Territorium beim Ende der Umayyaden 750

(Rechts) Mohammed, so heißt es, reiste mit dem Erzengel Gabriel in einer einzigen Nacht von Mekka nach Jerusalem und zurück. Hier eine Darstellung in einer Handschrift des 16. Jahrhunderts (London, British Library).

(Unten) Türkische Fliese mit der Kaaba im Zentrum der Großen Moschee von Mekka. Die Kaaba, ursprünglich ein heidnisches Heiligtum, wurde von Mohammed dem Islam geweiht.

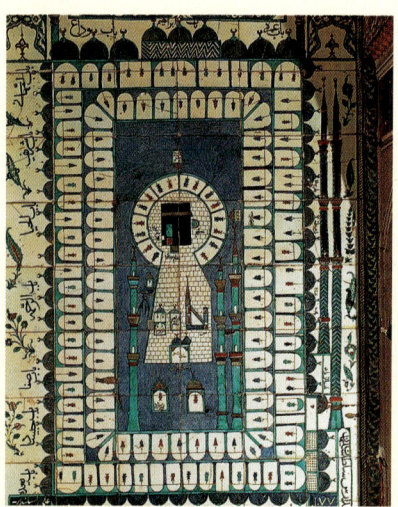

Arabischer Reiter, Federzeichnung des 10. Jahrhunderts (Wien, Nationalbibliothek).

Severin
640

Johannes IV.
640–642

Theodor I.
642–649

Martin I.
649–653

Eugen I.
654–657

Vitalian
657–672

Adeodatus II.
672–676

Donus
676–678

Agatho
678–681

Leo II.
682–683

Benedikt II.
684–685

Johannes V.
685–686

Conon
686–687

Sergius I.
687–701

Johannes VI.
701–705

Johannes VII.
705–707

Sisinnius
708

Konstantin
708–715

Gregor II.
715–731

Gregor III.
731–741

Zacharias
741–752

Stephan (II.)
752

Stephan III. (II.)
752–757

Paul I.
757–767

Stephan IV. (III.)
768–772

PAPSTNAMEN

SEVERIN	JOHANNES IV.
Herkunft	*Herkunft*
Italien, Rom	Dalmatien
Abstammung	*Früheres Amt*
Aristokratisch	Archidiakon von
Zum Papst gewählt	Rom
28. Mai 640	*Zum Papst gewählt*
Alter bei der Wahl	24. Dezember 640
Fortgeschritten	*Gestorben*
Gestorben	12. Oktober 642
2. August 640	*Dauer des Pontifikats*
Dauer des Pontifikats	1 Jahr, 9 Monate,
2 Monate, 6 Tage	20 Tage

Er [Theodor I.] liebte die Armen, er war großzügig, der gütigste aller Menschen und voller Mitleid.

Liber pontificalis

Beginnen wir mit der Häresie. **Severin** (640), von Konstantinopel gedrängt, den Monotheletismus – der über Honorius I. so viel Schande gebracht hatte – gutzuheißen, musste wie üblich auf die kaiserliche Zustimmung warten. Er wurde in seinem Haus von zornigen Soldaten belagert, die ihren überfälligen Sold forderten, und überlebte seine Inthronisation kaum mehr als zwei Monate. **Johannes IV.** (640–642) hinterließ er einen Scherbenhaufen. Dieser verurteilte den Monotheletismus scharf

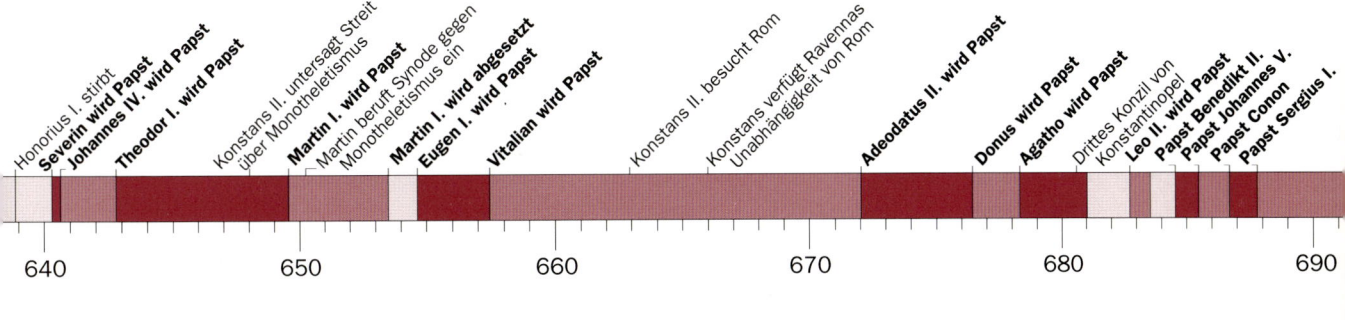

Honorius I. stirbt
Severin wird Papst
Johannes IV. wird Papst
Theodor I. wird Papst
Konstans II. untersagt Streit über Monotheletismus
Martin I. wird Papst
Martin beruft Synode gegen Monotheletismus ein
Martin I. wird abgesetzt
Eugen I. wird Papst
Vitalian wird Papst
Konstans II. besucht Rom
Konstans verfügt Ravennas Unabhängigkeit von Rom
Adeodatus II. wird Papst
Donus wird Papst
Agatho wird Papst
Drittes Konzil von Konstantinopel
Leo II. wird Papst
Papst Benedikt II.
Papst Johannes V.
Papst Conon
Papst Sergius I.

640   650   660   670   680   690

und sandte dem Kaiser ein Schreiben, in dem er leider erfolglos versuchte, die Ehre Honorius' I. zu retten. Abweichler hatte er schon vor seiner Amtseinführung abgelehnt und in einem Brief an die Kirche Irlands vor dem Pelagianismus gewarnt, einer britischen Irrlehre über die Willensfreiheit, die Gott als bloßen Beobachter des menschlichen Handelns sah.

Theodor I. (642–649), ein in Jerusalem geborener Grieche, bestätigte Johannes' Verurteilung des Monotheletismus und stritt sich so sehr mit dem Patriarchen von Konstantinopel, dass Kaiser Konstans II. (641–668) jede weitere Diskussion untersagte. **Martin I.** (649–653) setzte den Widerstand fort, weshalb Konstans ihn nicht als Papst anerkannte. Martin berief daraufhin eine Synode ein, die die Häresie verurteilte, was er auch von Konstans verlangte. Konstans befahl, ihn festzunehmen. Der durch Krankheit ans Bett gefesselte Martin wurde nach Konstantinopel gekarrt, des Verrats angeklagt, verurteilt, ausgepeitscht und ins Exil geschickt.

Eugen I. (654–657) suchte einen Kompromiss mit Konstantinopel. Als jedoch in Rom dessen Einzelheiten bekannt wurden, verwarfen Kleriker wie Gläubige die Einigung und zwangen auch Eugen dazu. Konstans, mit Krieg beschäftigt, drohte dem Papst mit Festnahme und Deportation, wovor diesen der Tod bewahrte. **Vitalian** (657–672) oblag es, eine Aussöhnung zu versuchen. Er war darin so erfolgreich, dass Konstans 663 nach Rom kam, wo er sich zwölf Tage aufhielt. Es sollte 700 Jahre dauern, bis wieder ein byzantinischer Kaiser Rom besuchte. Konstans wurde mit allen gebührenden Ehren empfangen. Dessen ungeachtet befahl er, Ravenna, den Sitz der kaiserlichen Regierung Italiens, der Aufsicht Roms zu entziehen, vielleicht eine an Vitalian und künftige Päpste gerichtete Warnung. **Adeodatus II.** (672–676) erneuerte den Widerstand gegen die von Konstantinopel unterstützte Häresie, während **Donus** (676–678), über den sonst nichts bekannt ist, Ravenna dazu brachte, die Aufgabe seiner Unabhängigkeit von Rom zumindest in Erwägung zu ziehen.

Es war höchste Zeit für ein Ende dieser Episode. Unter **Agatho** (678–681) kam Kaiser Konstantin IV. (668–685) zur Einsicht, dass eine weitere Unterstützung des Monotheletismus nicht im kaiserlichen Interesse lag. Er lud den Papst ein, Vertreter zu entsenden, um die Angelegenheit endgültig zu regeln. Agatho war dazu bereit, wollte aber zuerst eine westliche Synode einberufen, um sicherzustellen, dass über dieses Thema alle einer Meinung waren. Auf dem Dritten Konzil von Konstantinopel (680–681) wurde der Monotheletismus schließlich als Häresie verurteilt. Ein unerwarteter Erfolg war auch, dass Ravenna sich bereit fand, wieder die Oberhoheit Roms anzuerkennen. Möglicherweise schlug sich diese neue Harmonie zwischen Rom und Konstantinopel in

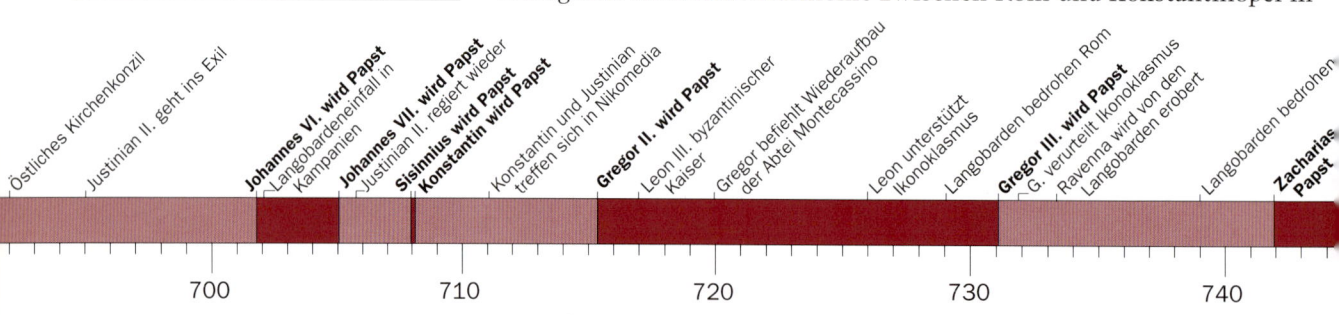

Östliches Kirchenkonzil · Justinian II. geht ins Exil · **Johannes VI. wird Papst** · Langobardeneinfall in Kampanien · **Johannes VII. wird Papst** · Justinian II. regiert wieder · **Sisinnius wird Papst** · **Konstantin wird Papst** · Konstantin und Justinian treffen sich in Nikomedia · **Gregor II. wird Papst** · Leon III. byzantinischer Kaiser · Gregor befiehlt Wiederaufbau der Abtei Montecassino · Leon unterstützt Ikonoklasmus · Langobarden bedrohen Rom · **Gregor III. wird Papst** · G. verurteilt Ikonoklasmus · Ravenna wird von den Langobarden erobert · Langobarden bedrohen · **Zacharias Papst**

700   710   720   730   740

PAPSTNAMEN

JOHANNES V.
Herkunft
  Syrien, Antiochia
Früheres Amt
  Archidiakon
Zum Papst gewählt
  23. Juli 685
Gestorben
  2. August 686
Dauer des Pontifikats
  1 Jahr, 10 Tage

CONON
Herkunft
  Sizilien
Früheres Amt
  Priester
Zum Papst gewählt
  21. Oktober 686
Alter bei der Wahl
  Fortgeschritten
Gestorben
  21. September 687
Dauer des Pontifikats
  11 Monate
Gegenpäpste
  Theodor (687),
  Paschalis (687)

SERGIUS I.
Herkunft
  Syrer, geboren in
  Palermo, Sizilien
Früheres Amt
  Priester

Zum Papst gewählt
  15. Dezember 687
Gestorben
  9. September 701
Dauer des Pontifikats
  13 Jahre, 8 Mona-
  te, 25 Tage
Gegenpapst
  Paschalis (687)

JOHANNES VI.
Herkunft
  Griechenland
Zum Papst gewählt
  30. Oktober 701
Gestorben
  11. Januar 705
Dauer des Pontifikats
  3 Jahre, 2 Monate,
  12 Tage

JOHANNES VII.
Herkunft
  Griechenland
Abstammung
  Sohn eines
  kaiserlichen
  Palastbeamten
Zum Papst gewählt
  1. März 705
Gestorben
  18. Oktober 707
Dauer des Pontifikats
  2 Jahre, 7 Monate,
  18 Tage

Johannes VII. Mosaikporträt des 8. Jahrhunderts in den Vatikanischen Grotten.

der Herkunft der folgenden 16 Päpste nieder. Von 682 bis 772 sollten lediglich vier aus Rom stammen, die übrigen vor allem aus Syrien, Sizilien und Griechenland.

Da Agatho während des Konzils starb, musste sein Nachfolger **Leo II.** (682–683) seine Beendigung abwarten, um vom Kaiser bestätigt zu werden. Diese Verspätung resultierte aber auch aus dem Beharren Konstantinopels auf einer Verurteilung der Ansichten von Honorius I. Erst als Rom nachgab, genehmigte der Kaiser die Wahl Leos. Auch **Benedikt II.** (684–685) musste lange warten, der Heilige Stuhl erhielt jedoch ein wichtiges Zugeständnis: Künftig sollte die kaiserliche Bestätigung der Papstwahl vom Vertreter des Kaisers in Ravenna statt aus Konstantinopel kommen. **Johannes V.** (685–686), einer von Agathos Abgesandten auf dem Konzil, war die meiste Zeit seines Pontifikats krank. Gleiches gilt für **Conon** (686–687), der *Theodor* zum Gegenpapst hatte. Die daraus und aus einer vom Papst zu verantwortenden Fehlbesetzung resultierenden Turbulenzen bescherten **Sergius I.** (687–701) eine schwierige Ausgangslage. Er hatte neben Theodor noch einen zweiten Gegenpapst, *Paschalis*. Erst nach gewaltsamen Auseinandersetzungen und Bestechungen gab die Opposition ihren Widerstand auf und Sergius konnte in seinem Amt bestätigt werden. Da Kaiser Justinian II. (685–695) erneut die Kontrolle über die gesamte Kirche beanspruchte, verschlechterten sich die Beziehungen mit ihm wieder. Sergius weigerte sich, die Ergebnisse eines weiteren, vor allem von der Ostkirche getragenen Konzils (692) zu bestätigen, woraufhin Justinian einen Heerführer nach Rom entsandte, um die Zustimmung des Papstes notfalls mit Gewalt zu erzwingen. Als Justinian jedoch 695 ins Exil gehen musste, stellten sich seine in Italien stationierten Truppen auf die Seite des Papstes.

Johannes VI. (701–705), ein Grieche, nutzte den Sturz des Kaisers, hütete sich jedoch, mit Byzanz in Streit zu geraten. Das war weise, denn 705 gelangte Justinian wieder auf den Thron. In Italien meuterten einige Einheiten gegen ihn und Johannes versuchte, zwischen ihnen und dem kaiserlicher Befehlshaber Theophylactes zu vermitteln, der gekommen war, um sie zu bestrafen. Gleichzeitig musste er einen Angriff der Langobarden in der Nähe Roms abwenden. **Johannes VII.** (705–707), ebenfalls Grieche, hatte zwar keine Probleme mit den Langobarden, erhielt aber von Justinian II., der 705–711 erneut an der Macht war, den Befehl gutzuheißen, was Sergius I. verweigert hatte. Der Papst setzte auf Zeit. Er sandte die Urkunden ohne Kommentar und Unterschrift nach Konstantinopel zurück, was ihm den Vorwurf der Feigheit eintrug. Sein syrischer Nachfolger **Sisinnius** (708), bei der Wahl schon alt und an Gicht

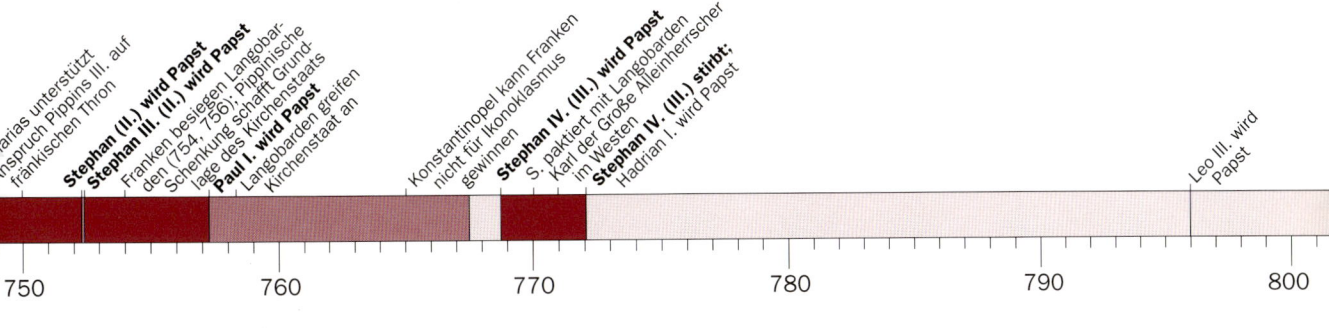

750   760   770   780   790   800

PAPSTNAMEN

SISINNIUS	*Abstammung*
Herkunft	Reich
Syrien	*Frühere Ämter*
Zum Papst gewählt	Diakon,
15. Januar 708	Bibliothekar
Alter bei der Wahl	*Zum Papst gewählt*
Fortgeschritten	19. Mai 715
Gestorben	*Gestorben*
4. Februar 708	11. Februar 731
Dauer des Pontifikats	*Dauer des Pontifikats*
21 Tage	15 Jahre,
	8 Monate,
KONSTANTIN	23 Tage
Herkunft	
Syrien	**GREGOR III.**
Früheres Amt	*Herkunft*
Subdiakon	Syrien
Zum Papst gewählt	*Früheres Amt*
25. März 708	Priester
Gestorben	*Zum Papst gewählt*
9. April 715	18. März 731
Dauer des Pontifikats	*Gestorben*
7 Jahre, 15 Tage	28. November 741
	Dauer des Pontifikats
GREGOR II.	10 Jahre,
Herkunft	8 Monate,
Italien, Rom	10 Tage

leidend, starb plötzlich. **Konstantin** (708–715), ebenfalls Syrer, erbte somit das Problem, auf Justinians Forderung nach Anerkennung der Ergebnisse des Konzils von 692 einzugehen oder nicht. Dieses Mal erwies sich der Verhandlungsweg als erfolgreich. Konstantin und Justinian trafen sich 711 in Nikomedia, wo der Kaiser dem Papst den Fuß küsste, woraufhin Konstantin ihm die Kommunion spendete.

Bald darauf wurde der Friede erschüttert. Justinian fiel im gleichen Jahr einem Anschlag zum Opfer und der neue Kaiser war Monothelet. In Rom kam es zu Gewaltausbrüchen und der Papst musste Frieden schaffen. Zum Glück bestieg kurze Zeit später ein neuer, sich zum rechten Glauben bekennender Kaiser den Thron, womit die Krise beendet war.

Gregor II. (715–731), aus Rom, war einer von Konstantins wichtigsten Abgesandten bei den Verhandlungen mit Justinian gewesen, als aber Kaiser Leon III. (717–741) Italien mit hohen Steuern belegen wollte, protestierte er als Erster. Auch musste er sich wieder mit den Langobarden auseinander setzen. Es konnte ihren König dazu bewegen, die Belagerung Roms aufzuheben. Leon III. war Ikonoklast, ein »Bilderstürmer«, also strikt gegen bildliche Darstellungen im Gottesdienst. Der Papst sollte den Ikonoklasmus offiziell billigen. Gregor lehnte ab und ganz Norditalien stellte sich hinter ihn. **Gregor III.** (731–741) wurde per Akklamation gewählt. Er war der letzte Papst, der in Konstantinopel um Bestätigung ansuchte. Seine Ablehnung des Ikonoklasmus wurde vom Krieg begleitet, und als die Langobarden erneut angriffen, bat er die Franken um Hilfe. Diese lehnten ab, da ihnen die Langobarden bei der Abwehr der Araber in der Provence geholfen hatten. Rom drohte eine erneute Plünderung.

Zacharias (741–752) schaffte es, die Lage zu retten. Er schloss Frieden mit den Langobarden und Konstantinopel, und dies obwohl Kaiser Leons

IKONOKLASMUS

Der Ikonoklasmus, wörtlich »Bilderzerbrechen«, richtete sich gegen jede Darstellung von Menschen in Form von Statuen, Bildern, Stichen oder Stickereien und deren Verehrung. Die Bewegung basierte auf dem Glauben, dass die Verehrung von Bildnissen leicht in deren Anbetung, also in Götzendienst umschlagen könne. Den stärksten Einfluss erreichte sie im 8. Jahrhundert, ihre Anhänger hatte sie vor allem im Oströmischen Reich. Besonders eifrige Ikonoklasten waren die Kaiser Leon III. und Konstantin V. Ein Konzil der Ostkirche verurteilte 754 sämtliche Bildnisse als Götzen. Als das Zweite Konzil von Nicäa 787 Kultbilder von Heiligen für legitim erklärte, verlor die Bewegung jedoch allmählich an Boden.

Ikonoklasten übermalen ein Bild. Die Inschrift bedeutet: »Die, die Bilder bekämpfen«.

Nachdem König Ratchis, sein Bruder und Vorgänger, 749 ins Kloster gegangen war, wollte der Langobardenkönig Aistulf ganz Italien unterwerfen, wurde jedoch vom fränkischen König Pippin III. schon in der ersten Schlacht besiegt. Als Aistulf 756 Rom belagerte, wurde er ein zweites Mal geschlagen. Die Abbildung zeigt seine Kapitulation vor Papst Stephan III. (II.). Buchmalerei in einer Handschrift des 12. Jahrhunderts (Rom, Vatikanische Bibliothek).

PAPSTNAMEN

ZACHARIAS
Herkunft
  Grieche, geboren
  in Kalabrien
Früheres Amt
  Diakon
Zum Papst gewählt
  3. Dezember 741
Gestorben
  15. März 752
Dauer des Pontifikats
  10 Jahre, 3 Monate, 12 Tage
Bemerkenswertes
  Letzter griechischer
  Papst

STEPHAN (II.)
Herkunft
  Ungewiss
Zum Papst gewählt
  22./23. März 752
Alter bei der Wahl
  Fortgeschritten
Gestorben
  25./26. März 752,
  an Schlaganfall
Dauer des Pontifikats
  2 oder 3 Tage
Kommentar
  Da Stephan vor seiner Amtseinführung
  starb, besteht keine
  Einigkeit, ob er als
  Papst gilt oder
  nicht.

STEPHAN III. (II.)
Herkunft
  Italien, Rom
Abstammung
  Aristokratisch; reich
Früheres Amt
  Diakon

Zum Papst gewählt
  26. März 752
Gestorben
  26. April 757
Dauer des Pontifikats
  5 Jahre,
  1 Monat

PAUL I.
Herkunft
  Italien, Rom
Abstammung
  Aristokratisch;
  reich; jüngerer
  Bruder Stephans III.
Früheres Amt
  Diakon
Zum Papst gewählt
  29. Mai 757
Gestorben
  28. Juni 767
Dauer des Pontifikats
  10 Jahre,
  1 Monat

STEPHAN IV. (III.)
Herkunft
  Sizilien
Früheres Amt
  Priester
Zum Papst gewählt
  7. August 768
Gestorben
  24. Januar
  772
Dauer des Pontifikats
  3 Jahre,
  5 Monate,
  17 Tage
Gegenpäpste
  Konstantin
  (767–768),
  Philipp (768)

Nachfolger Ikonoklast war. Darüber hinaus verstärkte er die Beziehungen zum fränkischen Königshaus und unterstützte den Anspruch Pippins III. auf den fränkischen Thron: eine folgenreiche Entscheidung, denn die neue Dynastie stand auf diese Weise in der Schuld des Heiligen Stuhls, was dessen Beziehungen zu ihr zugute kam. **Stephan II.** (752) überlebte seine Wahl ganze drei Tage. Er erlag vor der Inthronisation einem Schlaganfall, weshalb strittig ist, ob er als Papst gezählt werden soll. **Stephan III.** (752–757) – nach offizieller Zählweise Stephan II. – ging zugunsten der Franken noch stärker auf Distanz zu Konstantinopel. Diese Politik erwies sich als vorteilhaft, denn als Rom 753 wieder von den Langobarden bedroht wurde, konnte er den Frankenkönig aufsuchen und ihn um Hilfe bitten. Der König gewährte sie und die Langobarden, in zwei Feldzügen geschlagen (754 und 756), mussten den Päpsten das Land zurückgeben, das sie ihnen genommen hatten.

Paul I. (757–767), Stephans jüngerer Bruder, musste sich nicht nur gegen die Landgier der Langobarden schützen, sondern auch mit Konstantinopel auseinander setzen, das weiterhin den Ikonoklasmus förderte und sowohl die Langobarden als auch die Franken hofierte. Seine Versuche blieben erfolglos, interne Konflikte lebten wieder auf und nach seinem Tod folgte ein Streit um den Papstthron. Zwei Gegenpäpste, *Konstantin* und *Philipp*, traten auf, ehe sich der legitime **Stephan IV. (III.)** behaupten konnte. Wie seine unmittelbaren Vorgänger musste er sich der ständigen Intrigen der Langobarden erwehren, bis er, dessen überdrüssig geworden und von den Franken enttäuscht, ganz auf die langobardische Karte setzte: ein schwerer Fehler, denn der wichtigste fränkische Fürst war der spätere Karl der Große, der bedeutendste europäische Herrscher des frühen Mittelalters.

Hadrian I.
772–795

Leo III.
795–816

Als Hadrian I. starb, wurde Karl der Große vom Schmerz übermannt und sandte ein marmornes Erinnerungsmal mit eingravierten Versen nach Rom. Es ist im Portikus des Petersdoms zu sehen.

HADRIAN I.	
Herkunft	*Gestorben*
Italien, Rom	25. Dezember
Abstammung	795
Aristokratisch	*Dauer des Pontifikats*
Früheres Amt	23 Jahre,
Diakon	10 Monate,
Zum Papst gewählt	26 Tage
1. Februar 772	

Er [Karl der Große] ehrte die Kirche des heiligen Petrus in Rom mehr denn alle anderen heiligen Stätten. Er häufte in seinem Schatzhaus eine bedeutende Summe an, Silber und Gold, ganz zu schweigen von edlen Steinen. Den Päpsten übersandte er zahllose Geschenke und in der ganzen Zeit seiner Herrschaft war ihm nichts wichtiger, als dass die Stadt Rom durch eigenes Bemühen wieder ihre alte Autorität erlange und St. Peter unter seinem Schutz nicht nur sicher, sondern dank seiner Reichtümer schöner geschmückt und reicher beschenkt werde als jede andere Kirche.

Einhard, *Vita Karoli Magni* 27

HADRIAN I.

Im selben Winter verstarb Hadrian, der römische Pontifex heiligen Andenkens, und als [Karl der Große] aufgehört hatte, seinen Tod zu beweinen, verfügte er, dass im gesamten Reich jeder Christ für ihn bete. Karl versandte in seinem Namen auch viele milde Gaben, und im Frankenreich ließ er seinen Namen in goldenen Lettern in Marmor meißeln, um diesen nach Rom zu senden und damit Hadrians Grab ausschmücken zu lassen.

Annales Laureshamenses des Jahres 795

Da Papst Stephan IV. (III.) den bedauerlichen Irrtum begangen hatte, auf den langobardischen statt auf den fränkischen König zu vertrauen, war Hadrian I. (772–795) in einer äußerst unbequemen Lage. Er befreite sich daraus, indem er zunächst den Vertreter des Langobardenkönigs in Rom verabschiedete und forderte, der König solle sein Stephan gegebenes Versprechen einlösen, bestimmte Ländereien dem Heiligen Stuhl zurückzugeben. König Desiderius lehnte ab, rückte gegen Rom vor und brach sein Unternehmen erst ab, als ihm der Papst die Exkommunikation androhte. Karl der Große, von Hadrian um Hilfe gebeten, belagerte (773–774) und

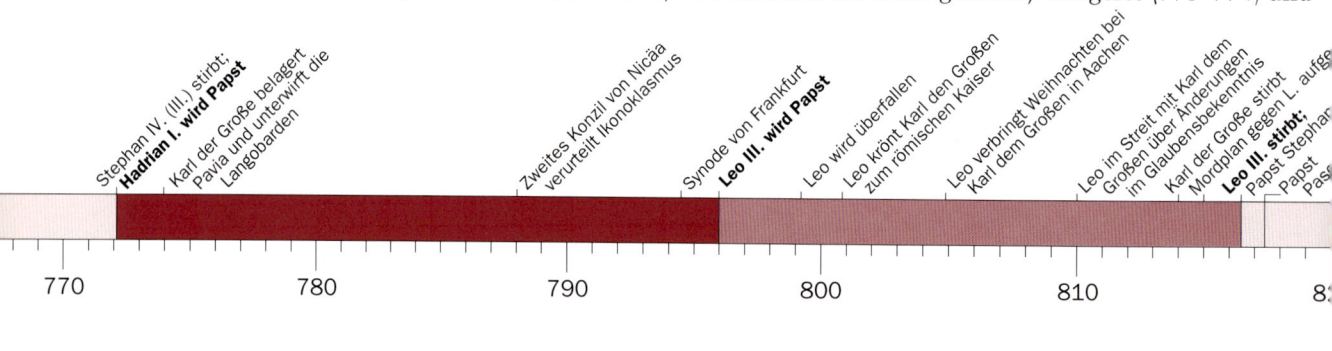

Stephan IV. (III.) stirbt; **Hadrian I. wird Papst**

Karl der Große belagert Pavia und unterwirft die Langobarden

Zweites Konzil von Nicäa verurteilt Ikonoklasmus

Synode von Frankfurt **Leo III. wird Papst**

Leo wird überfallen

Leo krönt Karl den Großen zum römischen Kaiser

Leo verbringt Weihnachten bei Karl dem Großen in Aachen

Leo im Streit mit Karl dem Großen über Änderungen im Glaubensbekenntnis

Karl der Große stirbt **Leo III. stirbt;** Mordplan gegen L. aufge

Papst Stephan

Papst

Pas

770   780   790   800   810   8

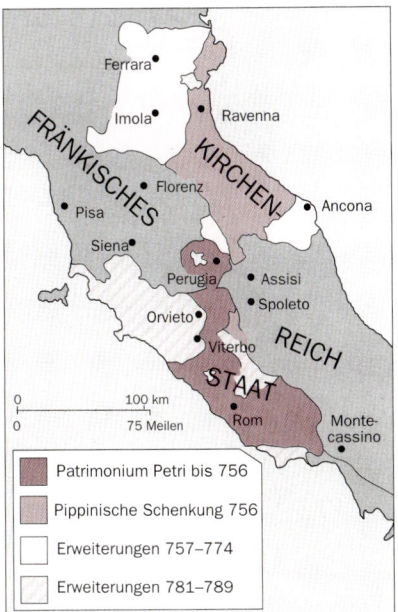

Herausbildung und Ausdehnung
des Kirchenstaates bis zum Ende
der Regierungszeit Karls des Großen.

besetzte die langobardische Hauptstadt Pavia. Nachdem auf diese Weise
das Langobardenreich unterworfen war, reiste er nach Rom. Er überreich-
te dem Papst eine Urkunde, die das Versprechen enthielt, den Päpsten
einen großen Teil der Apenninenhalbinsel zu übereignen, er behielt
jedoch die Kontrolle über diese Schenkungen und bestand darauf, dass
Hadrian ihm im Gegenzug die Toskana und Spoleto abtrat.

Gestützt auf das Bündnis mit den Franken, fühlte sich der Papst stark
genug, auf dem Zweiten Konzil von Nicäa (787) die Verurteilung des von
Konstantinopel so lange geförerten Ikonoklasmus und die Wiedereinfüh-

Hadrian I. begrüßt Karl den Großen
bei dessen Besuch in Rom 774 nach
der Niederlage der Langobarden.
Hadrian und Karl verkörperten den
Gedanken einer christlichen Erneuerung des römischen Imperiums – des
Heiligen Römischen Reiches. Hadrian
übersandte Karl dem Großen Urkunden,
die die Grundlage des Kirchenrechts
bildeten, das Karl in seinem gesamten
Herrschaftsgebiet verkünden ließ.

LEO III.

Herkunft
Italien, Rom
Früheres Amt
Kardinalpriester;
»Kardinal« hat in
der frühen Kirche
wechselnde
Bedeutungen:
Zur Zeit Leos
scheint es Bischöfe
bestimmter Diöze-
sen zu bezeichnen,

die in der
Lateranbasilika
zusätzliche Ämter
bekleideten.
Zum Papst gewählt
26. Dezember 795
Gestorben
12. Juni 816
Dauer des Pontifikats
20 Jahre,
5 Monate,
17 Tage

rung einer angemessenen Bilderverehrung zu fordern. Fast hätte dies zu einem Konflikt mit Karl geführt, der von einer möglichen Aussöhnung des Papstes mit Konstantinopel nicht eben begeistert war. Auf Karls Synode in Frankfurt (794) verurteilte man dann aber den Ikonoklasmus und alle Teilnehmer, mit Ausnahme der Byzantiner, waren zufrieden.

LEO III.

Am Tag der Geburt unseres Herrn Jesus Christus versammelten sich alle wieder in der Kirche des Apostels Petrus; und bei diesem Anlass setzte der ehrwürdige und gütige Pontifex [Leo III.] ihm [Karl] eigenhändig die

Der heilige Petrus mit Papst Leo III. und Karl dem Großen als Darstellung der Teilung von geistlicher und weltlicher Macht. Zeichnung Grimaldis nach einem verloren gegangenen Mosaik des 9. Jahrhunderts im Lateranpalast (Vatikanische Bibliothek).

kostbare Krone aufs Haupt, und alle treuen Römer riefen angesichts der
großen Liebe und Fürsorge, die er der Heiligen Römischen Kirche und
ihrem Oberhaupt angedeihen ließ, auf Gottes und des heiligen Petrus
Eingebung laut und einmütig: »Karl, dem frommen, von Gott gekrönten
Augustus, dem großen und friedfertigen Kaiser, Heil und Sieg!«

Liber pontificalis

Das Pontifikat **Leos III.** (795–816) verlief zunächst nicht besonders glücklich. Nach einem hoffnungsvollen Anfang überwarf er sich mit dem römischen Adel. Auf Betreiben von Paschalis, einem Neffen Hadrians und leitenden Beamten der päpstlichen Verwaltung, wurde er im April 799 während einer Prozession von gedungenen Mördern überfallen. Die Bravi wollten ihm sogar die Augen ausstechen und die Zunge herausschneiden. Für tot gehalten, wurde er in die Kirche San Silvestro geschleift, dort erneut misshandelt und in das angrenzende Kloster gesperrt. Um seine Entdeckung zu verhindern, brachten ihn die Verschwörer dann in ein anderes Kloster, aus dem er jedoch in der Nacht entkam.

Leo begab sich daraufhin in den Schutz Karls nach Paderborn, wo auch Abgesandte seiner Feinde eintrafen. Sie beschuldigten ihn des Meineids und des Ehebruchs. Karl verwarf diese Anschuldigungen, als jedoch Leo unter fränkischer Protektion nach Rom zurückgekehrt war, ordnete er eine Untersuchung an. Im Dezember 800 fand in Sankt Peter eine feierliche Versammlung statt, auf der Leo einen Eid auf seine Unschuld schwor. Zwei Tage danach, am 25. Dezember, krönte er Karl während der Messe zum römischen Kaiser und huldigte ihm.

Leos Pontifikat nahm nun einen ruhigeren Verlauf. Karl nutzte allerdings seine kaiserliche Macht, um kirchliche und päpstliche Angelegenheiten nach eigenem Gutdünken zu regeln, und Leo – bedenkt man die Tatsache, dass er die päpstlichen Münzen nach den Regierungsjahren Karls datierte – konnte kaum Zweifel haben, dass er de facto dessen Untertan war. Ein letztes Mordkomplott gegen den Papst wurde 815 aufgedeckt, Karl war bereits gestorben. Leo saß persönlich über die Verschwörer zu Gericht und verurteilte viele davon zum Tod.

Nach der Krönung Karls des Großen im Jahr 800 unter Leo III. in Rom geprägter Denier. Eine Seite trägt die Aufschrift »CARLUS«, die ein für »Imperator« stehendes Monogramm umschließt, auf der anderen Seite umschließt »PETRUS SCS« (sanctus) das Monogramm Leos. Die Münze verweist auf die als Partnerschaft empfundene Beziehung zwischen Papst und Reich.

Es war ein ereignisreiches Pontifikat gewesen. Die Frage war: Hatte es Rom durch die Abwendung von Konstantinopel und sein Bündnis mit Aachen wirklich geschafft, eine Schlüsselposition zwischen Ost und West zu erringen, oder nur den alten gegen einen neuen Herrn getauscht?

KARL DER GROSSE UND DAS KAROLINGERREICH

Fast ein Jahrhundert lang hatten die Päpste, wenn auch nicht immer bewusst und konsequent, drei zusammenhängende Ziele verfolgt: die Kirche von der Oberhoheit Konstantinopels zu befreien, die ständigen Bedrohungen durch die Langobarden abzuwenden und ein Bündnis mit den weltlichen Machthabern des Westens zu schließen. Nach und nach führten ihre Bemühungen zum gewünschten Erfolg, der aber auch Nachteile mit sich brachte.

Karl der Große war König der Franken von 768 bis 814 und ab 800 römischer Kaiser. Als sein Vater, Pippin III., 768 starb, teilte er sich die Herrschaft über das Frankenreich mit seinem Bruder Karlmann. Nach dessen Tod 771 wurde Karl Alleinherrscher und begann eine Expansionspolitik. In erster Linie Kriegsherr, sorgte er aber auch für Ordnung und gute Regierungsführung in der Kirche sowie in seinem ständig expandierenden Reich. Gleichzeitig begann er damit, der Kirche Forderungen zu stellen, die denen der byzantinischen Kaiser in nichts nachstanden. Derselbe Papst Leo III., der ihn am Weihnachtstag des Jahres 800 zum Kaiser krönte, huldigte ihm regelrecht. Karl sah sich als Beschützer und Reformer des Christentums. In Erfüllung dieser Aufgabe zögerte er deswegen nicht, im Frankenreich Bischöfe und Äbte zu ernennen, Konzile einzuberufen und dem Klerus mit Erlässen regelmäßig Vorschriften über

sein Verhalten, seine Pflichten, die Finanzen und sogar Glaubensfragen zu machen. Man könnte sagen, dass die Päpste, als sie Konstantinopel gegen Aachen eintauschten, in gewisser Hinsicht vom Regen in die Traufe kamen. Insgesamt war dieser Tausch aber trotz allem von Vorteil, schon allein aufgrund der Tatsache, dass Karl zutiefst gläubig war und den Primat Roms niemals in Frage stellte.

(Oben) Karolingerreich am Ende der Regierungszeit Karls des Großen.

(Links) Reliquiarbüste Karls des Großen, 1349 (Aachen, Domschatz). Dem Chronisten Einhard zufolge war Karl groß und gut gebaut, mit rundem Kopf, großer Nase, großen, lebhaften Augen und Schmerbauch. Bis in die letzten Lebensjahre war er bei guter Gesundheit, litt dann aber an Fieberanfällen und hatte zuletzt ein steifes Bein.

(Oben) Karls Marmorthron auf der Empore der Pfalzkapelle enthielt früher Reliquien.

(Rechts und unten) Pfalzkapelle Karls des Großen in Aachen. Vorbild des oktogonalen Baus ist die Kirche San Vitale in Ravenna. Er erhob sich gegenüber den übrigen Palastbauten am Ende eines Hofes, der Platz für 7000 Menschen bot.

(Links) Vergoldeter Einband des Goldenen Buches von Prüm, 12. Jahrhundert (Trier, Stadtbibliothek). In der Mitte Christus, rechts Pippin III. (der Vater Karls des Großen), links Karl der Große, darunter dessen Nachkommen Ludwig der Fromme, Lothar I., Ludwig II. (der Deutsche) und Karl der Kahle (von links nach rechts). Die Abtei Prüm war eines der bedeutendsten politischen und geistigen Zentren des Karolingerreichs. Karl der Große hielt hier seinen Sohn Pippin gefangen. Die Annales Prumienses sind eine wertvolle Darstellung der Geschichte des 10. Jahrhunderts. Besonders berühmt ist die Klosterschule.

Stephan V. (IV.)
816–817

Paschalis I.
817–824

Eugen II.
824–827

Valentin
827

Gregor IV.
827–844

Sergius II.
844–847

Leo IV.
847–855

Benedikt III.
855–858

Nikolaus I.
858–867

Hadrian II.
867–872

Johannes VIII.
872–882

Marinus I.
882–884

Hadrian III.
884–885

Stephan VI. (V.)
885–891

Formosus
891–896

Bonifaz VI.
896

Stephan VII. (VI.)
896–897

Romanus
897

Theodor II.
897

Johannes IX.
898–900

Benedikt IV.
900–903

Leo V.
903

Detail eines Mosaikporträts Paschalis' I., der die Apsiden der Kirche Santa Maria Prassede in Rom mit Mosaiken ausschmücken ließ.

Paschalis [I.] … sandte [dem Kaiser] ein Schreiben, in dem er erklärte, dass er die ihm aufgebürdete Papstwürde nicht nur unwillig auf sich genommen, sondern sich dagegen sogar heftig gewehrt hatte.
Einhard, *Annales Fuldenses* 817

Stephan V. oder IV. (816–817) krönte Ludwig den Frommen, den Sohn und Nachfolger Karls des Großen, zum Kaiser. **Paschalis I.** wurde in aller Eile inthronisiert, um einem Widerspruch Ludwigs zuvorzukommen. Es scheint jedoch, dass die beiden Freunde wurden, so dass Harmonie einkehrte, abgesehen von Reibereien mit Ludwigs Sohn Lothar, dem der Papst zu unabhängig war, und dem Hass des römischen Volkes, durch den es bei Paschalis' Tod zu Unruhen kam. Nach langem Gezerre wurde ein akzeptabler Nachfolger gefunden, **Eugen II.** (824–827). Unter seinem Pontifikat erreichte die Gängelung des Papstes durch die Franken ihren Höhepunkt. So war er damit einverstanden, dass der gewählte Papst

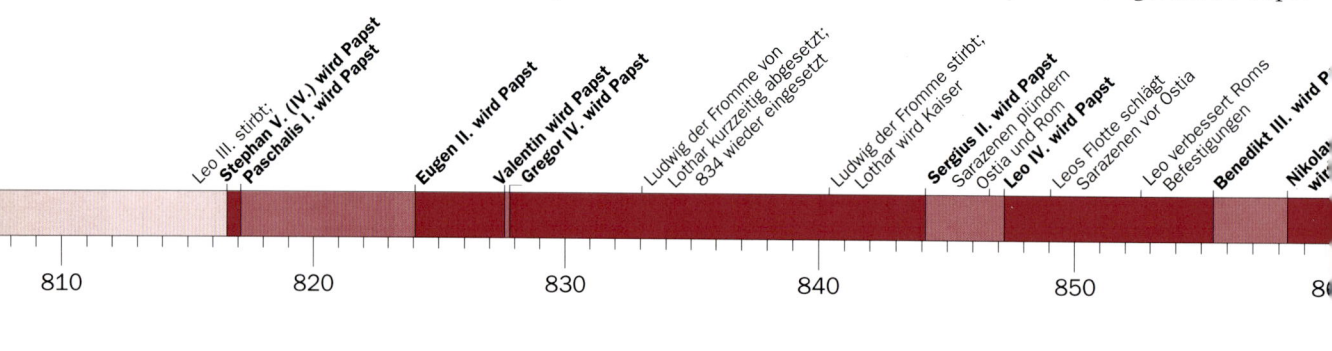

Leo III. stirbt; **Stephan V. (IV.) wird Papst** **Paschalis I. wird Papst**

Eugen II. wird Papst

Valentin wird Papst **Gregor IV. wird Papst**

Ludwig der Fromme von Lothar kurzzeitig abgesetzt; 834 wieder eingesetzt

Ludwig der Fromme stirbt; Lothar wird Kaiser

Sergius II. wird Papst Sarazenen plündern Ostia und Rom

Leo IV. wird Papst

Leos Flotte schlägt Sarazenen vor Ostia

Leo verbessert Roms Befestigungen

Benedikt III. wird Papst

Nikolau[s] wir[d]

810   820   830   840   850   8[60]

Sergius III.	Leo VII.	Johannes XIII.
904–911	936–939	965–972
Anastasius III.	**Stephan IX. (VIII.)**	**Benedikt VI.**
911–913	939–942	973–974
Lando	**Marinus II.**	**Benedikt VII.**
913–914	942–946	974–983
Johannes X.	**Agapitus II.**	**Johannes XIV.**
914–928	946–955	983–984
Leo VI.	**Johannes XII.**	**Johannes XV.**
928	955–964	985–996
Stephan VIII. (VII.)	**Leo VIII.**	**Gregor V.**
928–931	963–965	996–999
Johannes XI.	**Benedikt V.**	**Silvester II.**
931–935/6	964	999–1003

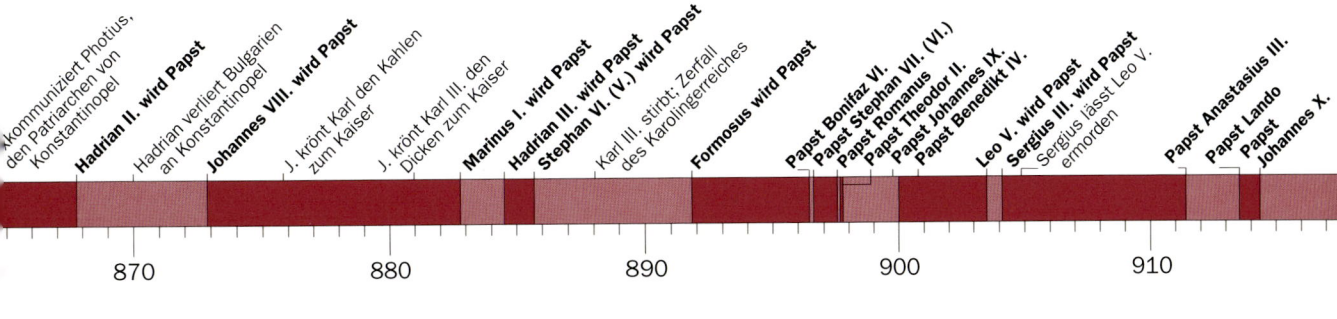

Der Abt von Fulda überreicht sein Buch Papst Gregor IV. Illuminierte Handschrift des 9. Jahrhunderts, Miniatur auf Pergament (Kloster Fulda).

künftig dem Kaiser den Treueid leisten sollte. Aber er folgte nicht Ludwigs Forderung, sich der im Osten erneut auflebenden Bilderfeindschaft anzuschließen, die auch im Westen Anhänger hatte. **Valentin** (827) scheint nicht einmal einen Monat im Amt gewesen zu sein. **Gregor IV.** (827–844) war von dem später so genannten »Heiligen Römischen Kaiser« nicht minder abhängig, auch wenn die kaiserliche Familie inzwischen durch einen Erbstreit entzweit war. Gregor favorisierte Lothar, den erstgeborenen Sohn Ludwigs des Frommen, gegenüber seinen Brüdern Pippin und Ludwig dem Deutschen. Die meisten fränkischen Bischöfe wiesen aber darauf hin, dass Gregor einen Treueid auf Kaiser Ludwig abgelegt hatte und deshalb nicht dessen Sohn unterstützen durfte, der sich (wie seine Brüder) gegen diesen erhoben hatte. 833 musste Gregor entdecken, dass Lothar seine Bemühungen um einen Verhandlungsfrieden zwischen Vater und Söhnen hintertrieben hatte. Kaiser Ludwig wurde für kurze Zeit entthront, dann wieder eingesetzt, aber der Konflikt mit Lothar blieb – trotz der Vermittlungsversuche des Papstes.

exkommuniziert Photius, den Patriarchen von Konstantinopel

Hadrian II. wird Papst

Hadrian verliert Bulgarien an Konstantinopel

Johannes VIII. wird Papst

J. krönt Karl den Kahlen zum Kaiser

J. krönt Karl III. den Dicken zum Kaiser

Marinus I. wird Papst

Hadrian III. wird Papst

Stephan VI. (V.) wird Papst

Karl III. stirbt; Zerfall des Karolingerreiches

Formosus wird Papst

Papst Bonifaz VI.

Papst Stephan VII. (VI.)

Papst Romanus

Papst Theodor II.

Papst Johannes IX.

Papst Benedikt IV.

Leo V. wird Papst

Sergius III. wird Papst

Sergius lässt Leo V. ermorden

Papst Anastasius III.

Papst Lando

Papst Johannes X.

870	880	890	900	910

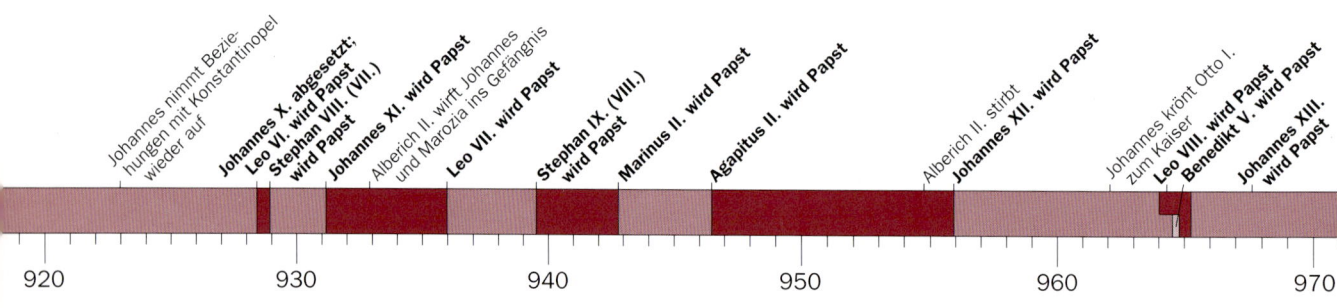

Raffaels *Brand im Borgo*. Als im
9. Jahrhundert eine Feuersbrunst den
Vatikan zu vernichten drohte, brachte
Leo IV. (im Hintergrund) die Flammen
mit einer Segensgeste zum Erlöschen.

PAPSTNAMEN

STEPHAN V. (IV.)
Herkunft
  Italien, Rom
Abstammung
  Aristokratisch
Früheres Amt
  Diakon
Zum Papst gewählt
  22. Juni 816
Gestorben
  24. Januar 817
Dauer des Pontifikats
  7 Monate, 2 Tage
	Zum Papst gewählt
	  24. Januar 817
	Gestorben
	  11. Februar 824
	Dauer des Pontifikats
	  7 Jahre, 19 Tage
	
	EUGEN II.
	Herkunft
	  Ungewiss
	Früheres Amt
	  Erzpriester
	Zum Papst gewählt
	  Juni 824
	Gestorben
	  August 827
	Dauer des Pontifikats
	  3 Jahre, ca.
	  2 Monate

PASCHALIS I.
Herkunft
  Italien, Rom
Frühere Ämter
  Priester, Abt	

Als Gregor starb, rief das römische Volk Johannes zum Papst aus, der
römische Adel hingegen wählte **Sergius II.** (844–847) und erstickte jeden
Widerstand. Nun begannen die ersten Versuche der Päpste, sich aus ihrer
Abhängigkeit zu lösen. Lothar, der neue Kaiser, war verärgert, dass man
Sergius ohne seine Zustimmung geweiht hatte, und drohte Rom zu
besetzen. Sergius gelang es, die Wogen zu glätten und Lothar zu krönen,
ohne den Treueid zu schwören – eine beachtliche Leistung. Sein Pontifikat wurde allerdings durch hemmungslosen Ämterkauf besudelt. Als es
dann den Sarazenen gelang, Ostia zu plündern, sah man darin ein Zeichen des göttlichen Zorns. Auch **Leo IV.** (847–855) wartete nicht Lothars
Zustimmung ab, vor allem weil er sich um die Befestigung Roms gegen
mögliche Sarazenenüberfälle kümmern musste. Trotz seiner formellen
Unterordnung unter den Kaiser schaffte er es, sich diesem gegenüber
stärker zu behaupten als seine Vorgänger. So ließ er Vertreter des Kaisers
wegen Mordes hinrichten, stellte die kirchliche Disziplin wieder her und
gab mit seinen Bauarbeiten Rom ein neues Aussehen.

Benedikt III. (855–858) wurde Papst, nachdem der vorher gewählte
Kardinal die Wahl nicht angenommen hatte. Es folgte das übliche Chaos,

Johannes nimmt Bezie-
hungen mit Konstantinopel
wieder auf

**Johannes X. abgesetzt;
Leo VI. wird Papst**

**Stephan VIII. (VII.)
wird Papst**

Johannes XI. wird Papst

Alberich II. wirft Johannes
und Marozia ins Gefängnis

Leo VII. wird Papst

**Stephan IX. (VIII.)
wird Papst**

Marinus II. wird Papst

Agapitus II. wird Papst

Alberich II. stirbt

Johannes XII. wird Papst

Johannes krönt Otto I.
zum Kaiser

Leo VIII. wird Papst

Benedikt V. wird Papst

**Johannes XIII.
wird Papst**

920   930   940   950   960   970

PAPSTNAMEN

VALENTIN
Herkunft
Italien, Rom
Abstammung
Aristokratisch
Früheres Amt
Archidiakon
Zum Papst gewählt
August 827
Gestorben
September 827
Dauer des Pontifikats
Etwa 1 Monat

GREGOR IV.
Herkunft
Italien, Rom
Abstammung
Aristokratisch
Früheres Amt
Kardinalpriester
Zum Papst gewählt
Ende 827
Gestorben
25. Januar 844
Dauer des Pontifikats
16 Jahre, ca. 25
Tage

SERGIUS II.
Herkunft
Italien, Rom
Abstammung
Aristokratisch
Früheres Amt
Erzpriester
Zum Papst gewählt
Januar 844
Alter bei der Wahl
Fortgeschritten
Gestorben
27. Januar 847
Dauer des Pontifikats
3 Jahre
Gegenpapst
Johannes (844)

LEO IV.
Herkunft
Italien, Rom
Früheres Amt
Benediktiner,
Kardinalpriester
Zum Papst gewählt
10. April 847
Gestorben
17. Juli 855
Dauer des Pontifikats
8 Jahre,

3 Monate, 6 Tage

BENEDIKT III.
Herkunft
Italien, Rom
Früheres Amt
Kardinalpriester
Zum Papst gewählt
29. September 855
Gestorben
17. April 858
Dauer des Pontifikats
2 Jahre, 6 Monate,
20 Tage
Gegenpapst
Anastasius
Bibliothecarius
(855)

NIKOLAUS I.
Herkunft
Italien, Rom
Geboren
Um 820
Abstammung
Sohn eines hohen
Stadtbeamten
Zum Papst gewählt
24. April 858
Alter bei der Wahl
Etwa 38
Gestorben
13. November 867
Dauer des Pontifikats
9 Jahre, 6 Monate,
19 Tage

HADRIAN II.
Herkunft
Italien, Rom
Geboren
792
Abstammung
Aristokratisch
Zivilstand
Verheiratet vor der
Priesterweihe
Früheres Amt
Kardinalpriester
Zum Papst gewählt
14. Dezember 867
Alter bei der Wahl
75
Gestorben
November/
Dezember 872
Dauer des Pontifikats
4 Jahre, ca. 11 Mo-
nate, ca. 17 Tage

(Links) Angriff der Sarazenen auf Rom (flämische Handschrift des 15. Jahrhunderts). Unter dem Pontifikat von Sergius III. erlebte Rom die schlimmste Plünderung seiner Geschichte. Die in die Stadt eingedrungenen Sarazenen plünderten auch Sankt Peter. »Sarazenen« nannte man im Mittelalter Muslime jeglicher Herkunft. Das griechische Wort bezeichnete ursprünglich die Angehörigen eines Araberstamms auf der Halbinsel Sinai.

in dem der Gegenpapst *Anastasius Bibliothecarius* kurzzeitig die Unterstützung des Kaisers genoss. Das Volk hingegen war für Benedikt, der schließlich gekrönt wurde. In seiner kurzen Amtszeit bewies er, dass auch ein geschwächtes Papsttum sich den Forderungen des Kaisers widersetzen konnte. Mit **Nikolaus I.** (858–867) bekam die Kirche einen Papst, der nicht mit sich handeln ließ. Er hatte Streit mit den Erzbischöfen von Reims und Ravenna, setzte zwei andere in einem Streit über eine königliche Scheidung ab und trotzte dem Kaiser, der den König unterstützte. Ebenso weigerte er sich, Photius als Patriarchen von Konstantinopel anzuerkennen, und ließ den oströmischen Herrscher deutlich seine Meinung wissen.

Seit Hadrian I. waren sämtliche Päpste Römer gewesen, und dabei sollte es – mit wenigen Ausnahmen – bis zur Jahrtausendwende bleiben. Möglicherweise ist dies ein Zeichen dafür, dass sich das Papsttum in sein Kerngebiet zurückzog, um sich besser der Fremdkontrolle zu entziehen.

Trotzdem gab es auch weiterhin schwierige Momente. **Hadrian II.** (867–872) war schwach und wankelmütig, wodurch der von Nikolaus I. erreichte Autoritätsgewinn wieder verloren ging. Er stützte sich ausgerechnet auf den Gegenpapst Anastasius, der durch sein herrisches Wesen einen Zwist zwischen dem Papst und der kaiserlichen Familie verursachte, die wieder einmal durch internen Streit gespalten war. Im Osten verlor Hadrian die Kontrolle über Bulgarien, das von Konstantinopel abhängig wurde. **Johannes VIII.** (872–882) schien den jähen Niedergang aufzuhalten. Er verteidigte Italien gegen neuerliche Einfälle der Sarazenen und krönte Karl den Kahlen 875 zum Kaiser, wobei er hoffte,

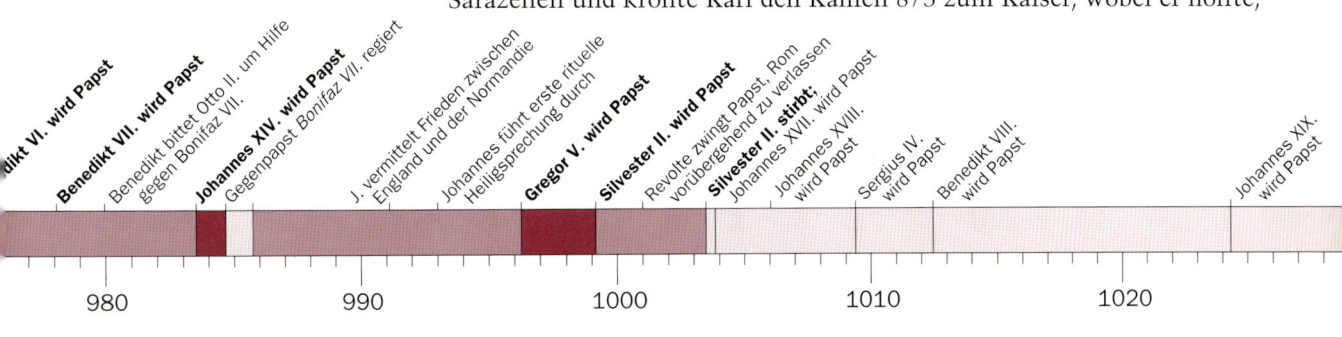

...dikt VI. wird Papst
Benedikt VII. wird Papst
Benedikt bittet Otto II. um Hilfe gegen Bonifaz VII.
Johannes XIV. wird Papst
Gegenpapst Bonifaz VII. regiert
J. vermittelt Frieden zwischen England und der Normandie
Johannes führt erste rituelle Heiligsprechung durch
Gregor V. wird Papst
Silvester II. wird Papst
Revolte zwingt Papst, Rom vorübergehend zu verlassen
Silvester II. stirbt; Johannes XVII. wird Papst
Johannes XVII. wird Papst
Johannes XVIII.
Sergius IV. wird Papst
Benedikt VIII. wird Papst
Johannes XIX. wird Papst

980   990   1000   1010   1020

PAPSTNAMEN

JOHANNES VIII.
Herkunft
  Italien, Rom
Früheres Amt
  Archidiakon
Zum Papst gewählt
  14. Dezember 872
Alter bei der Wahl
  Fortgeschritten
Gestorben
  16. Dezember
  882; ermordet
  von Leuten in
  seiner Umgebung;
  vergiftet und dann
  erschlagen
Dauer des Pontifikats
  10 Jahre, 2 Tage

MARINUS I.
Herkunft
  Italien, Gallese,
  Toskana
Abstammung
  Sohn eines Priesters
Früheres Amt
  Bischof von Caere
Zum Papst gewählt
  16. Dezember 882
Gestorben
  15. Mai 884
Dauer des Pontifikats
  1 Jahr, 5 Monate

HADRIAN III.
Herkunft
  Italien, Rom
Zum Papst gewählt
  17. Mai 884
Gestorben
  Mitte September
  885, bei Modena;
  vielleicht ermordet
Dauer des Pontifikats
  1 Jahr, 4 Monate

STEPHAN VI. (V.)
Herkunft
  Italien, Rom
Abstammung
  Aristokratisch
Früheres Amt
  Kardinalpriester
Zum Papst gewählt
  September 885
Gestorben
  14. September 891
Dauer des Pontifikats
  Etwa 6 Jahre

FORMOSUS
Herkunft
  Italien, Rom?
Geboren
  Um 815
Früheres Amt
  Bischof von Porto,
  päpstlicher Legat
Zum Papst gewählt
  6. Oktober 891

Alter bei der Wahl
  Etwa 76
Gestorben
  4. April 896
Dauer des Pontifikats
  4 Jahre, 6 Monate

BONIFAZ VI.
Herkunft
  Italien, Rom
Abstammung
  Sohn eines
  Bischofs
Zum Papst gewählt
  April 896
Gestorben
  April 896
Dauer des Pontifikats
  Etwa 15 Tage

STEPHAN VII. (VI.)
Herkunft
  Italien, Rom
Früheres Amt
  Bischof von Anagni
Zum Papst gewählt
  Mai 896
Abgesetzt
  August 897, ins
  Gefängnis geworfen
Gestorben
  August 897,
  erdrosselt
Dauer des Pontifikats
  1 Jahr, 2 oder
  3 Monate

ROMANUS
Herkunft
  Italien, Gallese
Früheres Amt
  Kardinalpriester
Zum Papst gewählt
  August 897
Gestorben
  November 897?
Dauer des Pontifikats
  Etwa 4 Monate

THEODOR II.
Herkunft
  Italien, Rom
Zum Papst gewählt
  November 897
Gestorben
  November 897
Dauer des Pontifikats
  Etwa 20 Tage

JOHANNES IX.
Herkunft
  Italien, Tivoli
Früheres Amt
  Benediktiner
Zum Papst gewählt
  Januar 898
Gestorben
  Januar 900
Dauer des Pontifikats
  Etwa 2 Jahre

dieser werde sich erkenntlich zeigen und die Päpste gegen Intrigen und Gewalt schützen. Karl starb jedoch 877. Sein früherer Rivale besetzte Rom und ließ den Papst ins Gefängnis werfen. Johannes floh und wandte sich an Konstantinopel um Hilfe, für die er einen hohen Preis bezahlte. Dazu gehörte auch, dass er Photius als Patriarchen anerkennen musste. Sein Pontifikat endete in einer Katastrophe: Johannes war der erste Papst, der ermordet wurde – mit Gift und durch Knüppelschläge, wie es heißt. **Marinus I.** (882–884) hatte vor seiner Wahl zum Papst Erfahrungen als Diplomat gesammelt und vermied es offenbar, die heikle Lage noch zu verschlimmern. Über **Hadrian III.** (884–885) ist wenig bekannt. Auch sein Pontifikat war – für diese Zeit typisch – von Gewalt geprägt.

Stephan VI. oder V. (885–891) wäre von Kaiser Karl dem Dicken fast abgesetzt worden. Da das Karolingerreich zu zerfallen begann, war der Heilige Stuhl nach dem Tod des Kaisers für seinen Schutz im Westen auf unzuverlässige Fürsten und im Osten auf Konstantinopel angewiesen. Stephans Nachfolger **Formosus** (891–896) – »der Schöne« – besaß außerordentliche Qualitäten. Er unterhielt freundschaftliche Beziehungen mit Konstantinopel, Paris und dem neuen Kaiser. Gegen Letzteren musste er sich jedoch bald an den ostfränkischen König Arnulf um Hilfe wenden. Als diesen ein Schlaganfall lähmte, wurde das Bündnis mit ihm wertlos. Zudem machte sich Formosus Feinde. Sie hielten ihre Rachegefühle während der kurzen Amtszeit von **Bonifaz VI.** (896), der 15 Tage nach seiner Wahl starb, zunächst zurück. **Stephan VII. oder VI.** hingegen (896–897) ließ den Leichnam Formosus' exhumieren, in die päpstlichen Gewänder gekleidet auf einen Thron setzen und über ihn wegen angeblicher Verfehlungen zu Gericht sitzen. Als es deshalb zu einem Volksaufstand kam, wurde Stephan abgesetzt, eingekerkert und erdrosselt.

Von **Romanus** (897) ist nichts Gesichertes bekannt. Gleiches gilt für **Theodor II.** (897), dessen Amtszeit noch kürzer war. **Johannes IX.** (898–900) wurde nach großem Streit mit Unterstützung König Lamberts von Italien gewählt. Er rehabilitierte Formosus und setzte dessen Anordnungen wieder in Kraft. In Ravenna fand eine Synode statt, die diese von Lambert unterstützten Maßnahmen bestätigen sollte. Der plötzliche Tod des Königs stellte jedoch alles in Frage und der Beginn des Pontifikats von **Benedikt IV.** (900–903) war von Streitigkeiten zwischen Anhängern und Gegnern des toten Formosus geprägt. Benedikt, der ersterer Partei zugehörig, kämpfte mannhaft nicht nur für die Lösung der kirchlichen Probleme Italiens, sondern auch für die Beilegung des auf Lamberts Tod folgenden Erbfolgestreits. Unglücklicherweise entschied er sich für die Krönung des falschen Kandidaten und hinterließ **Leo V.** (903) ein Chaos. Bezeichnend für das Durcheinander in Rom ist, dass statt des üblichen Aristokraten ein einfacher Pfarrer zum Papst gewählt wurde, der vom Gegenpapst *Christophorus* ins Gefängnis geworfen wurde. Christophorus »regierte« bis Januar 904, dann wurde er von **Sergius III.** (904–911) abgelöst. Eigentlich war Sergius schon im Dezember 897 gewählt worden, hatte aber dem vom Kaiser favorisierten Johannes IX. Platz machen müssen. Für Sergius, einen Formosus-Hasser,

PAPSTNAMEN

BENEDIKT IV.
Herkunft
  Italien, Rom
Abstammung
  Aristokratisch
Zum Papst gewählt
  Mai/Juni 900
Gestorben
  August 903
Dauer des Pontifikats
  3 Jahre, ca.
  2 Monate

LEO V.
Herkunft
  Ungewiss
Früheres Amt
  Pfarrer
Zum Papst gewählt
  August/
  September 903
Gestorben
  Anfang 904;
  im Kerker
  ermordet
Dauer des Pontifikats
  Etwa 6 Monate?
Gegenpapst
  Christophorus
  (September 903–
  Januar 904)

SERGIUS III.
Herkunft
  Italien, Rom
Abstammung
  Aristokratisch
Früheres Amt
  Bischof von Caere
Zum Papst gewählt
  29. Januar 904
Gestorben
  14. April 911
Dauer des Pontifikats
  7 Jahre, 2 Monate,
  17 Tage

ANASTASIUS III.
Herkunft
  Italien, Rom
Zum Papst gewählt
  Etwa Juni 911
Gestorben
  Etwa August 913
Dauer des Pontifikats
  2 Jahre, ca.
  2 Monate

LANDO
Herkunft
  Italien, Sabina
Abstammung
  Aristokratisch;
  reich; Lango-
  barde
Zum Papst gewählt
  Etwa August 913
Gestorben
  Etwa März 914
Dauer des Pontifikats
  6 oder 7 Monate

JOHANNES X.
Herkunft
  Italien, Tossignano
Früheres Amt
  Erzbischof von
  Ravenna
Zum Papst gewählt
  März/April 914
Abgesetzt
  Mai 928;
  in Castel
  Sant'Angelo
  inhaftiert
Gestorben
  929, wahrscheinlich
  erstickt
Dauer des Pontifikats
  14 Jahre, ca.
  1 Monat?

LEO VI.
Herkunft
  Italien, Rom
Abstammung
  Aristokratisch; Sohn
  eines Advokaten
Früheres Amt
  Kardinalpriester
Zum Papst gewählt
  Mai 928
Alter bei der Wahl
  Fortgeschritten
Gestorben
  Dezember 928
Dauer des Pontifikats
  5 oder 6 Monate

STEPHAN VIII. (VII.)
Herkunft
  Italien, Rom
Früheres Amt
  Priester
Zum Papst gewählt
  Dezember 928
Gestorben
  Februar 931
Dauer des Pontifikats
  2 Jahre, ca.
  2 Monate

JOHANNES XI.
Herkunft
  Italien, Rom
Abstammung
  Möglicherweise der
  illegitime Sohn von
  Papst Sergius III.
  und Marozia
Früheres Amt
  Kardinalpriester
Zum Papst gewählt
  Februar/
  März 931
Alter bei der Wahl
  Anfang 20
Gestorben
  Dezember 935/
  Januar 936
Dauer des Pontifikats
  4 Jahre, 9 oder
  10 Monate

waren sämtliche Päpste nach Johannes IX. Usurpatoren, deshalb begann er, ihre Anordnungen zu widerrufen. Es kam daraufhin zu Unruhen. Er schien jedoch gegen alle Angriffe immun zu sein, da er dem römischen Adel servil ergeben war, insbesondere einer einflussreichen Dame namens Marozia, die angeblich einen Sohn von ihm hatte.

Anastasius III. (911–913) hinterließ keinen bleibenden Eindruck, ebenso wenig wie sein Nachfolger, der Langobarde **Lando** (913–914). **Johannes X.** (914–928) scheint etwas kraftvoller aufgetreten zu sein. Mit König Berengar I. von Italien in fester Freundschaft verbunden, einigte er den römischen Adel gegen die Sarazenen, die durch ihre ständigen Einfälle Mittelitalien verwüsteten. Seine Bemühungen waren erfolgreich: 915 wurden die Sarazenen geschlagen. Nach Berengars Krönung zum Kaiser gelang es Johannes, die Oberhoheit des Papstes in Teilen des Westens wieder herzustellen, die seiner Kontrolle zu entgleiten drohten. 923 gelang ihm sogar eine Versöhnung mit Konstantinopel, das mit Rom seit zehn Jahren Streit gehabt hatte. Sein Verhältnis zum römischen Adel hingegen verschlechterte sich: 928 wurde er abgesetzt und wahrscheinlich ermordet. **Leo VI.** (928) ereilte das gleiche Schicksal. **Stephan VIII. oder VII.** (928–931) stand ganz unter dem Einfluss Marozias, der angeblichen Geliebten Sergius' III. **Johannes XI.** (931–935/6), Marozias Sohn, verdankte seine Wahl dem Einfluss seiner Mutter. Ob Sergius III. tatsächlich sein Vater war, ist nicht bewiesen. Bekannt wurde er durch die Förderung der Cluniazenser, einer 909 entstandenen Erneuerungsbewegung, deren Ziel es war, die nachlassende Disziplin der Mönche wieder herzustellen. Seine Beschützerin ging aber zu weit: Ihre zweite Ehe, diesmal mit dem neuen König von Italien, verursachte in Rom einen Aufruhr, in dessen Folge sowohl Johannes als auch sie selbst eingekerkert wurden.

Der Grundton dieser letzten 19 Pontifikate war Gewalt gewesen – verursacht durch Streitigkeiten innerhalb der kaiserlichen Familie oder zwischen den Faktionen des römischen Adels, die sich ständig aufspalteten und laufend neue Päpste hervorbrachten. Leider sollten auch die folgenden 50 Jahre keine Harmonie bringen. Die Ohnmacht des Heiligen Stuhls lässt sich an den nächsten vier Päpsten zeigen, die quasi Hörige eines mächtigen römischen Adligen waren: Marozias Sohn aus erster Ehe, Alberich II.

Leo VII. (936–939) verdankt sein Amt Alberich, dem in Italien besonders die Belebung des Mönchstums am Herzen lag. Zu diesem Zweck lud man den Großabt von Cluny nach Rom ein, der eine Reform der Klöster verfügte. Auch **Stephan IX. oder VIII.** (939–942), ebenfalls von Alberich ernannt, unterstützte diese Reformen in Rom und Mittelitalien. Stephan endete tragisch – in den ominösen Worten Martins von Oppau »verstümmelt von gewissen Römern« –, was sicherlich auf ein Zerwürfnis mit Alberich zurückzuführen war. **Marinus II.** (942–946) hatte genauso wenig zu sagen wie seine Vorgänger. Gleiches gilt für den ebenfalls von Alberich ernannten **Agapitus II.** (946–955), der die Klosterreform zügig voran-

PAPSTNAMEN

LEO VII.
Herkunft
Italien, Rom
Früheres Amt
Kardinalpriester,
Benediktiner?
Zum Papst gewählt
3. Januar 936
Gestorben
13. Juli 939
Dauer des Pontifikats
3 Jahre, 6 Monate,
10 Tage

STEPHAN IX. (VIII.)
Herkunft
Italien, Rom
Abstammung
Möglicherweise
Halbbruder von
Johannes XI.
Früheres Amt
Kardinalpriester
Zum Papst gewählt
14. Juli 939
Gestorben
Ende Oktober
942; im Kerker ver-
stümmelt, wahr-
scheinlich den Ver-
letzungen erlegen
Dauer des Pontifikats
3 Jahre, ca.
3 Monate

MARINUS II.
Herkunft
Italien, Rom
Früheres Amt
Kardinalpriester
Zum Papst gewählt
30. Oktober 942
Gestorben
Anfang Mai 946
Dauer des Pontifikats
3 Jahre, ca.
6 Monate

AGAPITUS II.
Herkunft
Italien, Rom
Zum Papst gewählt
10. Mai 946
Gestorben
Dezember 955
Dauer des Pontifikats
9 Jahre, 7 Monate

JOHANNES XII.
Herkunft
Deutschland
Geboren
Um 937
Eigentlicher Name
Oktavian
Abstammung
Illegitimer Sohn
Alberichs II.,
des Fürsten
von Rom

Zum Papst gewählt
16. Dezember 955
Alter bei der Wahl
Etwa 18
Abgesetzt
4. Dezember 963
Gestorben
14. Mai 964, an
einem Schlaganfall
Dauer des Pontifikats
7 Jahre, 11 Mo-
nate, 20 Tage

LEO VIII.
Herkunft
Ungewiss
Frühere Tätigkeit
Advokat
Status
Laie
Zum Papst gewählt
4. Dezember 963
Abgesetzt
26. Februar 964
Gestorben
1. März 965
Dauer des Pontifikats
2 Monate, 22
Tage oder 1 Jahr,
2 Monate, 28 Tage,
wenn die Absetzung
als ungültig ange-
sehen wird
Bemerkenswertes
Da er bei seiner
Wahl Laie war,
musste er an
einem einzigen
Tag sämtliche
Weihen erhalten.

BENEDIKT V.
Herkunft
Italien, Rom
Früheres Amt
Diakon
Zum Papst gewählt
22. Mai 964
Abgesetzt
23. Juni 964; nach
Hamburg verbannt
Gestorben
4. Juli 966, in
Hamburg
Dauer des Pontifikats
1 Monat, 2 Tage

JOHANNES XIII.
Herkunft
Italien, Rom
Früheres Amt
Bibliothekar,
Bischof von Narnia
Zum Papst gewählt
1. Oktober 965
Gestorben
6. September 972
Dauer des Pontifikats
6 Jahre, 11 Mo-
nate, 5 Tage

Otto I., der Große, 936 zum deutschen König gewählt, wurde beim Krönungsmahl von vier Herzögen bedient. Eines seiner Hauptziele war, in Deutschland die oberste Regierungsgewalt auszuüben, ein weiteres, die Päpste dem Kaiser zu unterstellen. Die Abbildung zeigt Otto, der Christus ein Modell des Magdeburger Doms als Geschenk darbringt; Elfenbeinschnitzerei des 10. Jahrhunderts (New York, Metropolitan Museum of Art).

trieb. Als Otto I. in Italien einmarschierte, um hier den Königstitel anzunehmen, versuchte Agapitus, seine Unabhängigkeit zu demonstrieren und ihn zum Kaiser zu krönen. Alberich gelang es, die Krönung hinauszuzögern, er konnte Agapitus aber nicht daran hindern, dem deutschen Herrscher ein hohes Maß an Zuständigkeit für klösterliche und bischöfliche Angelegenheiten zuzuerkennen. Trotz allem hatte Alberich das letzte Wort. Auf seinem Sterbebett rief er Papst, Vertreter des Adels und Klerus zusammen und ließ sie schwören, nach Agapitus' Tod seinen natürlichen Sohn Oktavian zum Papst zu wählen. Man stimmte zu und 955 bestieg Oktavian unter dem Namen Johannes den Papstthron.

Das Privatleben von **Johannes XII.** (955–964) war nicht minder skandalös als seine Wahl. Er lebte als Wüstling wie bisher, so dass der Lateranpalast unverhüllt als Bordell bezeichnet wurde. Kurioserweise schien dies seinem Ansehen im Ausland nicht zu schaden. Da in Italien die politische Situation äußerst instabil war, musste er Otto um Hilfe bitten und versprach ihm dafür die Kaiserkrone. Otto sorgte daraufhin im unruhigen Norditalien für Ordnung, wofür er am 2. Februar 962 wie versprochen von Johannes zum Kaiser gekrönt wurde. Entgegenkommenderweise bestätigte Otto weite Gebiete Italiens als eigenständigen Kirchenstaat. Dann verließ er Rom, um Berengar, den König von Italien, anzugreifen. In der Zwischenzeit nahm Johannes – wohl ein Zeichen seiner Unabhängigkeit – Kontakt zu Berengars Sohn auf. Otto kehrte wutentbrannt nach Rom zurück, entthronte Johannes und setzte **Leo VIII.** (963–965) an seine Stelle. Ein Aufruhr der Römer brachte Johannes wieder auf den Papstthron – allerdings nur für kurze Zeit, da er bald darauf einem Schlaganfall erlag. Bezeichnend für seinen Ruf ist, dass das Volk seinen Tod, der ihn bei einem Ehebruch ereilte, einem Schlag zuschrieb, den ihm Satan auf den Kopf versetzt hatte. Er war 27 Jahre alt geworden.

Es ist strittig, ob nun Leo oder sein Nachfolger **Benedikt V.** (964) als Gegenpapst anzusehen sind. War die Absetzung von Johannes rechtskräftig gewesen? Wenn nicht, war die Wahl Leos ungültig. Als Johannes

PAPSTNAMEN

BENEDIKT VI.
Herkunft
Italien, Rom
Abstammung
Sohn eines
Mannes, der
später Mönch
wurde
Früheres Amt
Kardinalpriester
Zum Papst gewählt
19. Januar 973
Gestorben
Juli 974; Benedikt
wurde im Juni 974
im Castel Sant'
Angelo erdrosselt
Dauer des Pontifikats
1 Jahr, 5 oder
6 Monate
Gegenpapst
Bonifaz VII.
(Juni–Juli 974;
August 984–
Juli 985)

BENEDIKT VII.
Herkunft
Italien, Rom
Abstammung
Aristokratisch
Früheres Amt
Bischof von Sutri
Zum Papst gewählt
Oktober 974
Gestorben
10. Juli 983
Dauer des Pontifikats
8 Jahre, ca.
9 Monate

JOHANNES XIV.
Herkunft
Italien, Pavia
Eigentlicher Name
Peter Canepanova
Früheres Amt
Bischof von Pavia
Zum Papst gewählt
Dezember 983
Abgesetzt
April 984; überfal-
len und in Castel
Sant' Angelo
inhaftiert
Gestorben
20. August 984,
verhungert oder
vergiftet
Dauer des Pontifikats
4 oder 5 Monate

JOHANNES XV.
Herkunft
Italien, Rom
Abstammung
Sohn eines Priesters
Früheres Amt
Kardinalpriester
Zum Papst gewählt
Mitte August 985
Gestorben
März 996, an Fieber
Dauer des Pontifikats
10 Jahre, 6 oder
7 Monate

GREGOR V.
Herkunft
Deutschland
Geboren
972
Eigentlicher Name
Bruno
Abstammung
Vetter von
Kaiser Otto III.
Früheres Amt
Priester
Zum Papst gewählt
3. Mai 996
Alter bei der Wahl
24
Gestorben
18. Februar 999,
an Malaria?
Dauer des Pontifikats
2 Jahre, 9 Monate,
15 Tage
Gegenpapst
Johannes XVI. (Feb-
ruar 997–Mai 998)

SILVESTER II.
Herkunft
Frankreich,
Auvergne
Geboren
Um 945
Eigentlicher Name
Gerbert
Abstammung
Arm
Früheres Amt
Erzbischof von
Ravenna
Zum Papst gewählt
2. April 999
Gestorben
12. Mai 1003
Dauer des Pontifikats
4 Jahre, 1 Monat,
10 Tage

starb, ignorierten die Römer Leo jedenfalls (als Marionette Ottos) und wählten statt seiner Benedikt, den Otto wieder absetzte. Erst **Johannes XIII.** (965–972) konnte sein Amt wieder unangefochten ausüben. Aber auch er galt als Werkzeug des Kaisers und wurde den Römern so verhasst, dass sie ihn schließlich vertrieben. Von Otto wieder eingesetzt, blieb er von diesem mehr oder minder abhängig, schaffte es aber, die Kirche so zu regieren, dass es in Rom zu keinen Revolten kam. Auch **Benedikt VI.** (973–974) stützte sich auf Otto. Als dieser im Mai 973 starb, kam es in Rom sofort zu einer Rebellion. Der neue Kaiser, Otto II., hatte zu viele Probleme in Deutschland, um helfen zu können. Benedikt wurde verhaftet, eingekerkert und auf Befehl seines »Nachfolgers«, des Gegenpapstes *Bonifaz VII.*, erdrosselt.

Der Amtsantritt **Benedikts VII.** (974–983) gestaltete sich chaotisch, was damals durchaus normal war. Sein ganzes Pontifikat hindurch blieb Gegenpapst Bonifaz gefährlich aktiv. 980 bedrohte er die Sicherheit Benedikts derart, dass dieser Kaiser Otto um Hilfe bitten musste. In den ruhigeren Momenten gelang es Benedikt, kirchliche Angelegenheiten so zu regeln, wie es dem Kaiser genehm war. Als Benedikt starb, brach wie üblich ein Aufstand aus. Otto bot den Papstthron dem Abt von Cluny an, der ablehnte, und daraufhin seinem ehemaligen Minister, der als **Johannes XIV.** (983–984) inthronisiert wurde. Zu dessen Unglück starb Otto plötzlich und der neue Papst, in Rom ohne Rückhalt, war für Bonifaz ein leichtes Opfer. Letzterer begab sich sofort nach Rom, ließ Johannes absetzen und im Gefängnis verhungern. Bonifaz herrschte daraufhin bis Juli 985, als er zur Erleichterung vieler starb. Sein Leichnam wurde entkleidet, mit Lanzen durchbohrt, nackt durch die Straßen geschleift und vor dem Lateran liegen gelassen.

Johannes XV. (985–996) wurde von einer mächtigen römischen Familie protegiert und konnte sich angesichts dieser Abhängigkeit besser im Ausland profilieren. 991 vermittelte er einen Frieden zwischen der

Otto II., der Sohn Ottos des Großen, überreicht Adalbert von Prag den Bischofsstab. Detail des Bronzeportals am Dom von Gnesen. Otto wurde 961 im Alter von sechs Jahren zum deutschen König und 967 von Johannes XIII. zum Mitkaiser gekrönt.

Otto III. nimmt die Huldigung der Königreiche entgegen. Miniatur aus dem Evangeliar Ottos III., 997–1000 (München, Bayerische Staatsbibliothek). Otto thront zwischen zwei Priestern und zwei Soldaten, ein Symbol für den Einfluss der Kirche, insbesondere Heriberts von Brogne, seines Kanzlers und wichtigsten Beraters, und des Heeres, auf das sich Otto bei seinen zahlreichen Feldzügen stützte.

Normandie und England. 992 erhielt er Polen als Geschenk seines Herrschers an den heiligen Petrus; 993 kanonisierte er einen Deutschen – die erste urkundlich erwähnte Heiligsprechung; 993/4 widersetzte er sich den ersten Regungen des Gallikanismus, anders gesagt den Versuchen der französischen Kirche, sich der Autorität des Papstes zu entziehen. In Rom wurde seine Position nach 991 sehr schwierig, da seine Freunde starben und er nicht mehr respektiert wurde. Sein Nachfolger, **Gregor V.** (996–999), war der zweite deutsche Papst, ein junger Verwandter des neuen Kaisers, Otto III. Nachdem er sich mit diesem überworfen hatte und in Rom keine Freunde fand, musste er die Stadt bald verlassen und residierte fortan in der Lombardei. Seine Gegner nutzten die Gelegenheit und wählten *Johann XVI.* zum Gegenpapst. Gregor erlangte sein Amt mit Hilfe kaiserlicher Truppen zurück und unterstützte von da an, wenn auch ungern, die Politik des Kaisers.

Als Gregor starb, bestimmte Otto erstmals einen Franzosen zum Papst, **Silvester II.** (999–1003), einen vielseitig begabten Gelehrten. Ungeachtet seiner gallikanischen Herkunft verwandelte er sich schnell in einen Verfechter des päpstlichen Primats und kämpfte im Verein mit Otto gegen die Missbräuche in der Kirche. 1001 zwang ein Aufstand der Römer Kaiser und Papst, ihre Stadt zu verlassen, die nun unter die Herrschaft von Johannes II. Crescentius geriet. Otto starb ein Jahr später an Malaria, Silvester durfte nach Rom zurückkehren, wurde jedoch unter strenge Aufsicht gestellt.

EIN PAKT ZWISCHEN PAPST UND TEUFEL?

Über Silvester II. waren nach seinem Tod kuriose Legenden im Umlauf. Einer dieser Geschichten zufolge hatte er bei den Sarazenen Astrologie und Mathematik studiert und wollte um jeden Preis in den Besitz eines bestimmten Buches gelangen:

Er bat [den Eigentümer] und flehte ihn an bei Gott und ihrer Freundschaft. Er bot viel und versprach noch mehr. Als dies nichts half, versuchte er es nachts mit einer List: Nachdem er alles schlau eingefädelt und mit der Tochter des Eigentümers enge Freundschaft geschlossen hatte (damit sie ihn gewähren ließ), machte er ihn betrunken, entnahm das Buch unter seinem Kopfkissen und suchte damit das Weite. Der Eigentümer aber verscheuchte den Schlaf wieder und mit Hilfe seines Wissens über die Sterne machte er sich an die Verfolgung des Flüchtigen. [Silvester] blick-

te sich um und dank seiner Kenntnis der Astrologie erkannte er die Gefahr und versteckte sich unter einer nahen Holzbrücke: Er klammerte sich daran an und ließ sich herabhängen. Auf diese Weise berührte er weder die Erde noch das Wasser und der Eifer seines Verfolgers war vergeblich. Er ließ von seinem Vorhaben ab und kehrte nach Hause zurück. Nun beschleunigte [Silvester] seine Reise und gelangte ans Meer. Mit Zaubersprüchen beschwor er den Teufel und bot ihm ewige Gefolgschaft, wenn er ihn nur übers Meer bringen wollte, weit fort von dem Manne, der sich anschickte, die Verfolgung wieder aufzunehmen. Und so geschah es auch.

William of Malmesbury, *Gesta regum Anglorum* 2,167

Elfenbeinsitula Ottos III. (11. Jahrhundert) im Aachener Dom mit einer Darstellung Silvesters II. auf dem Papstthron (Mitte oben).

DIE JAHRTAUSENDWENDE

Das Pontifikat Silvesters fiel in die Endphase des ersten Jahrtausends christlicher Zeitrechnung. Dem fränkischen Mönch Adso zufolge würde ein fränkischer König angesichts der nahenden Apokalypse das Römische Reich wieder vereinigen und in Frieden regieren, bis der Antichrist die Letzten Tage und das Jüngste Gericht verkündete. Die Menschen suchten nach Anzeichen der vier apokalyptischen Reiter – Krieg, Hunger, Krankheit und Tod – und fanden sie leicht.

Wie war damals die Situation des Papsttums? In der Vergangenheit hatten die Päpste schon des Öfteren Herrschergewalt innegehabt (oder beansprucht). Die gefälschte *Konstantinische Schenkung* (8. Jahrhundert) hatte Silvester I. zu einer Art westlichem Kaiser gemacht, die echte *Pippinische Schenkung* (754) und die *Ottonische Schenkung* (962) schufen in Italien ein Lehen, das später als »Kirchenstaat« bezeichnet wurde.

So war der Papst in Italien nicht nur der Stellvertreter Christi, sondern auch weltlicher Herrscher. In der Ausübung dieser Gewalt und seiner Würde als Herrscher war er allerdings sehr eingeschränkt durch die Rivalitäten der römischen Adelshäuser und der daraus resultierenden Notwendigkeit, sich auf die deutschen Kaiser zu stützen, um im Amt zu bleiben. Auch als kirchliche Autorität wurden die Päpste durch eine Vielzahl weltlicher Gewalten bevormundet, insbesondere durch den Kaiser. Konstantinopel, das Jahrhunderte hindurch dominiert hatte, war in den Hintergrund gerückt. Es hatte in der Politik der Päpste zwar noch einiges mitzureden, ihre Anweisungen erhielten diese jedoch aus dem Westen, der nun ihr Schicksal bestimmte.

Der Kampf um das Prestige hingegen war seit langem entschieden. Rom war – nicht ganz unangefochten in der Theorie, aber in der Praxis – das Haupt der Kirche, und in der gesamten christlichen Welt gab es keinen kirchlichen Würdenträger, der sich mit dem Papst vergleichen konnte.

Und siehe, ein weißes Pferd. Und der darauf saß, zog aus sieghaft. Und es kam heraus ein anderes Pferd, das war rot. Und dem, der darauf saß, ward gegeben, den Frieden zu nehmen von der Erde. Und siehe, ein schwarzes Pferd. Und der darauf saß, hatte eine Waage in seiner Hand. Und siehe, ein fahles Pferd. Und der darauf saß, des Name hieß Tod.

Apokalypse 6,2–8

Die vier Reiter der Apokalypse. Iluminierte spanische Handschrift des 12. Jahrhunderts (London, British Library).

Johannes XVII.
1003

Johannes XVIII.
1003–1009

Sergius IV.
1009–1012

Benedikt VIII.
1012–1024

Johannes XIX.
1024–1032

Benedikt IX.
1032–1044; 1045; 1047–1048

Silvester III.
1045

Gregor VI.
1045–1046

Clemens II.
1046–1047

Damasus II.
1048

Leo IX.
1049–1054

Im Februar 1014 wurde Heinrich II. von Benedikt VIII. zum Kaiser gekrönt. Er war der letzte der sächsischen Kaiser.

[Der Bischof von Caprea] erblickte den verstorbenen Papst Benedikt [VIII.] auf einem schwarzen Pferd sitzend, als wäre er aus Fleisch und Blut. Als der Bischof begriff, dass die Reise unterbrochen war, sagte er: »Guter Gott! Seid Ihr nicht Papst Benedikt, von dem wir dachten, er sei ertrunken?«

»Der bin ich«, erwiderte dieser, »und ich bin unglücklich.«

»In welcher Weise, Vater?«

»Ich leide schlimme Qualen«, antwortete er, »doch kann ich auf Erlösung hoffen, wenn mir Hilfe zuteil wird. Ich bitte dich, geh hin zu meinem Bruder Johannes, der nun auf dem Heiligen Stuhl sitzt, und sag ihm, er soll zu meinem Heil unter den Armen das Geld verteilen, das in der Kiste versteckt ist …, denn was er in meinem Namen den Notleidenden bisher gegeben hat, half mir nicht im Geringsten, da ich es durch Raub und Unrecht erwarb.«

Petrus Damiani, *De abdicatione episcopatus 3*

Johannes XVI. war wie Bonifaz VII. ein Gegenpapst, bekam aber trotzdem eine Nummer. Über **Johannes XVII.** (1003) ist wenig bekannt, **Johannes**

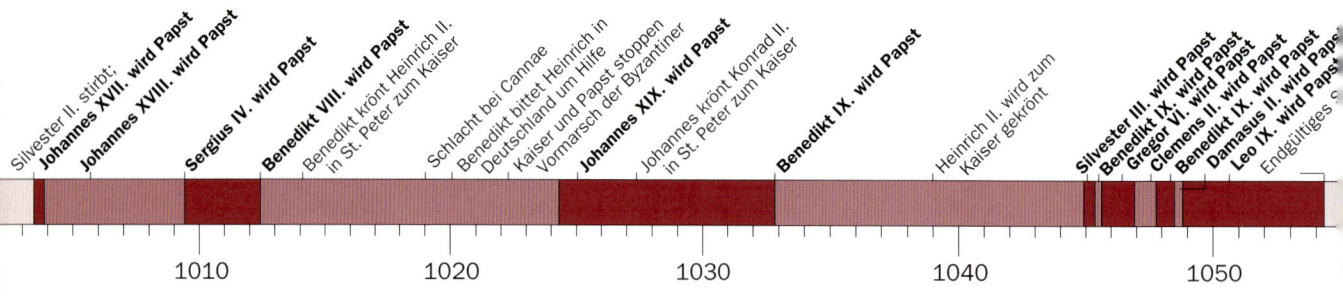

Silvester II. stirbt; Johannes XVII. wird Papst

Johannes XVIII. wird Papst

Sergius IV. wird Papst

Benedikt VIII. wird Papst

Benedikt krönt Heinrich II. in St. Peter zum Kaiser

Schlacht bei Cannae

Benedikt bittet Heinrich in Deutschland um Hilfe

Kaiser und Papst stoppen Vormarsch der Byzantiner

Johannes XIX. wird Papst

Johannes krönt Konrad II. in St. Peter zum Kaiser

Benedikt IX. wird Papst

Heinrich II. wird zum Kaiser gekrönt

Silvester III. wird Papst

Benedikt IX. wird Papst

Gregor VI. wird Papst

Clemens II. wird Papst

Benedikt IX. wird Papst

Damasus II. wird Papst

Leo IX. wird Papst

Endgültiges

1010   1020   1030   1040   1050

PAPSTNAMEN

JOHANNES XVII.
Herkunft
 Italien, Rom
Eigentlicher Name
 Johannes Sicco
Zum Papst gewählt
 16. Mai 1003
Gestorben
 6. November 1003
Dauer des Pontifikats
 5 Monate, 22 Tage

JOHANNES XVIII.
Herkunft
 Italien, Rom
Eigentlicher Name
 Johannes Fasanus
Früheres Amt
 Kardinalpriester
Zum Papst gewählt
 25. Dezember 1003
Gestorben
 Juni/Juli 1009
Dauer des Pontifikats
 5 Jahre, 6 oder
 7 Monate, 7 Tage
Bemerkenswertes
 Berichten zufolge
 dankte Johannes
 ab und starb als
 Mönch.

SERGIUS IV.
Herkunft
 Italien, Rom
Eigentlicher Name
 Petrus
Abstammung
 Sohn eines
 Schusters
Früheres Amt
 Bischof von
 Albano
Zum Papst gewählt
 31. Juli 1009
Gestorben
 12. Mai 1012,
 gewaltsamer
 Tod?

Dauer des Pontifikats
 2 Jahre, 9 Monate,
 13 Tage

BENEDIKT VIII.
Herkunft
 Italien
Geboren
 Um 980
Eigentlicher Name
 Theophylactus
Abstammung
 Aristokratisch
Status
 Laie
Zum Papst gewählt
 17. Mai 1012
Alter bei der Wahl
 Um 32
Gestorben
 9. April 1024
Dauer des Pontifikats
 11 Jahre, 10 Mo-
 nate, 24 Tage
Gegenpapst
 Gregor »VI.« (Mai–
 Dezember 1012)

JOHANNES XIX.
Herkunft
 Italien
Eigentlicher Name
 Romanus
Abstammung
 Johannes war der
 jüngere Bruder
 Benedikts VIII.
Status
 Laie
Früheres Amt
 Senator, Konsul
Zum Papst gewählt
 19. April 1024
Alter bei der Wahl
 Unter 32
Gestorben
 20. Oktober 1032
Dauer des Pontifikats
 8 Jahre, 6 Monate

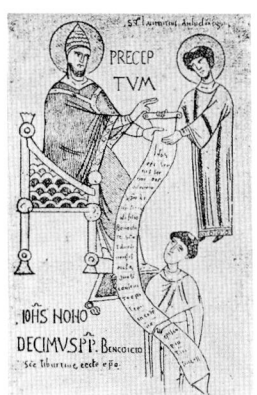

Johannes XIX. (oben) wurde allgemein wegen seiner Geldgier verurteilt, besonders beim Verkauf kirchlicher Ämter.

XVIII. (1003–1009) verdankt seine Wahl wie sein Vorgänger der römischen Familie der Crescentier. Diese hatten sich auf einer Synode profiliert, die Kaiser Otto I. 963 einberufen hatte, um Johannes XII. abzusetzen. Sie sollten in den folgenden Jahrzehnten in der stadtrömischen Politik eine entscheidende Rolle spielen. Einzelheiten aus dem Leben Johannes' XVIII. sind kaum bekannt. Es heißt, er habe seinen Lebensabend als Mönch verbracht, was wohl bedeutet, dass er vorher abdankte. Auch **Sergius IV.** (1009–1012) war ein Mann der Crescentier. Als jedoch **Benedikt VIII.** (1012–1024) Papst wurde, waren die Crescentier infolge von Unruhen entmachtet worden: Der Vater des neuen Papstes hieß Gregor von Tusculum. Die Tuskulaner waren im Allgemeinen Parteigänger des Kaisers. Selbstverständlich erwuchs aus dieser Konstellation ein Gegenpapst, *Gregor »VI.«*, aber Benedikt und seine Faktion gaben nicht auf, und als König Heinrich Benedikt als Papst anerkannte, verschwand Gregor wieder. Benedikt lud Heinrich II. nach Rom ein und krönte ihn im Februar 1014 zum Kaiser. Anschließend reisten sie nach Ravenna zu einer Synode, die ihren Anweisungen folgend drei Dekrete über das Verhalten der Kleriker erließ. Bezeichnend für die Doppelnatur des Papsttums dieser Zeit ist wohl, dass Benedikt einen großen Teil seiner Zeit in der Rüstung oder zu Pferd verbrachte, um dem Heiligen Stuhl Ländereien zu erwerben. Auch an einer Seeschlacht gegen sarazenische Plünderer nahm er teil (1016). Als jedoch die Byzantiner bei Cannae in Unteritalien eine Schlacht gewannen, musste er nach Deutschland reisen und Heinrich um Hilfe gegen weitere Aktionen Ostroms in Italien bitten. 1022 brachten Kaiser und Papst den Vormarsch der Byzantiner zum Stehen, so dass sein Pontifikat mit einer Art Triumph endete.

Benedikts Bruder erkaufte sich sein Pontifikat. Da er Laie war, verursachte seine überraschende Erhebung auf den Papstthron Verärgerung. Auch war seine Amtsführung trotz aller Selbstsicherheit nicht zufrieden stellend: **Johannes XIX.** (1024–1032) muss mit Vorsicht gesehen werden. Angeblich wurde er vor den Gesandten des byzantinischen Kaisers schwankend, die ihn aufforderten, den Primat Konstantinopels im Osten anzuerkennen. Johannes lehnte schließlich ab, fest steht jedoch, dass Kaiser Konrad II. ihn wenig achtete und mehr als einmal zwang, seine Beschlüsse zu annullieren und sich den kaiserlichen Wünschen zu fügen.

Auch nach seinem Tod blieb das Amt des Papstes in der Familie. Nun wurde Johannes' Neffe unter dem Namen **Benedikt IX.** (1032–1044; 1045; 1047–1048) Papst: wieder ein Laie, wieder ein Skandal. Immerhin zeigte er sich Konrad gegenüber weniger entgegenkommend als vorher sein Onkel. Auch Konrads Nachfolger Heinrich III. fand ihn schwierig. Sein Privatleben verursachte allerdings einen Aufruhr und im Januar 1045 wurde er durch **Silvester III.** ersetzt. Einen Tuskulaner gegen einen Mann der Crescentier auszutauschen war nun auch keine Lösung: Im März war Benedikt wieder im Amt. Er konnte seine Position jedoch nicht halten und im Mai, nachdem eine riesige Summe den Besitzer gewechselt hatte, dankte er zugunsten seines Paten **Gregor VI.** (1045–1046) ab. Hatte Gregor sein Amt tatsächlich gekauft? Es ist nicht bewiesen.

PAPSTNAMEN

BENEDIKT IX.
Herkunft
  Italien
Eigentlicher Name
  Theophylactus
Abstammung
  Neffe von Johannes XIX. und Benedikt VIII.
Status
  Laie
Zum Papst gewählt
  21. Oktober 1032
Alter bei der Wahl
  Über 20?
Abgesetzt
  September 1044
Wieder im Amt
  10. März 1045
Abgedankt
  1. Mai 1045
Abgesetzt
  24. Dezember 1046
Wieder im Amt
  8. November 1047
Vertrieben
  16. Juli 1048
Gestorben
  Ende 1055/ Anfang 1056
Dauer des Pontifikats
  Nicht feststellbar

SILVESTER III.
Herkunft
  Italien?
Eigentlicher Name
  Johannes
Früheres Amt
  Bischof von Sabina
Zum Papst gewählt
  20. Januar 1045
Vertrieben
  10. März 1045
Gestorben
  1063
Dauer des Pontifikats
  1 Monat, 27 Tage

GREGOR VI.
Herkunft
  Italien
Eigentlicher Name
  Johannes Gratianus
Abstammung
  Reich; Bankiers
Früheres Amt
  Erzpriester
Zum Papst gewählt
  1. Mai 1045
Alter bei der Wahl
  Fortgeschritten
Abgesetzt
  20. Dezember 1046

Gestorben
  Ende 1047
Dauer des Pontifikats
  1 Jahr, 7 Monate, 20 Tage

CLEMENS II.
Herkunft
  Deutschland
Eigentlicher Name
  Suidger
Früheres Amt
  Bischof von Bamberg
Zum Papst gewählt
  24. Dezember 1046
Gestorben
  9. Oktober 1047, an Bleivergiftung
Dauer des Pontifikats
  9 Monate, 17 Tage

DAMASUS II.
Herkunft
  Deutschland, Bayern
Eigentlicher Name
  Poppo
Früheres Amt
  Bischof von Brixen
Zum Papst gewählt
  17. Juli 1048
Gestorben
  9. August 1048, in Palestrina, vielleicht an Malaria
Dauer des Pontifikats
  24 Tage

LEO IX.
Herkunft
  Deutschland, Elsass
Geboren
  21. Juni 1002
Eigentlicher Name
  Bruno
Abstammung
  Aristokratisch; mit kaiserlicher Familie verwandt
Früheres Amt
  Bischof von Toul
Zum Papst gewählt
  12. Februar 1049; Leo war damals noch in seiner Diözese
Alter bei der Wahl
  46
Gestorben
  19. April 1054
Dauer des Pontifikats
  5 Jahre, 2 Monate, 5 Tage

Immerhin sprach ihn eine Synode unter Vorsitz des Kaisers schuldig und setzte ihn ab. Der Kaiser ernannte einen Deutschen zum Papst, **Clemens II.** (1046–1047). Sein Ziel war klar: Er wollte das Papsttum gegen die rivalisierenden römischen Adelsfamilien schützen. Clemens II. nahm umfangreiche Reformen in Angriff, insbesondere gegen die Simonie, kam damit allerdings nur langsam voran. Nach seinem Tod wurde Benedikt durch eine römische Mischung aus Emotionen und Korruption

Leo IX. segnet ein von Warinus, dem Abt von St. Arnulf (Metz), gegründetes Kloster. Deutsche Miniatur der zweiten Hälfte des 11. Jahrhunderts (Bern, Burgerbibliothek).

Jedwede Gruppe von Menschen, die nicht [mit Rom] in Übereinstimmung lebt, ist keine Kirche, sondern eine Schar Häretiker, ein Konventikel von Schismatikern, eine Synagoge des Satans.

Leo IX., *Brief* 4 (Schreiben an Michael Cärularius, den Patriarchen von Konstantinopel, Januar 1054)

zum dritten Mal auf den Papstthron gehoben. Heinrich war erbost und setzte ihn wieder ab, um erneut einen Deutschen zu ernennen: **Damasus II.** Dessen Pontifikat (1048), von beachtlicher Kürze, dauerte 23 Tage, dann folgte ihm ein weiterer Deutscher von Kaisers Gnaden, **Leo IX.** (1049–1054).

Leo war ein Reformer. Um schneller voranzukommen, umgab er sich in Rom mit gleich gesinnten Klerikern als Helfern, berief in den großen Kirchenzentren Synoden ein und reiste – damals ungewöhnlich – durch halb Europa, um für seine Ziele zu werben: Zölibat, Bekämpfung des Ämterkaufs und päpstlicher Primat. Anfangs verlief alles nach Plan, doch 1053 machte er den Fehler, mit einem schlecht gerüsteten Heer in Süditalien gegen die Normannen zu ziehen. Er wurde geschlagen, gefangen genommen und am 18. Juni 1053 ins Gefängnis geworfen. Nun musste er zusehen, wie der Patriarch von Konstantinopel, Michael Cärularius, ein entschiedener Gegner Roms, in Konstantinopel lateinische Kirchen schloss und gegen den lateinischen Ritus wetterte. Die wahren Gründe des Streits – der äußerlich über Details wie den Gebrauch ungesäuerten Brotes im Gottesdienst ging und natürlich durch Leos Versuch, das von den Byzantinern beanspruchte Süditalien zu befreien, noch verschärft wurde – waren der von Rom geforderte Primat über alle anderen Bistümer sowie Michaels Entschlossenheit, bei niemandem die zweite Geige zu spielen. Sein Motto: »Ich werde nicht dienen.« Ein Versöhnungsversuch schlug fehl, da sich beide unnachgiebig zeigten. Am 16. Juli 1054 exkommunizierte Rom den Patriarchen samt seinen Anhängern, im Gegenzug exkommunizierte dieser den Papst und diesmal war der Bruch endgültig.

Zu seinem Glück musste Leo diese Katastrophe nicht mehr erleben. Er starb am 19. April 1054, einen Monat, nachdem er aus der Gefangenschaft nach Rom zurückgekehrt war. Bald danach wurde er als erster Papst nach dem fast 170 Jahre zuvor gestorbenen Hadrian III. heilig gesprochen.

Normannischer Ritter. Schachfigur des 11. Jahrhunderts (Paris, Cabinet des Médailles). Die Eroberungen der Normannen waren spektakulär. Als Wikinger hatten sie sich 911 in der heutigen Normandie niedergelassen. 1130 gründeten sie unter Roger II. das Königreich Neapel, das bis Mitte des 19. Jahrhunderts bestehen sollte (Königreich beider Sizilien). Auf diese Weise entwickelten sie in Europa und durch den ersten Kreuzzug, zu dem sie entscheidend beitrugen, auch im Heiligen Land eine spezifische Kultur. Als Papst Leo IX. versuchte, sie aus Unteritalien zu verdrängen, wurde er gefangen genommen und gedemütigt.

Viktor II.
1055–1057
Stephan X. (IX.)
1057–1058
Nikolaus II.
1058–1061
Alexander II.
1061–1073
Gregor VII.
1073–1085

Viktor III.
1086–1087
Urban II.
1088–1099

Paschalis II.
1099–1118
Gelasius II.
1118–1119
Calixtus II.
1119–1124
Honorius II.
1124–1130
Innozenz II.
1130–1143
Coelestin II.
1143–1144
Lucius II.
1144–1145

Eugen III.
1145–1153

Anastasius IV.
1153–1154
Hadrian IV.
1154–1159
Alexander III.
1159–1181
Lucius III.
1181–1185
Urban III.
1185–1187
Gregor VIII.
1187
Clemens III.
1187–1191

Coelestin III.
1191–1198
Innozenz III.
1198–1216

Honorius III.
1216–1227
Gregor IX.
1227–1241
Coelestin IV.
1241
Innozenz IV.
1243–1254
Alexander IV.
1254–1261

Urban IV.
1261–1264
Clemens IV.
1265–1268
Gregor X.
1271–1276

Innozenz V.
1276
Hadrian V.
1276
Johannes XXI.
1276–1277
Nikolaus III.
1277–1280
Martin IV.
1281–1285
Honorius IV.
1285–1287
Nikolaus IV.
1288–1292
Coelestin V.
1294
Bonifaz VIII.
1294–1303
Benedikt XI.
1303–1304
Clemens V.
1305–1314

Johannes XXII.
1316–1334

Benedikt XII.
1334–1342
Clemens VI.
1342–1352
Innozenz VI.
1352–1362
Urban V.
1362–1370
Gregor XI.
1370–1378

Urban VI.
1378–1389
Bonifaz IX.
1389–1404
Innozenz VII.
1404–1406
Gregor XII.
1406–1415
Martin V.
1417–1431
Eugen IV.
1431–1447
Nikolaus V.
1447–1455
Calixtus III.
1455–1458
Pius II.
1458–1464
Paul II.
1464–1471
Sixtus IV.
1471–1484
Innozenz VIII.
1484–1492

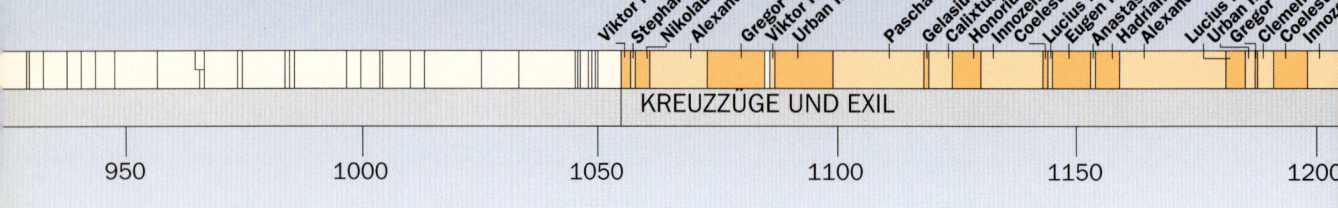

KREUZZÜGE UND EXIL

950   1000   1050   1100   1150   1200

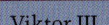
Viktor III.

Innozenz III.

Johannes XXII.

Clemens VI.

KREUZZÜGE UND EXIL

1055–1492 n. Chr.

In dem langen Zeitraum zwischen dem west-östlichen Schisma und der Hochrenaissance befassten sich die Päpste zunehmend mit weltlichen Angelegenheiten. Ihre Unabhängigkeit wurde von verschiedenen Seiten bedroht: dem Heiligen Römischen Reich, den Normannen in Sizilien und Süditalien, den französischen Königen sowie den unruhigen Adelsfamilien Roms und der italienischen Stadtstaaten. Einige Päpste ließen sich zu Handlangern der einen oder anderen dieser Interessengruppen machen. Das bekannteste Beispiel dafür ist das Exil der Päpste in den Jahren 1309–1377, als sie aufgrund der politischen Lage freiwillig oder unfreiwillig Rom verließen und ihren Sitz nach Avignon in Südfrankreich verlegten. Es war dies auch die skandalöse Episode der miteinander konkurrierenden Päpste: Einmal regierten drei davon gleichzeitig. Das Ansehen des Papsttums litt durch Simonie, Ablassverkauf und Vetternwirtschaft.

Es war aber nicht nur die Zeit hoffnungsloser Verworfenheit: Viele Päpste waren fromme Männer, andere waren Gelehrte. Sie gründeten Universitäten, entwickelten das Kirchenrecht, förderten die Künste und die Versuche, das Heilige Land von den Ungläubigen zu befreien. Auch widersetzten sich manche den Einflussnahmen, um das Papsttum vor jenen zu bewahren, die es für ihre Zwecke missbrauchten. In der Zeit des Avignonesischen Exils schien die Institution auf einem Tiefpunkt zu sein, 1492 hingegen gab es Anzeichen für eine Erneuerung im geistlichen wie im weltlichen Bereich.

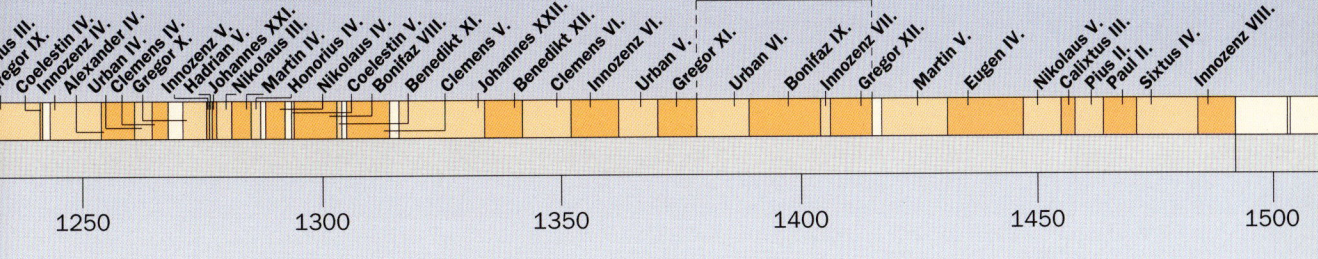

Viktor II.
1055–1057

Stephan X. (IX.)
1057–1058

Nikolaus II.
1058–1061

Alexander II.
1061–1073

Gregor VII.
1073–1085

Gregor VII. (oben), einer der großen Erneuerer der Kirche, wurde 1606 von Paul V. kanonisiert. Handschrift des 11. Jahrhunderts (Leipzig, Universitätsbibliothek).

VIKTOR II.	
Herkunft	*Zum Papst gewählt*
Deutschland, Schwaben	13. April 1055
Geboren	*Alter bei der Wahl*
Um 1018	Etwa 37
Eigentlicher Name	*Gestorben*
Gebhard von Dollnstein-Hirschberg	28. Juli 1057, in Arezzo, an Fieber
Abstammung	*Dauer des Pontifikats*
Aristokratisch	2 Jahre,
Früheres Amt	3 Monate,
Bischof von Eichstätt	15 Tage

VIKTOR II.

Der Subdiakon goss Gift in den Kelch, der für den Papst bestimmt war. Als Viktor nach der Weihe den Kelch emporheben wollte, gelang ihm dies nicht. Um Gott zu fragen, was der Grund dafür sei, legte er sich, gefolgt von den Gläubigen, auf den Boden, um zu beten. Da wurde der Giftmischer von einem bösen Geist befallen und der Grund war klar.

Bernold von St. Blasien, *Chronicon*

Der unheilvolle Bruch mit Konstantinopel hatte zunächst keine Auswirkungen.

Warum auch? Dreimal schon war es zu einem solchen Konflikt gekommen, nun eben ein weiteres Mal. Die Reihe der vom Kaiser ernannten deutschen Päpste setzte sich fort mit **Viktor II.** (1055–1057), einem entfernten Verwandten Heinrichs III., der sich aus dieser Beziehung aber nicht viel machte. Dessen ungeachtet war er mit 24 Jahren Bischof von Eichstätt geworden und hatte sich als erfolgreicher Verwalter erwiesen, was ihm eine gewichtige Stimme im kaiserlichen Rat verlieh. Als Leo IX. starb, sandten die Römer Vertreter zu Heinrich mit der Bitte, Bischof Gebhard von Eichstätt zum Papst zu ernennen. Aber der Kaiser wollte

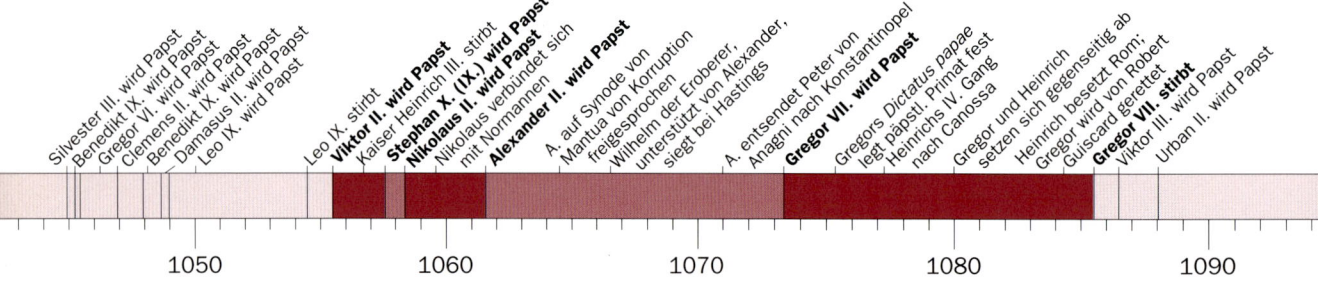

Silvester III. wird Papst
Benedikt IX. wird Papst
Gregor VI. wird Papst
Clemens II. wird Papst
Benedikt IX. wird Papst
Damasus II. wird Papst
Leo IX. wird Papst

Leo IX. stirbt
Viktor II. wird Papst
Kaiser Heinrich III. stirbt
Stephan X. (IX.) wird Papst
Nikolaus II. wird Papst
Nikolaus verbündet sich mit Normannen
Alexander II. wird Papst

A. auf Synode von Mantua von Korruption freigesprochen
Wilhelm der Eroberer, unterstützt von Alexander, siegt bei Hastings

A. entsendet Peter von Anagni nach Konstantinopel
Gregor VII. wird Papst
Gregors *Dictatus papae* legt päpstl. Primat fest
Heinrichs IV. Gang nach Canossa

Gregor und Heinrich setzen sich gegenseitig ab
Heinrich besetzt Rom; Gregor von Robert Guiscard gerettet
Gregor VII. stirbt
Viktor III. wird Papst
Urban II. wird Papst

1050   1060   1070   1080   1090

Nachdem Viktor II. im Juli 1057 in Arezzo gestorben war, wollten einige seiner Mitarbeiter seinen Leichnam in seinen ehemaligen Bischofssitz überführen, um ihn im Eichstätter Dom beisetzen zu lassen. Die Bürger von Ravenna verweigerten jedoch ihre Zustimmung. Sie bemächtigten sich des Leichnams und bestatteten ihn in der Kirche Santa Maria Rotonda (oben). Diese war ursprünglich das Grabmal des 526 verstorbenen Königs Theoderich gewesen.

seinen Minister nicht verlieren und der Bischof fürchtete die Last der Papstwürde. Es dauerte fast fünf Monate, bis sich Gebhard bereit erklärte und Heinrich es als Vorteil ansah, diesen Mann im Lateran zu haben.

Zwei Probleme vor allem galt es zu regeln: die fehlende kirchliche Disziplin und die Expansion der Normannen. Italien war im 11. Jahrhundert eine geografische Bezeichnung, aber alles andere als eine territoriale Einheit. Die Langobardeneinfälle und der Einmarsch der Franken hatten Nord- und Mittelitalien in den Strudel der westlichen Politik gezogen, während sich der Süden immer noch dem Byzantinischen Reich zugehörig fühlte und Sizilien eine Provinz des Fatimiden-Kalifats war. 1016 traten die Normannen auf den Plan und eroberten rasch weite Gebiete: 1073 war der Süden ein normannisches Königreich.

Leos IX. Niederlage gegen die Normannen 1053 hatte Heinrich und Viktor ein Problem beschert. Als der Kaiser im November 1055 nach Deutschland zurückkehrte, um den Widerstand gegen seine Autorität zu brechen, reiste ihm Viktor bald nach, da er Hilfe gegen die normannische Bedrohung brauchte. Nun nahmen die Ereignisse einen überraschenden Verlauf. Im Oktober 1056, als sich der Papst noch in Deutschland aufhielt, starb Heinrich, nachdem er seinen fünfjährigen Sohn Viktors Obhut anvertraut hatte. Mit diplomatischem Geschick schaffte es dieser nicht nur, das Kind in Aachen krönen zu lassen, sondern auch das Reich mit zwei unruhigen Vasallen zu versöhnen, Gottfried von Lothringen und Balduin von Flandern. Gottfried erlangte nach Heinrichs Tod eine bedeutende Position in Italien. Vielleicht war es ein Glücksfall, dass das prestigeträchtige Amt des Abtes von Montecassino vakant wurde. So konnte der Papst Gottfrieds Bruder Friedrich, der hier als Mönch lebte, zum Vorsteher der Abtei erheben und zum Kardinal weihen. Damit war Lothringen dem Papst zu Dank verpflichtet.

STEPHAN X. (IX.)	
Herkunft Deutschland, Lothringen	Bibliothekar der Kirche, Abt von Montecassino
Eigentlicher Name Friedrich von Lothringen	*Zum Papst gewählt* 2. August 1057
Abstammung Aristokratisch	*Gestorben* 29. März 1058, in Florenz
Frühere Ämter Kanzler und	*Dauer des Pontifikats* 7 Monate, 26 Tage

STEPHAN X. (IX.)

Wie es so kommt, starb Viktor nach Friedrichs Weihe zum Kardinal und dieser wurde selbst Papst: **Stephan X. oder IX.** (1057–1058) blieb während seines kurzen Pontifikats Abt von Montecassino, was nicht aus Machthunger geschah. Ebenso wie Viktor wollte er entschlossen gegen Missbräuche in der Kirche vorgehen. Offenbar rechnete er mit heftigem Widerstand, denn in einem seiner Briefe heißt es: »Uns erwartet die ungehemmte Rohheit der Übeltäter, die in ihrer Feindschaft gegen die Hirten der Schafe unseres Herrn auf keinen Widerstand stoßen.« Bei seinen Reformbemühungen wurde er von Petrus Damiani unterstützt, der später kanonisiert werden sollte. Damiani war ungewöhnlich intelligent, ein überzeugender und eifriger Reformer, der sich für ein asketisches Mönchstum einsetzte. Weitere Berater Stephans waren Humbert von Silva Candida, der als päpstlicher Legat den Patriarchen von Konstantinopel exkommunizert und damit (wohl unabsichtlich) das westöstliche Schisma herbeigeführt hatte, sowie Hildebrand, ein Cluniazenser Mönch, der von Leo IX. in den Kreis der Kardinalkleriker aufgenommen worden war und später selbst Papst wurde. Stephan betraute ihn im Sommer 1057 damit, erstens in Mailand eine Reformbewegung unter die Lupe zu nehmen, die so genannten Patarener (»Wollhändler«), die man, obwohl man sie brauchte, als etwas zu radikal empfand, und zweitens dem Kaiserhof in Aachen Stephans Wahl zum Papst mitzuteilen: eine heikle Aufgabe, da die Wahl ohne Rücksprache mit dem Kaiser stattgefunden hatte, der es gewohnt war, vorher seine Wünsche zu äußern.

Noch heikler war die Absicht des Papstes, die Normannen aus Süditalien zu vertreiben und dieses Abenteuer mit dem Schatz der Abtei Montecassino zu finanzieren. Um dafür die Unterstützung seines Bruders Gottfried von Lothringen zu gewinnen, wollte er ihn an die Stelle Heinrichs IV. setzen, der ja noch ein Kind war, und ihn zum Kaiser krönen. Jedenfalls wurde dies allgemein vermutet. Stephan erkrankte allerdings und starb im März 1058 in Florenz, nachdem er zuvor den Römern das Versprechen abgenommen hatte, mit der Wahl seines Nachfolgers bis zu Hildebrands Rückkehr aus Deutschland zu warten.

NIKOLAUS II.	
Herkunft Deutschland, Lothringen	*Alter bei der Wahl* Etwa 48
Geboren Um 1010	*Gestorben* 19./26. Juli 1061, in Florenz
Eigentlicher Name Gerhard	*Dauer des Pontifikats* 2 Jahre, 7 Monate, 13 oder 20 Tage
Früheres Amt Bischof von Florenz	*Gegenpapst* Benedikt X. (1058–1059)
Zum Papst gewählt 6. Dezember 1058	

Nikolaus II. Fresko des 11. Jahrhunderts in der Kirche San Clemente. Es heißt, dass Nikolaus in seinem Pontifikat tagtäglich zwölf Armen die Füße wusch – wenn er tagsüber nicht die Zeit fand, so in der Nacht.

Nikolaus II.

Er [Nikolaus] kam nach Rom, wo er dem zweiten Laterankonzil ein für die Römische Kirche höchst heilsames Gesetz zur Bestätigung vorlegte, das in den Dekreten steht und da lautet: »Wenn jemand durch Simonie, die Gunst eines Mächtigen oder den Aufruhr des Volkes oder der Soldaten auf den Stuhl des heiligen Petrus gesetzt werden soll, so soll er nicht als apostolisch, sondern als Apostat gelten, als einer, der die Regeln selbst des gesunden Menschenverstandes verletzt; und die Kardinäle, Kleriker und frommen Laien sollen das Recht haben, ihn mit geistigen wie physischen Waffen, mit Bannfluch und jeder menschlichen Hilfe zu vertreiben und abzusetzen; und Katholiken sollen sich dazu an jeglichem Ort versammeln dürfen, so sie es nicht in der Stadt tun können.«

Bartolomeo Platina, *Viten der Päpste*

Das durch Hildebrands Abwesenheit und das Versprechen der Römer, seine Rückkehr abzuwarten, entstandene Vakuum nutzte der Gegenpapst *Benedikt X.* und riss für neun Monate die Macht an sich. Als im Dezember 1058 **Nikolaus II.** (1058–1061) rechtmäßig gewählt wurde, musste er fliehen. Er wurde später auf Betreiben Hildebrands vor Gericht gestellt und degradiert. Nikolaus, so reformfreudig wie seine Vorgänger, erließ am 13. April 1059 – vermutlich in der Absicht, die Möglichkeit des Ämterkaufs zu erschweren – ein Dekret, dem zufolge der Papst künftig von den Kardinälen zu wählen war und Klerus und Volk der Wahl zustimmen mussten. Interessant ist, dass hier offenbar die Zustimmung des Kaisers nicht als unabdingbar angesehen wurde.

In diesem Sinne setzte Nikolaus die Politik Stephans fort, wobei ihm dasselbe Trio zur Seite stand, das schon seinen Vorgänger beraten hatte.

Die 529 vom heiligen Benedikt gegründete Abtei Montecassino ist die Wiege des Benediktinerordens. Um 580 von den Langobarden zerstört, wurde sie 717 wieder aufgebaut. 883 steckten sie die Sarazenen in Brand, unter Abt Alignerus (947–986) wurde sie noch einmal neu errichtet. Den Höhepunkt seines Glanzes und seiner geistigen Ausstrahlung erreichte das Kloster unter Abt Desiderius (dem späteren Viktor III.).

In Bezug auf die Normannen machte Nikolaus jedoch eine Kehrtwendung. Dem Rat des neuen Abtes von Montecassino, Desiderius, folgend, schloss er ein Bündnis mit Robert Guiscard, dem Herzog von Apulien, und sicherte dadurch den Frieden. Leider war die Angelegenheit damit nicht erledigt. Der kaiserliche Hof und die deutschen Bischöfe waren darüber verärgert, dass Robert dem Papst den Lehnseid geleistet und damit die Oberhoheit der Päpste über seine italienischen Besitzungen anerkannt hatte. Die Deutschen sahen darin eine Verletzung ihrer angemaßten Rechte. Im Sommer 1060 erklärte eine deutsche Bischofssynode die Dekrete des Papstes für nichtig. Man ging sogar so weit, seine Absetzung vorzuschlagen. Nikolaus ließ sich dadurch nicht beirren, wurde allerdings im Juli 1061 krank und starb. Die Lage eignete sich für eine Revanche. In Basel präsentierte sich ein von Kaiserin Agnes ernannter *Honorius II.* – vergeblich, denn Hildebrand, verärgert über eine römische Gesandtschaft, die nach Deutschland unterwegs war, um den jungen Kaiser zur Ernennung eines neuen Papstes zu bewegen, hatte inzwischen veranlasst, dass der Italiener Anselm von Lucca gewählt, gekrönt und unter dem Schutz normannischer Truppen auf den päpstlichen Thron gesetzt wurde.

ALEXANDER II.

ALEXANDER II.	
Herkunft	*Gestorben*
Italien, Baggio	21. April 1073
Eigentlicher Name	*Dauer des Pontifikats*
Anselm	11 Jahre,
Früheres Amt	6 Monate,
Bischof von Lucca	22 Tage
Zum Papst gewählt	*Gegenpapst*
30. September	Honorius II.
1061	(1061–1064)

PÄPSTLICHE BULLEN

Das lateinische Wort *bulla* bezeichnet ein an einer Urkunde angebrachtes, geprägtes Siegel, das ihre Echtheit beweist. Frühe päpstliche Urkunden hatten ein Bleisiegel, das auf einer Seite die Unterschrift, auf der anderen das Bild oder Motto des Papstes zeigte. Ab dem 14. Jahrhundert verstand man unter Bulle die gesamte Urkunde. Seit 1878 wird statt des Bleisiegels zumeist ein roter Stempel gebraucht. Bullen werden in Latein, der kirchlichen Amtssprache, abgefasst und nach den Anfangsworten ihres Textes benannt.

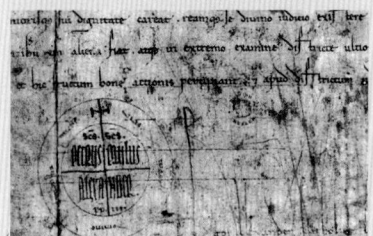

Detail einer Bulle Alexanders II. Sein Name steht im Kreis unter den Namen von Petrus und Paulus.

GREGOR VII.	
Herkunft	*Zum Papst gewählt*
Italien,	22. April 1073
Toskana	*Alter bei der Wahl*
Geboren	Etwa 53
Um 1020	*Gestorben*
Eigentlicher Name	25. Mai 1085
Hildebrand	*Dauer des Pontifikats*
Abstammung	12 Jahre,
Arm	1 Monat,
Religiöser Status	3 Tage
Mönch	*Gegenpapst*
Früheres Amt	Clemens III. (1080;
Archidiakon	1084–1100)

ALEXANDER II.

Der neue Papst, **Alexander II.** (1061–1073), musste sich mit gegensätzlichen Interessen auseinander setzen: Kaiser gegen römische Kardinäle, Eigennutz gegen Reformen. Honorius begann, sich in Italien Unterstützung zu erkaufen, und war derart erfolgreich, dass es in Rom zum Zusammenstoß zweier »päpstlicher Heere« kam (auch Alexander hatte Truppen angeworben) und sich die Stadt in zwei Lager spaltete. Das Patt wurde durch Gottfried von Lothringen gelöst, der beide aus Rom mit dem Auftrag wegschickte, die Entscheidung des Kaisers abzuwarten. Es dauerte zwei Jahre, bis es Alexander gelang, sich von dem Vorwurf reinzuwaschen, den Papsttitel durch Bestechung erlangt zu haben. Die Beziehungen zum Kaiser blieben jedoch gespannt und Alexander versuchte eine Annäherung an Konstantinopel, allerdings ohne Erfolg.

GREGOR VII.

Schließlich kam [König Heinrich] ohne Anzeichen von Feindschaft oder Trotz mit wenigen Begleitern zur Burg Canossa, in der ich weilte. Hier harrte er drei Tage vor dem Tor aus, eine erbärmliche Gestalt, die alle Zeichen der Königswürde abgelegt hatte, barfuß und, wie es einem Büßer geziemt, in ein grobwollenes Gewand gekleidet.

Gregor, *Briefe* 4,12 (Jahr 1077)

(Rechts) Von oben nach unten: Heinrich IV. mit Wibert von Ravenna, dem späteren Gegenpapst Clemens III., und einem deutschen Soldaten, der Gregor VII. vertreibt. Gregor mit treuen Bischöfen im Exil und auf dem Totenbett. Miniatur aus der *Weltchronik* Ottos von Freising, 1170 (Jena, Universitätsbibliothek).

(Gegenüber unten) Heinrich IV. bittet in Canossa Mathilde von Tuszien um Fürbitte bei Gregor VII. Handschrift des 12. Jahrhunderts (Vatikanische Bibliothek).

DER INVESTITURSTREIT

Ein kritischer Bericht über den Streit von Gregor und Kaiser Heinrich:

Der römische Papst, der ein ehrenvolles Amt innehat und von vielen Heeren beschützt wird, stritt sich mit dem deutschen König Heinrich …

Die Gründe für diesen Zwist waren folgende: Der Papst beschuldigte Heinrich, Kirchenämter nicht kostenlos zu vergeben, sondern für Geld, das Bischofsamt manchmal auch an Unwürdige. Der deutsche König wiederum beschuldigte den Papst, ein Usurpator zu sein, da er den Heiligen Stuhl ohne die Zustimmung des Kaisers bestiegen hatte. Außerdem beleidigte er Gregor, indem er hinzufügte, dass dieser, sollte er nicht freiwillig gehen, mit Schimpf und Schande aus dem Amt gejagt würde. Als der Papst dies erfuhr, ließ er die königlichen Gesandten seinen Zorn spüren: Zuerst misshandelte er sie brutal, dann schnitt er ihnen Haar und Bart ab und krönte schließlich sein Tun mit einer abscheulichen, jenseits jedes zivilisierten Betragens liegenden Handlung, um sie dann fortzuschicken. Ich würde über diesen Gräuel Näheres berichten, aber der einer Frau und Angehörigen des Kaiserhauses geziemende Anstand verbietet mir, es zu tun.

Anna Komnene, *Alexias* 1,13

Nach dem Tod Alexanders gelangte schließlich Hildebrand unter dem Namen **Gregor VII.** (1073–1085) auf den päpstlichen Thron.

Gregor hatte eine steile Karriere hinter sich und sollte ein außergewöhnlicher Papst werden. Auch er war ein Reformer und in seinem Denken war das Papsttum die oberste Instanz; zwei Wesenszüge, die ihn mit tief verwurzelten innerkirchlichen und staatlichen Interessen in Konflikt geraten ließen. Am besten zeigt sich das am Investiturstreit. Wem stand das Recht zu, Bischöfe zu ernennen? Dem Kaiser oder dem Papst? Heinrich IV. hielt an seinem Privileg fest, Gregor wies ihn zurecht. Heinrich berief nun eine Synode deutscher Bischöfe ein, die den Papst für abgesetzt erklärten, woraufhin Gregor Heinrich 1076 exkommunizierte und absetzte. Heinrich erlangte Vergebung durch seinen demütigen Gang nach Canossa in Norditalien im Januar 1077, wo Mathilde von Tuszien, die Burgherrin, als Fürbitterin auftrat. Sie war mit Gottfried von Lothringen verehelicht, dem Bruder des früheren Papstes Stephan X., und stand in diesem Streit auf der Seite des Papstes. Heinrichs Demut war jedoch nicht von Dauer und drei Jahre später setzte ihn Gregor erneut ab. Nun erklärten die deutschen Bischöfe Gregor für abgesetzt und wählten an seiner Stelle den Gegenpapst *Clemens III.* Heinrich rückte gegen Rom vor und besetzte es. Gregor wurde durch die Normannen Robert Guiscards gerettet, die allerdings die Römer derart gegen sich aufbrachten, dass Gregor Rom verlassen musste. Er starb in Salerno.

Viktor III.
1086–1087

Urban II.
1088–1099

Papst Urban II. weiht die dritte Abtei-kirche von Cluny. Französische Hand-schrift, Ende des 12. Jahrhunderts (Paris, Bibliothèque Nationale). Die Benedikti-nerabtei Cluny im Rhônetal wurde im Mittelalter zu einem bedeutenden Zen-trum der Kirchenreform, in dem sich pastorale Verantwortung mit asketi-scher Weltabgewandtheit verbanden. Im 12. Jahrhundert lebten hier mehr als 400 Mönche.

VIKTOR III.	
Herkunft Italien	*Zum Papst gekrönt* 9. Mai 1087
Geboren Um 1027	*Gestorben* 16. September
Eigentlicher Name Daufer	1087, in Monte- cassino
Frühere Ämter Abt von Montecassino, Kardinalpriester	*Dauer des Pontifikats* 1 Jahr, 3 Monate, 24 Tage
Zum Papst gewählt 24. Mai 1086	*Gegenpapst* Clemens III. (1080; 1084–
Alter bei der Wahl Etwa 59	1100)

URBAN II.	
Herkunft Frankreich, Châtil- lon-sur-Marne	*Zum Papst gewählt* 12. März 1088
Geboren Um 1035	*Alter bei der Wahl* Etwa 53
Eigentlicher Name Odo	*Gestorben* 29. Juli 1099
Abstammung Aristokratisch	*Dauer des Pontifikats* 11 Jahre, 4 Mo- nate, 17 Tage
Frühere Ämter Prior von Cluny, Kardinalbischof	*Gegenpapst* Clemens III. (1080; 1084–1100)

VIKTOR III.

Auf Gregors Tod folgte ein zwölf Monate währendes Durcheinander, bis schließlich Desiderius als **Viktor III.** (1086–1087) Papst wurde. Aber auch das erwies sich als Fehlschlag, denn in Rom herrschte ein solches Chaos, dass er wieder als Abt nach Montecassino zurückkehrte. Erst im Frühjahr 1087 ließ Viktor sich überreden, sein Amt wieder anzutreten. Im Mai schließlich wurde er in St. Peter inthronisiert, nachdem die Normannen Gegenpapst Clemens III. vertrieben hatten. Clemens war jedoch sehr ein-flussreich, gleichzeitig hieß es, Heinrich IV. sei im Anrücken. So wan-derte Viktor zwischen Rom und Montecassino hin und her und seine Gesundheit verschlechterte sich. Dass er es überhaupt schaffte, unter diesen Bedingungen die Kirche zu führen, zeugt von seinem Mut.

URBAN II.

Die Kardinalbischöfe von Porto, Tusculum und Albano, die dieses Konklave leiteten, erhoben sich und erklommen die Stufen zur Kanzel. Als Stille eingetreten war, gaben alle drei ihren Wunsch bekannt, Otto, der Bischof von Ostia, möge zum Papst gewählt werden. Als sie dann

Gregor VII. wird Papst

Gregor VII. stirbt
Viktor III. wird Papst
Urban II. wird Papst
Urban geht nach Kampanien
Urban kehrt nach Rom zurück
Urban predigt 1. Kreuzzug
Kreuzfahrer erobern Jerusalem
Urban II. stirbt;
Paschalis II. wird Papst

1070   1080   1090   1100   1110

»PÄPSTIN JOHANNA«

Vielleicht ist der Moment gekommen, sich mit der mythischen Päpstin zu befassen, die nach einer Version der Legende auf Viktor III. folgte, in der hier vorliegenden hingegen auf Leo IV.

Johannes der Engländer regierte zwei Jahre, sieben Monate und vier Tage. Dieser Mann, so heißt es, war eine Frau, die als Mädchen in Männerklei-dung von ihrem Liebhaber nach Athen gebracht worden war. Dadurch mach-te sie solche Fortschritte in vielen Wissensbereichen, dass niemand es ihr gleichtat. Und da man in Rom von ihrer Lebensführung und Gelehrsam-keit eine hohe Meinung hatte, wählte man sie unter allgemeiner Zustim-mung zum Papst. Während ihres Pontifikats wurde sie jedoch von

Die »Päpstin«, eine Tarotkarte, die sich der Le-gende von Päpstin Johanna verdanken könnte.

ihrem Gefährten schwanger. Nun wusste sie aber nicht genau den Tag ihrer Niederkunft, deshalb gebar sie ihr Kind in einer schmalen Gasse zwischen dem Kolosseum und San Clemente, als sie von St. Peter zum Lateran unterwegs war. Es heißt, dass sie nach ihrem Tod an eben dieser Stelle begraben wurde. Auf-grund ihrer Schande und der Tat-sache, dass sie eine Frau war, er-scheint sie nicht in der Liste der heiligen Päpste.

Martin von Troppau, *Chronicon pontificum et imperatorum*

Diese bestens für Polemik geeignete Geschichte ist ein bloßer Mythos, der allerdings erst im 17. Jahrhundert als solcher entlarvt wurde.

dem Brauch gemäß fragten, ob dies auch die anderen wünschten, riefen alle in außerordentlicher Einhelligkeit: »Ja!« und fügten hinzu, er sei würdig, als Papst auf dem Stuhl Petri zu sitzen. Daraufhin rief der Kar-dinalbischof von Albano Otto zum Papst aus und sagte, dieser wolle den Namen »Urban« tragen.

Petrus Diaconus, *Chronicon Casinense* 4,2

1095 rief Urban II. in Clermont zum ersten Kreuzzug auf (unten). Mit dem Ruf »Gott will es!« nahm eine riesige Zahl von Menschen das Kreuz. *Livre des Passages d'Outre Mer* (Paris, Bibliothèque Nationale).

Als Viktor starb, wurde **Urban II.** (1088–1099) Papst, doch die Kontrolle über Rom übte Clemens aus. Urban wollte sich Heinrich IV. gegenüber diplomatisch verhalten, hatte aber keinen Erfolg. Clemens nutzte das Vorrücken des Kaisers und Urban musste sich nach Kampanien zu-rückziehen. Diese Situation dauer-te an: Heinrich stand im Norden, Urban war im Süden. Es erforderte Geduld und Geld, bis er 1093 wieder nach Rom zurückkehren konnte. Zwei Jahre später fühlte er sich stark genug, nicht nur neue Reformen anzuordnen, sondern auch einen Kreuzzug zur Befreiung Jerusalems zu propagieren. Bei bei-dem war ihm Erfolg beschieden: Er verstärkte die Kontrolle über die Kirche und zwei Wochen vor seinem Tod eroberten die Kreuz-fahrer Jerusalem (s. S. 106).

Paschalis II.
1099–1118

Gelasius II.
1118–1119

Calixtus II.
1119–1124

Honorius II.
1124–1130

Innozenz II.
1130–1143

Coelestin II.
1143–1144

Lucius II.
1144–1145

Eugen III.
1145–1153

PAPSTNAMEN

PASCHALIS II.
Herkunft
  Italien,
  Bieda di
  Galeata
Eigentlicher Name
  Rainerius
Abstammung
  Arm
Frühere Ämter
  Abt, Kardinal-
  priester
Zum Papst gewählt
  13. August 1099
Gestorben
  21. Januar 1118
Dauer des Pontifikats
  18 Jahre, 5 Mo-
  nate, 8 Tage
Gegenpäpste
  Clemens III. (1080;
  1084–1100),
  Theoderich
  (1100–1101),
  Adalbert (1101),
  Silvester IV.
  (1105–1111)

GELASIUS II.
Herkunft
  Italien,
  Gaeta
Eigentlicher Name
  Johannes
Frühere Ämter
  Kardinaldiakon,
  Kanzler
Religiöser Status
  Bei seiner
  Wahl noch
  Laienbruder
Zum Papst gewählt
  24. Januar
  1118
Alter bei der Wahl
  Fortgeschritten
Gestorben
  29. Januar 1119,
  in Cluny
Dauer des Pontifikats
  1 Jahr,
  5 Tage
Gegenpapst
  Gregor VIII.
  (1118–1121)

Die Deutschen beschlossen, dass der König sofort gekrönt werden müsse. Bewaffnete begannen den Papst (Paschalis II.) und seine Begleiter zu umzingeln, so dass es diesen kaum möglich war, zum Altar des heiligen Petrus zu gelangen und am Gottesdienst teilzunehmen. Nach der Messe wurde der Papst gezwungen, von seinem Thron zu steigen und sich mit seinen Begleitern vor das Grab Petri zu setzen, wo ihn Bewaffnete bis zum Einbruch der Nacht bewachten. Dann wurden sie weggeführt. Eine große Zahl von Menschen, Kleriker wie Laien, wurde mit ihm zusammen verhaftet. Einige wurden enthauptet, andere beraubt, einige geschlagen, andere gefangen gehalten.

Petrus Diaconus, *Chronicon Casinense* 4,38

Urbans Nachfolger, **Paschalis II.** (1099–1118), genoss das zweifelhafte Privileg, in seinem Pontifikat mit nicht weniger als vier Gegenpäpsten leben zu müssen: *Clemens III., Theoderich, Adalbert* und *Silvester IV.* Einer der Gründe dafür war das ständige Ringen um das Investiturrecht. Nachdem sich der Sohn Heinrichs IV. erfolgreich gegen seinen Vater erhoben hatte, merkte Paschalis, der ihn in der Hoffnung auf eine veränderte Einstellung unterstützt hatte, sehr bald, dass alles beim Alten blieb. Über kaiserliche Privilegien ließ Heinrich V. ebenso wenig mit sich reden

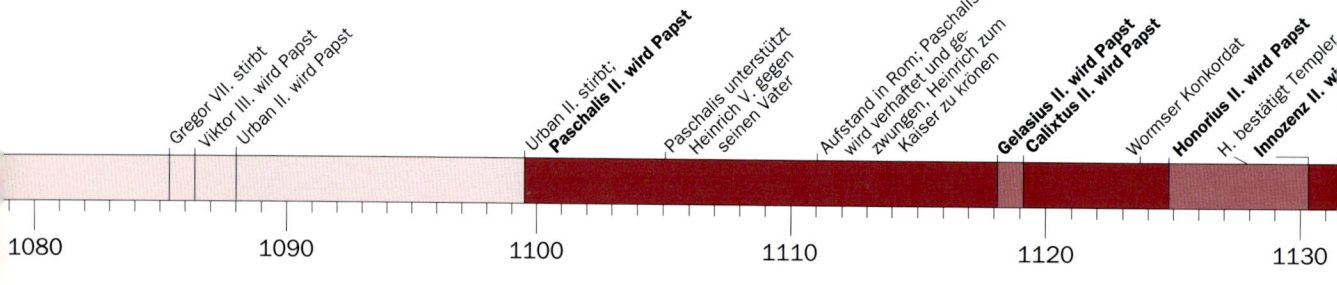

Marginalzeichnung aus dem *Chronicon Vulturnense*, 1124–1130 (Vatikanische Bibliothek). Paschalis II. gewährt den Johannitern (Hospitalitern) ein päpstliches Schutzprivileg.

Papst Gelasius II. Miniatur aus der *Cronaca di Santa Sofia*, Mitte des 12. Jahrhunderts (Vatikanische Bibliothek).

wie vorher sein Vater. Zudem war Paschalis keine starke Persönlichkeit. Heinrich V. wollte sich in Rom zum Kaiser krönen zu lassen. Paschalis versuchte, dies zur Lösung des Investiturstreits zu nutzen, doch die Bekanntgabe eines Vertragsentwurfs führte zu einem Aufruhr; Heinrich wurde ungnädig und ließ Paschalis festnehmen; Paschalis gab nach und krönte Heinrich zu dessen Bedingungen, was wieder Unruhen hervorrief. Nach diesem von Fehleinschätzungen, Pech, Unentschlossenheit und sinnloser Unnachgiebigkeit geprägten Pontifikat war **Gelasius II.** (1118–1119) in einer schwierigen Ausgangslage und seine Amtszeit verlief nicht besser. Aus Rom vertrieben, floh er nach Frankreich, wo er erkrankte und starb. Gegen Gelasius' Nachfolger, **Calixtus II.** (1119–1124), trat ein von Heinrich V. nominierter Gegenpapst auf. Calixtus ließ sich nicht einschüchtern. Schon als Erzbischof von Vienne war er bei der Investiturfrage in die Offensive gegangen, hatte die Sehweise des Kaisers zur Häresie erklärt und Heinrich exkommuniziert. Als Papst suchte er den Ausgleich. Ein erster Versuch schlug allerdings fehl, woraufhin beide auf ihren Positionen verharrten. 1121 ergab sich jedoch eine neue Situation und 1122 wurde das Wormser Konkordat geschlossen, in dem die weltliche Investitur dem Kaiser, die geistliche hingegen dem Papst übertragen wurde. Damit hatte Calixtus für den Heiligen Stuhl einen wichtigen Sieg gegen die Prätentionen des Kaisers errungen.

Bei der Einsetzung von **Honorius II.** (1124–1130) kam es zu stürmischen Szenen. Die Adelsfamilie der Frangipani protestierte gegen die Wahl Teobaldos – bekannt als Gegenpapst *Coelestin II.* – und erzwang die Inthronisation ihres Kandidaten, der als Honorius zum Papst ausgerufen wurde. Tagelang gab es Unruhen. Als sich die Lage beruhigt hatte, erwies sich Honorius als Vertreter einer unabhängigen päpstlichen Politik: So unterstützte er Lothar III. als Nachfolger Heinrichs V. gegen seinen Rivalen Konrad und bestätigte die Ordensregel der kurz zuvor gegründeten Tempelritter.

Die Unruhen, die die Wahl von Honorius begleitet hatten, wiederholten sich bei seinem Tod. Gleich nach seinem Ableben bestimmte eine Minderheit der Kardinäle **Innozenz II.** (1130–1143) zu seinem Nachfolger; die Mehrheit wählte daraufhin Anaklet II.; beide beanspruchten in den folgenden acht Jahren, der rechtmäßige Papst zu sein. Aufgrund der in Rom ausbrechenden Unruhen flüchtete Innozenz nach Frankreich. Von hier aus gelang es ihm nach und nach, vom Großteil der Christenheit als Papst anerkannt zu werden. 1133 führte ihn Lothar III. nach Rom zurück und ließ sich von ihm zum Kaiser krönen. Anaklet behielt jedoch

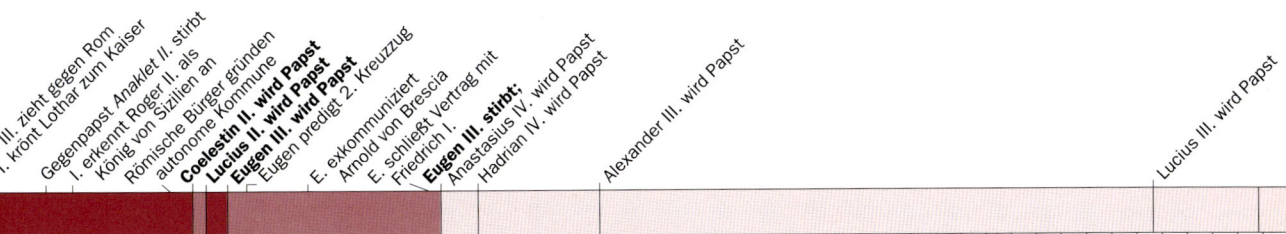

(Rechts) Roger II. wurde 1130 am Weihnachtstag in der Kathedrale von Palermo
zum König von Sizilien gekrönt. Das
Mosaik in der Chiesa della Martoraria
zeigt, wie er von Christus die Krone
erhält. Roger, hier in byzantinischer
Kleidung, sah sich als Vizekönig Gottes
an, was zu einem Konflikt mit den
Päpsten führen musste.

PAPSTNAMEN

CALIXTUS II.
Herkunft
  Burgund
Geboren
  Um 1050
Eigentlicher Name
  Guido
Abstammung
  Verwandt mit dem
  deutschen, franzö-
  sischen und engli-
  schen Königshaus
Früheres Amt
  Erzbischof von
  Vienne
Zum Papst gewählt
  2. November 1119
Alter bei der Wahl
  Etwa 69
Gestorben
  14. Dezember 1124
Dauer des Pontifikats
  5 Jahre, 1 Monat,
  12 Tage
Gegenpapst
  Gregor VIII.
  (1118–1120)

HONORIUS II.
Herkunft
  Italien, Imola
Eigentlicher Name
  Lamberto
  Scannabecchi
Abstammung
  Arm
Früheres Amt
  Kardinalbischof
Zum Papst gewählt
  21. Dezember
  1124
Gestorben
  13. Februar 1130
Dauer des Pontifikats
  5 Jahre, 1 Monat,
  24 Tage
Gegenpapst(?)
  Coelestin II. (1124)
Bemerkenswertes
  Es ist strittig, ob
  Coelestin als
  Gegenpapst gilt,
  seine Wahl war
  möglicherweise
  gültig, er wurde
  aber nie gekrönt.

INNOZENZ II.
Herkunft
  Italien, Rom

Eigentlicher Name
  Gregorio Papareschi
Abstammung
  Aristokratisch
Frühere Ämter
  Kardinaldiakon,
  päpstlicher Legat
Zum Papst gewählt
  14. Februar 1130
Gestorben
  24. September
  1143
Dauer des Pontifikats
  13 Jahre, 7 Mo-
  nate, 8 Tage
Gegenpäpste
  Anaklet II.
  (1130–1138),
  Viktor IV. (1138)

COELESTIN II.
Herkunft
  Italien, Umbrien
Eigentlicher Name
  Guido
Abstammung
  Aristokratisch
Frühere Ämter
  Kardinalpriester,
  päpstlicher Legat
Zum Papst gewählt
  26. September
  1143
Gestorben
  8. März 1144
Dauer des Pontifikats
  5 Monate,
  13 Tage

LUCIUS II.
Herkunft
  Italien, Bologna
Eigentlicher Name
  Gherardo
  Caccianemici
Frühere Ämter
  Kardinalpriester,
  päpstlicher Legat,
  Kanzler
Zum Papst gewählt
  12. März 1144
Gestorben
  Lucius wurde
  beim Sturm aufs
  Kapitol schwer
  verwundet und
  erlag seinen
  Verletzungen.
Dauer des Pontifikats
  11 Monate, 3 Tage

die Kontrolle über den größten Teil der Stadt, so dass sich Innozenz nach
Pisa zurückziehen musste. Als Anaklet starb, wählten dessen Anhänger
als weiteren Gegenpapst *Viktor IV.*, der zwei Monate später abdankte,
wodurch Innozenz mehr oder minder fest im Sattel saß. Nun schaffte er
es, Roger II. von Sizilien in die Hände zu fallen, der ihm den Königstitel
abpresste, bevor er ihn nach Rom zurückkehren ließ, wo sich die Adels-
faktionen immer noch mörderische Kämpfe lieferten. So gesehen war
sein Pontifikat von Gewalt und bösen Vorzeichen überschattet.

Coelestin II. (1143–1144) war bei seiner Wahl schon alt, lebte aber lang
genug, um ein von Innozenz über Ludwig II. von Frankreich verhängtes
Interdikt aufzuheben und Rogers Ansprüche auf Süditalien zu konter-

Karte von Europa um 1180. Das normannische Königreich Sizilien war
1130 von Roger II. gegründet worden,
der damit seine Besitzungen in Sizilien
und Unteritalien vereinigte.

karieren. **Lucius II.** (1144–1145), sein Nachfolger, brauchte jedoch Rogers
Hilfe gegen die republikanische Bewegung in Rom, die den Papst seiner
weltlichen Macht berauben wollte. Er erklärte sich bereit, nicht weiter
gegen ihn vorzugehen, sofern er sich im bevorstehenden Konflikt zwischen Papst und römischem Senat neutral verhalte. Dann griff der Papst
zu den Waffen und führte einen Angriff auf das Kapitol, bei dem er
schwer verwundet wurde und bald darauf seinen Verletzungen erlag.

Ohne Zeit zu verlieren wählten die Kardinäle den Zisterzienserabt
Eugen III. (1145–1153), der wegen der politischen Unruhen den Großteil
seines Pontifikats nicht in Rom verbrachte. Bekannt ist er vor allem
durch seine Aufrufe zum zweiten Kreuzzug, der ein Fehlschlag wurde,

TEMPLERORDEN

In dieser Zeit gründete Hugo von Payens in Jerusalem eine neue Art von Ordensrittern. Sie leben als Mönche, legen ein Keuschheitsgelübde ab, verhalten sich zu Hause und auf dem Schlachtfeld diszipliniert, nehmen schweigend ihr Mahl ein und teilen sich jeglichen Besitz. Sie kämpfen nur gegen Ungläubige und verbreiten sich weit und breit ... Sie werden »Ritter vom Tempel« genannt, da sich ihr Ordenssitz in Salomos Säulenhalle befindet.

Richard von Poitiers, *Chronica*

Die Templer hatten ursprünglich die Aufgabe, die Pilger auf ihrem Weg von Jaffa nach Jerusalem zu schützen. Der Orden wurde jedoch immer mächtiger, so dass er im 14. Jahrhundert Neid und Misstrauen erregte.

(Oben) Aus einer Festung reitende Templer. Detail einer Wandmalerei in der Templerkapelle in Charente.

(Links oben) Siegel der Templer, der »Ritter Christi«.

EUGEN III.	
Herkunft	Zum Papst gewählt
Italien, Pisa	15. Februar
Eigentlicher Name	1145
Bernardo	Gestorben
Paganelli	8 Juli 1153,
Abstammung	in Tivoli
Arm	Dauer des Pontifikats
Religiöser Status	8 Jahre,
Mönch	4 Monate,
Früheres Amt	22 Tage
Abt	

und den Nachdruck, mit dem er, ermutigt durch Bernhard von Clairvaux, die Kirchenreform fortsetzte. 1148 exkommunizierte er Arnold von Brescia, der in seinem Reformeifer in die Häresie abgeglitten war und mit seiner Polemik gegen Eugen und Bernhard der republikanischen Bewegung in Rom Auftrieb gab. Die Lage war explosiv. Eugen wandte sich an Kaiser Friedrich Barbarossa (1152–1190) um Hilfe. Nach zähen Verhandlungen schlossen die beiden ein Bündnis. Allerdings starb Eugen, bevor Friedrich nach Rom kommen konnte, und das Papsttum schwankte wie ein Schilfrohr im Sturm.

Predigt Bernhards von Clairvaux (1090–1153). Gemälde des 15. Jahrhunderts von Jean Fouquet (Chantilly, Musée Condée). Nach einer ausschweifenden Jugend ging Bernhard ins Kloster. Offenbar verstand er es, andere zu überzeugen, denn 31 seiner Freunde und Verwandten folgten ihm. Er wählte den Zisterzienserorden, eine strenge Variante der Benediktiner. Mit Papst Eugen III. rief er zum zweiten Kreuzzug auf, der kläglich scheiterte. Bernhard schrieb nachher an Eugen: »Wir sagten Frieden, aber es gibt keinen Frieden; wir versprachen Gutes und sehen Schlimmes. Es scheint, dass wir übereilt gehandelt haben. Diese Worte sind als Entschuldigung gemeint, so dass ich Eurem Gewissen etwas gebe, durch das Ihr Euch und mich als entschuldigt empfinden könnt, wenn schon nicht in den Augen derer, die alles nach seinem Ergebnis beurteilen, so doch wenigstens in Euren eigenen Augen.« (*De consideratione* 2,1)

Anastasius IV.
1153–1154

Hadrian IV.
1154–1159

Alexander III.
1159–1181

Lucius III.
1181–1185

Urban III.
1185–1187

Gregor VIII.
1187

Clemens III.
1187–1191

Hadrian IV., hier auf einem Holzschnitt des 16. Jahrhunderts, war der einzige Engländer, der je Papst wurde. Aufgrund eines Briefes oder einer Bulle (*Laudabiliter*), die Hadrian IV. ihm angeblich übersandt hatte, besetzte Heinrich II. von England Irland, um seinem Bruder Wilhelm ein Lehen zu verschaffen. Die Echtheit des Schreibens wurde jedoch bezweifelt.

PAPSTNAMEN

ANASTASIUS IV.	
Herkunft	*Geboren*
Italien, Rom	Um 1100
Eigentlicher Name	*Eigentlicher Name*
Corrado	Nicholas Breakspear
Früheres Amt	*Abstammung*
Kardinalbischof	Sohn eines
Zum Papst gewählt	Schreibers
8. Juli 1153	*Frühere Ämter*
Alter bei der Wahl	Abt, Kardinal-
Fortgeschritten	bischof, päpst-
Gestorben	licher Legat
3. Dezember 1154	*Zum Papst gewählt*
Dauer des Pontifikats	4. Dezember 1154
1 Jahr, 4 Monate,	*Alter bei der Wahl*
26 Tage	Etwa 54
	Gestorben
HADRIAN IV.	1. September 1159
Herkunft	*Dauer des Pontifikats*
England, Abbot's	4 Jahre,
Langley	8 Monate,
	28 Tage

Hadrian [IV.] sprach in Anagni den Bann über den Kaiser aus. Einige Tage danach brach er mit seinen Begleitern [wegen der großen Hitze] zu einer Quelle auf, um Kühlung zu finden. Ans Ziel gelangt, trank er in tiefen Zügen, da geriet (so wird berichtet) eine Fliege in seinen Mund, blieb ihm im Hals hängen und konnte von den Ärzten trotz all ihrer Kunst nicht entfernt werden; und daran starb der Papst.

Burchard und Conrad, *Uspergensium chronicon*, 1159

Anastasius IV. (1153–1154) war bei seiner Wahl bereits ein Greis. Er scheint seine Wahl der Tatsache zu verdanken, dass er sich als Römer im lokalen politischen Kräftespiel gut auskannte. Die Republikaner akzeptierten ihn, was ihm ermöglichte, sich mit England und Deutschland zu versöhnen, mit deren Königen frühere Päpste Streit bei der Besetzung von Kirchenämtern gehabt hatten. Sein Nachfolger, **Hadrian IV.** (1154–1159), schloss mit Friedrich Barbarossa ein Bündnis gegen die demokratische

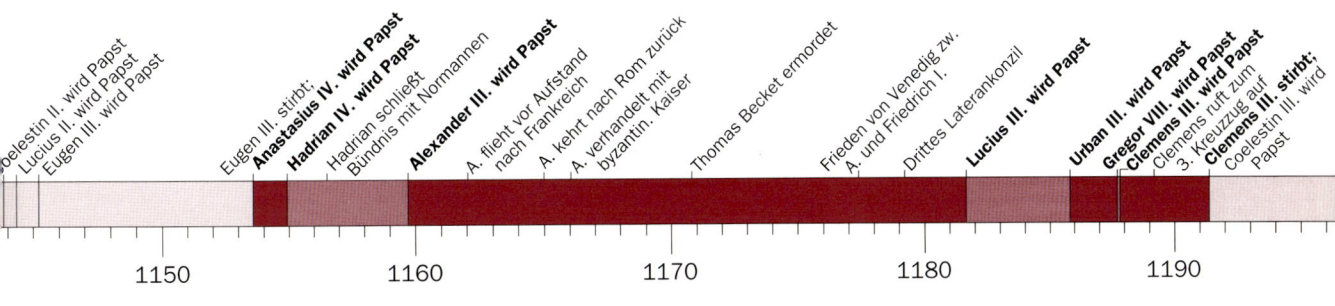

Coelestin II. wird Papst
Lucius II. wird Papst
Eugen III. wird Papst

Eugen III. stirbt;
Anastasius IV. wird Papst
Hadrian IV. wird Papst
Hadrian schließt Bündnis mit Normannen

Alexander III. wird Papst

A. flieht vor Aufstand nach Frankreich
A. kehrt nach Rom zurück
A. verhandelt mit byzantin. Kaiser

Thomas Becket ermordet

Frieden von Venedig zw. A. und Friedrich I.
Drittes Laterankonzil

Lucius III. wird Papst

Urban III. wird Papst
Gregor VIII. wird Papst
Clemens III. wird Papst
Clemens ruft zum 3. Kreuzzug auf
Clemens III. stirbt; Coelestin III. wird Papst

1150   1160   1170   1180   1190

(Oben) Katharer verführen Rechtgläubige. Illumination einer Handschrift des 13. Jahrhunderts, der *Bible Moralisée*. Den Katharern zufolge war die sichtbare Welt nicht eine Schöpfung Gottvaters, sondern Satans, der eine Art Gegengott darstellte.

(Rechts) Papst Alexander III. demütigt Kaiser Friedrich Barbarossa. Holzschnitt des 16. Jahrhunderts aus Luthers *Wider das Papsttum zu Rom* (1545).

PAPSTNAMEN

ALEXANDER III.
Herkunft
  Italien, Siena
Geboren
  Um 1100
Eigentlicher Name
  Orlando Bandinelli
Frühere Ämter
  Professor der Jurisprudenz, Kardinalpriester, Kanzler
Zum Papst gewählt
  7. September 1159
Alter bei der Wahl
  Etwa 59
Gestorben
  30. August 1181
Dauer des Pontifikats
  21 Jahre, 11 Monate, 23 Tage
Gegenpäpste
  Viktor IV.
  (1159–1164),
  Paschalis III.
  (1164–1168),
  Calixtus III.
  (1168–1178),
  Innozenz III.
  (1179–1180)

LUCIUS III.
Herkunft
  Italien, Lucca
Geboren
  Um 1110
Eigentlicher Name
  Ubaldo
  Allucingoli
Religiöser Status
  Mönch
Früheres Amt
  Kardinalbischof
Zum Papst gewählt
  1. September 1181
Alter bei der Wahl
  Etwa 71
Gestorben
  25. November 1185
Dauer des Pontifikats
  4 Jahre, 2 Monate, 24 Tage

URBAN III.
Herkunft
  Italien, Mailand
Eigentlicher Name
  Umberto Crivelli
Abstammung
  Aristokratisch
Früheres Amt
  Erzbischof von Mailand
Zum Papst gewählt
  25. November 1185
Gestorben
  19./20. Oktober 1187, in Ferrara
Dauer des Pontifikats
  1 Jahr, 10 Monate, 25 oder 26 Tage

Bewegung in Rom, deren Wortführer, Arnold von Brescia, er hinrichten ließ. Da der Kaiser Expansionspläne hatte, die Hadrian missfielen, brach er 1156 mit Friedrich und verbündete sich mit den Normannen Siziliens. Barbarossa beanspruchte daraufhin die Reichsgewalt über Oberitalien, so dass Hadrians Pontifikat in Argwohn und Bitternis endete.

Alexander III. (1159–1181) hatte eine Reihe von Gegenpäpsten – *Viktor IV.* (ein anderer als 1138), *Paschalis III.*, *Calixtus III.* und *Innozenz III.* Allein ihre Zahl gibt schon Aufschluss über die Entwicklung seines Pontifikats. Der Konflikt mit dem Kaiser verlief nun zum Vorteil Barbarossas, da die übrige Christenheit gespalten war in die Anhänger Alexanders und die seiner Rivalen. Alexander tat sein Bestes, um sich eine gewisse Autonomie zu bewahren. Er wandte sich (erfolglos) an Konstantinopel, gewann aber nach und nach Unterstützung in Deutschland. 1177 schließlich endete der Streit mit einem Vertrag. Mittlerweile waren bedrohliche Häresien entstanden: die Waldenser, die das Predigen und die Armut in den Vordergrund stellten, und die Katharer oder Albigenser, die die irdische Welt als Werk des Bösen verabscheuten. Beide strebten die Ablösung des rechten Glaubens an. Alexander, ein Kenner des Kirchenrechts, berief nun das Dritte Laterankonzil ein. Dieses erließ diverse Dekrete, verurteilte die Häresien und förderte die Bildung als Mittel der Kirchenreform.

Alexander gelang es nun, das Schlimmste abzuwenden und gleichzeitig den päpstlichen Primat über weltliche Herrscher zu festigen, wie seine Unterstützung Thomas Beckets gegen Heinrich II. von

ALEXANDER III. UND DER GEGENPAPST VIKTOR VI.

Kardinal Orlando (Alexander) und Kardinal Octaviano (Viktor) sind im Konklave aneinander geraten:

Die Kardinalsversammlung ... versuchte, den Kanzler, also Orlando, zum Papst zu erheben, wozu ihm der Archidiakon den roten Papstmantel anlegen sollte. Schließlich ließ sich jener durch die Bitten seiner Mitbrüder überzeugen. ... Octaviano aber riss ihnen den Mantel aus den Händen, ... der zerfetzt wurde, als die Kardinäle versuchten, ihn ihm wieder zu entreißen. Nun ließ sich Octaviano von seinem Kaplan einen anderen Mantel anlegen, den er eigens dafür hatte bringen lassen. Dann bestieg er ein Podest und richtete das Wort an eine Gruppe von Priestern, die in einem anderen Teil der Petersbasilika auf das Ende des Konklaves warteten. Octaviano rief ihnen zu: »Man hat mich zum Papst gewählt« und verlangte von ihnen die gebührenden Ehrerweisungen. Die Priester eilten herbei, sahen, dass er den roten Mantel trug, glaubten, die Kardinäle hätten ihn einstimmig zum Papst gewählt, und bekundeten lauthals ihre Zustimmung. Die Tore der Basilika wurden entriegelt und römische Bürger in voller Bewaffnung strömten herein. Im Glauben, alles sei friedlich verlaufen, riefen auch sie Octaviano zum Papst aus. Die Kardinäle hingegen, die für Orlando gestimmt hatten, schlossen sich neun Tage lang ein, bis ihnen die römischen Bürger freies Geleit zusicherten, so dass sie die Stadt verlassen konnten. Hier hatten sie wieder ihre Freiheit, setzten ihren Kandidaten zum Papst ein und nannten ihn Alexander.

Gerhoh (von Reichersberg),
De investigatione Antichristi,
Buch 1 (1159)

England zeigt. **Lucius III.** (1181–1185), sein Nachfolger, war zu alt, zu schwach und zu wankelmütig, um diesen Elan fortzusetzen. Er schaffte es bloß, Barbarossa gegen sich aufzubringen. **Urban III.** (1185–1187) versuchte die Situation zu retten, was ihm glänzend misslang. Es kam zum offenen Streit. Der Kaiser ließ seinen Sohn mit dem Auftrag vorrücken, in das Patrimonium Petri einzumarschieren. Urban musste kapitulieren, und vielleicht war es für die Kirche ein Glück, dass er starb, ehe er noch mehr Schaden anrichten konnte. **Gregor VIII.** (1187) genoss das Privileg, mit Barbarossa und Heinrich freundschaftliche Beziehungen zu pflegen: Die Reibereien ließen nach, wozu Gregor auch durch seine persönliche Ehrlichkeit und Frömmigkeit beitrug. Die Reformen in Bezug auf Moral und Verhalten der Kleriker gingen zügig voran. Die Hauptsorge des Papstes galt jedoch einem neuen Kreuzzug, insbesondere, als er die Nachricht von der Eroberung Jerusalems durch Saladin erhielt. Gregor war überzeugt, dass die Sünden der Christen schuld an dieser Katastrophe waren, und

Die Ermordung Thomas Beckets; aus einem Psalter des 12. Jahrhunderts (London, British Library). Alexander III. unterstützte Becket in seinem Streit mit Heinrich II. über die Unabhängigkeit der englischen Krone von der Kirche.

Friedrich Barbarossa mit seinen Söhnen Heinrich VI. und Friedrich von Schwaben. Miniatur aus der *Welfenchronik* vom Ende des 12. Jahrhunderts (Fulda, Hessische Landesbibliothek). Clemens III. erklärte sich bereit, Heinrich (links) zum Kaiser zu krönen, starb jedoch, bevor er sein Versprechen einlösen konnte, und hinterließ diese Aufgabe seinem Nachfolger, Coelestin III. Heinrich war als Kaiser auf Expansion bedacht, sein Traum war die Errichtung eines universalen Reichs. Um dieses Ziel zu erreichen, bearbeitete er die europäischen Fürsten und Könige mit Drohungen und Schmeicheleien.

drängte Gläubige und Kreuzfahrer zur Buße, um Gottes Gnade zurückzuerlangen.

Gregor starb plötzlich, sein Nachfolger war **Clemens III.** (1187–1191), ein Römer, der über gute Verbindungen verfügte. Auf diese Weise gelang es ihm, den dem Papsttum jahrzehntelang feindlich gesinnten Senat mit dem Stuhl Petri zu versöhnen. Auch die Beziehungen zum Kaiser verbesserten sich weiterhin. Man schloss zur beiderseitigen Zufriedenheit Verträge, und als Barbarossa 1190 starb, versprach Clemens Heinrich zu krönen, anders als Urban III., der durch seine Weigerung einen der großen Konflikte seines Pontifikats heraufbeschworen hatte. Der dritte Kreuzzug ging weiter und die Aufrufe dazu halfen dem Papst, sich als die einigende organisatorische Kraft Europas darzustellen. Der einzige Schatten, der auf diesem Pontifikat lag, war ein neuer Herrscher in Sizilien, den Heinrich nicht akzeptierte. Clemens – mit den Normannen im Süden und den Deutschen im Norden – wollte weder die einen noch die anderen verärgern und befand sich damit in einer äußerst heiklen Lage. Durch seinen Tod konnte er die Problemlösung allerdings einem anderen überlassen, ehe Heinrich nach Italien kam.

PAPSTNAMEN	
GREGOR VIII.	*Dauer des Pontifikats*
Herkunft	1 Monat, 27 Tage
Italien, Benevento	
Geboren	CLEMENS III.
Um 1110	*Herkunft*
Eigentlicher Name	Italien, Rom
Alberto de Morra	*Eigentlicher Name*
Frühere Ämter	Paolo Scolari
Professor der Juris-	*Früheres Amt*
prudenz, Kanzler	Kardinalbischof
Zum Papst gewählt	*Zum Papst gewählt*
21. Oktober 1187	19. Dezember 1187
Alter bei der Wahl	*Gestorben*
Etwa 77	Ende März 1191
Gestorben	*Dauer des Pontifikats*
17. Dezember	3 Jahre,
1187, in Pisa	ca. 3 Monate

In dieser Epoche verbreiteten sich zahlreiche Häresien, die die Glaubensinhalte der Kirche auf eine harte Probe stellten. (Rechts) Ein Jean Fouquet zugeschriebenes Gemälde des 15. Jahrhunderts zeigt König Philipp II. August von Frankreich bei der Verbrennung amalrikanischer Ketzer (Paris, Bibliothèque Nationale). Die Amalrikaner waren Anhänger Amalrichs von Bena, dessen Gebeine 1210 ausgegraben und verbrannt wurden. Ihrem Glauben zufolge war Gott identisch mit dem Universum und lebte in allen Kreaturen; somit konnten Menschen, was immer sie taten, keine Sünde begehen. Religiöse Zeremonien waren für sie demnach völlig überflüssig.

Coelestin III.
1191–1198

Innozenz III.
1198–1216

Innozenz III. Fresko des 13. Jahrhunderts aus der »Heiligen Grotte« bei Subiaco, in der Benedikt von Nursia als Eremit gelebt haben soll. Innozenz III. entstammte der Familie Conti, die über einen Zeitraum von etwa 500 Jahren 13 Päpste, 3 Gegenpäpste, 40 Kardinäle und eine Königin hervorbrachte.

COELESTIN III.	
Herkunft	*Zum Papst gewählt*
Italien, Rom	März/April 1191
Geboren	*Alter bei der Wahl*
Um 1105	Etwa 85
Eigentlicher Name	*Gestorben*
Giacinto Bobo	8. Januar 1198
Abstammung	*Dauer des Pontifikats*
Aristokratisch	6 Jahre,
Früheres Amt	ca. 8 Monate,
Kardinaldiakon	ca. 8 Tage

COELESTIN III.

Als wir von der Wahl Eurer Heiligkeit erfuhren, freuten wir uns darüber mehr als andere, da Ihr uns durch Eure angeborene Güte in unserer Not gnädig zu Hilfe gekommen seid. Wir erkennen in Eurer Wahl die Hand Gottes. Denn Er erwählte einen zum obersten Hirten, der nicht auf die Person, sondern auf Unschuld und Wahrhaftigkeit sieht und stets liebend und mit all seiner Macht für die Kirche Gottes sorgte.

Aus einem Brief der Mönche von Canterbury an Coelestin III.

Die Wahl von Clemens' III. Nachfolger, **Coelestin III.** (1191–1198), verdankte sich dem Wunsch, die unter Clemens entstandenen guten Beziehungen zwischen Papsttum und römischer Republik fortzusetzen. Coelestin hatte seine Laufbahn als Friedensmittler begonnen: Als Hadrian IV. bestimmten kaiserlichen Privilegien den Kampf angesagt hatte, war es ihm gelungen, den Kaiser zu besänftigen. Zudem hatte er Friedrich durch Verhandlungen aus der Bedrängnis geholfen, in die er durch Alexander III. geraten war. Als er schließlich Papst wurde, verfügte er über genügend Geduld, um mit dem jungen Heinrich VI. zurechtzukommen, der vor den Toren Roms auf seine Krönung zum Kaiser wartete.

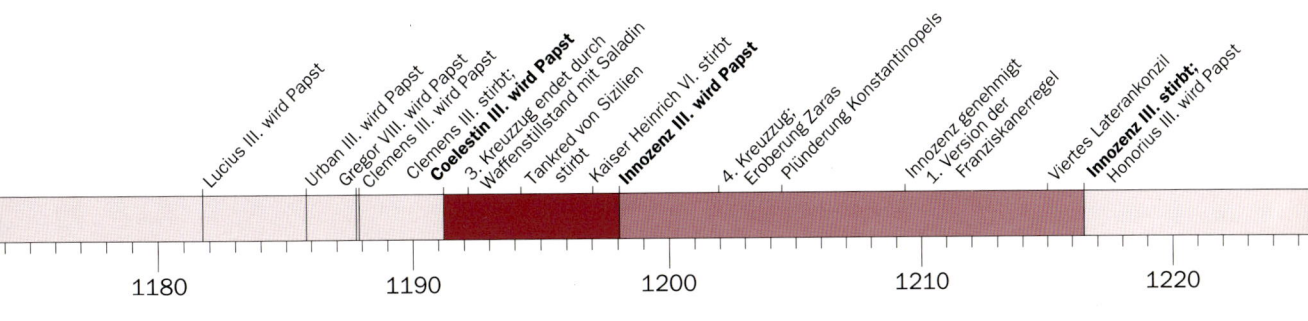

Lucius III. wird Papst

Urban III. wird Papst
Gregor VIII. wird Papst
Clemens III. wird Papst
Clemens III. stirbt;
Coelestin III. wird Papst
3. Kreuzzug endet durch Waffenstillstand mit Saladin
Tankred von Sizilien stirbt
Kaiser Heinrich VI. stirbt
Innozenz III. wird Papst
4. Kreuzzug; Eroberung Zaras Plünderung Konstantinopels
Innozenz genehmigt 1. Version der Franziskanerregel
Viertes Laterankonzil
Innozenz III. stirbt;
Honorius III. wird Papst

1180   1190   1200   1210   1220

Diese zuerst in England, möglicherweise von König Alfred, eingeführte Steuer musste jeder einzelne Haushalt an den Heiligen Stuhl bezahlen, woran sich auch unter den normannischen Königen nichts änderte. Aufgrund von Schwierigkeiten beim Einzug dieser Herdsteuer wurde sie später durch einen Betrag ersetzt, den die jeweilige Diözese aufgrund regelmäßiger Veranlagungen entrichten musste. 1213 beklagte Innozenz III., dass nur ein kleiner Teil der Summe nach Rom gelangte und die englischen Bischöfe den größeren einbehielten. Seine Proteste verhallten ungehört. Nach dem 13. Jahrhundert wurden die Beträge noch geringer und die Reformation fegte den inzwischen vernachlässigbaren Peterspfennig ganz hinweg. Neu eingeführt wurde er nach 1860 von Pius IX. In seiner modernen Form handelt es sich um die freiwillige Spende einer katholischen Diözese an den Papst.

Das Hauptproblem war Tankred, der neue Herrscher Siziliens. Als natürlicher Enkel Rogers II., des Grafen von Sizilien, hatte er den Segen Clemens' III. erhalten, sein Thronanspruch wurde jedoch von seiner Großtante Konstanze und deren Gemahl, Kaiser Heinrich, bestritten. Zu seinem Unglück hatte Tankred nicht die Statur eines Herrschers, er war sehr klein und viele normannische Barone versagten ihm die Gefolg-

Coelestin krönt Heinrich VI. in Rom zum Kaiser. Miniatur aus einer Chronik Petrus' von Eboli, Ende des 12. Jahrhunderts (Bern, Burgerbibliothek). Nachdem Heinrich und Konstanze, seine Gemahlin, als Zeichen der Demut dem Papst den Fuß geküsst hatten, zog sich die Königin zurück. Die Krönungszeremonie begann damit, dass der Papst Heinrich den Friedenskuss gab. Heinrich hätte sich für diesen Anlass rasieren sollen, schreibt der Chronist.

Das Rad der Fortuna. Handschrift des 12. Jahrhunderts von Petrus von Eboli (Bern, Burgerbibliothek). Tankred wird von dem Rad zermalmt, Heinrich VI. hingegen (links) hat den Thron bestiegen. Seit Königin Konstanze 1191 von den Bürgern Salernos festgesetzt wurde und Tankred in Sizilien als Geisel diente, hat sich die Lage grundlegend geändert.

schaft. Richard I. von England drohte mit einem Angriff, Heinrich hielt wichtige Städte in Norditalien besetzt und Tankred war isoliert. Angesichts dieser Lage gab Coelestin nach und krönte Heinrich im April 1191 zum Kaiser. Tankred konnte trotz allem seine Herrschaft in Süditalien festigen und hatte die Genugtuung, dass sie vom Papst anerkannt wurde. Sie währte allerdings nicht lange, denn Tankred starb Anfang 1194, einige Tage darauf auch sein Sohn und Erbe. Heinrich stürmte nach Süden, ließ sich krönen und die Episode war beendet.

Die Beziehungen zwischen Papst und Kaiser hatten gelitten, aber beide brauchten einander. In Rom entbrannte ein Machtkampf zwischen den Senatoren, die diesen unter völliger Nichtbeachtung des Papstes austrugen; im Reich wurde dem neu gewählten Bischof von Lüttich, Albert von Brabant, von Heinrich, der einen anderen Albert favorisierte, die Anerkennung verweigert. Der gewählte Brabanter Bischof kam nach Rom und vertrat seine Sache erfolgreich vor dem Papst. Als er jedoch zu seiner Einsetzung nach Lüttich zurückkehrte, ließ ihn Heinrich durch drei deutsche Ritter ermorden, was eigenartig an die von Heinrich von England befohlene Ermordung Thomas Beckets erinnert. Ganz Europa war entsetzt, doch Heinrich schien dies nicht zu stören; als ihm im März 1193 Richard I. von England in die Hände fiel, setzte er ihn gefangen, und dies trotz eines päpstlichen Dekrets, dem zufolge Kreuzfahrer unantastbar waren. Coelestin antwortete darauf mit Interdikt und Kirchenbann, was zu Verhandlungen und schließlich zu Richards Freilassung im Februar 1194 führte.

Angesichts der Feindschaft, die ihm von fast allen Seiten entgegenschlug, war Heinrich nun auf Ausgleich bedacht. Er wollte, dass der Papst seinen kleinen Sohn zum Kaiser erklärte, und beschloss, auf einen weiteren Kreuzzug zu drängen, um Coelestin günstig zu stimmen. Coelestin ließ sich aber weder drängen noch seine Zustimmung abkaufen. Heinrich marschierte daraufhin in Italien ein und ließ ihn in Rom festsetzen, bevor er nach Sizilien zog, um dort gegen eine Verschwörung vorzugehen. 1197 starb er dort, ein Jahr darauf starb auch Coelestin. Mit 97 war er am Ende seiner Kräfte gewesen, aber er hatte einem 60 Jahre jüngeren Despoten widerstanden und dank seiner Ausdauer war das Papsttum aus dieser Kraftprobe gestärkt hervorgegangen.

INNOZENZ III.

Während seiner Wahl wurde allen sichtbar dieses Zeichen gegeben: In dem Raum, in dem die Kardinäle Platz genommen hatten, flogen drei Tauben umher, und als man Innozenz gewählt und von den anderen

INNOZENZ III.	
Herkunft Italien, Anagni	*Zum Papst gewählt* 8. Januar 1198
Geboren 1160/1161	*Alter bei der Wahl* Etwa 37
Eigentlicher Name Lotario	*Priesterweihe* 21. Februar 1198
Abstammung Aristokratisch	*Gestorben* 16. Juli 1216, in Perugia, an Fieber
Religiöser Status Innozenz war bei seiner Wahl Laie	*Dauer des Pontifikats* 18 Jahre, 6 Monate, 8 Tage
Früheres Amt Kardinaldiakon	

*Unter den zahllosen Sorgen und welt-
lichen Belangen, die mich belasten,
sehe ich meine Verantwortung für das
Königreich Sizilien als besonders wichtig an; denn neben der Pflicht, die ich
dort als Hirte ausübe, liegt es mir als
seinem rechtmäßigen Herrscher und
Hüter besonders am Herzen.*

Innozenz, *Regesta* 2,243

Ein Giotto zugeschriebenes Gemälde
zeigt Innozenz III. bei der Bestätigung
des Franziskanerordens (Paris, Louvre).
Viten des heiligen Franziskus erschienen in den Jahren nach dem Tod des
Ordensgründers dutzendweise. Die
bekanntesten Geschichten, die *Fio-
retti di San Francesco*, sind ein Aus-
zug aus einem um 1320 erschienenen,
umfangreicheren Werk, das poetisch,
romantisch und nicht besonders
vertrauenswürdig ist.

*getrennt hatte, flog die weißeste der Tauben zu ihm und ließ sich neben
seiner rechten Hand nieder.*

Anonym, *Gesta Innocenti III papae* 6

Innozenz III. (1198–1216), römischer Adliger und Neffe Clemens' III.,
war gelehrt, streng moralisch, diplomatisch, aber energisch und bestimmt im Umgang mit anderen. Sobald er Papst war, zähmte er die politischen Faktionen Roms und unterstellte ihre Vertreter seiner Befehlsgewalt. Er festigte seine Herrschaft über die päpstlichen Besitzungen und
vergrößerte diese sogar. Sizilien befriedete er, indem er für Friedrich II.,
den Erben Heinrichs VI., die Regentschaft übernahm. In den Thron-
wirren nach Heinrichs Tod 1197 unterstützte er Otto von Braunschweig
und krönte ihn. Als dieser jedoch in Sizilien einfiel, wurde er von
Innozenz sofort gebannt und wieder abgesetzt. Berühmt war auch
Innozenz' Bannspruch gegen Johann von England. Er verhängte über sein
Königreich ein Interdikt und hob es erst wieder auf, als Johann die
Oberhoheit des Papstes anerkannte. Innozenz fiel auch die Aufgabe zu,

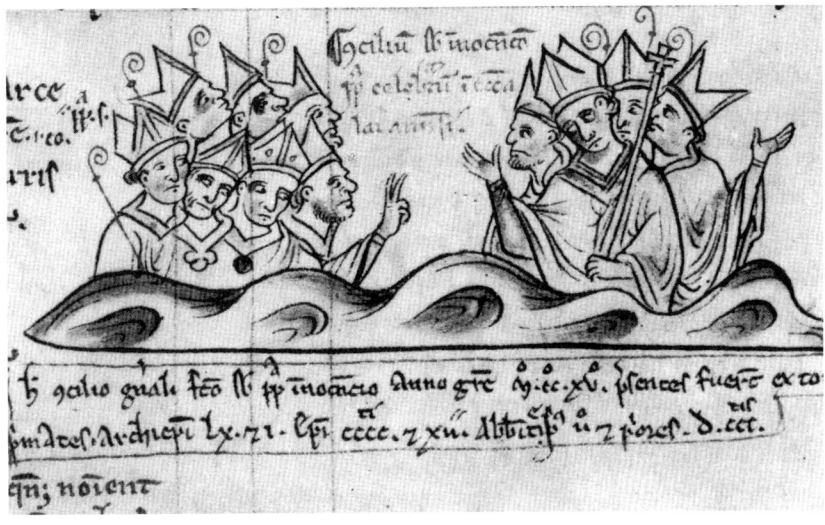

Marginalzeichnung mit einer Darstellung des vierten Laterankonzils; *Cronica Maiora* (1215) des Matthew Paris (Cambridge, Corpus Christi College). Papst Innozenz berief das Vierte Laterankonzil ein, um eine Diskussion über die Lage im Heiligen Land, die Kirchenreform, die durch die Häresien entstandenen Probleme und Maßnahmen zur Schaffung eines weltweiten Friedens zu ermöglichen.

(Unten) Jude mit Abzeichen. Wandbild (14. Jh.) im Querschiff der Kathedrale von Tarragona. Zu den Hauptgründen für die Verpflichtung von Juden und Muslimen, ein ihren Glauben kenntlich machendes Abzeichen zu tragen, zählte das Argument, es gelte zu verhindern, dass Christen sie im Unwissen über ihre Religionszugehörigkeit ehelichten.

den vierten Kreuzzug zu predigen und, nachdem dieser sein Ziel schändlich verfehlt hatte, zu einem fünften aufzurufen.

Die Liste der politischen Erfolge dieses Papstes erscheint endlos; seine nachhaltigsten Leistungen liegen allerdings in anderen Bereichen. Als Kardinal hatte er drei Traktate veröffentlicht; zwei davon, *De misera condicione hominis* und *De missarum mysticis*, zeigen deutlich, welche Fragen ihn beschäftigten. Innozenz war ein Reformpapst; in diesem Sinne förderte er die von Franz von Assisi gegründeten Minderen Brüder und half dem Spanier Dominikus Guzmán, indem er Teile der Regel seines Predigerordens ausarbeitete. Hier fällt allerdings ein Schatten auf sein Pontifikat, denn zu den Hauptzielen der Dominikaner gehörte der Kampf gegen Ketzer. 1208 rief Innozenz zu einem Kreuzzug gegen die ketzerischen Katharer (oder Albigenser) in Südfrankreich auf. Er war weder der erste noch der letzte Papst, der den Kampf gegen sie predigte, aber gerade dieser Albigenserkreuzzug wurde zu einem langen und blutigen Gemetzel und führte zu ständigen Veränderungen der religiösen und politischen Situation in Südfrankreich.

Bedeutsamer war das 1215 unter seinem Vorsitz abgehaltene Vierte Laterankonzil. Zu den zahlreichen von dieser Versammlung verabschiedeten Bestimmungen zählen eine sorgfältige Definition der Realpräsenz (der Gegenwart Christi im Abendmahl), die generelle Verurteilung von Häresien mit dem Aufruf an die weltlichen Gewalten, der Kirche bei ihrer Ausrottung beizustehen, sowie die Vorschrift, dass Muslime und Juden in christlichen Ländern durch ihre besondere Kleidung erkennbar sein mussten. Alle diese Punkte sollten in späterer Zeit ungeahnte Folgen haben.

DIE KREUZZÜGE

Erster Kreuzzug (1096–1099)

Im November 1095 berief Urban in Clermont ein Kirchenkonzil ein und rief in einer Predigt die fränkischen Ritter dazu auf, ins Heilige Land zu ziehen, um das Heilige Grab freizukämpfen und die Christen vom islamischen Joch zu befreien. Die Entwicklung geriet schnell außer Kontrolle. Pogrome gegen Juden in Frankreich und Deutschland zeigten, dass populistische Leidenschaften erwacht waren und ihren zerstörerischen Weg nahmen. Die Kreuzfahrer eroberten 1097 Nicäa, 1098 Antiochia, 1099 stürmten sie Jerusalem. Einige Gebiete wurden Teil eines westlichen Außenpostens im Osten, die so genannten »Kreuzfahrerstaaten«. Es schien, dass Urbans Aufruf zu einem Erfolg geführt hatte.

Zweiter Kreuzzug (1147–1149)

Der von Bernhard von Clairvaux gepredigte und von Eugen III. organisierte zweite Kreuzzug stand unter der Führung von Ludwig VII. von Frankreich und Barbarossas Vorgänger Konrad III. Trotz des frommen Eifers, mit dem die beiden Herrscher das Kreuz genommen hatten, scheiterte das Unternehmen schon in Kleinasien und musste nach einem kläglich fehlgeschlagenen Angriff auf Damaskus abgebrochen werden.

Eroberung Jerusalems. Handschrift von Wilhelm von Tyrus, 14. Jahrhundert (Paris, Bibliothèque Nationale). Die Einnahme der Stadt durch die Kreuzfahrer 1099 brachte Künstler verschiedener Kulturen zusammen, wodurch eine besondere Malkunst und Architektur entstand.

(Unten) Geografischer Verlauf der ersten vier Kreuzzüge. Rechts oben die nach dem ersten Kreuzzug gegründeten Kreuzfahrerstaaten.

KREUZFAHRERSTAATEN UM 1140

GRAFSCHAFT EDESSA
Edessa
Antiochia
FÜRSTENTUM ANTIOCHIA
Tripoli
GRAFSCHAFT TRIPOLI
ZYPERN
Damaskus
KÖNIGREICH JERUSALEM
Jerusalem

Kreuzfahrerstaaten
Islamische Gebiete

0   100 km
0   100 Meilen

SCHOTTLAND
SCHWEDEN
NORDSEE
DÄNEMARK
IRLAND
PREUSSEN
ENGLAND
London
POLEN
Metz
Regensburg
ATLANTIK
Paris
HEILIGES RÖMISCHES REICH
Wien
UNGARN
Vézelay
FRANKREICH
Lyon
PORTUGAL
NAVARRA
Venedig
Zara
SERBIEN
BULGARIEN
LEON-KASTILIEN
Genua
ARAGON
KORSIKA
Rom
Konstantinopel
Nicäa
SELDSCHUKENREICH
Lissabon
MACHTBEREICH DER ALMORAWIDEN
SARDINIEN
NORMANNISCHES KÖNIGREICH SIZILIEN
BYZANTINISCHES REICH
ARMENIEN
Edessa
Antiochia
ZYPERN
Tripoli
KRETA
Tyrus
MITTELMEER
Akkon
Damiette
Jerusalem

Erster Kreuzzug 1096–1099
Zweiter Kreuzzug 1147–1149
Dritter Kreuzzug 1189–1192
Vierter Kreuzzug 1202–1204

0   650 km
0   400 Meilen

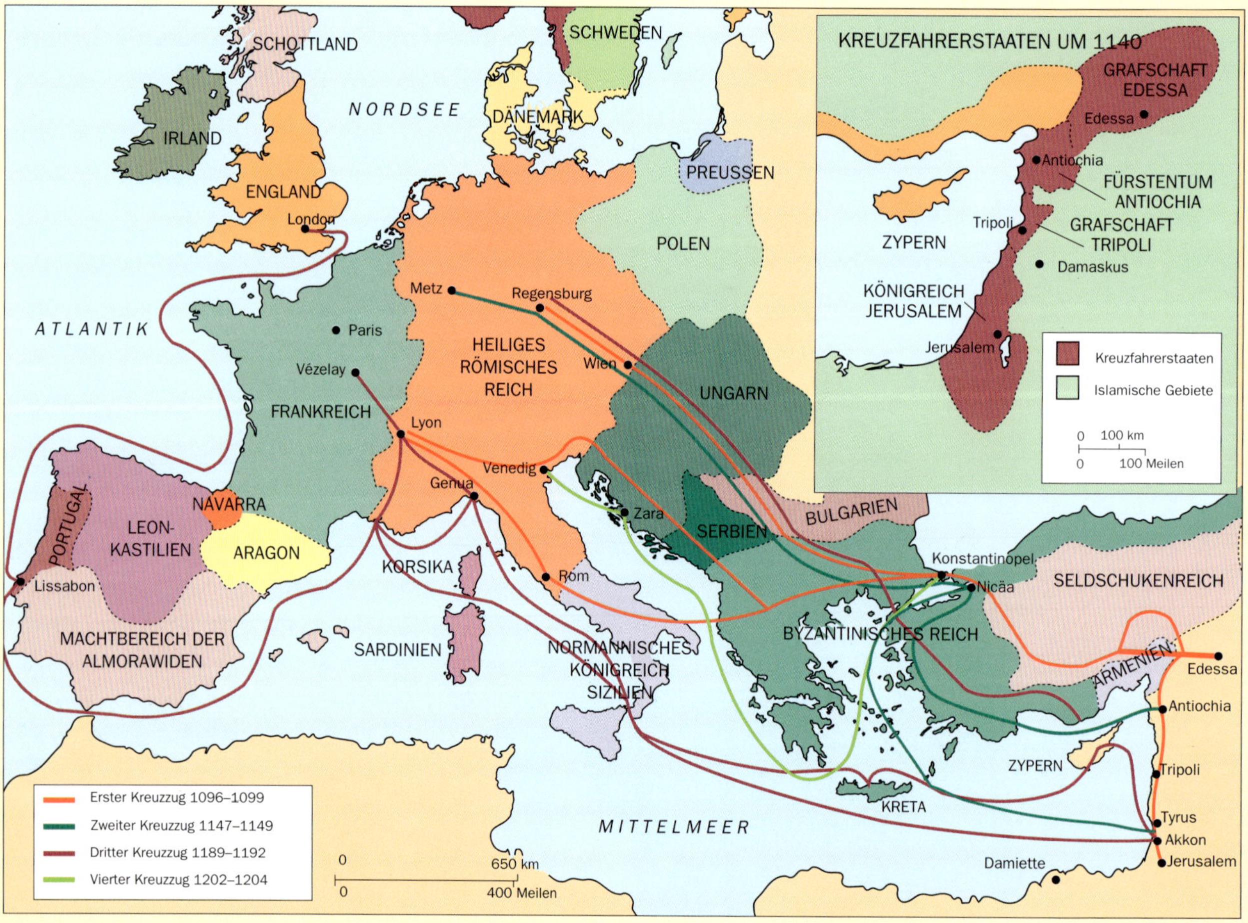

Der Krak des Chevaliers ist die wohl bekannteste Kreuzritterburg der Levante.

Die für die frühen Kreuzritter charakteristische Waffe war die schwere Lanze; unter dem Arm eingelegt, reichte sie weit über den Kopf des Pferdes hinaus (London, Library).

Dritter Kreuzzug (1189–1192)

Die wichtigsten Führer waren Philipp II. August von Frankreich, Richard I. von England und Friedrich Barbarossa. Für die Deutschen verlief zunächst alles gut, am 10. Juni 1190 jedoch ertrank Friedrich, als er über einen Fluss schwamm. Sein Tod war ein schwerer Schlag und sein Heer löste sich auf. Philipp II. und Richard waren erfolgreich: Sie eroberten Zypern und später Akkon, doch im August 1191 trat der französische König die Heimreise an. Richard, der in Akkon seine muslimischen Geiseln massakrieren ließ, verbrachte den Herbst und das folgende Frühjahr mit Scharmützeln, musste dann aber aufgrund politischer Probleme in England mit Saladin Frieden schließen und das Heilige Land verlassen.

Vierter Kreuzzug (1202–1204)

Die Begeisterung für den vierten Kreuzzug ließ lang auf sich warten. Nach vier Jahren der Vorbereitung war das Kreuzheer schließlich bereit für die Abreise. Unglücklicherweise hatte man Schiffe bei den Venezianern gemietet. Als diesen klar wurde, dass die Kreuzfahrer die Schiffsmiete nicht bezahlen konnten, nutzten sie die Situation und ließen sie für sich 1202 die zu Ungarn gehörende Stadt Zara erobern.

Die Kreuzfahrer setzten danach ihre Reise fort. Im Juni 1203 lagerten sie vor den Mauern Konstantinopels, ohne zu wissen, wie sie über die folgenden Wochen kommen sollten, von ihrem Zug ins Heilige Land gar nicht zu reden. Als ihr Schutzherr, der byzan-

tinische Kaiser Alexios IV., erdrosselt und durch einen anderen Alexios ersetzt wurde, gerieten sie in Panik. Aufgestachelt von Venedig, das sich vom Fall Konstantinopels glänzende Handelsvorteile versprach, begannen sie mit dem Sturm auf die Stadt. Er endete in einem Blutrausch. Konstantinopel wurde vom 12. bis 15. April 1204 geplündert, die Bewohner vergewaltigt und abgeschlachtet. Christen metzelten Christen nieder. Das grauenhafte Massaker ließ sich nicht verheimlichen, auch wenn viele sich bemühten, es zu entschuldigen.

Französische und genuesische Kreuzfahrer bei der Einschiffung. Der Anmarsch auf dem Landweg war verlustreich, nur wenige erreichten das Heilige Land; beim vierten Kreuzzug nutzte man deshalb Schiffe.

Honorius III.
1216–1227

Gregor IX.
1227–1241

Coelestin IV.
1241

Innozenz IV.
1243–1254

Alexander IV.
1254–1261

Urban IV.
1261–1264

Clemens IV.
1265–1268

Gregor X.
1271–1276

PAPSTNAMEN	
HONORIUS III.	Geboren
Herkunft	Um 1155
Italien, Rom	Eigentlicher Name
Eigentlicher Name	Ugo
Cencio Savelli	Abstammung
Abstammung	Aristokraten;
Aristokratisch	Gregor war
Früheres Amt	ein Neffe von
Kardinalpriester	Innozenz III.
Zum Papst gewählt	Frühere Ämter
18. Juli 1216	Kardinalbischof,
Alter bei der Wahl	päpstlicher Legat
Fortgeschritten	Zum Papst gewählt
Gestorben	19. März 1227
18. März 1227	Alter bei der Wahl
Dauer des Pontifikats	Etwa 72
10 Jahre, 8 Mo-	Gestorben
nate, 1 Tag	22. August 1241
	Dauer des Pontifikats
GREGOR IX.	14 Jahre,
Herkunft	5 Monate,
Italien, Anagni	4 Tage

In eiferndem Wahn und ketzerischem Doppelspiel beleidigte Kaiser Friedrich in dieser Zeit hochmütig die Kirche Gottes und befleckte durch seinen schlangengleichen Sündenfall fast die gesamte Welt mit Schande. Papst Innozenz IV. ... schwang das Schwert Petri mit all seiner Macht und sprach über den Kaiser den Kirchenbann aus; und die Universalkirche entriss Friedrich das kaiserliche Zepter.

Fortsetzung der *Gesta episcoporum Virdunensium* 12

Auf den Tod Innozenz' III. folgte eine kurze Wahl. Nach zwei Tagen hatte das Konklave einen gebrechlichen alten Mann gewählt, **Honorius III.** (1216–1227), der seine ganze Kraft den Aufrufen zu einem fünften Kreuzzug widmete. Dabei jonglierte er in der europäischen Politik, half hier und drohte dort, bis sein Traum wahr wurde und der Kreuzzug auf dem Weg ins Heilige Land war. Friedrich II., einer der vorgesehenen Anführer, schloss sich jedoch nicht an, obwohl ihn der Papst gegen das Versprechen der Teilnahme 1220 zum römischen Kaiser gekrönt hatte. Friedrich wandte seine Aufmerksamkeit Sizilien zu, wo unter Innozenz III., der für ihn während seiner Kindheit die Regentschaft ausgeübt hatte, das Chaos ausgebrochen war. Es folgte Aufschub auf Aufschub; 1225 verlor Honorius die Geduld und drohte Friedrich mit dem Kirchenbann, wenn er sich

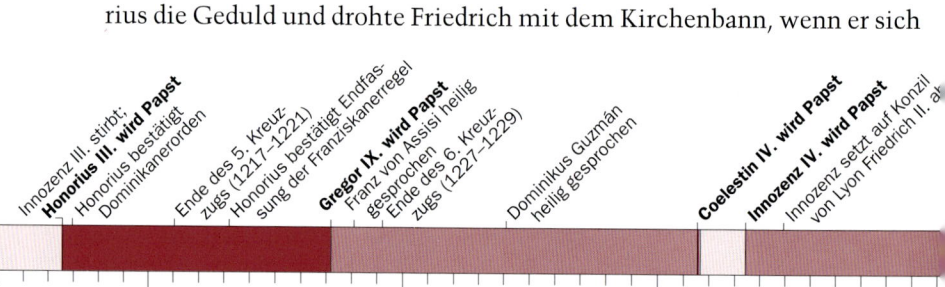

Innozenz III. stirbt; **Honorius III. wird Papst**
Honorius bestätigt Dominikanerorden

Ende des 5. Kreuzzugs (1217–1221)
Honorius bestätigt Endfassung der Franziskanerregel

Gregor IX. wird Papst
Franz von Assisi heilig gesprochen
Ende des 6. Kreuzzugs (1227–1229)

Dominikus Guzmán heilig gesprochen

Coelestin IV. wird Papst
Innozenz IV. wird Papst
Innozenz setzt auf Konzil von Lyon Friedrich II. ab

1200   1210   1220   1230   1240   1250

Honorius III. bestätigt 1223 den Franziskanern die endgültige Fassung ihrer Ordensregel. Terrakottarelief einer Kanzel von Benedetto da Maiano (London, Victoria and Albert Museum). Für Honorius III. und die anderen Päpste dieser Zeit war es schwierig, Geld für die Kreuzzüge aufzutreiben. Deshalb ersannen sie Systeme zur Sammlung und Weitergabe der Gelder, die zur Entwicklung einer zentralisierten und äußerst funktionstüchtigen päpstlichen Finanzverwaltung führten.

PAPSTNAMEN

COELESTIN IV.
Herkunft
  Italien, Mailand
Eigentlicher Name
  Goffredo da
  Castiglione
Abstammung
  Aristokratisch
Frühere Amt
  Kardinalbischof
Zum Papst gewählt
  25. Oktober 1241
Gestorben
  10. November 1241
Dauer des Pontifikats
  16 Tage

INNOZENZ IV.
Herkunft
  Italien, Genua
Eigentlicher Name
  Sinibaldo Fieschi
Abstammung
  Aristokratisch
Frühere Ämter
  Kardinalpriester,
  Vizekanzler,
  Statthalter der
  Mark Ancona
  (1235–1240)
Zum Papst gewählt
  25. Juni 1243
Gestorben
  7. Dezember 1254
Dauer des Pontifikats
  11 Jahre,
  5 Monate,
  13 Tage

ALEXANDER IV.
Herkunft
  Italien

Eigentlicher Name
  Rinaldo
Abstammung
  Aristokratisch;
  Neffe von Gregor IX.
Früheres Amt
  Kardinalbischof
Zum Papst gewählt
  12. Dezember
  1254
Alter bei der Wahl
  50 bis über 60
Gestorben
  25. Mai 1261
Dauer des Pontifikats
  6 Jahre, 5 Monate,
  14 Tage

URBAN IV.
Herkunft
  Frankreich, Troyes
Geboren
  Um 1200
Eigentlicher Name
  Jacques Pantaléon
Abstammung
  Sohn eines
  Schusters
Frühere Ämter
  Patriarch von Jerusalem, päpstlicher
  Legat
Zum Papst gewählt
  29. August 1261
Alter bei der Wahl
  Etwa 61
Gestorben
  2. Oktober 1264,
  in Perugia
Dauer des Pontifikats
  3 Jahre, 1 Monat,
  5 Tage

nicht bis Mitte 1227 dem Kreuzzug anschloss. Ihm war klar, dass Friedrich beabsichtigte, Italien wieder der Reichsgewalt zu unterstellen, und er war entschlossen, dies zu verhindern.

Honorius betrieb jedoch nicht nur den Kreuzzug im Heiligen Land. Auch andere Ungläubige gab es zu bekämpfen. 1217 bestätigte er den Dominikanerorden und seine Predigermission gegen die Ketzer; 1218 ordnete er einen Kreuzzug gegen die spanischen Mauren an; mit aller Kraft setzte er den von Innozenz III. begonnenen Albigenserkreuzzug fort und forderte 1226 Ludwig VIII. von Frankreich auf, die Führung zu übernehmen; und alle drei – Honorius, Friedrich und Ludwig – erließen äußerst strenge Verordnungen gegen jegliche Ketzerei. Besonderes

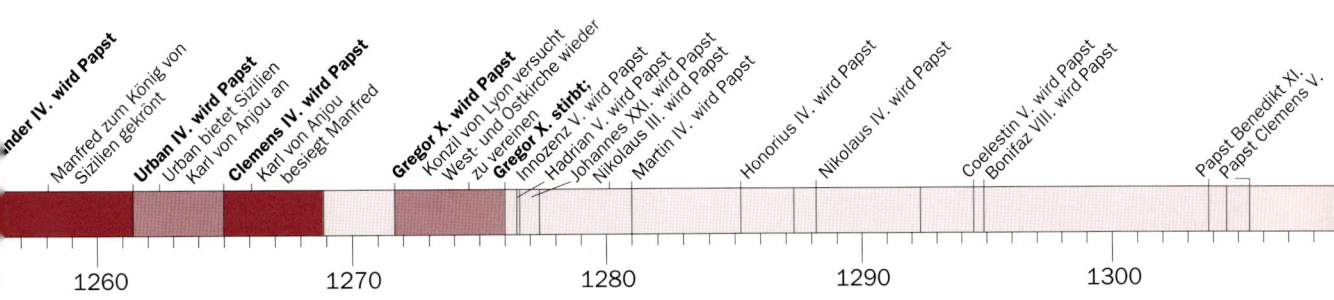

DIE FRANZISKANER

Der Orden der Minderen Brüder wurde von Franz von Assisi (1181/2–1226) gegründet, im April 1209 bestätigte Innozenz III. die erste Version der Ordensregel. Anfangs lebten die Franziskaner als Wandermönche von ihrem Beruf, predigten in einfachen Worten und kümmerten sich um Arme und Kranke, besonders um die so genannten »Aussätzigen«. Da der Orden großen Zulauf hatte, wurde eine bessere Organisation erforderlich, um die Disziplin der Mitglieder aufrechtzuerhalten. Diese Notwendigkeit und ihre unausweichliche Folge – eine revidierte Ordensregel – bereitete vielen Brüdern Sorge. Sie fürchteten, der ursprüngliche Geist des Ordens würde verloren gehen. 1221 erarbeitete Franz von Assisi eine neue Regel, in der er versuchte, sich den neuen Erfordernissen anzupassen, aber auch die Ängste zu berücksichtigen. Doch der Orden spaltete sich: Die einen waren für die Anpassung, die anderen dagegen. Letztere (zuerst als *Zelanti*, später als Spiritualen bezeichnet) begannen einen zähen Kampf gegen Erstere. Mehrere Päpste erließen Dekrete gegen die Spiritualen und verurteilten einige ihrer Ansichten als Häresien.

Die Klarissen, anfangs Orden der Armen Frauen genannt, wurden von Klara von Assisi 1212 als Vereinigung kontemplativer Nonnen gegründet. Den dritten Franziskanerorden schuf Franz von Assisi für Menschen, die ein weltliches Leben führen, aber ihren Idealen folgen und die gleichen Gelübde wie Mönche und Nonnen ablegen wollten. Diese so genannten Terziaren wurden von Papst Nikolaus V. 1447 bestätigt.

(Oben) Franz von Assisi predigt vor Honorius III. Fresko von Giotto (13./14. Jh.) in der Basilika San Francesco in Assisi. Nachdem der heilige Franziskus eine verfallene Marienkapelle unweit von Assisi neu errichtet hatte, bat er Honorius, allen, die sie jeweils am Jahrestag ihrer Weihe aufsuchten, einen vollkommenen Ablass zu gewähren.

(Oben) Franz von Assisi fertigt sich eine Kutte. Aus einer englischen Handschrift des 14. Jahrhunderts (London, British Library). Als er eines Tages betete, erschien ihm ein Seraph mit sechs Flammenflügeln, zwischen denen Christus am Kreuz zu sehen war. Feuerpfeile brannten ihm die Stigmata auf den Körper, die Wundmale Christi.

(Rechts) Klarissen im Chorgestühl. Detail einer Miniatur des 15. Jahrhunderts aus dem Psalter Heinrichs VI. (London, British Library). Die Gründerin des zweiten Franziskanerordens wurde 1194 in Assisi geboren. Unter dem Einfluss von Franziskus entschied sich Klara für das Klosterleben und sammelte gleich gesinnte Frauen um sich. Franziskus wies ihnen das Kloster San Damiano unweit von Assisi zu, wo Klara den Rest ihres Lebens verbrachte. Die Regel des nach ihr benannten Ordens wurde 1253 zwei Tage vor ihrem Tod von Innozenz IV. bestätigt.

DIE DOMINIKANER

Der Orden der Predigerbrüder, wie ihr offizieller Name lautet, wurde 1215 von dem Spanier Dominikus Guzmán (1170–1221) gegründet. Er entstand aus der gegen die Katharer gerichteten Predigermission in Südfrankreich und wurde 1217 von Honorius bestätigt. Der Orden ist teils kontemplativ, teils missionarisch ausgerichtet und hat sich vor allem durch seine Lehr- und Predigertätigkeit einen Namen gemacht. Die Dominikaner, die ihre Mission von Anfang an weit in die Ferne führte, brachten außergewöhnliche Gelehrte hervor wie Albertus Magnus und Thomas von Aquin.

Aufgrund ihres besonderen Interesses für Predigt und Theologie wurden sie sehr bald mit der Inquisition betraut, die der Sicherung des rechten Glaubens und der Ausrottung von Häresien diente und ihren bekanntesten Vertreter in Tomás de Torquemada fand, den Sixtus IV. 1483 zum spanischen Großinquisitor ernannte. Wie die Franziskaner haben auch die Dominikaner einen Nonnenorden und einen Orden für Laien; eine Spaltung in Verfechter der alten und Anhänger einer reformierten Regel blieb ihnen hingegen erspart.

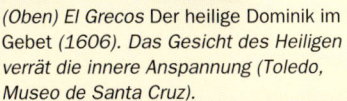

(Oben) El Grecos Der heilige Dominik im Gebet (1606). Das Gesicht des Heiligen verrät die innere Anspannung (Toledo, Museo de Santa Cruz).

(Oben) Der heilige Dominik verbrennt Schriften der Katharer. *Gemälde von Pedro Berruguete 1480/90 (Madrid, Prado).*

(Rechts) Der berühmte Dominikaner Thomas von Aquin war zu seinen Lebzeiten eine umstrittene Persönlichkeit. Nach seinem Tod verurteilte Johannes XXI. 19 seiner Thesen, Johannes XXII. kanonisierte ihn (1323), Pius V. erhob ihn 1567 zum Kirchenlehrer.

ALBERTUS MAGNUS

Albert der Große (ca. 1200–ca. 1280) war einer der größten westlichen Gelehrten des Mittelalters. Geboren in Lauingen an der Donau, trat er 1223 trotz heftigen Widerstandes seiner begüterten Eltern dem Dominikanerorden bei. Als er in den Jahren ab 1240 an der Universität Paris lehrte, nahm er eine Reihe von Werken in Angriff, deren Ziel es war, das gesamte menschliche Wissen zusammenzufassen. Ein Teil davon besteht aus Paraphrasen und Erklärungen aller bekannten Werke des Aristoteles einschließlich derer, die Aristoteles zugeschrieben wurden, aber aus anonymer Hand stammten. Diesen Schriften fügte er einen immensen Korpus eigener Texte hinzu – mit theologischen bis hin zu naturwissenschaftlichen Inhalten. Er wurde so berühmt, dass viele spätere Autoren ihre Werke unter seinem Namen herausbrachten, damit diese von seinem Ruhm profitierten.

1253 wurde Albert zum Provinzial (Leiter) der deutschen Dominikaner gewählt und reiste zumeist zu Fuß durch ganz Deutschland, wobei er weiterhin ohne Unterlass studierte und schrieb. 1256, als die Bettelorden angegriffen wurden, verteidigte er sie in Anagni vor dem Papst; 1260 akzeptierte er mit großem Widerstreben seine Ernennung zum Bischof von Regensburg durch Alexander IV.; 1262–1264 predigte er in ganz Deutschland für Urban IV. den Kreuzzug; von 1269 bis zu seinem Tod wirkte er in Köln, das er 1274 und 1277 jeweils nur für kurze Zeit verließ. Sein Ruf brachte ihm schon zu Lebzeiten den Beinamen *Magnus* (der Große) ein. 1323 wurde er von Johannes XXII. kanonisiert und mit dem Titel *Doctor Universalis* geehrt.

Interesse widmete Honorius den Franziskanern und bestätigte 1223 die Neufassung ihrer Ordensregel; 1226 schließlich gestattete er die Ausgabe einer Sammlung seiner Dekrete mit der Maßgabe, sie im Westen als offizielle Texte bei Gericht und an den Universitäten zu verwenden.

Der Nachfolger von Honorius war **Gregor IX.** (1227–1241). Als Fachmann für Kirchenrecht und päpstlicher Legat hatte er eine glänzende Laufbahn hinter sich, in sein neues Amt brachte er Energie und Verantwortungssinn mit. Gleich seinen Vorgängern Innozenz und Honorius hatte er eine hohe Meinung von Franziskus und Dominikus, die er später, 1228 respektive 1234, kanonisierte. Seine Hauptsorge galt jedoch den Bestrebungen Friedrichs II., der Honorius hingehalten hatte und jetzt, 1227, ein weiteres Kreuzzugsversprechen brach. Dieses Mal hatte er eine legitime Entschuldigung: Er war krank. Der Papst ging davon aus, dass es wieder ein Vorwand war, und belegte ihn mit dem Bann. Friedrich brach nach seiner Genesung 1228 zum nunmehr sechs-

Gregor IX. und der heilige Franziskus. Fresko in der Kirche Santo Speco in Subiaco. Gregor schätzte Franziskus so sehr, dass er manchmal die Franziskanerkutte anlegte, wenn er Arme besuchte, um ihnen die Füße zu waschen.

Ludwig IX. (der spätere Ludwig der Heilige) erobert 1249 die ägyptische Hafenstadt Damiette. Aus der *Geschichte Ludwigs des Heiligen*, einer Handschrift von Jean Joinville, 14. Jahrhundert (Paris, Bibliothèque Nationale). Damiette wurde von den Kreuzfahrern mehrmals angegriffen. Die längste Belagerung dauerte von Mai 1218 bis November 1219.

ten Kreuzzug auf (der fünfte hatte sich auf die Eroberung des ägyptischen Hafens Damiette beschränkt, der nach kurzer Zeit wieder verloren ging).

Gregor war wütend: Ein Gebannter durfte keinen Kreuzzug anführen. Er verkündete, dass Friedrich nicht mehr deutscher König sei und Sizilien ihm die Gefolgschaft aufsagen müsse. Man hob Truppen aus, um die kaiserlichen Streitkräfte in Italien und Sizilien anzugreifen. Friedrich versuchte, den Kirchenbann zu ignorieren, versandte dann aber Schreiben, in denen er seinem Erstaunen über das Verhalten des Papstes Ausdruck gab und alle Kreuzfahrer und christlichen Fürsten drängte, in ihrem Eifer für das heilige Unternehmen nicht nachzulassen. Außerdem hetzte er den römischen Adel gegen Gregor auf, so dass dieser aus Rom nach Perugia flüchten musste. Nach dieser Gegenoffensive stach er in See und krönte sich am 18. März 1229 zum König von Jerusalem. Im Juni 1229 nach Italien zurückgekehrt, war es ihm ein Leichtes, die päpstlichen Truppen zu vertreiben. 1230 schlossen Kaiser und Papst einen Waffenstillstand: Friedrich wollte vom Bann gelöst werden und Gregor konnte nicht zulassen, dass ein kriegerischer Kaiser Italien als Reichslehen behandelte.

Der Frieden sollte neun Jahre währen. In dieser Zeit konnte Gregor seine Aufmerksamkeit Religionsfragen zuwenden. Er erweiterte die Gesetze gegen Ketzer und verfügte, dass sie nach ihrer Verurteilung durch die Kirche von weltlichen Gerichten zu bestrafen seien; den Dominikanern übertrug er die Inquisition und legte die Prozeduren fest, nach denen sie vorgehen sollten. Er eröffnete die Universität Paris wieder, die nach einem Streit zwischen kirchlichen Autoritäten und Studenten zwei Jahre geschlossen gewesen war; in Toulouse gründete er eine neue Universität und 1234 unternahm er einen erfolglosen Versuch, Rom und die Ostkirchen auszusöhnen.

1234 geriet er erneut mit dem Kaiser aneinander. Sie hatten Streit wegen der Lombardei und Sizilien, da Friedrich offen versuchte, Herr über Italien zu werden, wogegen sich Gregor energisch zur Wehr setzte. Einmal mehr wurde Friedrich exkommuniziert. Einmal mehr verlangte der Kaiser ein Generalkonzil, das den Papst verurteilen und absetzen sollte. Gregor ging zum Gegenangriff über und berief seinerseits ein Konzil ein. Friedrich versuchte, es zu verhindern, indem er den Großteil der auf dem Seeweg anreisenden Teilnehmer abfangen ließ. Dann schloss sein Heer Rom ein. Alles wartete, was nun geschehen würde. Da starb Gregor.

Für das nun folgende Konklave waren nur zehn Kardinäle verfügbar, die noch dazu völlig uneins waren. Trotz der Augusthitze schloss man sie

PAPSTNAMEN	
CLEMENS IV.	*Geboren*
Herkunft	Um 1210
Frankreich,	*Eigentlicher Name*
St. Gilles sur Rhône	Tebaldo Visconti
Geboren	*Abstammung*
Um 1195	Aristokratisch
Eigentlicher Name	*Religiöser Status*
Guy Foulques	Gregor war
Zivilstand	bei seiner
Witwer mit 2 Töch-	Wahl Laie
tern, nach dem Tod	*Früheres Amt*
seiner Frau zum	Archidiakon von
Priester geweiht	Liège
Früheres Amt	*Zum Papst gewählt*
Kardinalbischof	1. September
Zum Papst gewählt	1271, als er auf
5. Februar 1265	einem Kreuzzug in
Alter bei der Wahl	Akkon im Heiligen
Etwa 70	Land war
Gestorben	*Alter bei der Wahl*
29. November	Etwa 62
1268, in Viterbo	*Zum Papst gekrönt*
Dauer des Pontifikats	27. März 1272
3 Jahre, 9 Monate,	*Gestorben*
22 Tage	10. Januar 1276,
	in Arezzo,
GREGOR X.	an Fieber
Herkunft	*Dauer des Pontifikats*
Italien,	4 Jahre, 4 Monate,
Piacenza	10 Tage

Thomas von Aquin

Thomas von Aquin (ca. 1225–1274) war der bedeutendste Denker und Theologe des christlichen Mittelalters. Sein Einfluss wirkt bis heute nach. Aus einer reichen Familie stammend, kam er, wie damals üblich, mit fünf oder sechs Jahren als Zögling in die Benediktinerabtei Montecassino; er sollte Mönch und später Abt oder Bischof werden. 1239 ging er an die Universität Neapel, 1244 trat er den Dominikanern bei und wurde nach Rom entsandt. Von hier entführte ihn einer seiner Brüder nach Hause, wo ihm seine Mutter klar machte, dass aus ihm mehr als ein Bettelmönch werden musste. Nachdem er mehrere Monate in einer Art Hausarrest verbracht hatte, durfte er wieder abreisen. 1248 begegnete er in Köln Albertus Magnus und wurde dessen Schüler. In dieser Zeit schrieb er zwei Bücher über Logik. 1252 ging er nach Paris, um den Doktortitel zu erwerben. An der Pariser Universität kam es zwischen den verschiedenen religiösen Richtungen immer wieder zu Konflikten. Trotz dieser schwierigen Situation wurde er Professor und war drei Jahre in der Lehre tätig, ehe er nach Italien zurückkehrte. 1269–1272 übte er erneut eine Professur in Paris aus, ging dann aber wieder nach Neapel, wo er auch starb.

Die Vielfalt seiner Schriften ist erstaunlich. Berühmt wurde er durch die *Summa theologiae*, eine Gesamtdarstellung der Theologie, die er als ganz normale Wissenschaft behandelt. Das Werk hatte sofort großen Einfluss und wurde zur Grundlage der kirchlichen Lehre. Päpste bis hin zu Pius XII. erteilten ihm ihre Zustimmung und bekannten sich zu ihm. Es verwundert nicht, dass Thomas heilig gesprochen wurde. Die Forderung wurde bereits ein halbes Jahr nach seinem Tod erhoben, doch bestimmte Gruppen in Paris und Oxford verzögerten mit ihrem Widerstand die Kanonisierung bis 1323.

in einem Bau des römischen Kaisers Septimius Severus ein. Woche um Woche verging, ohne dass die Zweidrittelmehrheit zustande kam. Auf August folgte September, der englische Kardinal starb, ein italienischer war dem Tod nah. Am 25. Oktober schließlich wurde ein Mailänder gewählt, **Coelestin IV.** (1241). Offenbar war das lange und mühsame Konklave auch für ihn zu viel gewesen, denn 17 Tage später starb er und man musste wieder von vorn anfangen.

Eigentlich sollten an dem im Sommer 1241 abgehaltenen Konklave nicht zehn, sondern zwölf Kardinäle teilnehmen, doch zwei hielt Friedrich gefangen. Die Verhandlungen über ihre Freilassung trugen dazu bei, dass zwischen dem Tod Coelestins IV. und der Wahl **Innozenz' IV.** (1243–1254) 18 Monate vergingen. Der neue Papst, ein hervorragender Kirchenrechtler, war weltlicher eingestellt als sein Vorgänger Gregor und konnte Friedrich besser die Stirn bieten. Dieser sah in ihm zunächst einen Freund und hoffte, er würde ihn vom Bann lösen, wenn er seinen Griff um Italien etwas lockerte. Die beiden schafften es, ein Übereinkommen aufzusetzen, doch dann wurde der Papst argwöhnisch, nicht zuletzt, weil sich Friedrich weigerte, kaiserliche Rechte in der Lombardei preiszugeben. Die Lage spitzte sich zu. Innozenz flüchtete nach Lyon, wo er 1245 ein Generalkonzil einberief.

Die Tagesordnung war lang, aber der wichtigste Punkt war, Friedrich wegen mehrerer schwerer Delikte schuldig zu sprechen – Häresie, Meineid und Gotteslästerung, um nur drei davon zu nennen. Das Verdikt stand von Anfang an fest. Der Papst verurteilte Friedrich und setzte ihn ab. Friedrich forderte Innozenz heraus, seine Macht zu beweisen. Innozenz berief sich auf die vom heiligen Petrus auf die Päpste übertragene weltliche und geistliche Autorität und rief zum Kreuzzug gegen den Exkaiser auf. Ludwig IX. von Frankreich schwankte hin und her und versuchte zu vermitteln. Mit Friedrichs Tod im Dezember 1250 löste sich die festgefahrene Situation. Innozenz kehrte nach Italien zurück und traf Vorbereitungen zum Kampf gegen den neuen deutschen König, Friedrichs Sohn Konrad.

Wieder einmal wurde Sizilien zum Zankapfel. Innozenz entschied, dass Konrad es nicht bekommen sollte, und bot es mehreren Fürsten an, um es schließlich an Manfred, Friedrichs unehelichen Sohn, zu vergeben, der bereit war, den Papst als Lehnsherrn anzuerkennen. Innozenz reiste nach Neapel, um sein neues Lehen im Auge zu behalten. Das erwies sich als richtig, denn Manfred überlegte es sich anders und rebellierte. Mit Hilfe von Geldern, die ihm Muslime in Apulien beschafften, denen die Vorstellung einer Oberhoheit des Papstes über diese Gebiete nicht behagte, schlug er am 2. Dezember 1254 bei Foggia ein päpstliches Heer. Da war Innozenz bereits krank. Offenbar verschlimmerte die Nachricht der Niederlage seinen Zustand. Er starb am 7. Dezember und wurde in der Basilika Santa Restituta in Neapel beigesetzt.

Alexander IV. (1254–1261) besaß weder den Elan noch die Entschlossenheit seines Vorgängers und beging mehrere Fehler. Er versuchte, mit Manfred zu verhandeln, dann bannte er ihn und machte ihn sich damit

Innozenz IV. setzt auf dem Konzil von Lyon Friedrich II. ab. Miniatur aus der *Chronik* des 13. Jahrhunderts von Matthew Paris (Cambridge, Corpus Christi College). Bei Matthew Paris, der den Papst nicht persönlich kannte und gegen ihn ein deutliches Vorurteil hegte, war der Ruf Innozenz' IV. alles andere als in guten Händen.

Im Jahre des Herrn 1264 zeigte sich am Himmel ein außergewöhnlicher Komet, wie ihn noch nie zuvor ein Mensch gesehen hatte. Er ging hell strahlend im Osten auf, erhob sich hoch in den Himmel und wandte sich, einen stark leuchtenden Schweif hinter sich herziehend, gen Westen. Es mag wohl sein, dass er in verschiedenen Teilen der Welt vielerlei Dinge ankündigte, eins jedoch ist sicher: Drei Monate lang war er sichtbar; bei seinem ersten Erscheinen erkrankte Papst Urban [IV.], und in der Nacht, in der er starb, verschwand auch der Komet wieder.

Continuatio Sanblasiana chronici
Ottonis Frisingensi (1264)

zum Feind. Konrad, der 1254 gestorben war, hatte seinen kleinen Sohn Konradin unter die Vormundschaft des Papstes gestellt; Alexander beschloss nun, die Ansprüche des Kindes auf das Herzogtum Schwaben und das Königreich Sizilien zu ignorieren, indem er Ersteres Alfons X. von Kastilien und Letzteres dem englischen Prinzen Edmund anbot. Dieser konnte das Angebot nicht annehmen, da sein Vater, Heinrich III., für die Kosten einer militärischen Expedition nicht aufkommen konnte. Aber das Angebot war genug, um Manfreds Zorn und seine Eroberungssucht herauszufordern: 1258 beherrschte er ganz Sizilien und rief sich zum König aus. Dann schlug er eine Schneise durch Süditalien, knüpfte Verbindungen mit dem Norden und schaffte es sogar, römischer Senator zu werden. Nach Konrads Tod – Konradin war noch ein Kind – stand der deutsche Thron leer. Es gab mehrere Anwärter. Alexander unterstützte einen Holländer. Als dieser starb, schwankte er zwischen dem Bruder Heinrichs III. von England und Alfons von Kastilien. Der Streit zog sich in die Länge und war bei Alexanders Tod 1261 noch nicht gelöst.

Für das Konklave, das **Urban IV.** (1261–1264) wählte, waren lediglich acht Kardinäle verfügbar. Wie üblich hatte man sich lang gestritten. Aber die Kardinäle schienen richtig entschieden zu haben: Urban war entschlossen, das Problem Sizilien dahingehend zu lösen, dass er es jemandem anbot, der vom Papst effektiv abhängig sein würde; darüber hinaus wollte er Italien ein für alle Mal von der deutschen Herrschaft befreien. Zunächst erweiterte er das Kardinalskollegium um 14 neue Mitglieder, darunter sechs Franzosen. Er hoffte, damit künftig die endlosen Streitereien zu verhindern. Des Weiteren schuf er in der Toskana eine papstfreundliche Partei, füllte die päpstlichen Geldtruhen auf und unterstützte die Interessen norditalienischer Adelsfamilien, die Manfred feindlich gesinnt waren.

Anschließend wandte er seine Aufmerksamkeit wieder Sizilien zu. Ludwig IX. von Frankreich wollte es nicht haben, deshalb bot er die Krone seinem jüngeren Bruder an, Karl von Anjou. Dieser nahm freudig sowohl das Königreich als auch die päpstlichen Bedingungen an: eine sofortige sowie jährliche Tributzahlungen, Handlungsfreiheit für die Kirche auf Sizilien und Nichtunterstützung kaiserlicher Ambitionen in Italien. Manfred eröffnete daraufhin die Feindseligkeiten in der Toskana und im Kirchenstaat, der Papst musste klein beigeben und floh nach Perugia, wo er starb. Sein Pontifikat war zu kurz, um ihn seine Ziele erreichen zu lassen. Immerhin war es ihm gelungen, das Papsttum aus der Position der Schwäche herauszuführen, in der es ihm Alexander IV. hinterlassen hatte.

Clemens IV. (1265–1268), wie Urban Franzose und erst nach einem langen Konklave gewählt, erbte das Problem der Ambitionen Manfreds. Seine Wahl verlief ungewöhnlich. Er weilte gerade als päpstlicher Legat in England und musste aufgrund der Situation in Norditalien als Mönch verkleidet nach Perugia kommen, um sein Amt anzutreten. Eine seiner ersten Handlungen war, Karl von Anjou zu drängen, mit einem französischen Heer nach Italien zu eilen und sein neues Königreich zu erobern,

(Rechts) Clemens IV. belehnt Karl von Anjou mit dem Königreich Neapel und Sizilien. Französisches Wandgemälde des 13. Jahrhunderts (Pernes, Tour Ferrande). Ein Zeitgenosse schrieb über Clemens IV., die Kirche habe in ihm einen Alleskönner: einen hervorragenden Anwalt, einen außerordentlichen Prediger, einen wunderbaren Sänger und einen unvergleichlichen Redner.

Eine der acht von Luther 1545 in Auftrag gegebenen Karikaturen zeigt Clemens IV., der im Begriff ist, Konradin zu enthaupten. Der lateinische Kommentar lautet sinngemäß: »Der Papst dankt dem Kaiser für seine großen Wohltaten.«

um Manfred dadurch den Todesstoß zu versetzen. Karl ließ sich nicht lange bitten: Im Februar 1266 wurde Manfred geschlagen und fiel im Kampf. Doch damit war es nicht getan: Konradin war herangewachsen und zog nach Rom, um sein Erbe zu beanspruchen. Karl schlug sofort zu. Er besiegte Konradin in der Schlacht und ließ ihn enthaupten, wodurch er – zumindest vorläufig – den kaiserlichen Ansprüchen auf Italien ein Ende setzte. Clemens wurde bald bewusst, dass er vom Regen in die Traufe gekommen war. Der Einfluss der Franzosen in Italien war nicht minder groß als vorher der der Deutschen, und Karl schien nicht unbedingt ein verlässlicher Verbündeter zu sein.

Clemens setzte auch den Versuch Urbans fort, West- und Ostkirche wieder zu vereinen. 1262 hatte der byzantinische Kaiser Michael Palaiologos den Vorschlag gemacht, das Schisma zu beenden; Urban hatte ihn aufgegriffen, nicht zuletzt aufgrund der Bereitschaft des Kai-

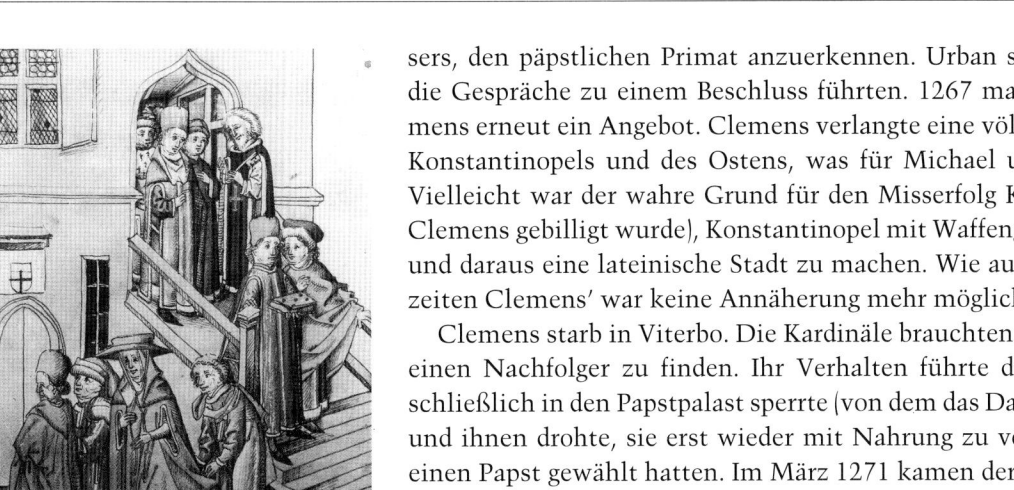

Kardinäle kommen aus dem Konklave. Miniatur aus der *Richentaler Chronik* (Konstanz, Rosengartenmuseum). Wer als Papst ins Konklave geht, so heißt es, kommt als Kardinal heraus; anders gesagt, Papstwahlen haben oft einen unerwarteten Ausgang.

GUELFEN UND GHIBELLINEN

In den politischen Wirren, unter denen Italien im 12. Jahrhundert zu leiden hatte, entstanden zwei sich heftig bekämpfende Gruppierungen: die papstfreundlichen Guelfen und die kaisertreuen Ghibellinen. Diese Bezeichnungen verdanken sich zwei deutschen Adelshäusern, den sächsischen Welfen und den schwäbischen Waiblingern.

Steinrelief mit dem Emblem der papsttreuen Guelfen (Florenz, Via degli Alfani).

sers, den päpstlichen Primat anzuerkennen. Urban starb jedoch, bevor die Gespräche zu einem Beschluss führten. 1267 machte Michael Clemens erneut ein Angebot. Clemens verlangte eine völlige Unterordnung Konstantinopels und des Ostens, was für Michael unannehmbar war. Vielleicht war der wahre Grund für den Misserfolg Karls Plan (der von Clemens gebilligt wurde), Konstantinopel mit Waffengewalt zu besetzen und daraus eine lateinische Stadt zu machen. Wie auch immer, zu Lebzeiten Clemens' war keine Annäherung mehr möglich.

Clemens starb in Viterbo. Die Kardinäle brauchten fast drei Jahre, um einen Nachfolger zu finden. Ihr Verhalten führte dazu, dass man sie schließlich in den Papstpalast sperrte (von dem das Dach entfernt wurde) und ihnen drohte, sie erst wieder mit Nahrung zu versorgen, wenn sie einen Papst gewählt hatten. Im März 1271 kamen der neue französische König Philipp III. und Karl von Anjou nach Viterbo in der Hoffnung, ihre Anwesenheit würde die Kardinäle dazu bringen, rasch zu einer Entscheidung zu kommen. Diese beauftragten im September sechs Vertreter aus ihrer Mitte, einen Kompromisskandidaten zu finden. Deren Wahl fiel auf den Archidiakon von Lüttich, der mit Prinz Eduard von England im Heiligen Land weilte.

Der neue Papst, **Gregor X.** (1271–1276), appellierte unverzüglich an Michael Palaiologos, Delegierte zu einem in Lyon geplanten Generalkonzil zu entsenden. Michael stimmte zu. Als das Konzil 1274 eröffnet wurde, erklärten sich die griechischen Vertreter bereit, das im Westen übliche Glaubensbekenntnis und den Primat des Papstes über die Universalkirche zu akzeptieren. Auf diese Weise wurde im Juli 1274 eine über zwei Jahrhunderte während Spaltung beendet. Gregor erließ mehrere Dekrete zur Kirchenreform, vor allem ein Edikt zur Verhinderung überlanger Konklaven: Die Kardinäle sollten innerhalb von zehn Tagen nach Ableben des Papstes am Ort seines Todes zusammentreten und ohne Kontakt zur Außenwelt unter spartanischen Bedingungen so lange eingeschlossen bleiben, bis sie einen geeigneten Nachfolger gewählt hatten. Eine solche Verfügung war längst überfällig.

Gregor begann auch, Guelfen und Ghibellinen auszusöhnen, durch deren mörderische Rivalitäten Italien so lange Zeit zerrissen blieb. Im Oktober 1273 wurde Rudolf von Habsburg zum deutschen König gewählt. Er verzichtete auf alle territorialen Ansprüche gegenüber dem Kirchenstaat und auf Sizilien, so dass mit einem Schlag zwei Probleme gelöst waren. Der Papst brauchte künftig keine Angst vor kaiserlichen Prätentionen zu haben, gleichzeitig würde der deutsche König ein Gegengewicht zum französischen Einfluss in Italien bilden. Gregor fühlte sich nun in der Lage, einen Kreuzzug zu beginnen. 1275 traf er mit Rudolf zusammen, den er im Februar des folgenden Jahres zum römischen Kaiser krönen wollte; unglücklicherweise wurde er im Januar 1276 krank und starb – ein höchst ungelegener Tod, da damit Rudolfs Krönung, die Einheit der Kirche und der Kreuzzug zunächst einmal aufgeschoben waren, während Karl von Anjou seine Truppen umstellen konnte, um seine Herrschaft zu festigen.

Innozenz V.
1276

Hadrian V.
1276

Johannes XXI.
1276–1277

Nikolaus III.
1277–1280

Martin IV.
1281–1285

Honorius IV.
1285–1287

Nikolaus IV.
1288–1292

Coelestin V.
1294

Bonifaz VIII.
1294–1303

Benedikt XI.
1303–1304

Clemens V.
1305–1314

PAPSTNAMEN

INNOZENZ V.
Herkunft
Frankreich,
Tarentaise
(Savoyen)
Geboren
Um 1224
Eigentlicher Name
Pierre
Religiöser Status
Dominikaner
Früheres Amt
Kardinalbischof
Zum Papst gewählt
21. Januar 1276
Alter bei der Wahl
Etwa 52
Gestorben
22. Juni 1276
Dauer des Pontifikats
5 Monate, 2 Tage
Bemerkenswertes
Erster Dominikaner
auf dem Stuhl
Petri

HADRIAN V.
Herkunft
Italien, Genua
Geboren
Um 1205
Eigentlicher Name
Ottobono Fieschi
Abstammung
Neffe von
Innozenz IV.
Religiöser Status
War bei
seiner Wahl
noch Laie
Frühere Tätigkeit
Kardinaldiakon
Zum Papst gewählt
11. Juli 1276
Alter bei der Wahl
Etwa 71
Gestorben
18. August 1276,
in Viterbo
Dauer des Pontifikats
1 Monat, 7 Tage

[Der tote Hadrian spricht zu Dante]

Mir wurden die Schlüssel Petri übergeben …, doch als ich römischer Bischof war, begriff ich, dass das Leben voller Trug ist … Ich war ein Elender, getrennt von Gott und ganz und gar dem Geiz ergeben. Nun werde ich, wie du siehst, dafür bestraft.

Dante, *Purgatorio*, Gesang 19

Das von Gregor X. verfügte Verfahren zur Papstwahl bestand nun seine erste Bewährungsprobe. Elf Tage nach Gregors Tod wählten die Kardinäle **Innozenz V.** (1276) als ersten Dominikaner zum Papst. Innozenz begünstigte Karl von Anjou. Trotz seines Wunsches, die Gespräche mit Kaiser Michael über einen neuerlichen Kreuzzug und die Zusammenführung der Kirchen fortzusetzen, ließ er sich von Karl zu Formulierungen drängen, die den Kaiser verärgern mussten und alles in Frage stellten. Da starb Innozenz plötzlich; sein Nachfolger, **Hadrian V.** (1276), verdankte seine Wahl Karl, der angesichts der Länge des Konklaves die Kardinäle zu einer Entscheidung zwang. Doch Hadrian war bereits

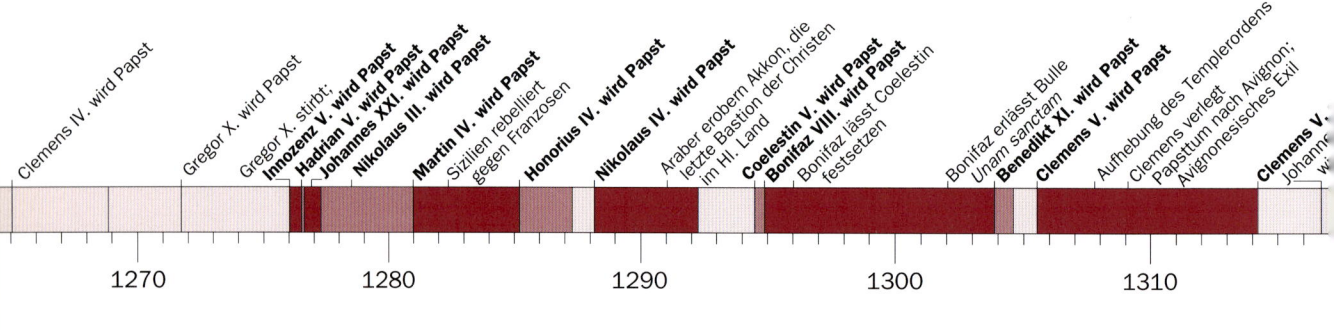

Dante grüßt Papst Hadrian V. in der Hölle (s. Zitat auf gegenüberliegender Seite). Illustration einer Handschrift des 15. Jahrhunderts (London, British Library). In Dantes *Göttlicher Komödie* wandert der Dichter durch die Hölle und das Fegefeuer, um schließlich im Himmel vor Gottes Angesicht zu gelangen. Sein Führer ist der römische Dichter Vergil.

[In seiner Jugend schrieb Papst Johannes XXI. ein medizinisches Traktat über Augenleiden.]

Ich, Meister Peter von Spanien, allergeringster Professor der medizinischen Kunst, doch stets der Wahrheit nachspürend, habe dem ernsthaften Wunsch meines Schülers Fabian von Salerno folgend mit Vernunft und Erfahrung dieses besondere Buch geschrieben.

Johannes XXI., Vorwort zu
seinem *De oculo liber*

JOHANNES XXI.	
Herkunft	*Alter bei der Wahl*
Portugal,	Zwischen 56
Lissabon	und 66
Geboren	*Gestorben*
Zwischen 1210	20. Mai 1277,
und 1220	an Verletzungen
Eigentlicher Name	bei einem Decken-
Pedro Julião	einsturz
Abstammung	*Dauer des Pontifikats*
Sohn eines	8 Monate,
Arztes	13 Tage
Frühere Ämter	*Bemerkenswertes*
Arzt, Kardinal-	Bekannt durch
bischof	ein Traktat über
Zum Papst gewählt	Augenleiden
8. September 1276	

krank. Seine einzige Amtshandlung war, Gregors Bestimmungen über Konklaven aufzuheben, dann begab er sich nach Viterbo und starb dort. Im nächsten Konklave weigerten sich die Kardinäle zuerst, Gregors Bestimmungen zu befolgen, wählten dann aber einen portugiesischen Kardinal, der als **Johannes XXI.** (1276–1277) inthronisiert wurde. Vor ihm hatte es nur 19 Päpste dieses Namens gegeben, deshalb sollte er eigentlich der XX. sein, doch der Fehler wurde nicht bemerkt. Johannes war in erster Linie ein Gelehrter, vor allem auf dem Gebiet der Medizin. Er war Arzt gewesen und hatte eine Reihe von Büchern geschrieben, angefangen mit Kommentaren zu Aristoteles bis hin zu Handbüchern über die Behandlung von Krankheiten. Die politischen oder administrativen Aufgaben eines Papstes interessierten ihn nicht, weshalb er sich im Papstpalast zu Viterbo einen Raum bauen ließ, in den er sich zurückzog, um ungestört seinen Studien nachgehen zu können. Die Erledigung der Amtspflichten überließ er Kardinal Orsini, der sein eigenes politisches Programm hatte: Er begann, einen Ausgleich zwischen Karl von Anjou und Rudolf sowie Alfons von Kastilien und Philipp III. von Frankreich anzubahnen, um so die Basis für einen weiteren Kreuzzug ins Heilige Land zu schaffen. Ebenso nahm er Kontakt zu Kaiser Michael auf, der sich samt seinem Thronfolger offiziell dem Primat Roms unterwarf.

Doch das Pontifikat nahm ein jähes Ende. Als Johannes nachts allein in seinem neuen Studierzimmer arbeitete, stürzte dieses plötzlich ein. Er wurde von den herabfallenden Balken so schwer verletzt, dass er sechs Tage später starb. Sein Ruf wandelte sich nach und nach zur Legende. So etwa hieß es, er sei eigentlich ein Zauberer gewesen, der des Nachts erschlagen wurde, als er gerade ein ketzerisches Traktat verfasste.

Der logische Nachfolger des Verstorbenen war Kardinal Orsini, der in den vergangenen neun Monaten der eigentliche Papst gewesen war. Trotzdem verging ein halbes Jahr, ehe er gewählt wurde. Als **Nikolaus III.** (1277–1280) hatte er das Ziel, der wachsenden Macht Karls von Anjou in Italien Einhalt zu gebieten. Als dessen Amtszeit als römischer Senator ablief, überredete er ihn, nicht wieder zu kandidieren, ließ sich aber selbst zum Senator auf Lebenszeit wählen. Von Rudolf erhielt er die feierliche Versicherung, dass das Reich nicht versuchen würde, die Oberhoheit über den Kirchenstaat zu erlangen oder seine Ansprüche auf umstrittene Gebiete wie die Romagna auszudehnen. Als Nächstes arrangierte Nikolaus die Heirat von Karls Enkel Karl Martell mit Rudolfs Tochter; er hoffte, der Rivalität der beiden Herrscher dadurch ein Ende zu setzen. In der Zwischenzeit verhandelte er eifrig mit Alfons von Kastilien und Philipp III. von Frankreich, die beide die Krone von Navarra beanspruchten, und mit Kaiser Michael, dessen Unterwerfung unter Johannes XXI. als nicht ganz ausreichend erachtet wurde. In Rom nahm Nikolaus eine groß angelegte Restaurierung der Petersbasilika und des Vatikanpalastes in Angriff, den er zu seiner Residenz machte.

Seine fieberhafte Tätigkeit forderte schließlich ihren Preis: Im August 1280 erlitt er einen Schlaganfall und verstarb in Soriano bei Viterbo. Sechs Monate lang wurde gefeilscht und intrigiert. Im Februar 1281 läuteten in

Ansicht von Rom mit dem Vatikanpalast (oben Mitte) und Alt-Sankt Peter, die von Nikolaus III. restauriert wurden. Holzschnitt aus Hartmann Schedels *Liber chronicarum* (1493).

PAPSTNAMEN	
NIKOLAUS III.	offizieller Wohnsitz
Herkunft	des Papstes
Italien, Rom	
Geboren	**MARTIN IV.**
Zwischen 1210	*Herkunft*
und 1220	Frankreich, Brie
Eigentlicher Name	*Geboren*
Giovanni Gaetano	Zwischen 1210
Abstammung	und 1220
Aristokratisch	*Eigentlicher Name*
Früheres Amt	Simon
Kardinaldiakon	*Frühere Ämter*
Zum Papst gewählt	Franz. Kanzler,
25. November 1277	Kardinalpriester,
Alter bei der Wahl	päpstlicher Legat
Zwischen 57 und 67	*Zum Papst gewählt*
Gestorben	22. Februar 1281
22. August 1280,	*Alter bei der Wahl*
in Soriano, an	Zwischen 61 und 71
einem Schlaganfall	*Gestorben*
Dauer des Pontifikats	28. März 1285,
2 Jahre, 8 Monate,	in Perugia
29 Tage	*Dauer des Pontifikats*
Bemerkenswertes	4 Jahre, 1 Monat,
Vatikan wird	7 Tage

Der Papst [Martin IV.] hasste die Deutschen dermaßen, dass er oft wünschte, er wäre ein Storch und die Deutschen Frösche in einem Sumpf, damit er sie auffressen könne.

Continuatio Vindobonensis (1284)

Französische Kavallerie aus der Zeit der Sizilianischen Vesper; der Aufstand soll ausgebrochen sein, weil ein französischer Soldat eine Sizilianerin beleidigt hatte (Paris, Bibliothèque Nationale).

Viterbo die Sturmglocken. Die empörten Bürger drangen in den Papstpalast ein und brachten zwei Kardinäle weg, die sie vor allen anderen für die Länge des Konklaves verantwortlich machten. Der eine wurde drei Tage, der andere drei Wochen eingekerkert. Der Streit im Konklave ging indessen weiter. 20 Tage nach diesem Volksaufstand wurde ein Papst gewählt: **Martin IV.** (1281–1285).

Martin war Franzose, seine Karriere hatte er vor allem in Frankreich gemacht. Es überrascht nicht, dass er eine profranzösische Politik betrieb und somit, wenn nicht eine Marionette, so doch ein treuer Diener Karls von Anjou war, dem er mehr oder minder seine Wahl verdankte. Der von Nikolaus III. eingeleitete Versuch, alle Parteien auszusöhnen, wurde so zunichte gemacht. Angesichts dieser Umstände muss man Rudolfs Zurückhaltung bewundern; seine ihm von Gregor X. versprochene Krönung zum römischen Kaiser rückte in ungewisse Ferne. Kaiser Michael wurde gebannt, Karls Pläne zur Eroberung Konstantinopels wurden genehmigt, die Vereinigung von West- und Ostkirche wurde annulliert. Martin schien Karls Befehlen zu gehorchen, ohne an die Folgen zu denken. Am 30. März 1282 bekam er die Gelegenheit, sich aus seiner Bevormundung zu befreien: Sizilien erhob sich gegen die Franzosen, das Geläute der Vesperglocken war das Signal zum Aufstand gewesen. Die siegreichen Rebellen baten Martin, Sizilien als päpstliches Lehen anzunehmen. Der schlug dies nicht nur ab, sondern versprach Karl jede erdenkliche Hilfe bei der Rückeroberung der Insel. Als sich die Sizilianer an Peter III. von Aragon wandten und dieser kühn genug war, ihr Angebot anzunehmen, wurde er von Martin gebannt und abgesetzt.

Europa war nervös geworden, doch im Januar 1285 starb Karl; Martin, treu bis zuletzt, folgte ihm etwas mehr als zwei Monate später. Es dauerte nur vier Tage und die Kardinäle wählten **Honorius IV.** (1285–1287), vielleicht etwas übereilt. Denn der neue Papst hatte gute Beziehungen zu Karl von Anjou gehabt und tendierte dazu, die Politik seines Vorgängers

Siegel Jakobs II. von Aragon; Jakob II., der Sohn Konstanzes von Sizilien und Enkel Jakobs I. von Aragon, des Eroberers, hatte den friedlicheren Beinamen »der Gerechte«.

fortzusetzen. So versuchte er, Sizilien wieder unter französische Herrschaft zu bringen, und ermutigte Philipp III., Aragon zu erobern, dessen Thron gemäß den *pronunciamenti* seines Vorgängers Martin vakant war. Er hatte damit aber keinen Erfolg. Ende 1285 kam die Gelegenheit, seine Politik zu ändern. Passenderweise starben sowohl Philipp als auch Peter III., dessen beide Söhne König wurden – der ältere von Aragon, der jüngere von Sizilien. Honorius beschloss, Kurs zu halten. Er bannte Jakob, den neuen König von Sizilien, musste jedoch erfahren, dass der Erbe Karls von Anjou, Karl II. von Salerno, auf diesen Titel verzichtete, um sich seine Freiheit zu erkaufen – er war von Peter III. eingekerkert worden.

Rudolf wartete immer noch auf seine Krönung. Sie wurde für den 2. Februar 1287 festgesetzt, dann abermals verschoben, da Rudolf es nicht schaffte, rechtzeitig nach Rom zu kommen. Ein Treffen in Würzburg, bei dem ein neuer Termin vereinbart werden sollte, löste sich auf, da die deutschen Vertreter sich weigerten, zu den Kosten von Rudolfs geplanter Romreise beizutragen.

Honorius, bei seiner Wahl schon 75, starb am 3. April 1287 völlig überraschend, vielleicht an einem Schlaganfall. Im Konklave stritt man sich wieder und der päpstliche Stuhl blieb elf Monate leer. Der englische Chronist Thomas Wykes schrieb voll Bitternis: »Wegen des ebenso frivolen wie verachtenswerten Zankes der Kardinäle und wohl aufgrund der Tatsache, dass jeder das Amt des Papstes für sich selbst beanspruchte ..., wankte die Kirche führungslos hin und her.« Der Frühling ging, die Sommerhitze kam. Sechs Kardinäle starben, da blieben nur noch neun.

PAPSTNAMEN

HONORIUS IV.	*Geboren*
Herkunft	30. September
Italien, Rom	1227
Geboren	*Eigentlicher Name*
1210	Girolamo Masci
Eigentlicher Name	*Abstammung*
Giacomo Savelli	Sohn eines
Abstammung	Schreibers
Aristokraten;	*Religiöser Status*
Großneffe von	Franziskaner
Honorius III.	*Früheres Amt*
Früheres Amt	Kardinalpriester
Kardinaldiakon	*Zum Papst gewählt*
Zum Papst gewählt	22. Februar 1288
2. April 1285	*Alter bei der Wahl*
Alter bei der Wahl	60
75	*Gestorben*
Gestorben	4. April 1292
3. April 1287	*Dauer des Pontifikats*
Dauer des Pontifikats	4 Jahre,
2 Jahre	1 Monat,
	11 Tage
NIKOLAUS IV.	*Bemerkenswertes*
Herkunft	Erster Franziskaner
Italien,	auf dem Stuhl
Lisciano	Petri

Sarkophag Honorius' IV. Honorius wurde in Alt-Sankt Peter beim Grab von Nikolaus III. beigesetzt. Paul III. ließ ihn in die Familiengruft in der Kirche Santa Maria in Aracoeli umbetten.

Sie beschlossen, das Konklave abzubrechen und auseinander zu gehen. Lediglich Kardinal Girolamo Masci, ein Franziskaner, harrte aus; zur Desinfektion entzündete er in sämtlichen Räumen der päpstlichen Residenz Feuer. Als der Herbst vergangen und der Winter schon lang da war, kam die Belohnung: Er wurde zum Papst gewählt.

Nikolaus IV. (1288–1292) lehnte das Amt ab. Erneut gewählt, fühlte er sich verpflichtet, es anzunehmen. Seinen Vorgängern gleich betrieb er eine seltsam verquere Politik. So verwandte er viel Zeit und Energie darauf, Sizilien wieder unter französische Herrschaft zu bringen: König Jakob ignorierend krönte er Karl II. von Anjou (der dafür immerhin den Treueid leisten musste) zum König von Sizilien und finanzierte mit kirchlichen Geldern die Abwehr von Jakobs Angriffen in Süditalien, die im August 1289 durch einen Friedensschluss beendet wurden. Im Juni 1291, nach dem Tod seines älteren Bruders, wurde Jakob auch König von Aragon. Im gleichen Jahr starb Rudolf, der vergebens auf seine Kaiserkrönung gewartet hatte, und Akkon, die letzte christliche Bastion in Palästina, fiel in die Hand der Muslime. Nikolaus rief ohne Erfolg zu einem Kreuzzug auf. Auch sein Taktieren in Rom war ein Fehlschlag: Seine Begünstigung der Patrizierfamilie der Colonna führte zu Protesten und Unruhen. Auf diese Weise endete sein Pontifikat in allgemeiner Unzufriedenheit. Das Einzige, was ihm niemand vorwerfen konnte, war sein Eifer für die Missionsarbeit in China und sein Bestreben, den katholischen Glauben in Serbien, Bulgarien, Armenien und Äthiopien zu bewahren und zu stärken.

Nach seinem Tod vergingen zwei Jahre und drei Monate, in denen die Kardinäle vergeblich über einen Nachfolger berieten. Im März 1294 kam Karl II. zum Konklave nach Perugia, um über Sizilien zu sprechen und den Kardinälen als Denkhilfe eine Liste passender Kandidaten zu überreichen, jedoch ohne Erfolg. Nach Karls Abreise kam es in Rom zu Gewaltausbrüchen. Die Anhänger der in Perugia tagenden Kardinäle trugen die Rivalitäten der Familien in blutigen Fehden aus. Es musste etwas geschehen. Einer der Kardinäle zog einen Brief hervor, den er von einem bekannten Eremiten, dem Benediktiner Pietro del Morrone, erhalten hatte. Er enthielt die Warnung, Gott würde das Konklave strafen, wenn es nicht unverzüglich einen Papst wählte. Einer glücklichen Eingebung folgend schlug der Kardinal ebendiesen Pietro für das Amt vor und die Versammlung stimmte begeistert zu.

Die Entscheidung schien eine glückliche Wahl zu ein. Pietro stand im Ruf der Heiligkeit; er hatte einen Orden gegründet (später Zölestiner genannt), der sich um Arme und Kranke kümmerte. Als er von seiner Wahl erfuhr, war er entsetzt und wollte fliehen. Karl II. bat ihn, die Wahl anzunehmen. Nachdem Pietro widerwillig zugestimmt hatte, geleitete er ihn nach L'Aquila, wo er inthronisiert wurde. **Coelestin V.** (1294), wie er nun hieß, beugte sich völlig dem Willen Karls und machte sogar Neapel zu seiner Residenz. Die päpstlichen Ämter besetzte er mit Karls Wunschkandidaten, Karl selbst ernannte er zum Beschützer des nächsten Konklaves. Ohne Anweisungen des Königs war er unfähig, irgend-

COELESTIN V.	
Herkunft	*Abdankung*
Italien, Molise	13. Dezember
Geboren	1294
1209 oder 1210	*Gestorben*
Eigentlicher Name	19. Mai 1296,
Pietro del	im Gefängnis
Morrone	von Castel
Abstammung	Fumone bei
Bäuerlich	Ferentino,
Religiöser Status	an falsch
Benediktiner,	behandeltem
Eremit, Priester	Abszess
Früheres Amt	*Dauer des Pontifikats*
Abt, lebte	5 Monate,
jedoch	9 Tage
weiterhin	*Bemerkenswertes*
als Eremit	Berühmt als
Zum Papst gewählt	Asket und
5. Juli 1294	Wunderheiler
Alter bei der Wahl	
84 oder 85	

(Oben) Coelestin erfuhr von seiner Wahl in seiner Einsiedelei. Es bedurfte der Anstrengungen der Könige von Neapel und Ungarn sowie des Erzbischofs von Lyon, um ihn zu überreden, sich zum Papst krönen zu lassen. Gemälde des 16. Jahrhunderts (Paris, Louvre).

Nach dem Tod von Nikolaus IV. stritten die Kardinäle drei Jahre über einen Nachfolger und der Stuhl Petri stand leer. Eines Tages trafen die Kardinäle in Perugia zur Beisetzung eines Adligen zusammen und einige von ihnen drängten, die Papstwahl zu beschleunigen. Sie sagten: »In Jesu Christi Namen, lasst uns zur Wahl eines Papstes schreiten, vielleicht wird Gott in seiner Weisheit und Güte einen zum Hirten seiner Herde bestimmen.« So versammelten sie sich, und nachdem sie eine Rede gehört hatten, ließ der Heilige Geist den vordersten Kardinal sprechen: »Im Namen des Vaters, des Sohnes und des Heiligen Geistes, ich wähle Petrus de Marrone.« Wie vom Donner gerührt, doch in gleicher Weise vom Heiligen Geist erleuchtet stimmten alle einhellig für Petrus.

Anonym, *Vita et obitus beati Petri confessoris* 2,12

eine seiner Amtspflichten auszuführen. Nun wurde allen klar, dass Heiligkeit allein nicht reichte. Auch Coelestin wusste das: Fünf Monate nach seiner Wahl dankte er ab und das Konklave stand vor der Aufgabe, den Bestimmungen Gregors X. folgend einen neuen Papst zu wählen.

Bonifaz VIII. (1294–1303), der Coelestin bei seiner Abdankung kirchenrechtlich beraten hatte, konnte der Kirche keinen radikaleren Wechsel bescheren. In gewisser Weise erinnert er an die Renaissancepäpste. Er interessierte sich für Wissenschaften, reorganisierte das Vatikanische Archiv und ließ einen Bibliothekskatalog erstellen. 1303 gründete er die Universität Rom. Daneben förderte er Künstler wie Giotto, aber auch Bildhauer, die zahllose Statuen von ihm anfertigten. Und er war hochmütig und begünstigte hemmungslos seine Familie.

Zuallererst entließ Bonifaz die von Coelestin ernannten Kreaturen Karls II. und führte den päpstlichen Hof von Neapel nach Rom zurück. Zu Karl selbst ging er nicht auf Distanz, sondern bemühte sich in den folgenden sieben Jahren, ihn in den Besitz Siziliens zu bringen. Karl trug zwar den Titel, der tatsächliche König von Sizilien war jedoch Jakob II. von Aragon, für den sein Bruder Friedrich die Regentschaft ausübte. In seinem Pontifikat musste Bonifaz zwei schwere Konflikte durchstehen: den Streit mit den durch einen Pyrrhussieg bezwungenen Colonna und die Auseinandersetzung mit Philipp IV. von Frankreich, der ihm während seiner gesamten Amtszeit das Leben schwer machte.

BONIFAZ VIII.

Herkunft	Zum Papst gewählt
Italien, Anagni	24. Dezember
Geboren	1294
Um 1235	*Alter bei der Wahl*
Eigentlicher Name	Etwa 59
Benedetto	*Gestorben*
Caetani	11. Oktober 1303
Abstammung	*Dauer des Pontifikats*
Aristokratisch	8 Jahre,
Früheres Amt	9 Monate,
Kardinalpriester	22 Tage

UNAM SANCTAM

Unserem Glauben gehorchend müssen Wir eine heilige Katholische und Apostolische Kirche annehmen und erhalten. Dies glauben Wir fest und bekennen schlichtweg, dass außer ihr kein Heil und keine Vergebung der Sünden ist. ... So erklären und betonen Wir denn als heilsnotwendige Wahrheit, dass jedes menschliche Wesen dem Bischof von Rom untertan ist.

Aus Bonifaz' Bulle *Unam sanctam*

In der Bulle *Unam sanctam* findet man die klarste und umfassendste Feststellung des päpstlichen Primats. Nie zuvor war die Bedeutung der Titel »Pontifex maximus« und »Stellvertreter Christi« so deutlich geworden. Die Nachfolger Bonifaz' konnten sich zur Verteidigung gegen Angriffe auf diese gebieterische Erklärung stützen.

Bonifaz VIII. leitet das Kardinalskollegium. Handschrift des 14. Jahrhunderts.

Bonifaz hatte die Colonna durch seine Arroganz gegen sich aufgebracht. Sie waren auch gegen seine Sizilienpolitik und schürten Zweifel hinsichtlich der Gültigkeit von Coelestins Abdankung: War diese ungültig, so war Bonifaz nicht rechtmäßig Papst geworden. Dabei hatten die Colonna an seiner Wahl nicht wirklich etwas auszusetzen. Ihre Kardinäle hatten für ihn gestimmt und nach seiner Krönung hatte Bonifaz in der Colonna-Festung Zagarolo gewohnt. Coelestin, schwach und beeinflussbar, war im Mai 1296 noch am Leben. Um sich abzusichern, ließ ihn Bonifaz vorsorglich in Schutzhaft nehmen und nach seinem Versuch, Italien per Schiff zu verlassen, auf eine Burg etwa 65 Kilometer südöstlich von Rom bringen. Coelestin, der an die 85 war, litt hier an einem schmerzhaften Abszess, bis ihn der Tod zehn Monate später erlöste. Die Colonna ließen der Propaganda 1297 Taten folgen und stahlen den persönlichen Schatz des Papstes, als dieser ihn von Anagni nach Rom transportieren ließ. Sie erstatteten ihn später zurück, verbreiteten aber weiterhin Manifeste, denen zufolge Bonifaz nicht wirklich Papst war. Bonifaz reagierte darauf mit Exkommunikationen und rief gegen sie zu einem »Kreuzzug« auf. Es kam zu Kämpfen. 1298 in die Knie gezwungen, rebellierten sie noch im selben Jahr wieder und flohen dann nach Frankreich zu Philipp IV., der ihnen Asyl gewährte und ihre Feindschaft gegen den Papst für seine Zwecke nutzte.

Der Konflikt zwischen Philipp und Bonifaz begann, als dieser durch seinen Schiedsspruch einen Streit zwischen Frankreich und England beilegen wollte. Es ging um französische Gebiete, die unter englischer Herrschaft standen. Der Krieg, der diesen Territorialstreit begleitete, wurde teils durch Steuern finanziert, die auch der Klerus zahlen musste, wogegen Bonifaz heftig protestierte. Die Auseinandersetzungen zwischen Philipp und Bonifaz endeten 1297 vorübergehend, als dieser Philipps Großvater, Ludwig IX., heilig sprach. 1301 versuchte Philipp jedoch erneut, in der französischen Kirche persönlich Einfluss zu nehmen. Bonifaz sah darin eine ernsthafte Bedrohung des päpstlichen Primats über die weltliche Gewalt. Er verfasste eine Bulle, in der er diesen Primat betonte. Als die Franzosen mit einer Erklärung zur Unabhängigkeit der französischen Krone antworteten, folgte eine weitere – *Unam sanctam* (1302) – mit dem berühmten Satz, man könne sein Heil nur durch Unterordnung unter den Papst in Rom erlangen. Nun gab sich Bonifaz zufrieden und suchte den Ausgleich. Ein neuer französischer Minister, Guillaume de Nogaret, war jedoch anderer Ansicht und schlug einen regelrechten Angriff auf den Papst vor. Gestützt auf Informationen, die ihm die am französischen Hof lebenden Colonna geliefert hatten, veröffentlichte de Nogaret eine Liste angeblicher Verfehlungen des Papstes und forderte ein Generalkonzil, das ihn absetzen sollte.

Bonifaz, der im September 1303 in Anagni residierte, bereitete eine Gegendarstellung vor. Ehe er diese publik machen konnte, trafen de Nogaret und Sciarra, der Führer der Colonna, bei ihm ein und forderten seine Abdankung. Als Bonifaz ablehnte, schlug ihn Sciarra ins Gesicht, dann riss man ihm die Tiara vom Kopf und zog ihm das päpstliche

Benedikt XI. Fresko von Fra Angelico (1400–1455) (Florenz, San Marco). Benedikt XI. wurde 1736 von Clemens XII. selig gesprochen. Als Papst wählte er das Motto: »Lass leuchten dein Antlitz über deinem Knecht« (Psalm 31,17).

PAPSTNAMEN

BENEDIKT XI.	CLEMENS V.
Herkunft	*Herkunft*
Italien, Treviso	Frankreich, Villandraut
Geboren	*Geboren*
1240	Um 1260
Eigentlicher Name	*Eigentlicher Name*
Niccolò Boccasino	Bertrand de Got
Abstammung	*Früheres Amt*
Sohn eines Notars	Erzbischof von Bordeaux
Religiöser Status	*Zum Papst gewählt*
Dominikaner	5. Juni 1305
Früheres Amt	*Alter bei der Wahl*
Kardinalbischof	Etwa 45
Zum Papst gewählt	*Gestorben*
22. Oktober 1303	20. April 1314, in Roquemaure
Alter bei der Wahl	*Dauer des Pontifikats*
63	8 Jahre, 10 Monate, 14 Tage
Gestorben	*Bemerkenswertes*
7. Juli 1304, in Perugia, an der Ruhr	Erster in Avignon residierender Papst, Beginn des Avignonesischen Exils
Dauer des Pontifikats	
8 Monate, 16 Tage	

Gewand aus. De Nogaret beabsichtigte offenbar, Bonifaz nach Frankreich zu bringen und ihn durch das Konzil absetzen zu lassen; Sciarra wollte den Papst töten. Die beiden stritten bis zum folgenden Tag, ein Zeitgewinn, der dem Papst die Rettung brachte. Nach einem kurzen und blutigen Kampf waren seine Häscher tot oder auf der Flucht. Bonifaz kehrte nach Rom zurück, wo man ihn mit Erleichterung und Beifall empfing. Ein gewisser Trost war auch die Nachricht, dass Karl II. von Neapel und Friedrich III. von Sizilien, erschreckt über die gegen den Papst angewandte Gewalt, sich anschickten, ihm Hilfe zu bringen.

Bonifaz war bereits über 80 und die Ereignisse hatten ihn offenbar stark mitgenommen. Er verstarb am 11. Oktober. Europa war durch diese Geschehnisse zutiefst erschüttert. Der Bischof von Sion prophezeite, Philipp von Frankreich und seinen Söhnen werde Unheil widerfahren, sie würden die Krone verlieren. So geschah es auch: 1328 starb Philipps letzter Sohn und die französische Krone fiel an das Haus Valois.

Benedikt XI. (1303–1304) war Dominikaner. Er wurde im Konklave von dem in Rom weilenden Karl II. von Neapel unterstützt. Die beiden Colonna-Kardinäle stellten die Wahl als ungültig hin. Um sie zu beschwichtigen, löste sie Benedikt aus dem von Bonifaz 1297 über sie verhängten Bann, womit er seine eigenen Anhänger verärgerte und in Rom einen Aufruhr verursachte. Im April 1304 begab er sich nach Perugia, wo er überlegte, was mit Philipp IV. zu tun war. Er beschloss, den König und alle anderen mit Ausnahme de Nogarets vom Bann zu lösen, den ihnen ihr Vorgehen gegen Bonifaz eingebracht hatte. De Nogaret wurde nach Perugia vorgeladen, um sich wegen Sakrilegs zu verantworten. Doch ehe dergleichen geschah, starb der Papst an der Ruhr. Es folgte ein Konklave, in dem sich pro- und antifranzösische Kardinäle elf Monate lang stritten.

Gewählt wurde schließlich ein Franzose, der Erzbischof von Bordeaux. Er verlegte den Sitz der Päpste nach Frankreich, in das später so genannte »Avignonesische Exil«, das auch als »Babylonische Gefangenschaft« bezeichnet wurde. **Clemens V.** (1305–1314) setzte seinen Fuß kein einziges Mal auf römischen Boden. Nachdem er auf der Suche nach einer passenden Residenz durch halb Frankreich gereist war, ließ er sich als Dauergast im Dominikanerkloster von Avignon nieder und pflegte hier sein Krebsleiden, das ihn bis zu seinem Tod quälen sollte. König Philipp IV. forderte, dass der neue Papst in Lyon gekrönt wurde, Clemens beugte sich, womit für den Rest seiner Amtszeit der Ton angegeben war. Nach langem Zögern erklärte er sich bereit, ein Generalkonzil einzuberufen, dessen einziger Zweck es war, König Philipp und Guillaume de

Clemens V. verlässt eine bekümmerte Ecclesia. Allegorie der Verlegung der päpstlichen Residenz nach Avignon aus einer Handschrift des 15. Jahrhunderts der pseudojoachitischen Prophetien über die Zukunft des Papsttums (London, British Library). Clemens wurde im Beisein König Philipps IV. von Frankreich zum Papst gekrönt und verdankte seine Wahl in erster Linie dessen Machenschaften. Mit der raschen Ernennung von neun französischen Kardinälen schuf er einen Präzedenzfall, dem spätere Avignoneser Päpste allzu gerne folgten.

Nogaret nach ihrem Überfall auf Papst Bonifaz zu rehabilitieren und dessen gegen französische Interessen gerichtete Dekrete zu annullieren. Clemens verfasste sogar eine Bulle, in der er Philipps Eifer im Kampf gegen den unglücklichen Papst lobte.

Noch schändlicher war seine Mitschuld am Fall des Templerordens in Frankreich. In der Absicht, sich dessen beachtliche Besitztümer anzueignen, ließ Philipp am 13. Oktober 1307 dessen Mitglieder verhaften, grausam foltern und dem Papst und der Öffentlichkeit als Ketzer vorführen, die einen Götzen namens Baphomet verehrten und bei ihren geheimen und blasphemischen Initiationsriten miteinander Unzucht trieben. In Vienne wurde ein Kirchenkonzil einberufen, auf dem Clemens den Orden aufhob und seine französischen Besitzungen den Johannitern übereignete, die sich ihrer nie erfreuen sollten, da sie de facto an Philipp selbst fielen.

Auch im Kardinalskollegium dominierte der französische Einfluss. Zwischen 1305 und 1312 ernannte Clemens eine große Anzahl neuer Kardinäle, von denen fünf seiner Familie entstammten und von ihm derart generös mit Erbschaften bedacht wurden, dass nach seinem Tod der päpstliche Schatz erschöpft war. Clemens war aber nicht nur mit französischen Angelegenheiten beschäftigt. In Schottland erinnert man sich noch der Bannung von Robert Bruce, der in einer Kirche seinen politischen Rivalen John Comyn aus dem Wege räumte. Was die Deutschen betrifft, so hatte Clemens nach der Ermordung Albrechts I. von Habsburg Heinrich von Luxemburg als Kaiser nominiert; mit seiner Bulle *Pastoralis cura* erklärte er den Primat des Papsttums über das Reich und damit das Recht des Papstes, im Fall einer Thronvakanz einen päpstlichen Regenten einzusetzen. Man darf auch nicht vergessen, dass er die Universitäten Orléans und Perugia gründete und in Paris, Bologna, Oxford und Salamanca Lehrstühle für orientalische Sprachen einrichtete.

Fest steht aber, dass Clemens durch seine Schwäche für die Verlegung des Papsttums nach Frankreich verantwortlich war und es den Wünschen eines verworfenen Königs dienstbar machte. Für die Kirche entstand daraus ein mehr als hundert Jahre währender Skandal, der Spaltungen und Gegenpäpste hervorbrachte und der Christenheit schweren Schaden zufügte. Es ist nicht überraschend, dass nach Clemens' Tod 1314 das Konklave zwei Jahre, drei Monate und 17 Tage brauchte, um einen Nachfolger zu finden. Clemens mochte seinen »Neffen« irdische Schätze vermacht haben, der Kirche hatte er Bitterkeit, Hass und Streit hinterlassen.

DAS ENDE DER TEMPLER

Wie Eurer Heiligkeit bekannt ist, wurde ich über die Ergebnisse der Untersuchungen bei den Brüdern des Ordens der Tempelritter verlässlich informiert. Diese haben, wie sich zeigte, derartige Ketzereien und andere abscheuliche Verbrechen begangen, dass der Orden billigerweise aufgehoben werden sollte. Deshalb bitte ich, in brennendem Eifer für den wahren Glauben und damit eine solche Beleidigung Christi nicht ungesühnt bleibt, liebend, ergeben und demütig, dass es Eurer Heiligkeit gefallen möge, obgenannten Orden aufzulösen.

Brief König Philipps an Papst Clemens V. vom 2. März 1312

Die Templer vor Clemens und König Philipp; 14. Jahrhundert (London, British Library). Jacques de Molay, ihr letzter Ordensgroßmeister, wurde 1314 lebendig verbrannt. Sterbend rief er Clemens und Philipp auf, mit ihm vor Gottes Thron zu treten. Clemens starb einen Monat später, Philipp im November dieses Jahres.

Johannes XXII.
1316–1334

Benedikt XII.
1334–1342

Clemens VI.
1342–1352

Innozenz VI.
1352–1362

Urban V.
1362–1370

Gregor XI.
1370–1378

Johannes XXII. Handschrift des 15. Jahrhunderts (London, British Library).
Nach einer Universitätskarriere in Paris, Orléans, Cahors und Toulouse wurde er 1309 Kanzler Karls II. von Neapel.

JOHANNES XXII.	
Herkunft Frankreich, Cahors	*Zum Papst gewählt* 7. August 1316
Geboren Um 1244	*Alter bei der Wahl* Etwa 72
Eigentlicher Name Jacques Duèse	*Gestorben* 4. Dezember 1334
Abstammung Reich, bürgerlich	*Dauer des Pontifikats* 18 Jahre, 3 Monate, 29 Tage
Früheres Amt Kardinalpriester	*Gegenpapst* Nikolaus V. (1328–1330)

Als im Jahre des Herrn 1334 Papst Johannes am Vorabend des Osterfestes mit Kardinaldiakon Giovanni Gaetano die Messe feierte, wollte er, dass dieser, wie er selbst es getan hatte, den Leib des Herrn empfing. Als er ihm jedoch die Hostie darbot, um sie ihm in den Mund zu legen, sagte der Kardinal, er sehe sie nicht. Eine Stunde lang suchten sie die Stelle ab, an welcher der Papst gestanden hatte. Zuletzt fand sich die Hostie in einer Falte des päpstlichen Messgewands und wurde dem Kardinal überreicht. Nach dem Ende der Messe sagte der Papst, er habe mit eigenen Augen gesehen, dass der Leib Gottes seinen Händen entglitten war, sich aber nicht vorstellen können, wo er sich verbarg, bis sie ihn nach sorgfältiger Suche schließlich in der Falte seines Messgewandes fanden. Der Papst sah diesen Vorfall als ein Wunder an.

Heinrich der Seneschal von Dissenhoven, *Vita Joannis XXII*

Trotz seines hohen Alters und seiner erklärten Absicht, das Papsttum in Avignon zu belassen, schien **Johann XXII.** (1316–1334) eine gute Wahl zu sein. Er machte sich mit viel Energie an die Sanierung der päpstlichen Finanzen und an die Verwaltungsreform. Er erließ sowohl eigene als auch von Clemens V. verfasste Verordnungen (Dekretalen) zu Glaubensfragen

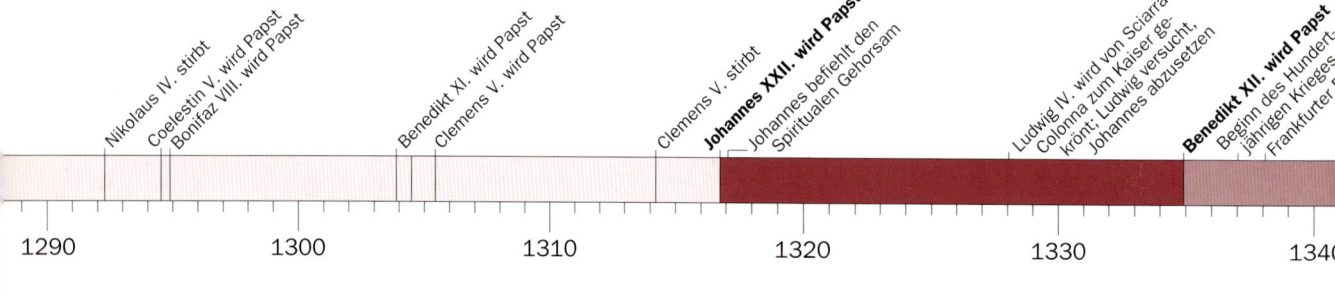

Nikolaus IV. stirbt
Coelestin V. wird Papst
Bonifaz VIII. wird Papst

Benedikt XI. wird Papst
Clemens V. wird Papst

Clemens V. stirbt
Johannes XXII. wird Papst
Johannes befiehlt den Spiritualen Gehorsam

Ludwig IV. von Sciarra Colonna zum Kaiser gekrönt; Ludwig versucht, Johannes abzusetzen

Benedikt XII. wird Papst
Beginn des Hundertjährigen Krieges
Frankfurter

1290   1300   1310   1320   1330   1340

(Rechts) Miniatur des 14. Jahrhunderts aus einer Bittschrift der Stadt Prato an den König von Neapel Robert von Anjou (London, British Library). Robert war von Clemens V. in Avignon gekrönt worden und wurde bald als Führer der Guelfen anerkannt. Dante bezeichnet ihn als bloßen »König der Worte«. Vor seiner Wahl zum Papst war Johannes XXII. Roberts Kanzler gewesen und wurde 1310 zum Bischof von Avignon erhoben.

DEKRETALEN

Ein Dekretale ist ein päpstlicher Brief mit Verfügungen zu einer bestimmten Frage, normalerweise der kirchlichen Disziplin. Es unterscheidet sich darin von der Bulle, die Rechte verleiht oder bestätigt und weniger wichtige Dinge behandelt. Im 4. Jahrhundert entstanden, wurden die Dekretalen wichtige Äußerungen der päpstlichen Autorität. Sie wurden Jahrhunderte hindurch gesammelt und beeinflussten die Entwicklung des kanonischen Rechts durch Bereitstellung von Präzedenzfällen, Definitionen und Klassifizierungen, auf die sich Päpste und Kirchenjuristen stützen konnten. Natürlich gab es auch gefälschte Dekretalen. Sie spielten für die Stärkung der päpstlichen Autorität und der Privilegien des Klerus keine geringere Rolle als die echten.

und Kirchengesetzen. Er förderte die Mission in Asien, gründete in Avignon eine päpstliche Bibliothek und eine Universität in Cahors.

Es dauerte jedoch nicht lange, bis er mit den Franziskanern in Konflikt geriet. Kurze Zeit nach deren Gründung bestanden einige der Brüder, erst *Zelanti*, später Spiritualen genannt, auf der strikten Befolgung der Ordensregel und der Einhaltung des Armutsgebots. Mehrere Päpste wurden gebeten, diesen Streit zu schlichten. Da keiner von ihnen die Position der Spiritualen unterstützte, verlangten diese die Loslösung vom

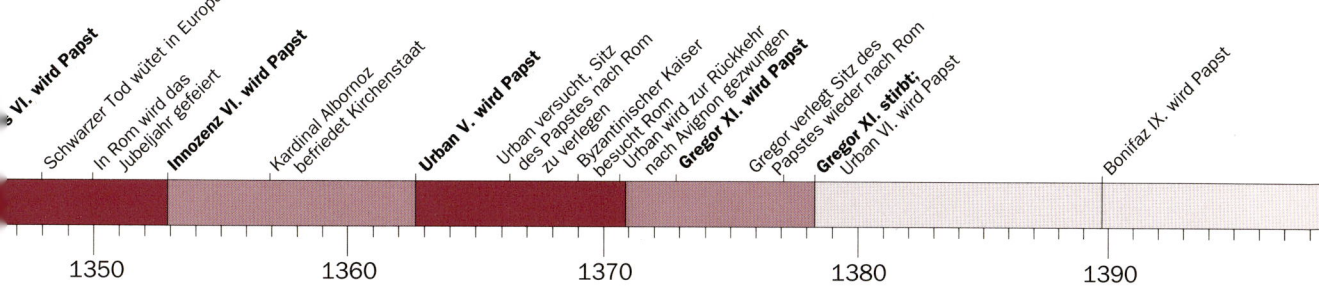

VI. wird Papst
Schwarzer Tod wütet in Europa
In Rom wird das Jubeljahr gefeiert
Innozenz VI. wird Papst
Kardinal Albornoz befriedet Kirchenstaat
Urban V. wird Papst
Urban versucht, Sitz des Papstes nach Rom zu verlegen
Byzantinischer Kaiser besucht Rom
Urban wird zur Rückkehr nach Avignon gezwungen
Gregor XI. wird Papst
Gregor verlegt Sitz des Papstes wieder nach Rom
Gregor XI. stirbt;
Urban VI. wird Papst
Bonifaz IX. wird Papst

1350   1360   1370   1380   1390

PAPSTNAMEN

BENEDIKT XII.	CLEMENS VI.
Herkunft Frankreich, Saverdun bei Toulouse	*Herkunft* Frankreich, Maumont, Limousin
Geboren Zwischen 1280 und 1285	*Geboren* 1291
Eigentlicher Name Jacques Fournier	*Eigentlicher Name* Pierre
Abstammung Arm	*Abstammung* Zweiter Sohn eines Barons
Religiöser Status Zisterzienser	*Religiöser Status* Benediktiner, Doktor der Theologie
Frühere Ämter Abt, Kardinalpriester	*Frühere Ämter* Abt, Erzbischof von Rouen, französischer Kanzler
Zum Papst gewählt 20. Dezember 1334	*Zum Papst gewählt* 7. Mai 1342
Alter bei der Wahl Zwischen 49 und 54	*Alter bei der Wahl* 51
Gestorben 25. April 1342	*Gestorben* 6. Dezember 1352, in Avignon
Dauer des Pontifikats 7 Jahre, 4 Monate, 5 Tage	*Dauer des Pontifikats* 10 Jahre, 7 Monate

Denkmal Benedikts XII. von Paolo da Siena (Vatikanische Grotten). Vor seiner Wahl war Benedikt als energischer Inquisitor aufgetreten und in seinen Diözesen Pamiers und Mirepoix erfolgreich gegen Waldenser und Katharer vorgegangen. Als brillanter Disputant schrieb er über und gegen einige der berühmten Kontroversalisten des 12. und 13. Jahrhunderts.

übrigen Orden und wurden deshalb zunehmend verfolgt. 1317 befahl Johannes den Renegaten, ihren Ordensoberen Gehorsam zu leisten. Wer sich nicht fügte, wurde der Inquisition übergeben, vier von ihnen wurden verbrannt. Eine Weile blieb alles ruhig, doch 1322 verkündete ein Generalkapitel des Ordens, es sei eine gültige theologische Ansicht, dass Christus und die Apostel keinerlei Eigentum gehabt hatten, was der Position der Spiritualen sehr nahe kam. Johannes verurteilte dies als Ketzerei und der Orden spaltete sich: Manche fügten sich, andere nicht. Johannes bekräftigte seine Verurteilung durch eine Bulle. Diese bestätigte das Recht auf Eigentum sowie die Lehre, dass die Apostel sehr wohl über persönlichen Besitz verfügt hätten.

Die Feinde des Papstes wandten sich nun an den deutschen König, Ludwig IV., den Johannes brüskiert hatte, indem er seinen Anspruch auf die Krone nicht unterstützte. Ludwig griff zu einer unter königlichen Papstgegnern rasch zur Routine werdenden Maßnahme – der Einberufung eines Generalkonzils zur Absetzung des Papstes. Er beließ es aber nicht bei Worten. Im Januar 1328 zog er in Rom ein, ließ sich von Sciarra Colonna zum Kaiser krönen, erklärte Johannes für abgesetzt und ließ einen Spiritualen zum Papst wählen. Eine derart radikale Lösung konnte nicht von Dauer sein. Als Ludwig ein Jahr darauf Rom verließ, floh sein Gegenpapst, *Nikolaus V.*, nach Avignon und unterwarf sich Johannes. Der zeigte sich im Gegenzug großmütig: Nikolaus durfte im päpstlichen Palast den Rest seines Lebens in komfortabler Abgeschiedenheit verbringen.

Die letzten Jahre dieses Pontifikats wurden wieder durch einen Konflikt getrübt. Im Winter 1331 verkündete Johannes seine neuartigen Ansichten über den Status der Seligen im Himmel, was ihm eine Verurteilung als Ketzer durch die Universität Paris und zahlreiche Theologen einbrachte. Alle, die er je beleidigt hatte, beeilten sich, ihn zu bannen; er kam in ernsthafte Schwierigkeiten, aus denen ihn nur der Widerruf auf dem Sterbebett rettete, auch wenn dieser bloß partiellen Charakter hatte.

Benedikt XII. (1334–1342) war ein Zisterzienser, dessen theologische Ansichten vernünftiger erschienen als die seines Vorgängers. Die Frage, die Johannes zuletzt in Schwierigkeiten gebracht hatte, war bald gelöst. Seinen Reformplänen gemäß begann Benedikt, verwerfliche klerikale Praktiken abzuschaffen, so etwa die Abwesenheit der Benefiziare von ihren Pfründen, die Ämterhäufung und überhöhte Gebühren für die Ausstellung von Dokumenten; Mönchen und Nonnen befahl er die strikte Befolgung der Ordensregel. Was den Sitz des Papstes betraf, so erwog Benedikt

DIE PÄPSTE IN AVIGNON

Nachdem die Päpste aufgrund der in Italien und vor allem in Rom andauernden politischen Turbulenzen nach Avignon ausgewichen waren, begannen sie allmählich, die Vorteile ihrer neuen Residenz zu schätzen. Da es hier friedlicher war, konnten sie, mehr oder minder unbeschwert von lokalpolitischen Problemen, ihre Aufmerksamkeit den großen Fragen der Kirchenführung widmen. Die Kurie wurde handlungsfähiger und die Autorität des Papstes wuchs, seine Verfügungen zeigten mehr Wirkung. In die päpstlichen Truhen flossen mehr Steuern, die Päpste wurden reicher und konnten öfter als Mäzene auftreten. Der Papst wandelte sich zu einer Art weltlichem Herrscher und wurde eine größere Bedrohung für die Könige, besonders für den französischen, da Avignon sozusagen vor seiner Haustür lag.

In dem Maß, in dem die Päpste die Kontrolle der kirchlichen Verwaltung an sich zogen und dabei zusehends verweltlichten, wuchs auch die Unzufriedenheit über ihre Vetternwirtschaft, ihre Prunksucht, Korruption und Geldgier. Ihre spirituelle Entwicklung konnte mit der materiellen nicht Schritt halten, weshalb Avignon in ganz Europa argwöhnisch betrachtet und als Skandal empfunden wurde.

offenbar eine Rückkehr nach Rom, doch das Chaos in dieser Stadt und im ganzen Land brachte ihn wieder davon ab, so dass er in Avignon den Bau eines neuen Papstpalastes begann. In der Politik versagte er. Die Autorität des Papstes in weltlichen Angelegenheiten in Italien wurde vernachlässigt. Als Kaiser Ludwig IV. versuchte, sich mit dem Papst zu versöhnen, beugte sich Benedikt den Einwänden Philipps VI. von Frankreich und machte sich so Ludwig noch mehr zum Feind, und zwar derart, dass der Frankfurter Fürstentag 1338 verkündete, die Bestätigung eines neu gewählten Königs durch den Papst sei nicht erforderlich, da die königliche Gewalt ohnehin von Gott käme.

Nach Benedikts Tod entschieden sich die Kardinäle für den Kanzler Frankreichs als Papst, der sich **Clemens VI.** (1342–1352) nannte. Anders als der sittenstrenge Benedikt lebte Clemens als weltlicher Fürst, der nun den Papstpalast für seine Hofhaltung erheblich vergrößerte. Seine Amtszeit stand vor dem Hintergrund bewaffneter Konflikte. Der Hundertjährige Krieg (1337–1453) zwischen Frankreich und England war voll entbrannt; in die verwickelten Auseinandersetzungen in Italien militärisch einzugreifen, bemühte er sich vergeblich. Erfolgreicher war er in dem ererbten Streit mit Kaiser Ludwig IV. 1342 und 1343 erneuerte er die gegen Ludwig gerichteten Dekrete Johannes' XXII. und forderte ihn auf, die Kaiserkrone niederzulegen. Ludwig war trotz der Beschlüsse des Frankfurter Fürstentags zu Zugeständnissen bereit, Clemens hingegen zeigte sich abweisend. 1346 erklärte er Ludwig für abgesetzt und gebannt, an seiner Stelle wählte man den von Clemens protegierten Karl IV. von Böhmen. Ludwig protestierte, starb aber 1347 unversehens

Karikatur Clemens' VI. aus einer Handschrift des 15. Jahrhunderts mit Illustrationen zu den Prophezeiungen Joachims von Fiore über die Päpste (Wien, Nationalbibliothek). Clemens VI. wurde lange Zeit als »Tragöde im zerrissenen Purpur der Antike« bezeichnet. Er ernannte eine große Zahl französischer Kardinäle, wodurch die Kirche noch mehr vom guten Willen Frankreichs abhing.

bei einem Jagdunfall. So hatte Clemens die Genugtuung, Karl im November des gleichen Jahres zum deutschen König zu krönen.

Clemens galt nach seinem Tod als jemand, der im Luxus gelebt und in der Politik versagt hatte. Es sollte viel Zeit vergehen, ehe man sich seiner Verdienste erinnerte. Er war ein hervorragender Prediger und bekannt für seine Mildtätigkeit und Großzügigkeit. Als 1348 in Europa der Schwarze Tod wütete und ihm, wie berichtet wird, in Avignon drei Viertel der Einwohnerschaft zum Opfer fielen, stellte Clemens die Juden unter seinen Schutz, da man ihnen die Schuld für den Ausbruch und die Verbreitung der Seuche gab. Dann erließ er eine Bulle, in der er auch anderen auftrug, sie zu beschützen.

Innozenz VI. (1352–1362) hatte von Anfang an mit Schwierigkeiten zu kämpfen. Eher ein Reformpapst, sah er sich Kardinälen gegenüber, die die Macht des Papstes einschränken und die eigene vergrößern wollten. Zwar hatte er im Konklave diese Pläne gutgeheißen, nach seiner Wahl verwarf er jedoch die Abmachungen wieder und begann ein umfassendes Reformprogramm, das sich auch auf die Mönchsorden erstreckte. Auffällig ist, dass Innozenz die Dominikaner unterstützte, während er mit den franziskanischen Spiritualen besonders streng verfuhr.

Wie schon Clemens VI. versuchte auch Innozenz, im Kirchenstaat Ordnung zu schaffen und ihn zum Gehorsam zurückzuführen. Dafür bediente er sich der Talente des spanischen Kardinals Gil de Albornoz, durch dessen Wirken 1357 viele dieser Gebiete wieder gebändigt und gefügig gemacht wurden.

Ausschnitt aus dem Fresko *Triumph des heiligen Thomas von Aquino* von Andrea da Firenze (1355) in der Kirche Santa Maria Novella in Florenz. Ein Papst, wahrscheinlich Clemens VI., thront inmitten einer die christliche Gesellschaft repräsentierenden Gruppe. Zu seiner Linken die weltliche Hierarchie – der Kaiser, ein König, ein Baron und Laien; zu seiner Rechten die kirchliche – ein Kardinal, ein Bischof und weitere Vertreter kirchlicher Institutionen. Die Schafe zu Füßen von Papst und Kaiser symbolisieren die gewöhnlichen Leute. Sie werden von Hunden bewacht. Diese *Domini canes* stehen für die Dominikaner, die auf das Volk aufpassen.

(Oben) 1347–1351 wütete in Europa die Pest, der 25 bis 45 Prozent der Bevölkerung zum Opfer fielen. An einigen Orten wurden die Juden für die Seuche verantwortlich gemacht und massakriert.

PAPSTNAMEN

INNOZENZ VI.	
Herkunft	*Eigentlicher Name*
Frankreich,	Guillaume de
Monts, Limousin	Grimoard
Geboren	*Abstammung*
1282	Aristokratisch
Eigentlicher Name	*Religiöser Status*
Étienne Aubert	Benediktiner,
Frühere Ämter	Doktor des kano-
Professor der Juris-	nischen Rechts
prudenz, oberster	*Frühere Ämter*
Richter in Toulouse,	Abt, päpstl. Legat
Kardinalbischof	*Zum Papst gewählt*
Zum Papst gewählt	28. September
18. Dezember 1352	1362, in Neapel
Alter bei der Wahl	*Alter bei der Wahl*
70	52
Gestorben	*Gestorben*
12. September	19. Dezember
1362	1370, beigesetzt
Dauer des Pontifikats	in Marseille
9 Jahre, 8 Monate,	*Dauer des Pontifikats*
26 Tage	8 Jahre, 2 Monate,
	23 Tage
URBAN V.	*Bemerkenswertes*
Herkunft	Nach seiner Wahl
Frankreich, Lozère	trug er weiter
Geboren	Mönchskleidung
1310	und lebte
	als Mönch.

Kardinal Gil de Albornoz lässt sich vom Kirchenstaat huldigen, den er 1357 für Innozenz VI. befriedete. Albornoz half auch Urban V. Er verhandelte mit Bernabò Visconti, der entgegen den päpstlichen Anordnungen Bologna besetzt hielt. Handschrift des 14. Jahrhunderts (Vatikanische Bibliothek).

In anderen Bereichen war er weniger erfolgreich. Seine Beziehungen zu dem 1355 zum römischen Kaiser gekrönten Karl IV. waren freundschaftlich; trotzdem erließ dieser die so genannte Goldene Bulle, in der er ein früheres Dekret Ludwigs IV. bekräftigte, dem zufolge die päpstliche Bestätigung des neu gewählten Königs nicht erforderlich war. Innozenz schaffte es auch nicht, das erneute Aufflackern des Hundertjährigen Krieges zu verhindern. Immerhin gelang es ihm, 1360 einen zehn Jahre währenden Waffenstillstand zu vermitteln. Seine Versuche, einen Kreuzzug zu organisieren und die Vereinigung zwischen Ost- und Westkirche wieder in Schwung zu bringen, blieben ebenfalls erfolglos. Da Avignon häufig von marodierenden Söldnerhaufen angegriffen wurde, musste der Papst viel Geld ausgeben, um die Befestigung der Stadt und seines Palastes zu verstärken und den Abzug der Banden zu erkaufen. Angesichts dieser Entwicklung und der Schwäche Frankreichs, das durch den Krieg mit England erschöpft war, begann Avignon seine Attraktivität zu verlieren. Sogar die internen Konflikte Italiens wirkten nun nicht mehr so abschreckend, und als Innozenz seine Tage beschloss, erwog er ernsthaft, das Papsttum nach Rom zurückzuführen.

Sein Nachfolger, **Urban V.** (1362–1370) teilte den Römern im Mai 1363 mit, dass er zurückkehren wolle, obwohl er wusste, dass das Leben im verfallenden Rom gefährlich und der Vatikan- wie der Lateranpalast unbewohnbar waren. Im Oktober 1367 konnte er im restaurierten Vatikanpalast einziehen, wogegen die Kurienmehrheit der französischen Kardinäle protestierte. Es war ein tapferer Schritt, doch Kardinal de Albornoz hatte gegen einen der Hauptgegner, Bernabò Visconti von Mailand, der entgegen päpstlicher Proteste Bologna besetzt hielt, wahre Wunder gewirkt. Die Vorzeichen für ein Ende des Avignonesischen Exils standen gut.

Aber diese Vorzeichen trogen. Trotz der Erfolge des Kardinals beschloss Urban, Viscontis Abzug aus Bologna zu erkaufen, wofür sich

Urban V. kehrt 1370 von Rom nach Avignon zurück. Handschrift des 14. Jahrhunderts (Avignon, Musée Calvet). Als Urban starb, wurde er zunächst in Avignon beigesetzt, 1372 jedoch nach Marseille überführt. 1870 wurde Urban selig gesprochen.

DER MILDTÄTIGE BENEDIKTINER

Auch Urban gehörte zu den Päpsten, die für ihre politischen Aufgaben etwas zu heilig waren. Er war Benediktiner und lebte auch nach seiner Wahl als Mönch. Selbst sehr genügsam, reduzierte er auch die päpstlichen Ausgaben und unterstützte bedürftige Studenten, etwa tausend, wie eine Abrechnung zeigt. Er gründete Universitäten in Orange, Vienne und Krakau, stiftete Schulen in Montpellier und gab viel Geld für die Restaurierung römischer Kirchen aus, insbesondere S. Giovanni in Laterano, wo praktisch ein Neubau nötig war. Auf diese Weise hinterließ er seinem Nachfolger ebenso wenig Geld wie der fürstliche Clemens VI. dem seinen hinterlassen hatte, wobei Urbans Art von Großzügigkeit wohl die sinnvollere war.

GREGOR XI.	
Herkunft	*Früheres Amt*
Frankreich,	Kardinaldiakon
Maumont,	mit 19 Jahren
Limousin	*Zum Papst gewählt*
Geboren	30. Dezember
1329	1370
Eigentlicher Name	*Alter bei der Wahl*
Pierre Roger	42
de Beaufort	*Gestorben*
Abstammung	27. März 1378
Aristokratisch;	*Dauer des Pontifikats*
Neffe von	7 Jahre, 2 Monate,
Clemens VI.	29 Tage

Mein liebster, mein allerliebster Babbo. (A.d.Ü. Babbo heißt Papa oder Väterchen.)
    Katharina von Siena in mehreren an Gregor XI. gerichteten Briefen

Visconti riesige Summen bezahlen ließ. Urban tat das nicht aus Feigheit. Eine seiner Hauptsorgen war ein Kreuzzug gegen die Türken. Sollte dieser erfolgreich sein, so brauchte er Frieden zu Hause und Harmonie im Ausland, daher auch sein Wunsch, Rom mit Konstantinopel zu versöhnen. Seine Kreuzzugspläne stießen aber auf wenig Interesse und scheiterten Ende 1365 endgültig. Urban ließ sich nicht entmutigen. 1369 wurde er mit dem Rombesuch des byzantinischen Kaisers Johannes V. Palaiologos belohnt, der sich dem Papst und der lateinischen Kirche unterwarf. Der Kaiser tat dies nicht aus reinem Altruismus. Er brauchte westliche Hilfe gegen die Bedrohung Konstantinopels durch die Türken. Dennoch: Die Unterwerfung des Ostkaisers unter die römische Kirche war der Höhepunkt von Urbans Pontifikat. Bald danach brachen in Perugia und Rom Revolten aus. Auch Visconti nahm den Kampf wieder auf und Urban musste nach Viterbo und dann nach Montefiascone flüchten. Dieses Wanderleben bewog ihn, im August 1370 nach Avignon zurückzukehren – zur großen Enttäuschung Kaiser Karls IV., der seinen Umzug von Frankreich nach Rom unterstützt und ihn dort im Oktober 1368 besucht hatte. Einmal mehr geriet der Papst unter den Einfluss Frankreichs.

Urban konnte sich seiner Rückkehr nach Avignon allerdings nicht lange erfreuen. Er starb am 19. Dezember während der Messe vor dem Hochaltar der Kathedrale.

Gregor XI. (1370–1378) war der letzte der französischen Päpste. Als Neffe Clemens' VI. hatte er eine hervorragende Erziehung genossen und war in seiner Karriere gefördert worden. Gleich Urban V. war er tiefgläubig. Er hatte Schuldgefühle, in Avignon zu sein, hoffte auf eine Vereinigung von lateinischer und orthodoxer Kirche und plante einen Kreuzzug. Keine seiner Hoffnungen erfüllte sich. Italien rebellierte, und nach einem beherzten Versuch, Visconti zu vernichten, musste sich Gregor aus Geldmangel und wegen der Schwäche seiner Verbündeten zu einem Ausgleich bequemen. Dann wandte sich Florenz gegen ihn und trieb den

KATHARINA VON SIENA

Wie ich hörte, habt Ihr Kardinäle er-
nannt. Es würde Gott mehr Ehre und
uns mehr Nutzen bringen, wenn Ihr
darauf bedacht wärt, tugendhafte Män-
ner zu ernennen. Das Gegenteil davon
ist eine schwere Beleidigung Gottes
und ein Unglück für die Heilige Kirche.

Katharina von Siena, Brief
an Papst Gregor XI.

Katharina von Siena (1347–1380)
war eine gefeierte Mystikerin und
übte großen Einfluss auf die Politik
der Kirche aus. Sie schrieb zahlreiche
Briefe an die Herrscher Europas und
versuchte, das Große Schisma zu beenden. Ihre geistliche Lehre kommt
in ihren *Briefen* und im *Dialog* zum
Ausdruck.

JOHN WYCLIFFE

John Wycliffe (um 1330–1384),
Professor für Theologie in Oxford,
später Pfarrer, verfasste zahlreiche
Schriften. In seinen späteren Jahren
vertrat er unorthodoxe Positionen.
So kritisierte er die Lehre von der
Transsubstantiation, die den Kern-
punkt der Messe bildet und der
zufolge sich Brot und Wein auf wunderbare Weise unter Wahrung ihrer
äußeren Gestalt in das Fleisch und
Blut Christi verwandeln. Wycliffes
Meinung dazu war komplex. Er
scheint geglaubt zu haben, Brot und
Wein sowie Fleisch und Blut seien
gleichermaßen präsent. Wycliffe
sprach sich gegen die Oberhoheit des
Papstes, das Mönchtum, die Ablässe
wie die Sakramente aus und kritisierte das Besitzstreben des Klerus.
In gewisser Weise kann man in ihm
einen blassen Vorläufer Luthers
sehen (s. S. 174).

Gregor kehrt aus Avignon nach Rom
zurück. Fresko von Vasari (1511–1574)
in der Sala Regia des Vatikans. Am Tag,
an dem Gregor Avignon verließ, brach
auch Katharina von Siena auf. Sie be-
gegneten einander in Genua.

Kirchenstaat zur Revolte, ein weiteres Unglück, das er nur durch ein Söldnerheer und ein päpstliches Interdikt beheben konnte, das allerdings das Alltagsleben zum Stillstand brachte und den Handel in der gesamten Region zu ruinieren drohte.

Trotzdem fühlte sich Gregor 1376 in der Lage, nach Rom zurückzukehren. Im Oktober trat er die Überfahrt an. Sie zog sich infolge von Stürmen derart in die Länge, dass er mehr als zwei Monate brauchte, um von Marseille nach Tarquinia zu gelangen. In seiner Entschlossenheit wurde er von einer Tertiarin des Dominikanerordens bestärkt, Katharina von Siena, einer Mystikerin und Visionärin. Im Februar 1377 kam es auf Befehl des päpstlichen Vertreters in Cesena zu einem Massaker. In Rom brach daraufhin ein Aufstand los, so dass Gregor nach Anagni flüchten musste. In den folgenden Monaten machte sich auf allen Seiten Erschöpfung bemerkbar und die Bereitschaft, eine Regelung zu suchen. Unter dem Vorsitz Bernabò Viscontis trat im März 1378 eine Versammlung zusammen. Die Verhandlungen waren noch nicht abgeschlossen, da erkrankte Gregor und starb unter großen Schmerzen an Blasensteinen. Ein enttäuschter Mensch fand ein trauriges Ende.

Sein Pontifikat war nicht völlig erfolglos gewesen. Er hatte zur Reform des lax gewordenen Johanniterordens beigetragen und war energisch gegen das Ketzertum in Frankreich, Deutschland und Spanien vorgegangen. Auch die irrigen Ansichten des englischen Reformers John Wycliffe hatte er scharf verurteilt. Auf seinem Sterbebett, so heißt es, habe er der Kirche Unheil prophezeit, ein Schisma sogar. Er sollte Recht behalten.

DER PAPSTPALAST IN AVIGNON

Der *Palais des Papes* in Avignon wurde über den Resten der bischöflichen Residenz errichtet. Benedikt XII. hatte sie abreißen lassen, um an ihrer Stelle eine Art Klosterfestung zu erbauen. Der Palast musste groß genug sein, um den Papst mit seinem Hofstaat und die Kurie ebenso wie die 1339 von Assisi hierher gebrachten päpstlichen Archive aufzunehmen. Clemens VI., der bestrebt war, dem päpstlichen Hof einen Glanz zu verleihen, der dem des französischen Königshofs gleichkam, ließ neben Benedikts Palast einen zweiten, wesentlich größeren und prächtigeren Bau errichten. Nach und nach häuften sich hier Kunstobjekte, seltene Pflanzen und Tiere, Juwelen, Gold- und Silberarbeiten, Handschriften und Bücher an. Bedingt durch die Präsenz des päpstlichen Hofes entwickelte sich eine regelrechte Bürokratie – der päpstliche Haushalt, die Finanzabteilung (*Camera Apostolica*), das Kanzleramt, die für die Disziplin des Klerus zuständigen Gerichte und die Almosenverwaltung zur Verteilung von Spenden. Hinzu kamen die Wirtschafts- und Dienstbotenräume, Küche, Speise- und Vorratskammern, Stallungen und Wachlokale. Die Liste ähnelt der eines Königs- oder Kaiserhofes. An die 500 Personen konnten sich als päpstliche Beamte bezeichnen (in dieser Phase mussten die meisten direkt in Avignon wohnen), zu denen etwa tausend weitere Bedienstete der Kardinäle kamen. Trotz Clemens' baulicher Anstrengungen war diese Menge für die beiden Paläste zu viel: Hinter der Fassade der Ordnung drohte ständig das Chaos.

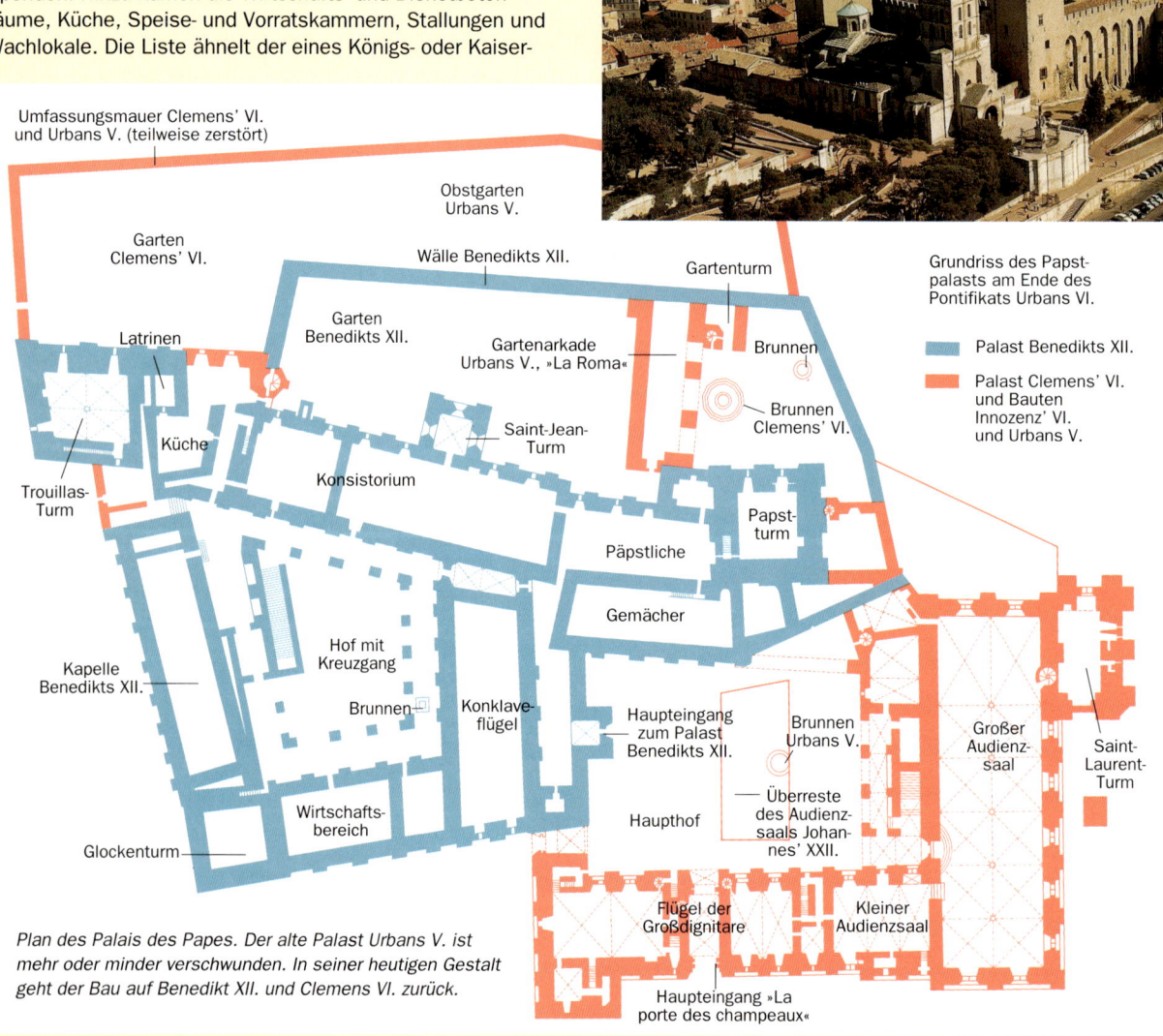

Grundriss des Papstpalasts am Ende des Pontifikats Urbans VI.

- Palast Benedikts XII.
- Palast Clemens' VI. und Bauten Innozenz' VI. und Urbans V.

Plan des Palais des Papes. Der alte Palast Urbans V. ist mehr oder minder verschwunden. In seiner heutigen Gestalt geht der Bau auf Benedikt XII. und Clemens VI. zurück.

Umfassungsmauer Clemens' VI. und Urbans V. (teilweise zerstört)

Garten Clemens' VI.
Obstgarten Urbans V.
Wälle Benedikts XII.
Gartenturm
Latrinen
Garten Benedikts XII.
Gartenarkade Urbans V., »La Roma«
Brunnen
Brunnen Clemens' VI.
Küche
Saint-Jean-Turm
Trouillas-Turm
Konsistorium
Papstturm
Päpstliche Gemächer
Kapelle Benedikts XII.
Hof mit Kreuzgang
Konklaveflügel
Haupteingang zum Palast Benedikts XII.
Brunnen Urbans V.
Großer Audienzsaal
Saint-Laurent-Turm
Brunnen
Wirtschaftsbereich
Haupthof
Überreste des Audienzsaals Johannes' XXII.
Glockenturm
Flügel der Großdignitare
Kleiner Audienzsaal
Haupteingang »La porte des champeaux«

(Unten) Luftbild des Palais des Papes. 1564 bewohnten Karl IX. von Frankreich und Königinmutter Katharina von Medici drei Wochen lang den Papstpalast.

(Rechts) Christus der Allherrscher mit der Weltkugel. Fresko von Simone Martini vom Portal (12. Jh.) der Kathedrale Notre-Dame-des-Doms, heute im Konsistorium des Papstpalastes.

(Oben) Das Hirschzimmer (Chambre du Cerf) im Garderobenturm ist mit Fresken aus dem 14. Jahrhundert geschmückt, die Fischfang- und Jagdszenen zeigen.

(Oben) Für die Fresken der St.-Martial-Kapelle im St.-Jean-Turm wurden 16 Pfund zermahlenes Azurit verwendet.

Urban VI.
1378–1389

Bonifaz IX.
1389–1404

Innozenz VII.
1404–1406

Gregor XII.
1406–1415

Martin V.
1417–1431

Eugen IV.
1431–1447

Nikolaus V.
1447–1455

Calixtus III.
1455–1458

Pius II.
1458–1464

Paul II.
1464–1471

Sixtus IV.
1471–1484

Innozenz VIII.
1484–1492

URBAN VI.	
Herkunft Italien, Neapel	*Alter bei der Wahl* Etwa 60
Geboren Um 1318	*Gestorben* 15. Oktober 1389, vergiftet (?)
Eigentlicher Name Bartolomeo Prignano	*Dauer des Pontifikats* 11 Jahre, 6 Monate, 6 Tage
Frühere Ämter Erzbischof von Bari und Leiter der päpstlichen Kanzlei	*Gegenpapst* Clemens VII. (1378–1394)
Zum Papst gewählt 8. April 1378	

Das Große Schisma (1378–1417)

In den 60 Jahren zwischen dem Amtsantritt Johannes' XXII. und dem Tod Gregors XI. hatte die Kurie die Ernennung von 90 französischen Kardinälen, 14 italienischen, fünf spanischen und einem englischen erlebt, ein spektakuläres Missverhältnis. Als 1378 in Rom ein Konklave zur Wahl von Gregors Nachfolger zusammentrat, kam es zu Demonstrationen gegen die französische Mehrheit. Man wollte einen Römer oder zumindest einen Italiener als Papst. Elf der 16 Kardinäle waren Franzosen. Sie wollten mit einem französischen Papst nach Avignon zurückkehren, ließen sich von den Römern jedoch einschüchtern. Als die Menge in den Vatikan eindrang, erfuhr sie, dass man einen Italiener gewählt hatte, den schon etwas älteren Erzbischof von Bari. Er erwies sich als grandioser

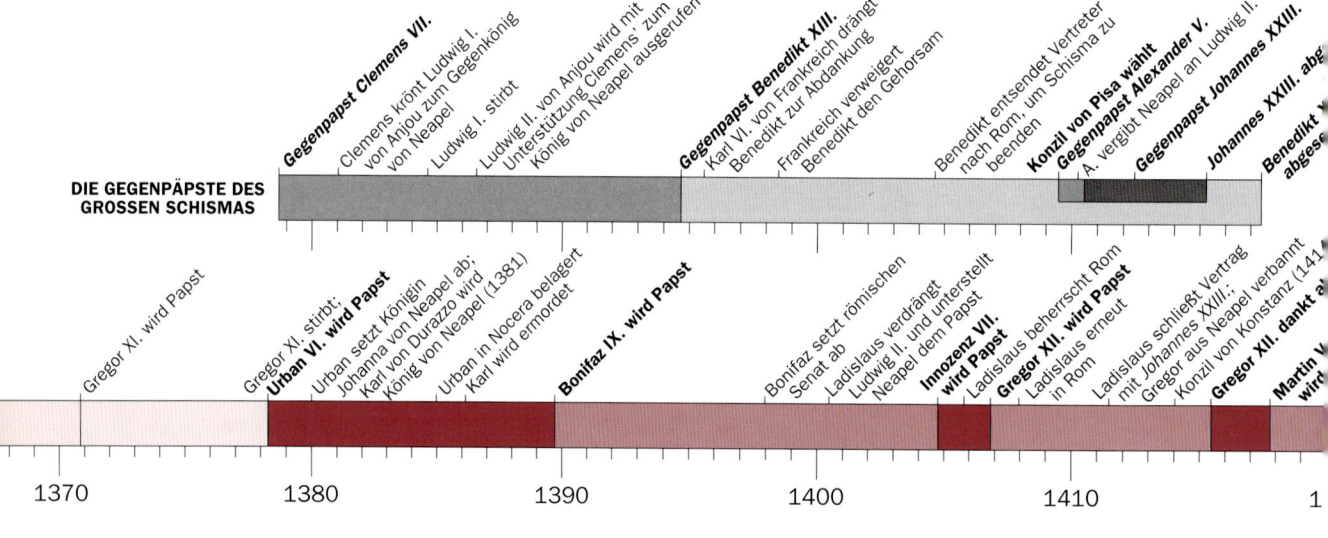

DIE GEGENPÄPSTE DES GROSSEN SCHISMAS

1370   1380   1390   1400   1410   1

PAPSTNAMEN

BONIFAZ IX.
Herkunft
  Italien, Neapel
Geboren
  Um 1350
Eigentlicher Name
  Pietro Tomacelli
Abstammung
  Aristokratisch
Früheres Amt
  Kardinalpriester
Zum Papst gewählt
  2. November 1389
Alter bei der Wahl
  Etwa 39
Gestorben
  1. Oktober 1404
Dauer des Pontifikats
  14 Jahre,
  11 Monate
Gegenpäpste
  Clemens VII.
  (1378–1394),
  Benedikt XIII.
  (1394–1417)

INNOZENZ VII.
Herkunft
  Italien, Sulmona
Geboren
  1336
Eigentlicher Name
  Cosimo Gentile
  de' Migliorati
Abstammung
  Bürgerlich
Frühere Ämter
  Professor der
  Jurisprudenz,
  Kardinalpriester
Zum Papst gewählt
  17. Oktober 1404

Alter bei der Wahl
  Etwa 68
Gestorben
  6. November 1406
Dauer des Pontifikats
  2 Jahre, 21 Tage
Gegenpapst
  Benedikt XIII.
  (1394–1417)

GREGOR XII.
Herkunft
  Italien,
  Venedig
Geboren
  Um 1325
Eigentlicher Name
  Angelo Correr
Abstammung
  Aristokratisch
Frühere Ämter
  Kardinalpriester,
  päpstlicher Sekretär
Zum Papst gewählt
  30. November 1406
Alter bei der Wahl
  Etwa 81
Abdankung
  4. Juli 1415
Gestorben
  18. Oktober 1417,
  in Recanati
Dauer des Pontifikats
  8 Jahre, 7 Monate,
  6 Tage
Gegenpäpste
  Benedikt XIII.
  (1394–1417),
  Alexander V.
  (1409–1410),
  Johannes XXIII.
  (1410–1415)

Fehlgriff: **Urban VI.** (1378–1389), sittenstreng und Kenner des Kirchenrechts, versuchte, den Klerus zu reformieren und dem aufwändigen Lebensstil der Kardinäle rigoros ein Ende zu setzen. Diese kamen rasch zur Überzeugung, dass sie einen Geistesgestörten gewählt hatten. Die französischen Kardinäle gaben in Anagni eine gemeinsame Erklärung ab, der zufolge die Wahl Urbans unter äußerer Bedrohung erfolgt und somit ungültig war. Dann wählten sie den Gegenpapst *Clemens VII.* und spalteten so die Christenheit in zwei Lager. Urban hatte in einigen Ländern mehr Anhänger als Clemens und genoss die Unterstützung Katharinas von Siena; Clemens hatte Frankreich, Schottland, Neapel, Burgund und Savoyen hinter sich. Papst und Gegenpapst standen sich feindlich gegenüber – mit konkurrierenden Kardinalskollegien, kampfbereiten Heeren in Italien und Bannbullen, mit denen sie sich gegenseitig exkommunizierten. Urban festigte seine Herrschaft über den Kirchenstaat und verwandte seine übrige Energie auf den Versuch, Neapel wieder unter seine Kontrolle zu bekommen, Clemens kehrte nach Avignon zurück.

Mit Neapel trieb Urban ein komplexes Spiel. Er setzte die Königin ab, die ihn früher unterstützt hatte, und ernannte ihren Vetter, Karl von Durazzo, zum König, während Clemens VII. in Avignon Ludwig von Anjou zum Gegenkönig krönte. Dieser konnte nicht sofort nach Italien kommen, um seinen Thron zu besteigen; Karl hingegen eroberte die Stadt und ließ Exkönigin Johanna erdrosseln. Karl bekam nun Streit mit Urban und betrieb dessen Absetzung. Urban ließ sechs Kardinäle als Mitverschwörer festnehmen und brutal misshandeln. Karl schloss den Papst in Nocera ein, doch Urban konnte unter Mitführung der sechs gefangenen Kardinäle entkommen. Einer wurde am Straßenrand hingerichtet, die anderen, so eine Quelle, in Säcke gebunden ins Meer geworfen. In Karls Abwesenheit gelang es nun Clemens' Anhängern, Neapel in ihre Gewalt zu bringen. Da Urban kein Geld hatte, um die zur Befreiung der Stadt nötigen Truppen anzuwerben, reiste er nach Rom zurück, wo er einen Aufstand niederwarf und ein Jahr lang inmitten brodelnder Unzufriedenheit regierte. Zur allgemeinen Erleichterung starb er hier. Die wesentlichen Merkmale seines Pontifikats waren Gewalt und seine angebliche Geistesgestörtheit. Er hatte 1378 an einem einzigen Tag 29 Kardinäle ernannt. Außer diesen trauerte ihm niemand nach.

Bonifaz IX. fand eine gespaltene Kirche und leere Kassen vor. Mit viel Geschick gelang es ihm, einen Teil des von Urban angerichteten Schadens gutzumachen. Trotzdem war sein Pontifikat nicht erfolgreich. Das Schisma dauerte an und er unternahm nichts. 1394 wurde Frankreich es müde, Avignon zu unterstützen, und die Universität Paris schlug drei Lö-

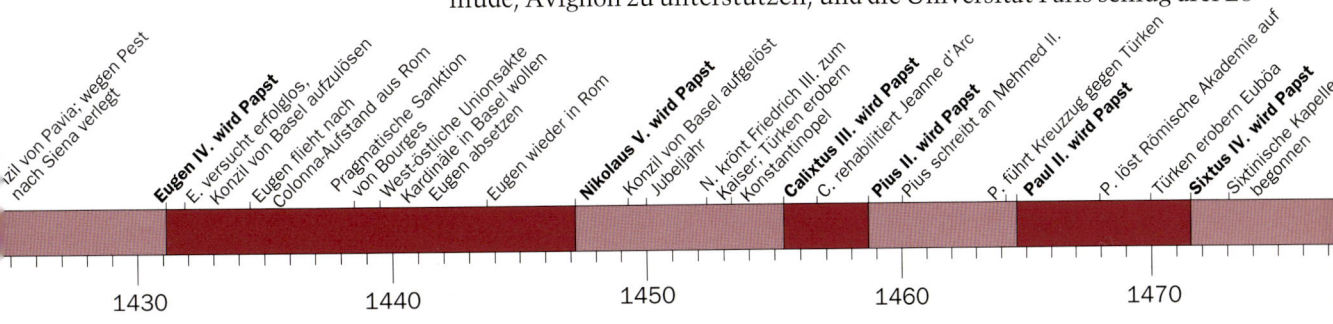

sungen zur Beendigung des Schismas vor: den Rücktritt beider Päpste und Neuwahl, die Lösung der Frage durch Schiedsspruch oder ein Generalkonzil, das entscheiden sollte, wer der rechtmäßige Papst war. Als Clemens dies erfuhr, bekam er einen Wut- und dann einen Schlaganfall. Kurz danach starb er. In Avignon wurde der neue Gegenpapst *Benedikt XIII.* gewählt, doch Bonifaz wollte mit ihm nicht verhandeln. Er schaffte es, Neapel wieder unter seine Kontrolle zu bringen, was zehn Jahre dauerte und viel Geld und Blut kostete. In Rom demonstrierte er seinen Machtwillen, indem er 1398 die republikanische Regierung auflöste und an ihrer statt von ihm ernannte Senatoren einsetzte.

Sein Rückhalt in Europa wurde nun schwächer. Während Frankreich dazu neigte, in sein Lager überzuwechseln, wandten sich Sizilien und Genua von ihm ab. Auch fiel es ihm schwer, gute Beziehungen zu Deutschland zu unterhalten. Als König Wenzel 1400 wegen Unfähigkeit abgesetzt wurde, musste Ruprecht, sein Nachfolger, fast vier Jahre warten, bis Bonifaz seiner Wahl zustimmte, wobei er noch betonte, er selbst habe zur Absetzung Wenzels beigetragen. Sein schlimmster Fehler war jedoch die Simonie. Da er Geld brauchte, verkaufte er Pfründen und Ämter in einem selbst für damalige Begriffe ungeheuerlichen Maß; hinzu kamen der Ablassverkauf und eine geradezu legendäre Erhöhung der Abgaben an die Kirche.

SIMONIE

Die Apostelgeschichte (8,18–24) erzählt, dass Simon der Magier bei den Aposteln die Gabe des Wunderwirkens kaufen wollte. Von seinem Namen kommt der Ausdruck »Simonie«. Der moderne Sprachgebrauch versteht darunter nicht mehr den Versuch, spirituelle Fähigkeiten mit Geld zu erwerben, sondern den Kauf und Verkauf von Kirchenämtern, Pfründen, Beförderungen und Ablässen. Fälle von Simonie waren anfangs selten. Als die Kirche Reichtümer erwarb, verbreitete sich diese Praxis immer mehr, um schließlich im 11. Jahrhundert überhand zu nehmen. Mehrere Päpste verurteilten sie, was kaum jemanden kümmerte. Erst die Erneuerung im geistigen Leben der Kirche in der zweiten Hälfte des 16. Jahrhunderts führte zur Ausmerzung dieser lukrativen Verlockung.

Dante und Vergil vor den Päpsten, die in feurigen Erdlöchern für die Sünde der Simonie büßen. Handschrift des 15. Jahrhunderts (London, British Library).

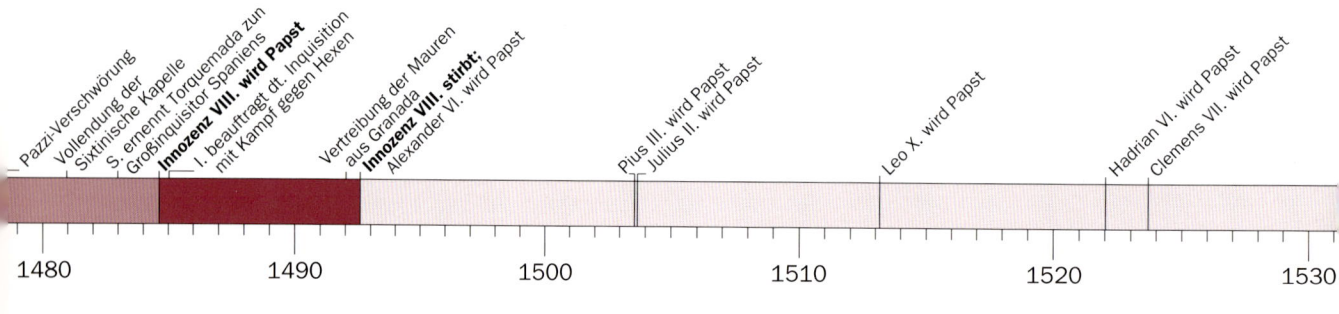

Pazzi-Verschwörung
Vollendung der Sixtinische Kapelle
S. ernennt Torquemada zun Großinquisitor Spaniens
Innozenz VIII. wird Papst
I. beauftragt dt. Inquisition mit Kampf gegen Hexen
Vertreibung der Mauren aus Granada
Innozenz VIII. stirbt;
Alexander VI. wird Papst
Pius III. wird Papst
Julius II. wird Papst
Leo X. wird Papst
Hadrian VI. wird Papst
Clemens VII. wird Papst

1480   1490   1500   1510   1520   1530

DIE GEGENPÄPSTE DES GROSSEN SCHISMAS

CLEMENS VII. (1378–1394)

Robert Graf von Genf wurde mit 29 Jahren Kardinal. Als Gregor XI. starb, stimmte er für Urban VI., zettelte dann aber aus Enttäuschung eine Revolte gegen ihn an. 13 französische Kardinäle waren sich einig, dass man mit Urban einen Fehlgriff getan hatte, und wählten statt seiner Robert zum Papst. Er nannte sich Clemens VII. und war anfangs erfolgreich. Schottland, Frankreich, Sizilien, Kastilien, Aragon, Navarra, Portugal, Zypern, Savoyen und der größere Teil Irlands unterstützten ihn. Urban hatte Flandern hinter sich sowie Polen, Ungarn, Deutschland, Mittel- und Norditalien, England und einen kleinen Teil Irlands. Da Urban in Rom fest etabliert war, musste Clemens nach Avignon ausweichen. Zehn Monate später, als Urban im Oktober 1389 starb, dachte Clemens, die Rückkehr nach Rom sei gesichert. Sein prunkvoller Hof und die Kosten seiner zielstrebigen Diplomatie hatten ihn jedoch zu einem strengen Steuereintreiber gemacht, was ihn Sympathien kostete. Mehr noch, das 1378 durch seine Wahl verursachte und sich durch die Wahl Bonifaz' IX. 1389 fortsetzende Schisma war äußerst unbeliebt. Frankreich und andere drängten ihn zum Rücktritt, der ihm nur durch einen tödlichen Schlaganfall erspart blieb.

Die italienischen Kardinäle waren bei der Wahl »Clemens' VII.« anwesend, stimmten aber nicht ab. Chroniques de France ou de St. Denis*, 14. Jh. (London, British Library).*

BENEDIKT XIII. (1394–1417)

Der Tod Clemens' VII. bot die Gelegenheit, das Schisma zu beenden, doch die Kardinäle in Avignon wählten Pedro de Luna, der sich »Benedikt XIII.« nannte. Er beging nicht den Fehler seines Vorgängers, unbedingt nach Rom zurückkehren zu wollen. Von der Gültigkeit seiner Wahl überzeugt, versuchte er, mit Bonifaz IX. zu verhandeln. Frankreich, das Clemens seine Unterstützung entzogen hatte, entzog sie nun auch ihm und beraubte ihn so des größten Teils seiner Einkünfte und seiner Kardinäle. Benedikt schloss sich trotzig in seinem Papstpalast ein. De facto wurde er darin zum Gefangenen, bis er 1403 fliehen konnte. Versuche, mit Innozenz VI. und dann mit Gregor XII. zu verhandeln, scheiterten. Er zog sich daraufhin nach Perpignan zurück, wo er als Antwort auf Gregors Aufruf zu einem Konzil selbst ein Konzil einberief. Gregors Konzil verurteilte Benedikt und setzte ihn ab. Gleiches widerfuhr Gregor durch das Konzil von Pisa, das einen neuen »Papst« wählte, Alexander V. (1409–1410). Sigismund, der deutsche König, versuchte Benedikt zur Abdankung zu bewegen. Dieser lehnte ab, auch als ihn das Konstanzer Konzil 1417 erneut absetzte. Er beharrte in seiner Trotzhaltung noch fast sechs weitere Jahre, bis er 1423 starb.

ALEXANDER V. (1409–1410)

Kardinal Pietro Philarghi war einer der Hauptorganisatoren des Konzils von Pisa, das ihn zum »Papst« Alexander V. wählte. Er hatte die Unterstützung Frankreichs, Englands und Böhmens sowie Nord- und Mittelitaliens, doch Gregor XII. und Benedikt XIII. klammerten sich an ihre schwindende Macht. Die Hoffnung der Kardinäle, seine Wahl würde das Schisma beenden, erfüllte sich nicht. Alexander bedachte seine Freunde mit Bistümern und Begünstigungen. In Rom herrschte weiterhin Ladislaus von Neapel, der Gregor XII. unterstützte. Alexander versuchte, Ladislaus zu entmachten, indem er ihn bannte und Neapel Ludwig II. von Anjou zusprach. Ludwig und seine Verbündeten belagerten daraufhin Rom und nahmen es im Januar 1410 ein. Alexander zog es jedoch vor, in Bologna zu bleiben, wo er am 3. Mai 1410 plötzlich starb und die Kirche gespalten zurückließ.

JOHANNES XXIII. (1410–1415)

Kardinal Baldassare Cossa hatte seine Karriere als Pirat begonnen. Mit Kardinal Pietro Philarghi berief er das Konzil von Pisa ein und wurde nach dem Tod Alexanders V. selbst Papst: Johannes XXIII., so hoffte das Konklave, würde es mit seiner militärischen Erfahrung schaffen, Ladislaus zu entmachten. Mit den Truppen Ludwigs II. zog er im April 1411 in Rom ein. Da Ladislaus jedoch nicht endgültig geschlagen wurde, musste sich Johannes mit ihm arrangieren. Er beließ ihm das Königreich Neapel, im Gegenzug versprach Ladislaus, Gregor XII. nicht mehr zu unterstützen. Da er nicht Wort hielt, musste Johannes bei Sigismund um Hilfe ansuchen. Dieser überredete ihn, das Konstanzer Konzil einzuberufen, um das Schisma ein für alle Mal zu beenden. Das Konzil setzte Johannes, Benedikt und Gregor ab und wählte Martin V. zum legitimen Papst. Einige Jahre später gelang es Johannes, seine Karriere wenigstens teilweise zu retten. Martin V. erhob ihn zum Kardinalbischof von Tusculum, was er bis zu seinem Tod auch blieb.

Das Grabmal »Johannes' XXIII.« von Donatello und Michelozzo im Baptisterium in Florenz trägt die päpstlichen Insignien.

Im September sandte Gegenpapst Benedikt Legaten nach Rom, um zu erkunden, was Bonifaz von den Vorschlägen zur Beendigung des Schismas hielt. Die Arroganz, mit der man sie empfing, veranlasste sie zu der Bemerkung, Clemens, wiewohl für Bonifaz nur ein Gegenpapst, brauche sich wenigstens nicht den Vorwurf der Simonie gefallen zu lassen. Bonifaz reagierte darauf äußerst heftig und erlitt einen Kollaps. Zwei Tage danach war er tot und Benedikts Abgesandte im Gefängnis, aus dem sie erst nach Bezahlung eines enormen Lösegelds freikamen.

Nun lag es an **Innozenz VII.** (1404–1406), Benedikts Vorschläge anzunehmen. Er war in einem aus nur acht Kardinälen bestehenden Konklave gewählt worden. Wie alle anderen hatte er geschworen abzudanken, falls Benedikt dies zur Beendigung des Schismas auch tun sollte. Nach seiner Wahl ignorierte er dies und wies Benedikts Angebot zu einem Treffen ab.

Die Römer waren über die Wahl Innozenz' alles andere als glücklich, deshalb musste dieser Ladislaus von Neapel, den Sohn Karls von Durazzo, um Hilfe bitten. Ladislaus war dazu bereit, doch musste ihm Innozenz versprechen, mit Avignon nichts zu vereinbaren, was seine Herrschaft über Neapel gefährden könnte. Dann vermittelte er einen Vertrag zwischen dem Volk von Rom und dem Papst, der für eine Weile Frieden brachte. Doch die Römer wurden bald wieder unruhig. Im August 1405 kam es zu einer Konfrontation, der Papst wurde tätlich beleidigt. Innozenz' Neffe, Ludovico Migliorati, wollte die Sache klären, indem er den Anführern der Papstgegner einen Hinterhalt legte, bei dem elf von ihnen ihr Leben ließen. Ihre Leichen wurden auf die Straße geworfen. Die Menge machte Innozenz verantwortlich, griff den Vatikan an und der Papst floh nach Viterbo.

Nach sieben Monaten kam er auf allgemeinen Wunsch zurück. Die Art, wie Ladislaus in Rom regierte, hatte die Bürger zur Erkenntnis gebracht, dass ihnen die päpstliche Herrschaft lieber war. Doch einmal mehr wurde ein Pontifex Opfer eines Schlaganfalls, so dass die Kardinäle wieder zur Wahl eines Nachfolgers zusammentreten mussten. Wieder schworen sämtliche Teilnehmer, sie würden im Fall ihrer Wahl nötigenfalls abdanken und sich mit Gegenpapst Benedikt treffen (der vorher ebenfalls abdanken musste). Die Wahl der Kardinäle fiel auf einen 80-jährigen Venezianer, der als **Gregor XII.** (1406–1415) erklärte, dass er seinen Eid halten wolle. Leider liefen die Dinge nicht sonderlich gut. Zuerst gab es Streit über den Ort des Treffens; der Streit verwandelte sich in Zweifel, ob man sich wirklich treffen solle, und diese Zweifel erhärteten sich zu einem klaren Nein. Trotzdem gingen die Verhandlungen weiter, wobei alle wussten, dass Benedikt nicht abdanken würde. Im Frühjahr 1408 lösten zwei unterschiedliche Ereignisse eine Krise aus: König Ladislaus wurde neuerlich Herr über Rom und Gregor ernannte vier neue Kardinäle (von denen zwei seine Neffen waren), obwohl er geschworen hatte, die Zahl im Vergleich zu den Kardinälen in Avignon nicht zu erhöhen. Mit diesen Ernennungen hatte er sein Wort gebrochen. Sein Kollegium war empört; sieben seiner Kardinäle wandten sich an Benedikt, um die Einberufung eines Generalkonzils zu erörtern.

Gregor XII. Abbildung auf dem Deckel des Berichtes über die Arbeiten des Konsistoriums Sept./Okt. 1407 (Siena, Staatliche Archive). Gregor starb in Recanati und wurde in der Kathedrale beigesetzt. Als man 1623 sein Grab öffnete, fand man seinen Leichnam unversehrt und in vollem päpstlichen Ornat vor.

(Oben) Das Konstanzer Konzil versuchte, das Schisma zu beenden, befasste sich aber auch mit den Häresien von Wycliffe und Hus, die der Kirche seit Jahren Probleme bereiteten.

MARTIN V.	
Herkunft	*Alter bei der Wahl*
Italien,	49
Gennazano	*Gestorben*
Geboren	20. Februar 1431,
1368	an Gehirnschlag
Eigentlicher Name	*Dauer des Pontifikats*
Oddo Colonna	13 Jahre, 3 Mo-
Abstammung	nate, 9 Tage
Aristokratisch	*Gegenpäpste*
Früheres Amt	Clemens VIII.
Kardinaldiakon	(1423–1429),
Zum Papst gewählt	Benedikt XIV.
11. November 1417	(1425)

(Oben) Martin V. stellte sich gegen jeden Vorschlag, die päpstliche Macht durch Beschlüsse von Kirchenkonzilen einzuschränken (London, British Museum).

Im Juni 1408 erklärte sich die Universität Paris gegen Benedikt, der dies ignorierte. Seinen Rückhalt in Frankreich hatte er damit verloren. Im März 1409 wurden Papst und Gegenpapst von der Mehrheit des Kardinalkollegiums zu einem Konzil nach Pisa geladen. Keiner von beiden erschien. Nach langer Debatte erklärte das Konzil am 5. Juni beide wegen des Schismas, der Häresie und des Eidbruchs für abgesetzt. Drei Wochen später wählte man einen Franziskaner, der sich *Alexander V.* nannte. Gregor hatte in Cividale seinerseits ein Konzil einberufen. Zwar nahmen daran nur wenige Kardinäle teil, aber er setzte darauf, dass ihn Ladislaus und der deutsche König Ruprecht unterstützten. Doch auf den König von Neapel war kein Verlass: Als Alexander plötzlich starb und das Konzil in Pisa *Johannes XXIII.* wählte, schloss Ladislaus mit diesem ein Abkommen und Gregor floh aus Neapel nach Rimini. Ruprecht starb und Sigismund, sein Nachfolger, ergriff Partei für Johannes.

Benedikt blieb weiter im Amt, als sei er der rechtmäßige Papst. Anders als Frankreich unterstützten ihn einige Länder immer noch, z. B. Schottland, dessen älteste Universität in St. Andrews auf ihrer Gründungsurkunde sein Siegel trägt. Das Schauspiel dreier gleichzeitig amtierender Päpste war jedoch untragbar geworden. Das Konstanzer Konzil (1414–1417) erzwang schließlich eine Lösung. Gregor dankte ab und ging gut versorgt in den Ruhestand. Er starb im Oktober 1417. Benedikt zog sich nach Spanien zurück, weigerte sich aber, sein Amt abzugeben. Als er 1423 im Alter von 90 Jahren starb, wählten drei der vier ihm verbliebenen Kardinäle den Gegenpapst *Clemens VIII.*, der vierte im Alleingang einen *Benedikt XIV.*, der bald wieder verschwand. Johannes versuchte, nach Deutschland zu fliehen, wurde jedoch verhaftet und formell abgesetzt. Er starb 1419 in Florenz und erhielt ein prächtiges Grabmal.

Das Große Schisma war vorüber. Ganz Europa hatte es als Skandal empfunden. Das Konstanzer Konzil bot nun die Möglichkeit, die Kirche wieder auf den Weg nach oben zu bringen. Man wählte einen Colonna zum Papst. Er nannte sich **Martin V.** (1417–1431) und verkündete, niemand könne bei anderen Institutionen gegen Entscheidungen des Papstes Berufung einlegen und seine Autorität in Glaubensfragen in Frage stellen: ein deutlicher, an alle gerichteter Hinweis auf den Primat des Papstes über das Generalkonzil. Dann begann er eine Reform des päpstlichen Steuersystems und löste das Konzil im April 1418 auf.

In den beiden folgenden Jahren residierte Martin in Mantua und Florenz, im September 1420 hielt er Einzug in Rom. Mit Diplomatie und militärischer Gewalt brachte er den Kirchenstaat unter seine Kontrolle und setzte damit dem Bandenunwesen ein Ende, unter dem dieser in den Jahren des Schismas gelitten hatte. Seine Versuche, gute Beziehungen mit Konstantinopel aufzunehmen, scheiterten allerdings an der Unnachgiebigkeit des byzantinischen Kaisers. Es gelang ihm auch nicht, die Anhänger Johannes Hus' auszuschalten. Der tschechische Reformator war auf dem Konstanzer Konzil als Ketzer verurteilt und verbrannt worden. Martin wandte sich jedoch gegen antisemitische Predigten (1422 und

EUGEN IV.

Herkunft	Statthalter der
Italien, Venedig	Mark Ancona
Geboren	und Bolognas
Um 1383	*Zum Papst gewählt*
Eigentlicher Name	3. März 1431
Gabriele	*Alter bei der Wahl*
Condulmaro	Etwa 48
Abstammung	*Gestorben*
Bürgerlich;	23. Februar 1447
verwandt mit	*Dauer des Pontifikats*
Gregor XII.	15 Jahre, 11 Mo-
Religiöser Status	nate, 20 Tage
Augustinermönch	*Gegenpapst*
Frühere Ämter	Felix V.
Kardinalpriester,	(1439–1449)

Der Ausschnitt aus Benozzo Gozzolis Fresko im Palazzo Medici-Riccardi in Florenz zeigt Johannes VIII. Palaiologos auf dem Weg nach Florenz, wo er 1439 um die Hilfe des Papstes gegen die Türken nachsuchte. Johannes wurde 1421 nach dem Schlaganfall Manuels II. Mitkaiser und mit dessen Tod 1425 Kaiser von Byzanz.

1429) und nahm in Rom eine umfassende Restaurierung öffentlicher Bauten vor, so auch der Petersbasilika und des Laterans.

1423 berief er ein Konzil nach Pavia ein. Aufgrund der Pest musste es nach Siena verlegt und schließlich um sieben Jahre verschoben werden. Mittlerweile waren viele kirchliche Würdenträger nach Basel gereist, doch ehe hier ein Konzil beginnen konnte, starb Martin. Die in Rom versammelten Kardinäle wollten einen Pontifex, der sie als Partner und nicht als Diener des Papsttums ansah. Sie entschieden sich für einen gut aussehenden Neffen Gregors XII. Er war Augustinermönch, nahm den Namen **Eugen IV.** (1431–1447) an und musste sich schon nach kurzer Zeit mit allerlei Problemen herumschlagen. Viele waren über seine Naivität erbost: Denn Eugen zwang die Colonna, die Reichtümer und Ländereien zurückzugeben, mit denen Martin sie bedacht hatte, und schuf sich so zahlreiche Feinde. 1434 trieben im Kirchenstaat *Condottieri* ihr Unwesen, während in Rom die Colonna einen Aufstand anzettelten, so dass der Papst nach Florenz fliehen musste.

Eugen hatte spontan das Basler Konzil aufgelöst – zur Verärgerung der Teilnehmer, die sich weigerten auseinander zu gehen und bei ihrer Auffassung blieben, dass das Konzil die höchste Instanz und dem Papst übergeordnet sei. König Sigismund gelang es nur mit Mühe, ein neuerliches Schisma zu verhindern. Er wurde 1433 von Eugen zum römischen Kaiser gekrönt. Das Konzil tagte weiter und beschloss Reformen, die vor

Nikolaus V. krönt Friedrich III. (Nürnberg, Germanisches Nationalmuseum). Kaiser Friedrich, von vielen als träge und unfähig beschrieben, förderte die Wissenschaften und glaubte fest an den Aufstieg des Hauses Habsburg.

Condottieri

Der Ausdruck *Condottiere* kommt vom italienischen Wort *condotta*, was einen Vertrag zwischen einer Regierung und einem Befehlshaber bezeichnet. *Condottieri* waren Söldnerführer. Sie vermochten Einheiten bis zu einer Stärke von mehreren tausend Mann aufzustellen, deshalb spielten sie 200 Jahre lang (ca. 1250–ca. 1450) eine bedeutende Rolle in der bewegten Geschichte der italienischen Fürstentümer und Stadtstaaten. Sie verstanden es, die aus allen Teilen Europas stammenden Söldner, auch wenn diese oft unzuverlässig, raubgierig und disziplinlos waren, zu schlagkräftigen Heeren zusammenzufassen. Einer der bekanntesten *Condottieri* trat zur Zeit Eugens IV. in Erscheinung: Francesco Sforza, ein gefürchteter Heerführer, der bei den Feinden des Papstes und später beim Papst im Sold stand. 1450 wurde er Herzog von Mailand.

allem die finanziellen und administrativen Rechte der Kurie und des Papstes beschnitten. Anlass zur Sorge gab diesem auch die Lage im Osten, wo eine türkische Invasion drohte. Kaiser Johannes VIII. Palaiologos beschloss, die Vision einer vereinigten Kirche neu zu beleben, um den Papst zu einem Kreuzzug zu bewegen. Eugen verlegte das Konzil von Basel nach Ferrara, wo es im Januar 1438 zusammentrat. Im Jahr darauf wurde es nach Florenz verlegt, wo die beiden Kirchen im Juli 1439 ein Unionsdekret unterzeichneten. Es erwies sich als ebenso kurzlebig wie alle früheren Einigungsversuche.

Eine Anzahl von Kardinälen war trotz allem in Basel zurückgeblieben. Sie forderten Eugen auf, ihnen Rede und Antwort zu stehen. Als er dies nicht tat, setzten sie ihn ab und wählten einen Gegenpapst, *Felix V.* Sie waren dazu durch die Pragmatische Sanktion von Bourges ermutigt worden, die der Position des Basler Konzils gemäß die Autorität des Papstes beschränkte und der Kirche Frankreichs volle Verfügungsgewalt über ihren säkularen Besitz zusprach. Eugen gelang es jedoch, Alfons V. von Aragon von seiner konzilfreundlichen Haltung abzubringen, indem er seinen Anspruch auf den Thron von Neapel anerkannte. Dies und die Parteinahme Deutschlands für den Papst ließ die Kardinäle in Basel mehr oder minder isoliert erscheinen.

Der im Herbst 1446 von Eugen nach Deutschland entsandte Bischof von Bologna hatte hier erfolgreich um Unterstützung für Rom geworben. Nach Eugens Tod wurde er dafür mit der Wahl zum Papst belohnt. **Nikolaus V.** (1447–1455) war der Idee des päpstlichen Primats ebenso treu wie Eugen, dabei aber ein besserer Politiker. Er brachte den Kirchenstaat rasch unter Kontrolle. Der neue deutsche König, Friedrich III., überließ dem Papst die erstjährigen Erträge von ihm verliehener Benefizien (so dass die päpstlichen Einkünfte zum großen Teil gesichert waren) und regelte mit ihm die Besetzung der Kirchenämter. Diese Entwicklung brachte die Kardinäle in Basel dazu, sich der Realität zu beugen. Auf Betreiben Karls VII. von Frankreich willigten sie ein, Nikolaus zum Papst zu »wählen« und ihr Konzil aufzulösen. Felix dankte ab und 1449 herrschte Frieden. Zum Dank rief Nikolaus 1450 zu einem Jubeljahr aus.

1451 kam Friedrich III. nach Italien und wurde im Jahr darauf zum Kaiser gekrönt. Es sollte die letzte Kaiserkrönung sein, die in Sankt Peter stattfand. Nikolaus, humanistisch gebildet und literaturbegeistert, wollte Rom zur kulturellen Hauptstadt des Christentums machen. Er ließ griechische Werke ins Lateinische übersetzen, erwarb Hunderte von Handschriften und wurde durch seine Schenkungen zum eigentlichen Gründer der Vatikanischen Bibliothek. Er förderte Architekten und Künstler, insbesondere Fra Angelico, und entwickelte Pläne für einen großzügigen Umbau Roms, denen sein Tod allerdings ein Ende setzte.

Zunächst schien alles gut zu gehen, doch das Jahr 1453 brachte zwei schlimme Ereignisse. Im Januar wurde ein Mordkomplott gegen den Papst aufgedeckt. Auch wenn die Verschwörer verhaftet und hingerichtet wurden und die Verhandlungen zwischen den feindlichen italienischen Staaten zu einer Art Waffenstillstand führten, war der Gedanke, dass dem Frieden nicht zu trauen und weitere Mordpläne möglich waren, für Nikolaus höchst beunruhigend. Im Juni wurde Konstantinopel von den Türken erobert, eine schreckliche Niederlage, die die Christenheit mit Entsetzen erfüllte. Nikolaus hatte 29 Galeeren entsandt, aber sie kamen zu spät. Sein Aufruf zu einem Kreuzzug fand, aus Furcht oder auch nur aus Gleichgültigkeit, nirgends Gehör.

Calixtus III. (1455–1458), Spanier, war der erste der Borgia-Päpste. Er war bei seiner Wahl bereits 78. Zudem litt er an Gicht und war die meiste Zeit ans Bett gefesselt. Sein Hauptanliegen war ein Kreuzzug gegen die Türken, den er ebenso wenig zustande brachte wie vor ihm Nikolaus V. 1456 entsandte er unter großen Kosten eine kleine Flotte vor die Küste Kleinasiens, die im Verlauf von drei Jahren einige Inseln eroberte. Zwar besiegte der ungarische Reichsverweser János Hunyadi im Juli 1456 die Türken bei Belgrad, aber außer der Schlappe der türkischen Flotte vor

Calixtus III. als Beschützer der Stadt Siena. Porträtgemälde von Sano di Pietro (Siena, Pinacoteca). Das Konklave, bei dem Calixtus III. gewählt wurde, wollte einen griechischen Kardinal, Johannes Bessarion, zum Papst wählen. Ein Zornesausbruch des Erzbischofs von Avignon verhinderte dies aber. Die Kardinäle wählten daraufhin als Übergangslösung den ersten der Borgia-Päpste.

Lesbos 1457 war dies der einzige größere Erfolg der christlichen Bewaffnung. Der Krieg kostete eine Menge Geld und die von Calixtus eingeführten Sondersteuern verursachten Ärger, vor allem in Deutschland, wo man anfing, Handlungsfreiheit in kirchlichen Angelegenheiten zu fordern. Calixtus stritt auch mit Alfons von Aragon und Neapel. Als dieser starb, plante er, Alfons' Sohn Ferdinand I. übergehend, den Thron von Neapel einem seiner Neffen zuzuschanzen.

Der Nepotismus war für Calixtus charakteristisch. So machte er einen seiner Neffen, den Herzog von Spoleto, zum Präfekten Roms; zwei weitere wurden zu Kardinälen ernannt, einer davon, Rodrigo, brachte es bald zum Vizekanzler der Kurie. Überall wurden spanische Verwandte oder Landsleute des Papstes begünstigt, sehr zum Neid derer, die leer ausgingen. Als Calixtus im August 1458 krank wurde, brach in Rom ein Aufstand aus, und sein Neffe und Präfekt musste flüchten, um sein Leben zu retten.

Einige Tage darauf starb Calixtus. Sein Pontifikat war kurz, aber ereignisreich gewesen. So hatte er die Verurteilung Jeanne d'Arcs aufgehoben und sie für unschuldig erklärt, zwei Kanonisierungen vorgenommen und 1456 einen gefährlichen roten Kometen überlebt, dessen Erscheinen ein klarer Hinweis auf kommendes Unheil war. Dass Calixtus am Fest der Verklärung des Herrn starb, das er selbst zum Gedenken an den Sieg von Belgrad eingeführt hatte, war im 15. Jahrhundert nicht ohne Bedeutung.

Pius II. (1458–1464) war Sekretär des Gegenpapstes Felix V. gewesen, hatte sich dann aber für Eugen IV. entschieden, in dessen Auftrag er mit Erfolg in Deutschland verhandelte. Später war er für Nikolaus und Calixtus III. tätig, der ihn zum Kardinal erhob. Als Papst ist Pius ein Sonderfall: Er war ein erfolgreicher Literat, der unter anderem einen Roman (die Geschichte zweier Liebender) und eine erotische Komödie (*Chrysis*) geschrieben hatte.

Sein Pontifikat zeichnet sich durch den Eifer aus, mit dem er, seiner Vision einer vereinten Christenheit folgend, die europäischen Herrscher für einen Kreuzzug gegen die Türken zu gewinnen suchte. Sein erster Aufruf erfolgte im Oktober 1458, da er aber das Haus Aragon gegenüber Anjou im Thronstreit um Neapel unterstützte, schloss sich Frankreich nicht an, sondern führte in Süditalien Krieg gegen die Aragonesen, um seinen Anspruch durchzusetzen. In Deutschland hatte Pius kaum mehr Erfolg. Die Deutschen erklärten sich widerwillig bereit, für den Zeitraum von drei Jahren Truppen zur Verfügung zu stellen, doch die wenigen Unternehmungen, die zustande kamen, verliefen im Sand. 1460 wurde klar, dass der Papst mit seiner Initiative gescheitert war.

1461 vollzog der neue französische König, Ludwig XI., eine Annäherung in der Hoffnung, Pius würde seine Entscheidung in Bezug auf Neapel ändern. Als er damit keinen Erfolg hatte, zog

Als sie schwanger war, träumte die Mutter Eneas (Pius' II.), sie würde einen mit der Mitra bekrönten Sohn zur Welt bringen. Als Enea sieben Jahre alt war, krönten ihn seine Spielkameraden mit einer Mitra aus grünem Laub und küssten seinen Fuß. Man sah diese Ereignisse als Vorzeichen dafür an, dass er einmal römischer Pontifex sein würde. (Unten) Das Fresko Pinturicchios (1502–1505) zeigt Pius II. bei seiner Ankunft in Ancona, von wo aus er einen Kreuzzug gegen die Türken unternehmen wollte. Allerdings starb der Papst, ehe das Unternehmen zustande kam (Libreria Piccolomini im Dom von Siena).

EIN LITERARISCHER PAPST

Bevor Pius Papst wurde, war er ein ebenso fleißiger wie eklektischer Autor. Er schrieb unter anderem einen Roman (*Euryalus und Lucretia*), eine erotische Komödie (*Chrysis*), Abhandlungen über Wesen und Pflege der Pferde, das Elend der Höflinge, berühmte Zeitgenossen und Kindererziehung, ferner eine Geschichte der Goten, eine Geschichte Böhmens, eine Biografie Friedrichs III. sowie Beschreibungen Deutschlands, Europas und Asiens mit treffenden Skizzen von Land und Leuten. Er hinterließ 24 Hauptwerke und eine Sammlung von Reden, Kommentaren und Briefen: quantitativ wie qualitativ eine beachtliche Produktion.

Nach dem Fall Konstantinopels 1453 holte Sultan Mehmed II. italienische und griechische Gelehrte an seinen Hof. Den venezianischen Maler Bellini beauftragte er mit seinem Porträt (London, National Gallery). Dem Appell Pius' II., zum Christentum überzutreten, schenkte er keine Beachtung.

sich Ludwig auf eine Position zurück, die schnell zu einer typisch französischen wurde: die Ablehnung jeglicher päpstlichen Einmischung in die Angelegenheiten der Kirche Frankreichs. Auch in Deutschland gab es Streit, der zur Verschlechterung der Beziehungen mit dem Papst beitrug: Uneinigkeit über eine von Nikolaus von Kues, einem der angesehensten Theologen seiner Zeit, eingeleitete Kirchenreform; eine Intervention beim Versuch des Königs von Böhmen, Kaiser Friedrich als König von Rom abzulösen; und ein direkter Konflikt mit dem König von Böhmen über religiöse Angelegenheiten Ungarns. All das hatte wenig zu tun mit Pius' großem Plan, die Kirche zu reformieren und das christliche Europa zu einen.

Pius dachte weiterhin an einen Kreuzzug, versuchte es aber auch auf eine ganz andere Art. 1460 forderte er Sultan Mehmed II. in einem Brief auf, dem Islam abzuschwören, sich zum Christentum zu bekehren und christlicher Kaiser des Ostens zu werden. Das war weder herablassend oder als Einschüchterung gemeint, sondern als vernünftiger Appell an einen vernünftigen Adressaten. Möglicherweise erhielt der Sultan diesen Brief nie, aber dieser zirkulierte in ganz Europa und übte eine starke Wirkung aus: Er machte die Vision des Papstes deutlich, die Welt unter einem einzigen, friedvollen Glauben zu vereinigen; und er suggerierte, dass der Macht der Überzeugung keine Grenzen gesetzt waren.

Das alles hinderte den Papst nicht, zur Erreichung seines Ziels weiterhin für den Krieg zu werben. 1463 rief er erneut zum Kreuzzug auf und nahm im Juni 1464 in Sankt Peter das Kreuz, um persönlich die Führung zu übernehmen. In Ancona, wo er eine Flotte vorzufinden hoffte, überkam ihn ein Fieber. Er starb voll Enttäuschung darüber, dass so wenige seinem Aufruf gefolgt waren.

Sein Nachfolger, **Paul II.** (1464–1471), war ungeheuer eitel. Er liebte große Auftritte und Zeremonien. Er war der Neffe Eugens IV. und wie so viele Nepoten hatte auch er von seinem Onkel profitiert und unter Nikolaus V. und Calixtus III. eine steile Karriere erlebt. Der Versuch des Kardinalkollegiums, die Unabhängigkeit des Papstes einzuschränken und aus der absoluten eine konstitutionelle Monarchie zu machen, war mit der Inthronisation Pauls II. zu Ende. Er hatte nicht die Absicht, seine Amtsführung durch Generalkonzile überprüfen zu lassen.

Vom Beginn seines Pontifikats an hatte Paul eine spezielle Beziehung zur Welt der Wissenschaft. Er löste das dem Vizekanzler unterstellte Sekretariat auf, und als der päpstliche Historiker Bartolomeo Platina protestierte, ließ er ihn den Winter im Gefängnis verbringen, weswegen dieser in seinem *Leben der Päpste* über Paul wenig Gutes berichtete. Dieser löste auch die Römische Akademie auf, da sie ihm heidnischem Gedankengut gegenüber zu tolerant erschien, und verbot Schülern, die klassischen Dichter zu lesen, damit sie durch diese nicht verderbt würden. Trotzdem kann man ihn in keiner Weise als Spießer bezeichnen. Er gab riesige Summen für seidene Kleidung und Wandbehänge aus, sammelte Schmuck, Bronzen, Kameen und andere Kunstgegenstände. Er hatte eine Passion für schöne Dinge: Gerüchten zufolge legte er sich

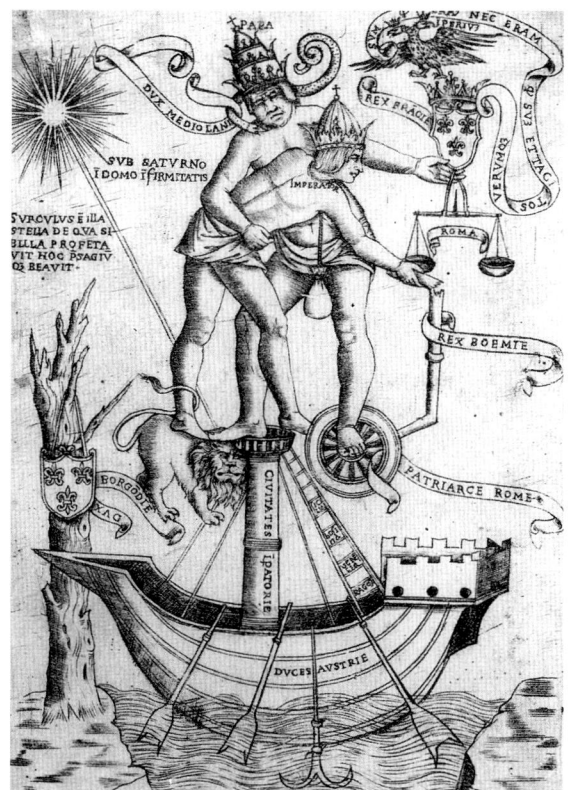

Allegorie des Konflikts zwischen Paul II. und Kaiser Friedrich III. Kupferstich des 15. Jahrhunderts. Paul II. wollte sich ursprünglich Formosus, dann Marcus nennen. Die Kardinäle brachten ihn mit dem Argument davon ab, Ersteres klinge zu eitel und Letzteres zu venezianisch.

Saphire und Rubine ins Bett. In Rom erbaute er den herrlichen Palazzo di Venezia, in dem er ab 1466 wohnte. 1470 verfügte er, dass Jubeljahre alle 25 statt, wie bisher, alle 50 Jahre gefeiert werden sollten, was seiner Vorliebe für prächtige Schauspiele entsprach.

Pius hatte ihm viele Probleme hinterlassen und Paul bemühte sich nach Kräften, damit fertig zu werden. Aus dem von Pius ausgerufenen Kreuzzug war nichts geworden. Die Türken übten nun starken Druck auf Albanien und Ungarn aus, und 1466 versuchte Paul, den König von Böhmen, der mit Pius Streit gehabt hatte, zu besänftigen und ihn dazu zu bewegen, gegen sie ins Feld zu ziehen. Seine Hoffnung erfüllte sich nicht, der Versöhnungsversuch schlug völlig fehl. Paul bannte den König schließlich und ermutigte sogar den König von Ungarn zum Krieg gegen ihn. Die Bedrohung durch die Türken ging indes weiter. 1468 schlug Kaiser Friedrich III. vor, der Papst solle ein Generalkonzil einberufen, das ihm helfen sollte, seine Schwierigkeiten zu meistern, stieß damit aber auf taube Ohren. 1470 eroberten die Türken Euböa, die letzte venezianische Enklave in Griechenland, und Paul forderte die Christenheit zu einem Kreuzzug auf. Mit dem einzigen Erfolg, dass die italienischen Fürstentümer übereinkamen, sich um ihre eigene Verteidigung zu kümmern.

Es folgte eine Reihe von Enttäuschungen. Immerhin gewann er 1471 den Turkmenenfürsten Uzun Hasan für ein Bündnis gegen Sultan Mehmed; auch versuchte er eine Ehe zwischen Iwan III. von Russland und der Nichte des letzten byzantinischen Kaisers, Zoe Palaiologos, zu vermitteln, als Vorstufe einer Union der russischen Kirche mit der lateinischen. In der Nacht des 26. Juli jedoch, nachdem er tagsüber bei bester Gesundheit gewesen war, fühlte er sich krank und ging zu Bett. Sein Kammerherr fand ihn eine Stunde später mit Schaum vor dem Mund auf. Er beeilte sich, Hilfe zu holen, doch als er zurückkam, war der Papst tot, offenbar durch einen Schlaganfall. Er hatte eine seltsame Herrschaft ausgeübt: eine theatralische Inszenierung für sein Publikum, eine Prunkfassade, hinter der nichts war.

Pauls Nachfolger, **Sixtus IV.** (1471–1484), war Franziskaner. Er wurde wegen seiner Gelehrtheit gewählt, es waren aber auch hohe Bestechungssummen im Spiel. Sein Wirken lässt sich wie folgt resümieren: Er veränderte das Stadtbild Roms, begünstigte schamlos seine Familie und war in ein Mordkomplott gegen die Medici in Florenz verwickelt. Die Arbeiten zur Verschönerung Roms verfolgte er seine gesamte Amtszeit hindurch.

Andere Aspekte seines Pontifikats waren weniger schön. Er erneuerte Pauls II. Versuch, einen Kreuzzug zu organisieren, und gab große Summen für eine Flotte aus. Wie üblich war das übrige Europa nicht bereit, Hilfestellung zu leisten, und nach einem kleinen Seesieg 1472

PAPSTNAMEN	
PAUL II.	**SIXTUS IV.**
Herkunft	*Herkunft*
Italien, Venedig	Italien, Celle
Geboren	*Geboren*
23. Februar 1417	21. Juli 1414
Eigentlicher Name	*Eigentlicher Name*
Pietro Barbo	Francesco della Rovere
Abstammung	*Abstammung*
Kaufleute; Pauls Onkel war Papst Eugen IV.	Arm
	Religiöser Status
	Franziskaner
Früheres Amt	*Frühere Ämter*
Kardinalpriester	Franziskanergeneral, Kardinalpriester
Zum Papst gewählt	*Zum Papst gewählt*
30. August 1464	9. August 1471
Alter bei der Wahl	*Alter bei der Wahl*
46	56
Gestorben	*Gestorben*
26. Juli 1471	12. August 1484
Dauer des Pontifikats	*Dauer des Pontifikats*
6 Jahre, 10 Monate, 28 Tage	13 Jahre, 3 Tage

Fayencewappen der Pazzi, einer der großen Florentiner Familien. Einer ihrer Vertreter, Jacopo de' Pazzi, hatte sich 1260 in der Schlacht von Montaperti ausgezeichnet.

scheiterte die Expedition. Die Heirat zwischen Iwan III. von Russland und Zoe Palaiologos fand zwar statt, erbrachte aber nicht die gewünschte Union der russischen Kirche mit Rom. Die Beziehungen zu Frankreich waren seit der Thronbesteigung Ludwigs XI. schwierig und blieben angespannt. Der König beharrte darauf, über die Kirche Frankreichs selbst zu bestimmen, der Papst lehnte dies kategorisch ab.

In Italien selbst war die Amtsführung Sixtus' nicht nur ineffizient, sondern geradezu skandalös. Kaum Papst geworden, erhob er zwei seiner jungen Neffen, Pietro Riario und Giuliano della Rovere, zu Kardinälen (vier weitere sollten ihnen folgen), andere Verwandte wurden mit Geld und Pfründen bedacht. Kardinal Riario begann schon früh ein Leben voller Ausschweifungen und starb 1474 mit 28 Jahren an einem Exzess. Sein Bruder Girolamo zog den Papst in einen Sumpf politischer Rivalitäten und ruinierte seinen Ruf vollends. Er zettelte 1477 mit Francesco de' Pazzi eine Verschwörung gegen Lorenzo und Giuliano de' Medici an, die de facto Florenz beherrschten. Das geschah aus unterschiedlichen Motiven. Die Pazzi waren überzeugt, dass der in Florenz äußerst unbe-

SIXTUS IV. UND ROM

Sixtus IV. setzte die Bautätigkeit fort, die seine Vorgänger, insbesondere Nikolaus V., in Rom begonnen hatten. Straßen wurden verbreitert und gepflastert, alte Häuser abgerissen, Abwasserkanäle gereinigt, neue Straßen gebaut. Er ließ auch eine noch heute nach ihm benannte Tiberbrücke (Ponte Sisto) errichten, ein Hospital für Findelkinder neu erbauen, ein neues Bibliotheksgebäude im Vatikan sowie Kirchen, deren berühmteste die Sixtinische Kapelle mit Fresken von Perugino ist. Sixtus förderte Botticelli, Pinturicchio, Ghirlandaio, Signorelli und Melozzo da Forlì; er gründete den päpstlichen Chor, das Vatikanische Archiv und erweiterte die Vatikanische Bibliothek, indem er in ganz Europa Bücher erwarb und Geld für ihre Erhaltung und die Anstellung von Bibliothekaren zur Verfügung stellte. Unter all seinen Bemühungen zur Förderung von Kunst und Wissenschaft ist diese aufwändige Sorge für die Bibliothek sein vielleicht schönstes Denkmal.

Sixtus IV. ernennt Platina zum Präfekten der Bibliothek. *Fresko von Melozzo da Forlì (1477). Platina war unter Sixtus IV. der zweite Bibliothekar der Vatikanischen Bibliothek und widmete ihm seine Papstgeschichte.*

DIE SPANISCHE INQUISITION

Inquisition bedeutet »Untersuchung«. Als Institution wurde sie 1231 von Gregor IX. zur Bekämpfung von Ketzern eingerichtet. Anfangs auf Deutschland beschränkt, wurde sie später auch auf andere Länder ausgeweitet und war eng mit dem Wirken der Dominikaner und Franziskaner verbunden. Die Inquisitionsgerichte hatten das Recht, der Ketzerei verdächtige Personen vorzuladen und zu befragen. Dabei entwickelten sie schon früh Prozeduren, die von den Regeln des römischen Rechts abwichen. Die Verfolgung eines Verdächtigen lag in der Hand des Richters. Der Angeklagte musste schwören, die Wahrheit zu sagen. Er erfuhr nicht die Namen des oder der Denunzianten (um Zeugen vor Einschüchterung durch Verwandte oder Freunde des Angeklagten zu schützen). Als Zeugen durften auch Personen auftreten, die außerhalb des Gesetzes standen, also Kriminelle oder Exkommunizierte. Alle Verhöre wurden aufgezeichnet, und die Protokolle zeigen, dass die meisten Inquisitoren wirklich die Wahrheit herausfinden wollten. Folter konnte angeordnet werden, ihre Anwendung unterlag jedoch strengen Regelungen. Kein Inquisitionsgericht konnte die Todesstrafe verhängen, dies war Sache der weltlichen Gewalt, der man hartnäckige Häretiker überantwortete, so dass sie letztlich doch hingerichtet wurden. Bußübungen wie das Tragen von Kreuzen oder Pilgerfahrten waren weit verbreitet, ebenso die Konfiskation des Vermögens. Die verschiedenen Inquisitionen waren vor allem im 13. Jahrhundert aktiv. Die Spanische Inquisition, die sich, zum Teil dank der gegnerischen Propaganda, einen verheerenden Ruf erwarb, entstand Ende des 15. Jahrhunderts auf die Bitte von Ferdinand von Aragon und Isabella von Kastilien hin. Sie sollte die Gefährdung des katholischen Glaubens in Spanien durch die Maranen (konvertierte Juden) und Morisken (konvertierte Muslime) abwehren. Sixtus IV. musste später in einem päpstlichen Erlass die spanischen Inquisitoren dafür rügen, dass sie nicht das vorgeschriebene Verfahren einhielten und bei der Verfolgung angeblicher Ketzer übertriebenen Eifer zeigten.

Ein spanisches Gemälde (16. Jahrhundert, Detail) zeigt die Hinrichtung zweier Ketzer. Zwei weitere, mit weißen Mützen und Umhängen, erwartet das gleiche Schicksal.

liebte Lorenzo ihren Sturz beschlossen hatte, Girolamo Riario hatte wohl nur ein Auge auf die Ländereien der Medici in Florenz und der Toskana geworfen. Durch den Verlust eines wichtigen Verbündeten, Galeazzo Sforzas, des Herzogs von Mailand, der am 26. Dezember beim Betreten der Kirche erdolcht wurde, war Lorenzo de' Medici geschwächt. Auch war der Mord ein beunruhigendes Vorzeichen. Sixtus scheint die Umtriebe Girolamos geduldet zu haben; am 26. April 1478, als die beiden Medici im Dom von Florenz der Messe beiwohnten, schlugen die Mörder zu. Giuliano wurde getötet, Lorenzo konnte leicht verwundet entkommen. Wie viel hatte der Papst gewusst? Die Meinungen sind geteilt, es fällt aber schwer zu glauben, dass er völlig ahnungslos war.

Für seine restliche Amtszeit bedeutete das Krieg: zuerst mit Florenz, dann, auf Girolamos unseliges Drängen, mit Venedig. Anstelle von Vorteilen brachten diese Konflikte lediglich Aufstände in und um Rom. Mehr noch, die stetige Inanspruchnahme des päpstlichen Schatzes drohte dem nachfolgenden Papst leere Kassen zu bescheren. 1480 kam ein weiterer Kostenfaktor hinzu: Die Türken eroberten Otranto auf dem italienischen Festland. In ganz Italien wurden Ablässe verkauft und eine eigene Kriegssteuer erhoben. Im Mai 1482 starb Sultan Mehmed und im September zogen die Türken wieder ab. Es begann eine willkommene, aber teuer erkaufte Atempause.

Mitte Juni 1484 befiel Sixtus ein Fieber, im August hatte er einen Gichtanfall. Zudem war er darüber erbost, dass die diversen Kriegsparteien Italiens ihn bei ihrem Friedensvertrag übergangen hatten. Am 12. August starb er voll Bitterkeit. Einige seiner Verfügungen hatten bleibende Wirkung. Er dekretierte das Fest der Unbefleckten Empfängnis, gründete die Inquisition in Spanien, ernannte Tomás de Torquemada zum spanischen Großinquisitor und stattete die Bettelorden, insbesondere Franziskaner und Dominikaner, mit zusätzlichen Privilegien aus.

Auf eine derart von Zwietracht geprägte Herrschaft konnte schwerlich ein friedliches Konklave folgen, noch dazu, wo Sixtus die Zahl der Kardinäle um 34 erhöht hatte und die meisten davon weltlich orientiert und für ihr Amt kaum geeignet waren. Zuallererst drang das Volk in Girolamos Palast ein und verwüstete ihn derart, dass nur die nackten Mauern blieben, sogar der Garten wurde zerstört. Girolamos Ehefrau eilte in die Engelsburg, setzte den Kommandanten ab und wollte die Festung so lange halten, bis ein neuer Papst gewählt war. In der Stadt schürten die Colonna den Aufruhr, die Orsini, ihre Rivalen, rüsteten sich zum Angriff. Während ein Bürgerkrieg in bedrohliche Nähe rückte, gerieten die versammelten Kardinäle in einen heftigen Streit. Rodrigo Borgia und Giuliano della Rovere standen im Kampf der Intrigen in vorderster Reihe. Es brauchte viel Zeit und bedurfte vieler Spenden, ehe della Roveres Kandidat als **Innozenz VIII.** (1484–1492) den Stuhl Petri besteigen konnte.

Innozenz, Vater mehrerer unehelicher Kinder, zu denen er sich nach seiner Wahl offen bekannte, war charmant, schwach und unfähig; er ließ

INNOZENZ VIII.

Herkunft	*Zum Papst gewählt*
Italien,	29. August 1484
Genua	*Alter bei der Wahl*
Geboren	52
1432	*Gestorben*
Eigentlicher Name	25. Juli 1492
Giovanni	*Dauer des Pontifikats*
Battista Cibo	7 Jahre,
Abstammung	10 Monate,
Sohn eines römi-	28 Tage
schen Senators	*Bemerkenswertes*
Zivilstand	Sein Sohn
Innozenz	Franceschetto
wurde vor der	heiratete die Toch-
Priesterweihe	ter Lorenzo de'
Vater unehe-	Medicis. Innozenz
licher Kinder.	machte Lorenzos
Früheres Amt	14-jährigen Sohn
Kardinalpriester	zum Kardinal.

Detail eines Denkmals Innozenz' VIII. von Pollaiuolo in Sankt Peter. Innozenz war in derartiger Geldnot, dass er bei einem römischen Kaufmann die Tiara verpfänden musste.

Ein Mönch predigt vor Mauren. Holzschnitt des 16. Jahrhunderts; Titelseite der *Improbatio Alcorani* (Widerlegung des Korans). Die Mauren wurden 1492 aus Granada vertrieben. Der Ausdruck »Moriscos« wurde im Spanischen schnell zur Bezeichnung für zum Christentum konvertierte Muslime.

sich von dem energischen und kriegsfreudigen della Rovere führen. Letzterer hatte seine Wahl betrieben, weil er selbst nicht genügend Stimmen auf sich vereinigen konnte. Innozenz hatte kein Geld, lebte aber weiterhin wie ein Fürst, während Rom im Zeichen des Zwists der Familien Colonna und Orsini stand, deren Anhänger ihren Streit blutig auf der Straße austrugen. So gesehen hätte seine ganze Aufmerksamkeit eigentlich der Sanierung der Finanzen und der Befriedung der Stadt gelten müssen. Das war aber nicht der Fall.

Ein Versuch, in Neapel den fälligen Lehenszins einzutreiben, stieß auf entschlossenen Widerstand, da Sixtus IV. das Königreich von der Verpflichtung entbunden hatte, diesen zu bezahlen. Innozenz forderte nun auf Betreiben della Roveres Herzog René von Lothringen auf, den Thron Neapels zu besteigen, und unterstützte die neapolitanischen Barone, die gegen König Ferdinand I. von Neapel rebellierten. Della Rovere wurde nach Frankreich entsandt, um ein Bündnis zu schließen und den Herzog nach Italien zu begleiten. In seiner Abwesenheit schloss Innozenz jedoch aus einer üblen Laune heraus ein Friedensabkommen mit Ferdinand – eine sinnlose Abmachung, da die beiden sich dann wieder streiten und wieder versöhnen sollten –, wodurch der Papst die Unterstützung seines Kardinals verlor. Innozenz wandte sich nun Lorenzo de' Medici zu und zementierte diese neue Freundschaft durch eine Heirat zwischen einem seiner unehelichen Söhne und Lorenzos Tochter. Für Giovanni, Lorenzos 14-jährigen Sohn, gab es den Kardinalshut.

Im selben Jahr, 1489, versuchte Innozenz, das Türkenproblem auf dem Verhandlungsweg zu lösen. Als Gegenleistung dafür, dass er den Bruder Sultan Bayazids II. in Rom gefangen hielt, bekam er eine großzügige jährliche Rente und eine wichtige Reliquie, die Heilige Lanze, mit der, wie es heißt, Christus am Kreuz durchbohrt wurde. Als der Papst 1490 erkrankte, waren die »Geier«, so auch einer seiner Söhne, sofort zur Stelle, um einander die Beute streitig zu machen. Der Papst schaffte es zwar, sein Fieber abzuschütteln, doch 1491 wurde er neuerlich krank und siechte ein Jahr dahin. In dieser Zeit erhielt er die Nachricht, dass die spanischen Könige, Ferdinand von Aragon und Isabella von Kastilien, ihre maurischen Nachbarn aus Granada vertrieben und deren Königreich ihrem eigenen angegliedert hatten. Damit ging eine Epoche der spanischen Geschichte zu Ende, die im 8. Jahrhundert, mehr als 700 Jahre zuvor, begonnen hatte.

Im Juni und Juli wechselte der Gesundheitszustand des Papstes immer wieder; am 25. Juli 1492 starb er am späten Abend nach einem langen und schmerzhaften Todeskampf – eine Woche bevor Kolumbus zu seiner Reise nach Westen aufbrach.

Alexander VI.
1492–1503

Pius III.
1503

Julius II.
1503–1513

Leo X.
1513–1521

Hadrian VI.
1522–1523

Clemens VII.
1523–1534

Paul III.
1534–1549

Julius III.
1550–1555

Marcellus II.
1555

Paul IV.
1555–1559

Pius IV.
1559–1565

Pius V.
1566–1572

Gregor XIII.
1572–1585

Sixtus V.
1585–1590

Urban VII.
1590

Gregor XIV.
1590–1591

Innozenz IX.
1591

Clemens VIII.
1592–1605

Leo XI.
1605

Paul V.
1605–1621

Gregor XV.
1621–1623

Urban VIII.
1623–1644

Innozenz X.
1644–1655

Alexander VII.
1655–1667

Clemens IX.
1667–1669

Clemens X.
1670–1676

Innozenz XI.
1676–1689

Alexander VIII.
1689–1691

Innozenz XII.
1691–1700

Clemens XI.
1700–1721

Innozenz XIII.
1721–1724

Benedikt XIII.
1724–1730

Clemens XII.
1730–1740

Benedikt XIV.
1740–1758

Clemens XIII.
1758–1769

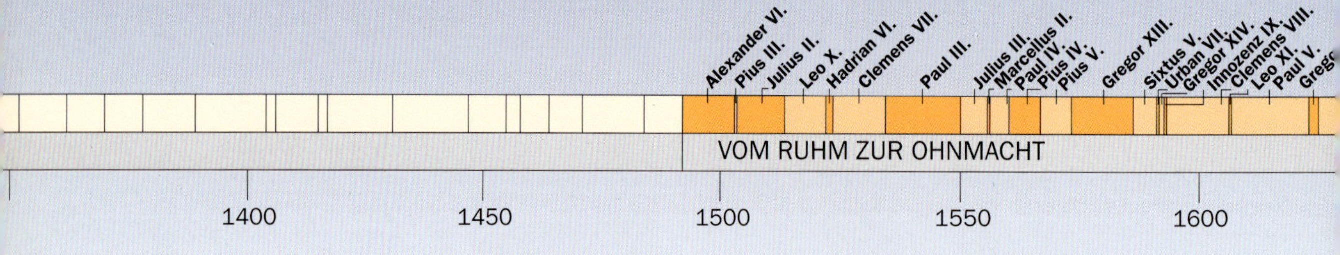

Alexander VI.
Pius III.
Julius II.
Leo X.
Hadrian VI.
Clemens VII.
Paul III.
Julius III.
Marcellus II.
Paul IV.
Pius IV.
Pius V.
Gregor XIII.
Sixtus V.
Urban VII.
Gregor XIV.
Innozenz IX.
Clemens VIII.
Leo XI.
Paul V.
Grego

VOM RUHM ZUR OHNMACHT

1400 1450 1500 1550 1600

Julius II.

Paul III.

Gregor XV.

Innozenz X.

VOM RUHM ZUR OHNMACHT
1492–1769 n. Chr.

Der Höhepunkt der weltlichen Macht der Kirche im 16. Jahrhundert, das überrascht nicht, fällt mit ihrem spirituellen Tiefpunkt zusammen. Exzess lautete die Devise – im persönlichen Verhalten, in der Gier nach Herrschaft, bei der Finanzierung großartiger Kunstwerke mit Hilfe des Kirchenschatzes. Auch ohne die Herausforderung durch die protestantischen Reformatoren wussten die Päpste, dass eine durchgreifende Änderung nötig war. Die Kirche, zunächst verblüfft über die Abkehr von der traditionellen Lehre und Praxis, sammelte sich und begann, sich selbst erneuernd, mit der Gegenreformation. Theresa von Ávila mit den barfüßigen Karmelitinnen und Ignatius von Loyola, der die Jesuiten gründete, sind die bekanntesten Persönlichkeiten dieses Neuanfangs.

Der Politik schworen die Päpste keineswegs ab. Als herausragende Figuren in einer sich rasch vergrößernden Welt konnten sie das schwerlich tun. Auch erlaubten ihnen die schrecklichen Glaubenskriege im Europa des 17. Jahrhunderts nicht, sich aus den weltlichen Angelegenheiten zurückzuziehen. Je mehr aber das expandierende und ehrgeizige Frankreich Ludwigs XIV. in Europa die Vorherrschaft gewann, desto mehr rückten die Päpste in den Hintergrund. Die Päpste des 18. Jahrhunderts empfanden zunehmend ein Gefühl der Ohnmacht. Während Welt und Kirche auseinander strebten und immer öfter eigene Wege gingen, schien das Papsttum unentschlossen – nicht gewillt, seine Kontrolle über säkulare Angelegenheiten ganz aufzugeben, aber unfähig, weiterhin als weltliche Macht aufzutreten.

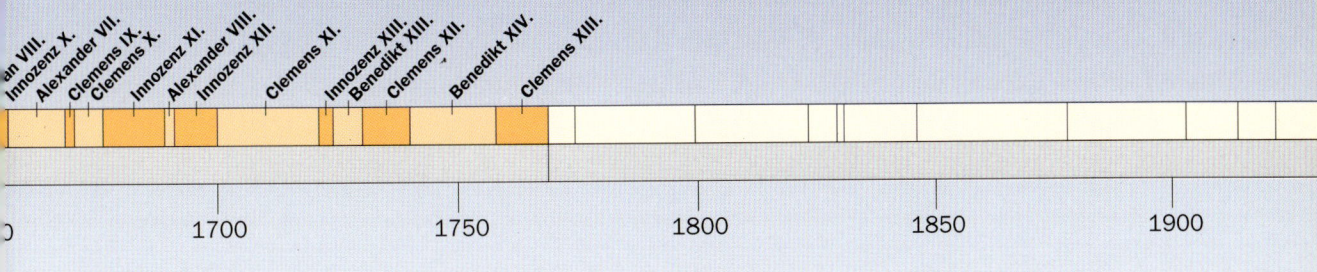

Alexander VI.
1492–1503

Pius III.
1503

(Rechts) Alexander VI. Detail eines Stuckreliefs in den Borgia-Gemächern des Vatikans. Bernardo Pinturicchios (um 1454–1513) Porträt des neuen Papstes kann man mit seiner vom selben Künstler stammenden Darstellung auf dem Gemälde *Die Auferstehung* vergleichen (s. S. 162).

ALEXANDER VI.	
Herkunft Spanien, Játiva	vielleicht an Malaria oder durch Gift
Geboren 1. Januar 1431	*Dauer des Pontifikats* 11 Jahre, 7 Tage
Eigentlicher Name Rodrigo de Borja y Borja	*Bemerkenswertes* Die zwei bekanntesten Mätressen Alexanders
Abstammung Alexander war der Neffe Calixtus' III.	waren Vanozza dei Catanei und Giulia Farnese.
Frühere Ämter Kardinalbischof, päpstlicher Legat	Er war Vater von 9 Kindern: Pedro Luis,
Zum Papst gewählt 11. August 1492	Isabella, Girolama, Giovanni,
Alter bei der Wahl 61	Rodrigo, Cesare, Juan, Lucrezia
Gestorben 18. August 1503,	und Jofré.

ALEXANDER VI.

Alexander ist von hoher Gestalt, von mittlerer Farbe; seine Augen sind schwarz; sein Mund etwas voll. Seine Gesundheit ist blühend; er trägt über jedes Vorstellen hinaus Mühen jeder Art. Er ist außerordentlich beredt; jedes unzivilisierte Wesen ist ihm fremd.

F. Gregorovius, *Lucrezia Borgia*, Erstes Buch, I.

In dem Jahr, das unauflöslich mit Kolumbus verbunden ist, wurde Rodrigo de Borja (Borgia) zum Papst gewählt. **Alexander VI.** (1492–1503), wie er sich symbolträchtig nannte, war bereits 61 und hatte eine außergewöhnliche Karriere hinter sich, was nicht überrascht, schließlich war einer seiner Onkel Calixtus III. Mit 25 wurde Rodrigo Kardinal und im Jahr darauf Vizekanzler der römischen Kurie, ein Amt, das es ihm erlaubte, immense Reichtümer anzuhäufen – er erhielt Bistümer und eine Reihe anderer Benefizien –, durch das er aber auch in Kontakt mit jenen Leuten blieb, die ihm für seine Ambitionen nützlich waren oder sein konnten. Er war 35 Jahre lang Vizekanzler der römischen Kurie und versäumte in dieser Zeit kaum je eine Versammlung des päpstlichen Konsistoriums.

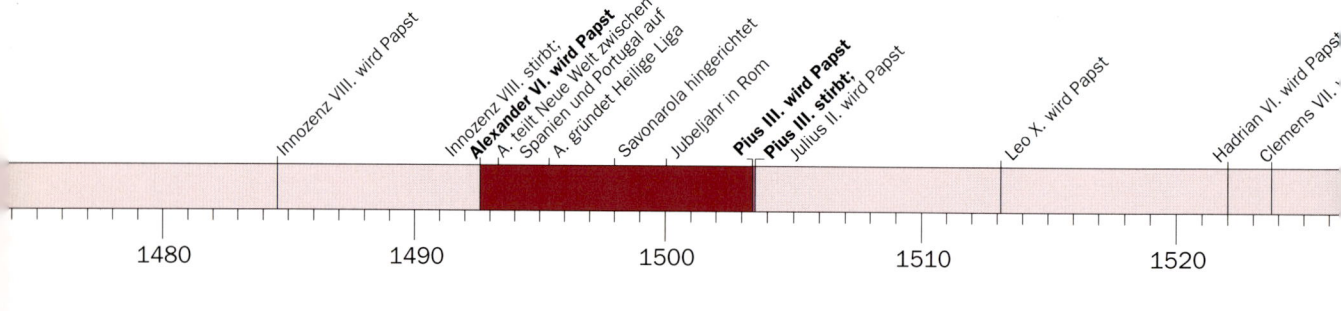

Innozenz VIII. wird Papst

Innozenz VIII. stirbt; **Alexander VI. wird Papst**
A. teilt Neue Welt zwischen Spanien und Portugal auf
A. gründet Heilige Liga

Savonarola hingerichtet

Jubeljahr in Rom

Pius III. wird Papst
Pius III. stirbt;
Julius II. wird Papst

Leo X. wird Papst

Hadrian VI. wird Papst
Clemens VII. *

1480 1490 1500 1510 1520

Seinen Erfolg verdankte er aber nicht nur der Protektion seiner Familie und seinen Verbindungen. Er besaß beachtliche Fähigkeiten, und als Calixtus starb, erkannten auch die folgenden Päpste seine Qualitäten und setzten ihn in wichtigen Belangen des Kirchenstaats ein.

Kurz vor dem Konklave, das ihn zum Papst wählte, war die Lage folgende: Kardinal della Rovere (der spätere Julius II.), ein Neffe Sixtus' IV., galt als möglicher Kandidat. Er genoss die Unterstützung Karls VIII. von Frankreich, der einigen Kardinälen hohe Summen bezahlte, um sie für della Rovere zu gewinnen. Kardinal della Porta und Kardinal Sforza wurden von Mailand begünstigt und profitierten anfangs von der Entschlossenheit vieler italienischer Kardinäle, keinen Ausländer zu wählen – anders gesagt Rodrigo, den in Spanien geborenen vierten Kandidaten. Doch Rodrigo war reich und hatte Erfahrung. Der Geldsegen tat seine Wirkung: Am vierten Tag des Konklaves fehlte Rodrigo nur mehr eine einzige Stimme, um Papst zu werden. Er bekam sie von dem 96-jährigen Patriarchen von Venedig, dessen nachlassendes Denkvermögen sich im richtigen Moment erhellte und die Wahl entschied. Der Kandidat der Borgia hatte sich sein Amt erfolgreich erkauft.

Dennoch fand seine Wahl in Rom wie im Ausland Beifall. Die Krönung erfolgte am 26. August 1492 mit großer Pracht – aufgrund der Hitze und der Ermüdung fiel der neue Papst dabei zweimal in Ohnmacht.

Die ersten beiden Jahre seiner Amtszeit waren von diplomatischen Schwierigkeiten geprägt. Im Kirchenstaat herrschte die Intrige; Ferdinand I., der spanische König von Neapel, stand mit Alexander auf Kriegsfuß, da dieser sich Karl VIII. von Frankreich angenähert hatte, der den Thron von Neapel für seine Familie beanspruchte; die Bedrohung durch das Osmanenreich sorgte zunehmend für Beunruhigung, und in Rom ließen die Kardinäle della Rovere und Sforza aneinander ihren Hass aus. Alexander versuchte, diese Probleme zu lösen. Er gründete die »Liga von Sankt Marcus«, um Mailand und Venedig an den Heiligen Stuhl zu binden, er verheiratete zwei seiner Söhne nach Spanien und Neapel, er bereitete dem türkischen Gesandten einen prächtigen Empfang, schloss, wie es schien, mit dem Sultan ein stillschweigendes Bündnis und nahm Geld von Kardinal della Rovere. Für ein Pontifikat war das ein guter Anfang. Er schaffte es sogar, in der Neuen Welt eine Rolle zu spielen: Nach der Reise Kolumbus' machten spanische und portugiesische Seefahrer ihre Ansprüche auf die neu entdeckten Gebiete geltend. Alexander wurde um einen Schiedsspruch gebeten. Er zog eine Linie, die erkennbar Spanien

Die Planisphäre Alberto Cantinos (1502), eine frühe Seekarte, zeigt die Tordesillas-Linie, die die Neue Welt in eine portugiesische Einflusssphäre (östlich) und eine spanische (westlich der Linie) aufteilte (Modena, Biblioteca Estense). Nachdem Kolumbus 1493 von seiner berühmten Entdeckungsreise zurückgekehrt war, stritten Portugal und Spanien über die neuen Gebiete und wandten sich an Alexander VI. mit der Bitte um einen Schiedsspruch. Noch im selben Jahr teilte der Papst die neu entdeckten Gebiete auf, indem er auf der Karte eine Linie zog. Diese wurde 1494 im Vertrag von Tordesillas um 270 Meilen nach Westen verschoben. Über die geografische Form der Neuen Welt wusste man damals nicht genau Bescheid, daher die seltsame Form der Küste Südamerikas.

KINDER UND MÄTRESSEN ALEXANDERS VI.

Alexander hatte sechs Söhne und drei Töchter. Die Mütter von Pedro Luis (um 1462–1488), Isabella (um 1467–1541), Girolama (um 1469–1483), Giovanni (1498–um 1548) und Rodrigo (geboren 1503) sind namentlich nicht bekannt, aber auch ihre Kinder erhielten dank der Position des Vaters einflussreiche Ämter oder wurden vorteilhaft verheiratet. Die Mutter von Cesare und Lucrezia, Alexanders berühmtesten Kindern, war Vannozza dei Cattanei. Ihre Beziehung zu Alexander begann 1473, ein angenehmes Verhältnis, das etwa zehn

Familienemblem der Borgia an der Decke der Borgia-Gemächer im Vatikan.

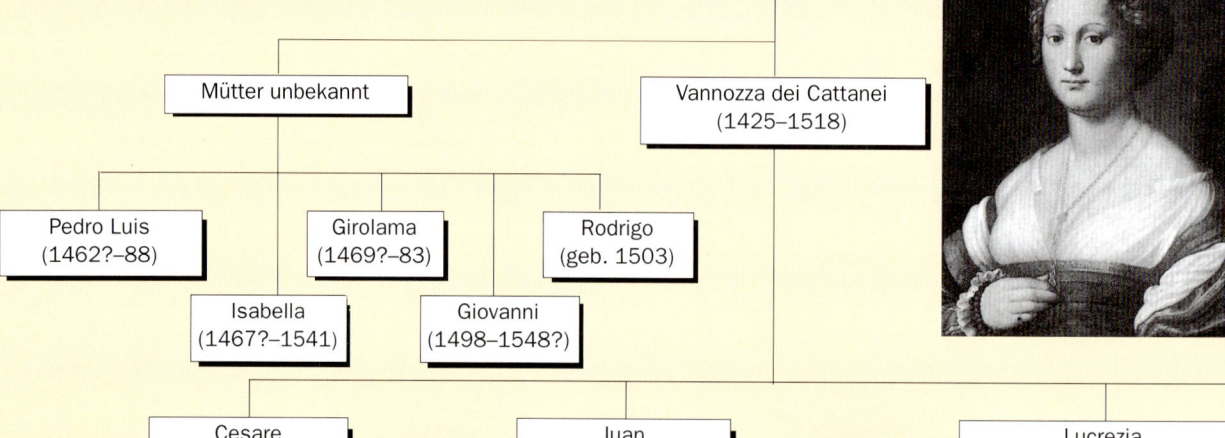

Rodrigo Borgia
(1431–1503)
Papst Alexander VI.
1492

Mütter unbekannt

Vannozza dei Cattanei
(1425–1518)

Pedro Luis
(1462?–88)

Girolama
(1469?–83)

Rodrigo
(geb. 1503)

Isabella
(1467?–1541)

Giovanni
(1498–1548?)

Cesare
(1475–1507)
*Ehe mit
Charlotte d'Albret*

Juan
(1477?–97)
*Ehe mit
Maria Enriquez*

Lucrezia
(1480–1519)
*Ehe mit
1. Giovanni Sforza da Pesaro
2. Alfonso di Bisceglie (Sancias Bruder)
3. Alfonso d'Este*

Jahre währte. Cesare wurde 1475, Lucrezia 1480 geboren. Der Verbindung entstammten zwei weitere Kinder – Juan, später Herzog von Gandia und Generalkapitän der päpstlichen Streitkräfte, und Jofré, der spätere Fürst von Squillace.

Cesare profitierte enorm von der Position seines Vaters. Mit 18 hatte er mehrere Bistümer, mit 19 wurde er Kardinal. 1498 entließ ihn der Papst aus seinem pseudoklerikalen Status, damit er sich ungehindert dem Krieg und der Diplomatie widmen und heiraten konnte. Cesare wurde nacheinander Herzog von Valentinois und von Romagna. Er heiratete eine der schönsten Prinzessinnen Frankreichs, Charlotte d'Albret, die Cousine des französischen Königs, um sie einige Monate später zu verlassen. Seine Karriere war glänzend, aber anrüchig. Er herrschte über den Kirchenstaat und de facto, nach seinem Vater, über die Kirche. Er war einer der großen Renaissancefürsten mit allem, was dies impliziert. Machiavelli war voll des Lobes über seine Fähigkeiten und Leistungen, auf die allerdings auch Schatten fielen: Rücksichtslosigkeit, Grausamkeit und Mordverdacht. So ging das Gerücht, er habe seinem Bruder Juan die Kehle durchschneiden lassen, aber das Geheimnis um dessen Ermordung wurde niemals gelöst. Sicher ist, dass der Herzog von Bisceglie auf seine Anweisung hin erdrosselt wurde. Bekannt ist auch, dass er einen Chemiker beschäftigte, Sebastian Pinzon, einen Experten für Giftmischerei.

Lucrezia wird von Zeitgenossen als mittelgroß und als anmutige Erscheinung beschrieben. Sie hatte ein langes Gesicht, langes blondes Haar, einen eher großen Mund, blendend weiße Zähne und ein ebenso reizende wie fröhliche Art. Ihr Ruf litt unter dem ihres Vaters und ihres Bruders. Die Legende stellt sie als Giftmischerin hin, die mit Vater und Bruder blutschänderische Beziehungen hatte. Tatsächlich unterschied sie sich aber von beiden grundlegend. Sie war dreimal unglücklich verheiratet. Alexander schied sie tückisch und gewaltsam von ihrem ersten Gatten; den zweiten ließ Cesare ermorden; von ihrem dritten, dem Herzog von Ferrara, wurde sie regelmäßig und mitleidlos getrennt. In Ferrara war sie im Volk aufgrund ihrer Frömmigkeit und ihrer guten Werke beliebt. Als sie 1519 starb, hatte sie sich die Zuneigung ihres Gatten erworben und die Wertschätzung aller, die sie kannten.

(Rechts) Die schönste von Alexanders Mätressen, Giulia Farnese, war erst 15, als sie sich Alexanders Leidenschaft ergab (Pinacoteca Vaticana).

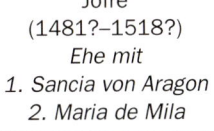

Jofré
(1481?–1518?)
Ehe mit
1. Sancia von Aragon
2. Maria de Mila

(Oben) Mögliches Porträt Lucrezia Borgias (Frankfurt, Städelsches Kunstinstitut). Es ähnelt einem anderen von Bartolomeo Veneto stammenden Porträt, das angeblich (eine rundlichere) Lucrezia als Herzogin von Ferrara darstellt.

(Gegenüber Mitte) Weibliches Porträt, vermutlich Vannozza dei Cattaneis, einer der langjährigen Mätressen Alexanders VI. Sie war die Gattin eines Advokaten, als Alexander (damals noch Rodrigo Borgia) ihr begegnete (Rom, Villa Borghese).

(Gegenüber außen links) Cesare Borgia; Giorgione (Bergamo, Galleria Carrara). Alexanders berühmtester Sohn wird vom venezianischen Gesandten als groß, gut gebaut und außerordentlich schön beschrieben.

(Gegenüber links) Detail aus Pinturicchios Fresko Disput der heiligen Katharina in den Borgia-Gemächern. Es soll Alexanders Sohn Juan darstellen, der in Spanien für seine Arroganz und Zügellosigkeit bekannt war.

(Links) Für dieses Paar in Pinturicchios Disput der heiligen Katharina sollen Sancia und Jofré Modell gestanden haben.

Reliefdarstellung des Heiligen Römischen Kaisers Maximilian I. (Innsbruck, Tiroler Landesmuseum). 1495 gründete Maximilian mit Venedig, Spanien und dem Papst die Heilige Liga, vordergründig, um die Christenheit gegen die Türken zu verteidigen. Der eigentliche Grund war, dass man den Expansionsbestrebungen Karls VIII. von Frankreich einen Riegel vorschieben wollte.

begünstigte, und wies damit den Weg für künftige päpstliche Interessen in Amerika und die Missionstätigkeit der Mönche.

Im Januar 1494 starb der König von Neapel. Alexander krönte dessen Sohn Alfons zum Nachfolger – gegen den offenen Widerstand della Roveres und anderer Kardinäle, die Karl VIII. unterstützten. Von ihnen ermutigt, marschierte Karl VIII. in Italien ein und drohte, ein Generalkonzil einzuberufen, um den Papst absetzen zu lassen. Alexander wandte sich an den Sultan und drohte mit einem türkischen Bündnis. Viel von all dem war bloßes Säbelgerassel. Karl wollte den Papst nicht wirklich stürzen. Was hatte er zu gewinnen, wenn er den schrecklichen della Rovere oder den verschlagenen Sforza an die Stelle eines verwundbaren Borgia setzte? Ziel war, Alexander Angst zu machen, um ihn zu Zugeständnissen zu zwingen, und bis zu einem gewissen Punkt hatte er damit Erfolg. Im März 1495 jedoch schlossen Venedig, Spanien, der römische Kaiser und der Papst einen Vertrag, vordergründig zur Verteidigung der Christenheit gegen die Türken, aber auch, um Karl im Rücken zu bedrohen. Karl begriff, trat den Rückzug an und Alexander konnte aufatmen.

Äußere Streitigkeiten waren nicht das einzige Problem. In Florenz stand ihm ein reformwütiger Dominikaner gegenüber, Girolamo Savonarola (1452–1498). Durch seine Predigten hatte er rasch Einfluss gewonnen. Er stellte die Kirche als korrupt und verworfen dar und prophezeite ihr Unheil, ebenso den Herrschern von Florenz, die er als selbstsüchtig und käuflich bezeichnete. Als Karl VIII. in Italien einrückte, begrüßte ihn Savonarola als »Schwert Gottes«, das die Kirche reinigen und seine Voraussagen erfüllen würde. Als er noch dazu Florenz davon abhielt, Alexanders Liga beizutreten, war der Streit mit dem Papst unausweichlich.

Alexander lud Savonarola im Juli 1495 nach Rom ein, um hier zu erklären, wie er zu seinen göttlichen Offenbarungen komme. Savonarola

Italienischer Holzschnitt aus dem *Compendio di Revelatione* (1495). Savonarola predigt der Menge in Florenz. Er verstand es, seine Zuhörer zu beeindrucken. So schreibt ein Zeitgenosse, ihm seien bei einer seiner Predigten Schauer den Rücken heruntergelaufen, die versammelte Gemeinde sei in Tränen ausgebrochen und schweigend aus der Kirche gegangen. Savonarola prangerte die moralische Verkommenheit Italiens an und sah im Einmarsch der Franzosen ein Mittel, das Land aus seiner Sündhaftigkeit zu befreien.

Die Hinrichtung Savonarolas und seiner Gefährten auf der Piazza della Signoria. Gemälde des 16. Jahrhunderts (Florenz, Museo di San Marco). Als der Scheiterhaufen entflammt war, blies ein Wind die Flammen zur Seite. Die Menge schrie: »Ein Wunder, ein Wunder!« Dann begannen Jugendliche damit, Steine zu werfen.

lehnte mit dem Verweis auf seinen schlechten Gesundheitszustand und seiner Unabkömmlichkeit höflich ab. Als jedoch im November das französische Heer abgezogen war, verwarf der Papst Savonarolas Offenbarungen als Erfindung und verbot ihm das Predigen. Savonarola antwortete mit einem Unterwerfungsbrief, begann aber nach einigen Monaten erneut zu predigen, wobei sein Ton gegen die römische Kurie zunehmend schärfer wurde. Der Papst wollte die Florentiner nicht durch überstürztes Handeln beleidigen, da er sie immer noch für sein Bündnis zu gewinnen trachtete. In diesem unbefriedigenden Zustand verblieben die Dinge bis November 1496, als eine vom Papst verfügte Änderung der Organisation der toskanischen Dominikanerklöster in Florenz Proteste und Ungehorsam verursachte. Sich der päpstlichen Autorität zu widersetzen, konnte nicht ungestraft bleiben, und am 18. Juni 1497 wurde Savonarola exkommuniziert. In der Stadt wütete die Pest, und Savonarola verhielt

(Rechts) Lutherischer Holzschnitt mit Karikaturen von Alexander VI. Die eine Hälfte trägt die Inschrift Alexander VI., Pontifex maximus, die andere zeigt ihn als Teufel mit den Worten: »Ich bin der Papst.«

(Links) Alexander VI. Ausschnitt aus Pinturicchios Fresko *Die Auferstehung* in den Borgia-Gemächern des Vatikans. Es entstand in den Jahren 1492–1495 und zeigt den Papst am Beginn seines Pontifikats im Alter von 61 Jahren.

sich den ganzen Sommer hindurch ruhig, den Rest des Jahres hielten ihn Florentiner Politiker im Zaum, die der päpstliche Zorn nervös gemacht hatte.

Im Februar 1498 begann Savonarola wieder zu predigen. Die Stadt befürchtete, Alexander könne nun die volle päpstliche Gewalt gegen sie einsetzen, und bat Savonarola, seine Predigten einzustellen, was er auch tat. Trotzdem richtete er Briefe an die europäischen Fürsten, in denen er sie drängte, ein Generalkonzil einzuberufen, um den Papst abzusetzen. Einer seiner engsten Mitstreiter nahm die Herausforderung eines Franziskaners an, mit ihm auf einen brennenden Scheiterhaufen zu steigen, um zu sehen, wen von beiden Gott beschützen würde. Als alle Vorbereitungen für das Gottesurteil getroffen waren und sich bereits eine riesige Menge versammelt hatte, verlor der Mitstreiter den Mut. Es kam zu einem Aufruhr und die Macht Savonarolas über die Florentiner war gebrochen. Seine Verhaftung war kein Problem. Er wurde gefoltert, vor Gericht gestellt, zum Tode verurteilt und gehängt. Anschließend wurde seine Leiche öffentlich verbrannt.

Etwas, was Savonarola besonders bekämpft hatte, war die Kunst, genauer gesagt, weltliche Themen und Sinnlichkeit auf religiösen Bildern. »Ihr behängt die Mutter Gottes mit dem Putz einer Hure«, wetterte er, »und füllt die Kirchen mit eitlem Zeug.« Ebenso kritisierte er das Wohlleben und die Unmäßigkeit, in der Kleidung wie im Verhalten. Er

Die Festung Imola. Stich des 17. Jahrhunderts (Vatikanische Bibliothek). Als Besitz der Sforza, Feinde Ludwigs XII. von Frankreich, mit dem Cesare durch Heirat verwandt war, wurde sie 1499 von Cesare angegriffen. Bei der Verteidigung ihrer Zwillingsstadt Forlì legte Katharina Sforza selbst die Rüstung an, um den Einwohnern Mut zu machen. Cesares Feldzüge wurden teilweise durch Alexanders Jubeljahr 1500 finanziert, das Rom einen massiven Zustrom von Pilgern und Geld brachte.

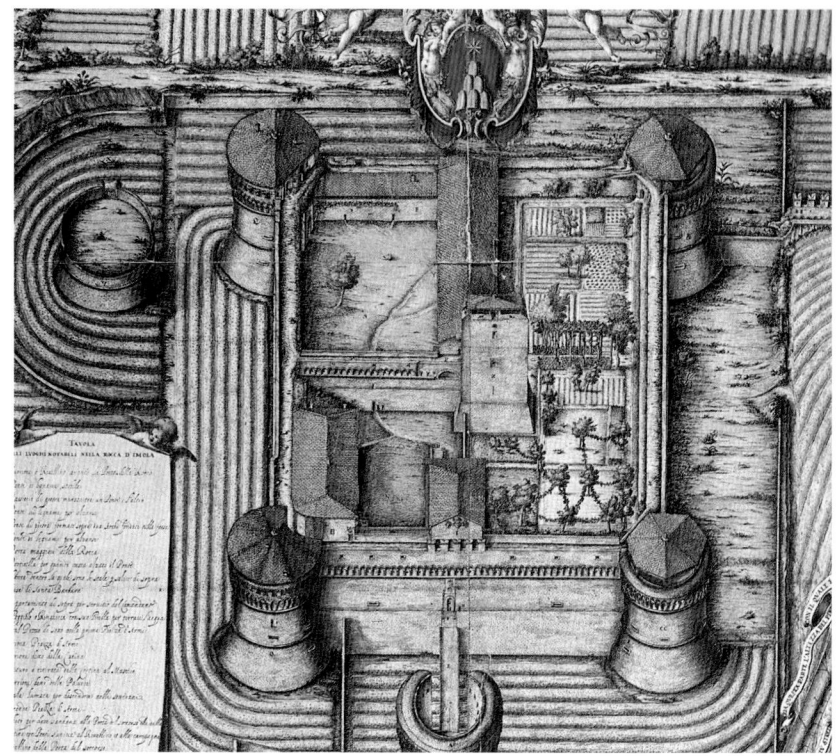

DER TOD ALEXANDERS VI.

Eine Legende:

Kardinal Ariano da Corneto erhielt die Nachricht …, der Papst wolle ihn besuchen und mit ihm speisen und Seine Heiligkeit würde das Abendessen mitbringen. Der Kardinal argwöhnte, dass diese Einladung den Zweck hatte, seinem Leben vermittels Gift ein Ende zu bereiten …

Der Kardinal bestach nun den Leibdiener des Papstes. Der wollte dem Kardinal eine Dose mit vergiftetem Konfekt schenken, er selbst aus einer anderen Dose unbedenkliche Süßigkeiten essen. Der Diener erklärte sich bereit, sie zu vertauschen.

Seine Heiligkeit, der seinem Diener vertraute, war in dem Glauben, in seinem Konfekt sei kein Gift, und aß davon reichlich, während der Kardinal von dem anderen aß, das der Papst vergiftet wähnte. Als nach gewisser Zeit das Gift seine Wirkung tat, bekam Seine Heiligkeit sie zu spüren und starb daran.

Marino Sanuti, *I Diarii*

Eine Quelle über Alexanders Leiche:

Das Gesicht war dunkel, es hatte die Farbe eines schmutzigen Lappens oder von Maulbeeren und war mit dunkelblauen Flecken übersät. Die Nase war geschwollen; die Zunge hatte sich eingerollt und drückte die geschwollenen Lippen heraus; der Mund war offen und der Anblick so grässlich, dass alle, die es sahen, sagten, sie hätten dergleichen noch nie erblickt.

Johannes Burchard, *Liber notarum*

wollte Spieler foltern lassen und Gotteslästerern die Zunge mit Spänen durchbohren lassen. Jeder sollte jeden bespitzeln und seine Inquisitoren scheuten sich nicht, in Häuser einzudringen und alles zu beschlagnahmen, was ihnen missfiel – Spielkarten, Parfüms, Spiegel, Gedichtbände –, um es anschließend zu verbrennen. Es überrascht nicht, dass er und Alexander in einen heftigen Streit gerieten: Alexander war mit seinen zahlreichen Mätressen unter den Renaissance-Päpsten das wohl eindeutigste Beispiel für Verderbtheit.

1500 war für Alexander ein bedeutsames Jahr. Er hatte es zum Heiligen Jahr erklärt. Auf diese Weise war ein riesiger Zustrom von Pilgern zu erwarten, die die mit einer Romfahrt in einem Jubeljahr verbundenen Sonderablässe erlangen wollten, was wiederum die Möglichkeit bot, die päpstlichen Kassen zu füllen. Alexander VI. richtete als erster Papst in Sankt Peter eine »Heilige Pforte« ein, die zu Beginn des Jubeljahres geöffnet und am letzten Tag wieder verschlossen wurde, ein Brauch, der bis heute besteht. Das Heilige Jahr 1500 war für Alexander sicherlich ein Erfolg, da es dazu beitrug, die Kriegsvorbereitungen seines Sohnes Cesare zu finanzieren; es brachte aber auch den Nachteil mit sich, dass sehr viele Menschen mit eigenen Augen den ungeheuren Reichtum und die Korruption der Heiligen Stadt sehen konnten, was die Enttäuschung und Unzufriedenheit förderte, die diese Pilger bei der Rückkehr in ihre Dörfer oder Städte empfanden.

Am 11. August 1503, dem Jahrestag seiner Wahl zum Papst, nahm Alexander an der traditionellen Feier in Sankt Peter nicht teil. Er litt an einem Fieber und trotz – heute würde man eher sagen aufgrund – der Bemühungen seiner Ärzte starb er innerhalb einer Woche. Da es sehr heiß war, verfiel der in der Sixtinischen Kapelle aufgebahrte Leichnam schnell. Das Gesicht wurde violett und bekam schwarzblaue Flecken, die Lippen schwollen zu grotesker Größe an. Als er zur Beisetzung weggebracht werden sollte, zeigte sich, dass der Sarg zu klein war. Man rollte die Leiche in einen alten Teppich und schob und presste so lange, bis sie hineinpasste. Eine abstoßende Symbolik am Ende eines skandalösen Pontifikats.

PIUS III.	
Herkunft	*Frühere Ämter*
Italien,	Kardinaldiakon,
Siena	päpstlicher Legat
Geboren	*Zum Papst gewählt*
1439	22. Sept. 1503
Eigentlicher Name	*Alter bei der Wahl*
Francesco	64
Todeschini	*Gestorben*
Abstammung	18. Oktober 1503
Pius war ein	*Dauer des Pontifikats*
Neffe Pius' II.	27 Tage

Pius III.

Die Verhängnisse unserer Zeit, das gramerfüllte Gesicht unserer Mutter Kirche … habe ich immer noch vor Augen. … Das Erbarmen Gottes und die Güte unseres Erlösers schenkten uns in Euch unerhofft einen Papst, dessen überragende Fähigkeiten, Wissen, Bildung, Erziehung im Glauben und Lebenswandel bis heute in allen seinen Tugenden sichtbar wurden.

Brief des Bischofs von Arezzo an Pius III. vom 28. September 1503

Auf Alexander folgte ein weiterer Nepote, diesmal eine Neffe Pius' II., der sich wohl deshalb **Pius III.** (1501) nannte. Wie üblich hatte er eine steile Karriere hinter sich – Erzbischof von Siena und Kardinal mit 21, päpstlicher Legat in Deutschland unter Paul II., in Frankreich unter Alexander VI. – aber anders als viele hochgestellte Kirchenmänner seiner Zeit war er integer. Im Konklave 1492 hatte er es abgelehnt, sich bestechen zu lassen und für Rodrigo Borgia zu stimmen.

Er war im September 1503 der ideale Kompromisskandidat. Wieder waren die Kardinäle aufgrund nationaler Interessen zerstritten. Ferdinand von Spanien wollte wieder einen spanischen Papst, aber die Kritik an Alexander war sehr stark gewesen, so dass ein Spanier keine Aussicht auf Erfolg hatte. Kardinal della Rovere galt als Parteigänger Frankreichs. Ein französischer oder ein von den Franzosen gestützter Kandidat, dachte man, könnte das Papsttum wieder nach Avignon führen, was niemand wollte. Della Rovere war sich seiner Wahl dennoch sicher. Aber die italienischen Kardinäle waren uneins und so standen die Zeichen auf Kompromiss. Die Spanier, das Zünglein an der Waage, waren unentschlossen. Es gab ein Patt und das Konklave brauchte eine Woche, um sich zu entscheiden. Letztlich brachte ein 64-jähriger Gichtkranker die Lösung.

Pius III. war bestrebt, die unleugbaren Missstände in der Kirche abzustellen, und schien auch der richtige Mann zu sein. Er versuchte, ein Generalkonzil einzuberufen, entwarf Regeln für eine bessere Verwaltung und schränkte seine persönlichen Ausgaben beträchtlich ein. Doch sein Gesundheitszustand verschlechterte sich rapide und am 18. Oktober starb er. Alle betrauerten ihn. Seine Amtszeit war ein ruhiges Intervall zwischen den morbiden Entwicklungen der jüngsten Vergangenheit und den Stürmen, die nun ausbrechen sollten.

Grabmal Pius' III., die letzte in Alt-Sankt Peter errichtete Grabstätte. Als Julius II. die Basilika abreißen ließ, wurde es in Sant'Andrea della Valle gegenüber dem Grab seines Onkels Pius II. neu errichtet. Die etwas zu elaborierte Grabplatte wurde von Nicolo della Guardia und Pietro da Todi entworfen.

Julius II.
1503–1513

Raffael malte dieses Porträt Julius' II. möglicherweise nach einer Totenmaske. Es zeigt einen greisenhaften Papst, dessen Ende nahe scheint. Das Taschentuch in seiner Hand ist ein altes römisches Symbol der Autorität. Sein Bart, den er 1510 in Erfüllung des Gelübdes wachsen ließ, er werde sich erst wieder rasieren, wenn die Franzosen Italien verlassen würden, zeugt von der Enttäuschung in seinem Pontifikat. Vom hochmütigen Kriegerpapst der frühen Jahre ist dieses Bild weit entfernt (Florenz, Uffizien).

[Julius wird am Himmelstor vom heiligen Petrus angesprochen; dieser gibt vor, ihn nicht zu erkennen.]

Petrus: *Der silberne Schlüssel kommt mir bekannt vor. Doch ist er völlig anders als jener, den Christus, der wahre Hirt der Kirche, mir vor langer Zeit übergab. Und Eure prächtige Krone? Wie sollte ich sie erkennen? Kein Tyrann der Barbaren hat je gewagt, dergleichen zu tragen. Wer will mit so etwas hier hereinkommen! Das Gewand beeindruckt mich gewiss nicht, Gold und Juwelen habe ich stets verachtet …*

Julius: *Willst du wissen, was dir gut täte? Hör mit diesem Unsinn auf! Und übrigens bin ich Julius … der Pontifex maximus.*
　　　　　　Aus *Julius exclusus* (1517/18), wahrscheinlich von Erasmus

Für Giuliano della Rovere, der unbedingt Papst sein wollte, war es nun so weit. Ein Sprichwort sagt: »Wer als Papst ins Konklave geht, kommt als Kardinal heraus.« Della Rovere schien nicht daran zu zweifeln, dass er nun siegen würde. Das war verwegen für jemanden, den die meisten Kardinäle hassten und fürchteten, aber nach dem bis dato kürzesten Konklave, das nur wenige Stunden dauerte, wurde er zum Papst proklamiert.

Tiara Julius' II. Der päpstliche Kopfschmuck war anfangs nur ein Kronreif. Bonifaz VIII. setzte einen zweiten darauf, später kam ein dritter hinzu. Julius II. machte daraus ein reich verziertes Kunstwerk (London, British Museum).

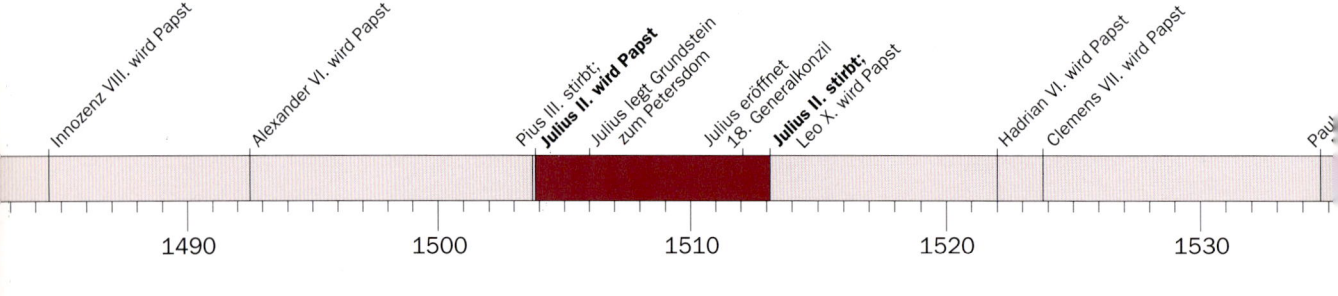

JULIUS II.

Herkunft
Italien,
Albissola
Geboren
5. Dezember 1453
Eigentlicher Name
Giuliano della
Rovere
Abstammung
Arm; Julius
war Neffe
von Sixtus IV.
Frühere Ämter
Kardinalpriester,
päpstlicher Legat
Zum Papst gewählt
1. November 1503

Alter bei der Wahl
50
Gestorben
21. Februar 1513
Dauer des Pontifikats
9 Jahre, 3 Monate,
20 Tage
Bemerkenswertes
Julius hatte eine
von ihm anerkannte
Tochter, Felice,
und vielleicht
noch weitere Kin-
der. Er förderte
Michelangelo,
Bramante und
Raffael.

Julius II. (1503–1513) war der dritte Papstneffe in Folge, der in das höchste Kirchenamt aufgerückt war. Er war der Neffe Sixtus' IV., der den Franziskaner schon mit 18 zum Kardinal erhoben hatte. Mit ihm zugleich war auch ein anderer Neffe Kardinal geworden, Pietro Riario. Die beiden wurden zu Rivalen und Feinden. Zum Glück für della Rovere gab sich Riario derartigen Ausschweifungen hin, dass er starb, ehe er der Karriere seines Vetters wirklich schaden konnte. Diese begann, als della Rovere für Sixtus IV. päpstlicher Legat in Frankreich wurde; unter Innozenz VIII. hatte er eine wichtige Funktion in der Kardinalskongregation. Alexander VI. hasste ihn, so dass er vorsichtshalber wieder nach Frankreich ging. Hier ermunterte er Karl VIII. in seinem Anspruch auf den Thron von Neapel und begleitete ihn sogar bei seinem Einmarsch in Italien. Durch seine Verbindungen zu vielen der mächtigsten italienischen Familien war della Rovere zu einflussreich, als dass man ihn von sich fern halten konnte, weshalb sich Alexander formal mit ihm versöhnte. Ein Zeichen für diesen scheinbaren Frieden war, dass della Rovere die Heirat Cesare Borgias mit einer französischen Prinzessin einleiten sollte.

Ein Fresko Raffaels in der Stanza della Segnatura im Vatikan zeigt den Triumph des Christentums über das heidnische Denken (um 1510). Die mit der Tiara bekrönte Figur links vom Altar ist wohl Gregor der Große. Rechts sitzt Innozenz III., während Sixtus IV., der Onkel Julius' II., vorne rechts steht.

(Rechts) 1505 beauftragte Julius II. Bramante mit dem Bau des Belvederehofs. Er sollte den Vatikanpalast mit dem Belvedere verbinden, einer von Innozenz VIII. erbauten Villa. Der ursprünglich grandios dimensionierte Plan wurde stark abgeändert.

Alexander hatte Julius ein schwieriges Erbe hinterlassen. Italien war durch den Streit über den legitimen Anspruch auf den Thron von Neapel ruiniert, und Alexanders Versuche, mit den Franzosen nach ihrem Rückzug Frieden zu schließen, hatten daran wenig geändert. Sein Ehrgeiz, den Kirchenstaat in ein Privatlehen der Borgia zu verwandeln, hatte die Reste Italiens gegen das Papsttum aufgebracht und sein zynischer Ämterverkauf zur Finanzierung von Cesares Truppen war dem Ansehen der Kirche mehr als abträglich. Julius wollte diese Probleme vor allem durch Krieg lösen. In voller Rüstung stand er an der Spitze seiner Truppen. Cesare wurde aus Italien vertrieben, Frankreich und Deutschland wurden Verbündete, Städte und Staaten unterstellten sich dem Papst, auch Venedig musste sich seinem Willen beugen. Julius kam nun zu dem Schluss, es sei zu gefährlich, Norditalien unter dem Einfluss Frankreichs zu belassen. Er schloss Frieden mit Venedig, versöhnte Spanien, indem er Neapel dem spanischen Prätendenten gab, und griff mit dem französischen König verbündete Städte an. Ludwig XII. reagierte auf diese Kehrtwendung mit einer Kirchensynode und verlangte, Julius abzusetzen. Julius berief daraufhin ein Generalkonzil ein und bildete eine zweite Heilige Liga zur Verteidigung des Papsttums. Inzwischen war Fortuna den päpstlichen Truppen hold gewesen und die Franzosen mussten sich ganz aus Italien zurückzuziehen. All das kostete natürlich Geld; Julius sparte an allen Ecken und Enden, um alles bezahlen zu können. Er hatte damit Erfolg und hinterließ volle Kassen, nachdem er sie leer übernommen hatte. Die Korruption war damit aber nicht abgeschafft.

Er [Julius II.] wurde davon in Kenntnis gesetzt, dass Prinzessin Katharina von Spanien mit Arthur, dem verstorbenen Prinzen von Wales, die Ehe geschlossen hatte und dass die Ehe möglicherweise vollzogen wurde. Dessen ungeachtet gestattet er kraft seines Amtes als Oberhaupt der Kirche, Heinrich, dem Prinzen von Wales, und Prinzessin Katharina, eine gesetzliche Ehe einzugehen. Gegeben zu Rom am 26. Dezember 1503.

Päpstliche Dispens zur Eheschließung von Katharina von Aragon und Prinz Heinrich, dem späteren Heinrich VIII. von England.

Julius war ein großer Förderer der Künste. Michelangelo, Bramante und Raffael profitierten von seiner Kunstbegeisterung und seinen Aufträgen: Michelangelo schmückte die Sixtinische Kapelle aus, entwarf die Kuppel des Petersdoms und das Grabmal des Papstes; Bramante entwarf den Petersdom und den Hof des Belvedere im Vatikan; Raffael malte die Fresken in den neuen päpstlichen Gemächern, vor allem in der vermut-

ABLÄSSE

Wer einem Priester seine Sünden gebeichtet hat, wird von seiner Schuld losgesprochen und bekommt eine Buße auferlegt, die verschieden schwer sein kann. Die Sündenstrafen bleiben davon unberührt. Sie können jedoch erlassen werden, wenn die Kirche in der Person des Papstes oder auch eines Priesters dies für angebracht hält. Ein solches Erlassen der Sündenstrafen wird Ablass genannt, wobei es sich um einen vollkommenen oder teilweisen Ablass handeln kann. Die Gewährung von Ablässen geht auf die frühesten Anfänge der Kirche zurück. Vom 9. Jahrhundert an wurden sie oft in Form einer schriftlichen Garantie vergeben, deshalb bezeichnet der Begriff auch die Schriftstücke selbst. Sie können für Lebende wie für Verstorbene gelten. Das erste authentische Beispiel stammt von 1476 unter dem Pontifikat Sixtus' IV. Einen Missbrauch stellt der Verkauf von Ablässen dar. Trotz regelmäßiger Verurteilungen durch Konzile wurde er eine übliche Praxis. Sie gab Luther Anlass, nicht nur den Missbrauch, sondern die Ablasslehre selbst zu verurteilen. Das Recht der Kirche, Ablässe zu gewähren, wurde jedoch durch das Konzil von Trient 1567 bestätigt.

Auch heute noch hält die Kirche daran fest. Zu Beginn und Ende eines Pontifikats veröffentlicht der Papst eine Liste von ihm intendierter apostolischer Ablässe.

lichen Bibliothek des Papstes. Um den Neubau von Sankt Peter zu finanzieren, betrieb Julius einen massiven Ablassverkauf, eine Vermarktung spiritueller Güter, die später den protestantischen Reformatoren Anlass zu leidenschaftlicher Kritik gab.

Im Mai 1512 eröffnete Julius das 18. Generalkonzil der Kirche. Es hatte eine begrenzte Tagesordnung, doch die Sitzungen setzten sich bis in das folgende Pontifikat hinein fort und kamen erst wenige Monate vor dem Moment zum Abschluss, in dem Luther mit seinen Thesen die kirchliche Ablasslehre in Frage stellte. Anfang Januar 1513 wurde die Gesundheit des Papstes schlechter. Er litt an einer Fieberkrankheit. Am 16. Februar einigte sich der Generalrat darauf, ein früheres Dekret gegen die Simonie bei der Papstwahl zu erneuern. Am 21. Februar starb Julius. Die Meinungen über ihn waren eher geteilt. Einerseits nannte man ihn wegen seiner Kriegslust und seiner aufbrausenden Art Julius den Schrecklichen, andererseits genoss er den Ruf, bedacht und überlegt vorzugehen, ein großer Förderer der Künste zu sein, aber auch der Fürst, der Italien letztlich von der Fremdherrschaft befreit hatte. Alles in allem also eine eher positive Bilanz.

Im Juli 1505 beauftragte Julius II. Michelangelo mit dem Entwurf zu seinem Grabmal. Nach vielen Verzögerungen wurde es schließlich 1545 vollendet, 32 Jahre nach Julius' Tod. Michelangelo führte davon nur die Statue des Moses (im Vordergrund Mitte) aus. Der Papst ist als Ruhender in der Mitte des Monuments dargestellt. Es wurde nicht in Sankt Peter, sondern in San Pietro in Vincoli errichtet, wo Julius Kardinalpriester gewesen war.

DER PETERSDOM

*Er erbaute diese wahrhaft herrliche Kirche, die als ebenbürtig
gelten kann – nicht den minderen Sternen, sondern der Sonne
selbst. Er stellte sie, so sagte er, über das Grab Petri, des
Apostels, der uns vom Ruhm Gottes erzählte. Bramante, der
von Julius beauftragte leitende Architekt, ... wollte [den Papst]
überreden, das Grab des Apostels in der Kirche an eine pas-
sendere Stelle zu setzen ... Julius sagte, er könne dies nicht
tun, und erklärte mehrmals, die Schreine müssten bleiben,
wo sie waren, und verbot ihm zu versetzen, was nicht versetzt
werden durfte.*

Egidio de Viterbo, *Geschichte*, Blatt 245

Donato Bramante war einer der größten Architekten der italienischen Renaissance. Von etwa 1480 an war er in Mailand
tätig. Um seine Bautechnik zu verbessern, studierte er genau die römischen Ruinen. 1499 kam er nach Rom, wo ihn
Julius II. zum Leiter des größten und kühnsten Bauvorhabens
seiner Zeit machte – des Neubaus von Sankt Peter. Wie Leonardo da Vinci war Bramante fasziniert von der Macht geo-
metrischer Formen, was sich im Plan des Petersdoms zeigt,
der die Grundform eines großen griechischen Kreuzes hat,
dessen vier Arme in einer apsisförmigen Kapelle enden. Die
von den Kreuzarmen gebildeten Ecken enthalten jeweils ein
kleineres griechisches Kreuz, dessen Arme ebenfalls in
Kapellen enden. In Bramantes Werken erneuert sich die
antike römische Bauweise in einer seiner Vision entsprechen-
den Form – ein Abbild der Renaissance überhaupt. Er arbeitete am Petersdom von 1505 bis zu seinem Tod 1514, nach
dem Raffael, berühmter vielleicht als
Maler, zum leitenden Architekten
ernannt wurde. Bramante war
lang vor der Umsetzung
seines Entwurfs gestor-
ben und Raffael plante
mehrere grundlegende
Veränderungen. Als
dieser dann starb,
nahm Sangallo, der
nächste Architekt,
weitere Änderungen vor,
bis schließlich der Bau
für seine berühmte, von
Michelangelo entworfene
Kuppel fertig war.

(Oben) Maarten van Heemskerck kam wahrscheinlich im Sommer
1532 nach Rom, wo er etwa drei Jahre blieb und eine Mappe mit
Bildern und Zeichnungen anlegte. Die Abbildung zeigt den im Bau
befindlichen Dom, der nach Bramantes zweitem Entwurf gestaltet
wird. Rechts ist der Chor Nikolaus' V. erkennbar, ganz links das teilweise abgerissene Schiff von Alt-Sankt Peter (Florenz, Gabinetto dei
Disegni e delle Stampe).

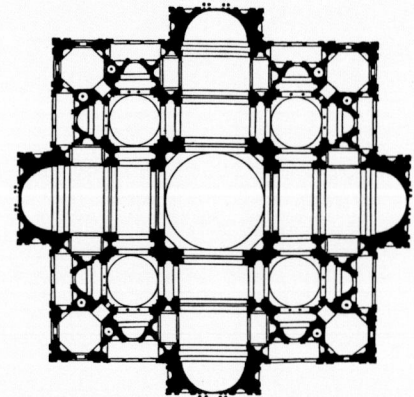

(Oben) Cristoforo Caradosso (1452–1527) schuf 1506 anlässlich der
Gründung von Sankt Peter diese Medaille. Zwölf Exemplare wurden
am 18. April mit dem Grundstein in die Basis des ersten Pfeilers ein-
gemauert. Ihre Rückseite zeigt eine Außenansicht, die mit großer
Wahrscheinlichkeit dem ersten Entwurf Bramantes entspricht. Da
Julius ständig drängte und Ergebnisse sehen wollte, fertigte Braman-
te, seinen ersten Entwurf immer wieder verändernd, eine »unendliche
Anzahl von Zeichnungen an«, wie Vasari schreibt. Auf seinen zweiten
Generalplan gestützt begann er mit dem Bau, spätere Architekten
veränderten den Plan wieder. Cardossos Medaille ist ein seltener
Beleg für Bramantes ursprüngliche Absichten.

(Oben) Einer von Bramantes frühen Entwürfen zum Grundriss des
Doms, den er immer wieder veränderte. Den ersten Plan lehnte
Julius II. ab, dem zweiten erging es nicht besser.

(Rechts) Michelangelo war über 70, als er von Paul III. Anfang 1547
mit der Leitung der Bauarbeiten am Petersdom betraut wurde. Er nahm
an Raffaels Entwurf zahlreiche Änderungen vor, um im Wesentlichen zu
Bramantes ursprünglichem Plan zurückzukehren. Als Krönung des
gesamten Baus entwarf er eine riesige Rundkuppel. Sein Assistent
und Nachfolger, Giacomo della Porta, gab der Kuppel die ellipsoide
Form, die wir heute sehen.

Leo X.
1513–1521

Hadrian VI.
1522–1523

Clemens VII.
1523–1534

Paul III.
1534–1549

Julius III.
1550–1555

Marcellus II.
1555

Paul IV.
1555–1559

Pius IV.
1559–1565

Pius V.
1566–1572

Gregor XIII.
1572–1585

Sixtus V.
1585–1590

Urban VII.
1590

Gregor XIV.
1590–1591

Innozenz IX.
1591

Clemens VIII.
1592–1605

LEO X.

Herkunft Italien, Florenz *Geboren* 11. Dezember 1475 *Eigentlicher Name* Giovanni de' Medici *Abstammung* Aristokratisch; zweiter Sohn von Lorenzo de' Medici *Früheres Amt* Kardinaldiakon im Alter von 13 Jahren *Zum Papst gewählt* 11. März 1513	*Alter bei der Wahl* 37 *Gestorben* 1. Dezember 1521 *Dauer des Pontifikats* 8 Jahre, 8 Monate, 22 Tage *Bemerkenswertes* Leo genoss eine hervorragende Erziehung durch führende Gelehrte. Nach 1512 war er der eigentliche Herrscher über Florenz.

Er [Leo X.] war von überdurchschnittlicher Größe, nicht wirklich dick, eher aufgedunsen, doch waren seine Gliedmaßen gut proportioniert. Er hatte runde und gerade Beine und außerordentlich schöne Hände, weiß und wohlgeformt. Sein Kopf hingegen war für den Körper viel zu groß, was er jedoch mit Würde zu tragen wusste ... Seine fleischigen Wangen und seine hervortretenden, rollenden Augen raubten dem Gesicht seinen Reiz. Zudem waren sie schwach, so dass er die Dinge ganz nah an sie heranführen musste, um sie genau sehen zu können.

Paolo Giovio, *Vita Leonis X*, Buch 4

Die Nachfolge eines Julius' II. anzutreten, war für **Leo X.** (1513–1521) kein Problem. Er war der zweite Sohn Lorenzos des »Prächtigen«, der in der Blütezeit der Renaissance über Florenz herrschte. Ein solcher Vater garantierte eine hervorragende Erziehung: Leos Lehrer waren Marsilio Ficino, Angelo Poliziano und Pico della Mirandola, eine Gruppe, von der Voltaire meinte, sie sei »wahrscheinlich jener der berühmten Weisen Griechenlands überlegen«. In seiner Jugend war Leo viel in Frankreich, Deutschland und Holland herumgekommen, bei seiner Rückkehr nach Rom 1500 beschäftigte er sich mit Literatur, Musik und Kunst. Da die Medici 1494 vertrieben wurden, begann seine Reisetätigkeit schon früh.

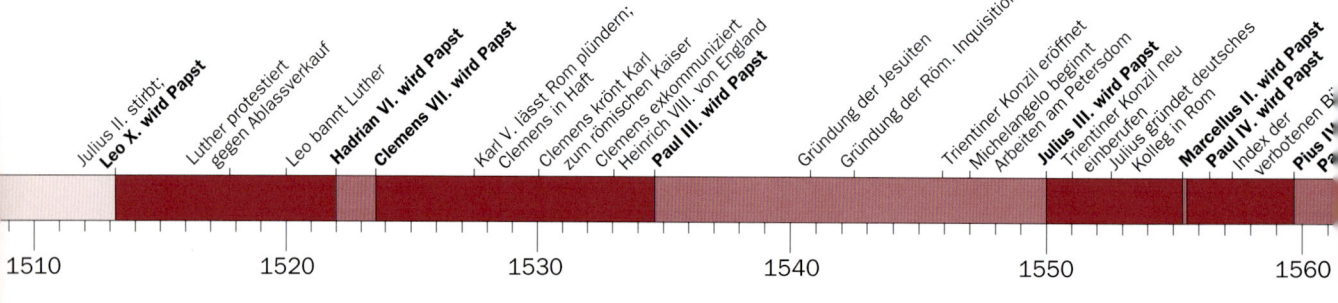

Julius II. stirbt; **Leo X. wird Papst**

Luther protestiert gegen Ablassverkauf

Leo bannt Luther

Hadrian VI. wird Papst

Clemens VII. wird Papst

Karl V. lässt Rom plündern; Clemens in Haft

Clemens krönt Karl zum römischen Kaiser

Clemens exkommuniziert Heinrich VIII. von England

Paul III. wird Papst

Gründung der Jesuiten

Gründung der Röm. Inquisition

Trientiner Konzil eröffnet

Michelangelo beginnt Arbeiten am Petersdom

Julius III. wird Papst

Trientiner Konzil neu einberufen

Julius gründet deutsches Kolleg in Rom

Marcellus II. wird Papst

Paul IV. wird Papst

Index der verbotenen Bü...

Pius IV...

1510 1520 1530 1540 1550 1560

PAPSTNAMEN

HADRIAN VI.	CLEMENS VII.
Herkunft	*Herkunft*
Niederlande,	Italien,
Utrecht	Florenz
Geboren	*Geboren*
2. März 1459	24. Mai 1478
Eigentlicher Name	*Eigentlicher Name*
Adrian Florensz	Giulio de' Medici
Dedal	*Abstammung*
Abstammung	Aristokratisch;
Sohn eines	Clemens war
Zimmermanns	der uneheliche
Frühere Ämter	Sohn Giuliano
Kanzler der Uni-	de' Medicis und
versität Löwen, In-	Vetter Leos X.
quisitor in Spanien,	*Frühere Ämter*
Regent von Aragon,	Kardinalpriester,
Kardinalpriester	Vizekanzler
Zum Papst gewählt	*Zum Papst gewählt*
9. Januar 1522	19. November 1523
Alter bei der Wahl	*Alter bei der Wahl*
62	45
Gestorben	*Gestorben*
14. September	25. September
1523	1534
Dauer des Pontifikats	*Dauer des Pontifikats*
1 Jahr, 8 Monate,	10 Jahre, 10 Mo-
5 Tage	nate, 5 Tage

Leo X. Angelo Bronzinos Porträt ist eine Teilkopie von Raffaels Darstellung (s. S. 7) Leos und seiner Neffen (Florenz, Museo Mediceo).

1512 führte er die Familie jedoch wieder nach Florenz zurück und blieb für den Rest seines Lebens ihr Oberhaupt.

Beim Konklave 1513 erschien er verspätet, da ihm eine Fistel schreckliche Schmerzen bereitete. Sechs Tage nach Beginn des Konklaves wurde sie geöffnet. Offenbar schlug er nun Kardinal Raffaello Riario einen Handel vor, bluffte dabei aber. Er stellte sich viel stärker krank, als er tatsächlich war, und überredete Riario, die Wahl zu seinen Gunsten zu entscheiden. Riario stimmte zu. Er hoffte wohl, Leo würde bald sterben und so den Weg für seine eigene Wahl freimachen. Als er schließlich sah, dass Leo ihn hereingelegt hatte, wollte er diese alte Rechnung begleichen und beteiligte sich an einem Komplott.

Leo wurde mit 37 Jahren zum Papst gewählt. Da er nur Diakon war, musste er vor der Krönung zum Priester geweiht werden. Für seine erste Prozession zur Kirche San Giovanni in Laterano gab er ein Viertel dessen aus, was Julius II. ihm hinterlassen hatte. Solche Extravaganzen sollten für ihn typisch werden, ganz im Sinn des ihm von einem venezianischen Schriftsteller zugeschriebenen Ausspruchs: »Gott hat Uns die Papstwürde verliehen, so lasst sie Uns genießen.« Auf hemmungsloses Geldausgeben folgten regelmäßig leere Kassen. Er füllte sie wieder auf, was ihm den berechtigten Vorwurf einbrachte, seine finanziellen Probleme durch Simonie zu lösen. In der Tat erbrachte der Verkauf von Kardinalshüten und Ablässen enorme Summen. Leo ging es aber nicht nur um sein persönliches Vergnügen. Er förderte die Künste und setzte die Arbeiten am Petersdom fort. Hinzu kamen, als teuerstmögliche Unternehmen, ein Krieg und ein neuerlicher Kreuzzug.

1513 bis 1515 waren die Beziehungen zu Frankreich schwierig. Ludwig XII., der Mailand und Neapel unterworfen hatte, wurde geschlagen und zu einem Abkommen gezwungen. Franz I., ein neuer französischer König, nahm den Kampf wieder auf und eroberte Mailand zurück. Leo traf mit ihm in Bologna zusammen und akzeptierte ein für den Heiligen Stuhl nicht gerade vorteilhaftes Abkommen. So erhielt der König etwa das Recht, für alle höheren Ämter der Kirche Frankreichs selbst Kandidaten zu ernennen. Spätere politische Manöver im Blick auf die Krönung Karls V. zum römischen Kaiser 1519 zeigen, dass Leo unentschlossen oder machiavellistisch war (je nach Sichtweise) und es liebte, gewundene Wege zu gehen. Das wäre nicht weiter von Belang gewesen, hätte in seinem Pontifikat nicht eine Glaubensrevolution stattgefunden.

1517 war ein wichtiges Jahr für Leo und die Kirche. Im Mai und Juni empfing er einzeln die Mitglieder des Kardinalskollegiums. Es ging um die Frage, ob der Vorgeladene in das Giftkomplott gegen Leo verwickelt

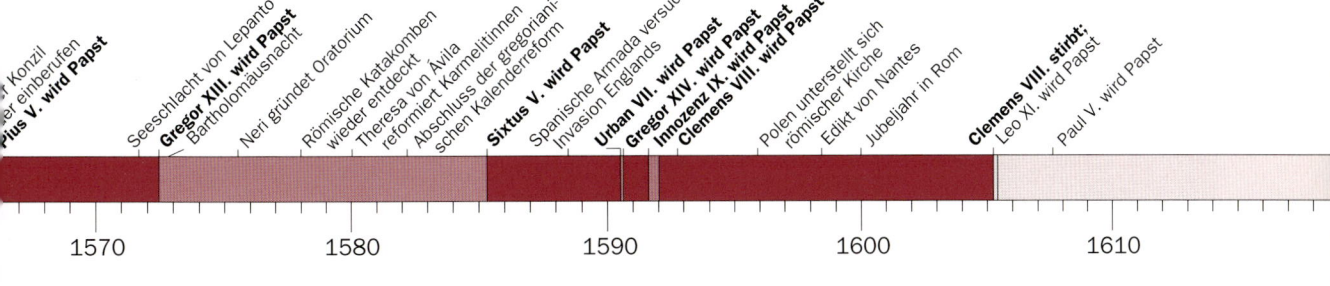

1570   1580   1590   1600   1610

Konzil einberufen · **Pius V. wird Papst** · Seeschlacht von Lepanto · **Gregor XIII. wird Papst** · Bartholomäusnacht · Neri gründet Oratorium · Römische Katakomben wieder entdeckt · Theresa von Ávila reformiert Karmelitinnen · Abschluss der gregorianischen Kalenderreform · **Sixtus V. wird Papst** · Spanische Armada versucht Invasion Englands · **Urban VII. wird Papst** · **Gregor XIV. wird Papst** · **Innozenz IX. wird Papst** · **Clemens VIII. wird Papst** · Polen unterstellt sich römischer Kirche · Edikt von Nantes · Jubeljahr in Rom · **Clemens VIII. stirbt; Leo XI. wird Papst** · Paul V. wird Papst

MARTIN LUTHER UND DIE REFORMATION

Ein Ablass wird den unvollkommenen und trägen Christen gewährt, die sich nicht fleißig in guten Werken üben oder voll Ungeduld sind. Denn der Ablass verbessert den Menschen nicht, sondern duldet und gestattet seine Unvollkommenheit. Die Menschen sollten deshalb nicht gegen den Ablass reden, aber auch niemanden überreden, ihn zu nehmen.

Aus einer Predigt Martin Luthers

Martin Luther. Porträt von Lukas Cranach dem Älteren.

Martin Luther wurde 1483 in Eisleben geboren. Seine Eltern waren arm, aber ihre finanziellen Verhältnisse verbesserten sich, so dass er ein Studium an der Universität aufnehmen konnte. Er studierte zuerst Recht, beschloss jedoch 1505, in das strenge Erfurter Augustinerkloster einzutreten. 1507 wurde er zum Priester geweiht und bald darauf als Lehrer für Moralphilosophie nach Wittenberg entsandt. 1510 besuchte er zum ersten Mal Rom, wo ihn die Nachlässigkeit und Ehrfurchtslosigkeit der Kleriker überraschte. 1512 promovierte er in Wittenberg zum Doktor der Theologie und lehrte fünf Jahre als Dozent für die Heilige Schrift.

Seine wachsende Unzufriedenheit mit Teilen der katholischen Lehre und Praxis erreichte ihren Höhepunkt, als der Dominikaner Johann Tetzel in Deutschland durch den Verkauf von Sonderablässen Geld für den Bau des Petersdoms beschaffen wollte. Im Oktober 1517 schlug Luther an der Schlosskirche zu Wittenberg 95 Thesen zur Ablasslehre an und entwickelte daraus sein Reformprogramm. Luther glaubte, dass ein Christ allein durch seinen Glauben selig werden könne. Er betonte, dass der Mensch keiner irdischen Autorität wie dem Papst, sondern allein Gott verantwortlich sei. Von Rom schließlich als Ketzer verurteilt und 1520 exkommuniziert, genoss er in Deutschland Schutz und verfasste ein umfangreiches Schrifttum, in dem er seine Reformziele darlegte.

Ab 1521 zeigten sich die Ergebnisse seiner Schriften in der Verbreitung des Protestantismus in vielen deutschen Staaten. Luther hatte auch anderen Reformatoren wie Johannes Calvin und John Knox den Weg bereitet, durch die der Protestantismus (nicht immer der Lutheranismus) sich in Europa und darüber hinaus verbreitete.

1525 heiratete Luther Katharina von Bora, eine ehemalige Nonne, die ihm sechs Kinder schenkte. 1530 fand in Augsburg ein Reichstag statt, auf dem die Protestanten die Möglichkeit erhielten, die Hauptpunkte ihrer Lehre darzulegen.

1546 erlag Luther in seiner Heimatstadt Eisleben einem Schlaganfall. An die Zimmerwand hatte er geschrieben: »Im Leben war ich dir eine Plage, Papst, und im Tod werde ich dein Tod sein.«

Lutheranischer Holzschnitt Lukas Cranachs des Jüngeren. Im 16. Jahrhundert wurde Europa mit Propaganda überschwemmt. Man wusste, welche Wirkung Bilder haben konnten, und im Krieg der Veröffentlichungen wurden Hunderte von Holzschnitten als Waffen eingesetzt. Rechts verkauft ein korrupter Papst seiner katholischen Kongregation Ablässe, dem Mönch auf der Kanzel bläst bei der Predigt der Teufel ins Ohr. Links folgen fromme Lutheraner dem »richtigen« zu Gott führenden Weg (Staatliches Museum, Berlin).

(Oben) Titelblatt der von Heinrich VIII. 1521 veröffentlichten *Verteidigung der sieben Sakramente* (Vatikanische Bibliothek). Wahrscheinlich war der König selbst der Verfasser.

Tetzels Ruf litt durch Polemiken. Er starb 1519, nachdem sein Ablassverkauf für Entrüstung gesorgt hatte.

war oder nicht. Einige bekannten ihre Beteiligung. Ihr Rädelsführer, Kardinal Petrucci, hatte einen Arzt dazu gebracht, Leos Fistel mit vergifteten Pflastern zu behandeln. Er musste erfahren, dass Leo die Dienste seines Leibarztes vorzog. Petrucci und weitere Kardinäle, so auch Riario, wurden verhaftet und eingekerkert. Belastende Aussagen lieferten Untergebene auf der Streckbank. Sicherheitshalber beschloss Leo, das Kollegium künftig mit Familienangehörigen zu besetzen: Im Juli wurden 31 Ersatzleute zu Kardinälen.

Das Hauptereignis des Jahres 1517 brachte ein von Julius II. 1512 einberufenes Generalkonzil. Die Beratungen, auch über die überfälligen Reformen, waren 1513 und 1514 fortgesetzt worden. Leo beendete das Konzil am 16. März 1517 mit einem Aufruf zum Kreuzzug gegen die Türken und der Ankündigung einer Sondersteuer zu seiner Finanzierung. Nun hatte ein Dominikaner namens Tetzel in Teilen Deutschlands schon seit Januar den Verkauf eines Sonderablasses betrieben, um Geld für den Bau des Petersdoms zu beschaffen. Ein Augustinermönch namens Martin Luther antwortete darauf Ende Oktober, indem er zu einer öffentlichen Debatte über die kirchliche Ablasslehre einlud und an der Schlosskirche zu Wittenberg eine Liste mit 95 Thesen anschlug. Er wurde bald darauf als Ketzer verurteilt. Leo erließ 1520 eine Bulle gegen ihn, woraufhin Luther eine Abschrift davon verbrannte und verkündete, im Tempel Gottes sitze der Antichrist und der römische Hof sei die Synagoge Satans. Leo erließ 1521 eine zweite Bulle und belegte ihn mit dem Bann. Als Heinrich VIII. von England der Kirche mit einer Anti-Luther-Schrift des Titels *Eine Verteidigung der sieben Sakramente* zu Hilfe eilte, verlieh ihm Leo für seine Treue zum Katholizismus den Titel »Verteidiger des Glaubens«, den Heinrichs protestantische Nachfolger wider alle Logik beibehielten.

Am 25. Oktober 1521 erkrankte der Papst. Er erholte sich wieder, hatte jedoch Ende November einen Rückfall. Nach einer kurzen Besserung verlor er am 1. Dezember das Bewusstsein, um Mitternacht starb er. Sein plötzlicher Tod und die verfärbte und angeschwollene Leiche gaben Anlass zu dem Gerücht, es sei Gift im Spiel gewesen. Wahrscheinlicher ist, dass er an Malaria starb.

In Kunst und Wissenschaft sind Leos Leistungen beachtlich. Er war der Mäzen Raffaels, der unter anderem sein Porträt malte, die päpstlichen Gemächer ausschmückte und Gobelins für Festgottesdienste in der Sixtinischen Kapelle entwarf. Leo förderte auch Michelangelo, aufgrund seiner Präferenz für Raffael versäumte er es jedoch, Leonardo da Vinci in seinen Dienst zu nehmen. Er liebte die Musik: Die besten Musiker Italiens, Frankreichs und Spaniens wurden nach Rom geholt, der päpst-

Titelblatt der Bulle *Exsurge, Domine* (Steh auf, o Herr) vom 15. Juni 1520, durch die Luther in 41 Punkten der Häresie überführt und exkommuniziert wurde.

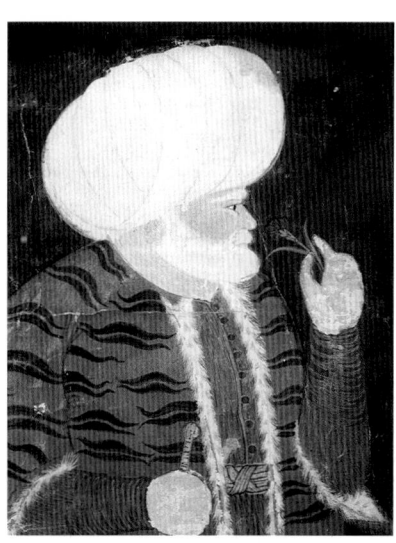

Nigaris Porträt (16. Jahrhundert) Süleymans des Prächtigen (Istanbul, Topkapi-Serail). Süleyman (1497–1566) regierte 46 Jahre. Er machte mehreren Päpsten das Leben schwer. 1526 siegten die Türken in Ungarn, 1529 belagerten sie Wien und zogen erst wieder ab, als der Winter nahte.

liche Chor war berühmt. Rom wurde durch neue Bauten verschönert; Geschichte und Literatur, vor allem die Dichtung, erlebten eine Blüte, auch wenn zwei der besten Autoren dieser Zeit, Bembo und Ariost, nicht direkt in päpstliche Dienste genommen wurden. Erasmus widmete Leo seine Ausgabe des griechischen Neuen Testaments; Aldo Manuzio, der größte Buchdrucker seiner Zeit, brachte Ausgaben der griechischen und römischen Klassiker heraus; Leo erlaubte das Studium des Griechischen, ebenso der orientalischen Sprachen; in seiner Amtszeit erwachte das Interesse an ägyptischen Baudenkmälern und Hieroglyphen.

Es war die große Zeit der Renaissance – aber auch der Reformation. Leo war nicht bereit, das Ausmaß dieser besonders im nördlichen Teil Europas spürbaren Veränderung zu erfassen. Durch seine Verschwendungen hatte er die päpstlichen Truhen geleert und seine Bemühungen, sie wieder zu füllen, hatten genau zu den Skandalen geführt, die die Reformation auslösten. »Nach uns die Sintflut« – der Ausspruch Madame de Pompadours könnte gut auf dem Grab Leos X. stehen.

Hadrian VI. (1522–1523), ein Holländer, war der Lehrer Karls V. gewesen. Er hatte mehrere Jahre in Spanien verbracht und für Karl die Regentschaft ausgeübt, bis dieser alt genug war, selbst als König von Spanien und als römischer Kaiser zu regieren. Gelehrt und am Hof in hoher Gunst stehend, war Hadrian eine verständliche Wahl als Leos Nachfolger. Er verstand es jedoch nicht, die Zügel in die Hand zu nehmen. Mit Schulden belastet, unbeliebt bei den Römern, die ihn nicht akzeptierten, von vielen Kardinälen geschnitten, die ihm böse waren, weil er nicht großzügig Benefizien verteilte, musste Hadrian dem wachsenden Misstrauen der Lutheraner im Norden die Stirn bieten und den Angriffen Süleymans des Prächtigen im Süden und Osten. Er forderte, Luther zu bestrafen und seine Lehren generell zu verbieten, konnte diese Forderung aber nicht umsetzen; weiter wollte er, dass sich Europa gegen die Türken vereinte, verhinderte dies aber durch sein politisches Ungeschick, womit er seinen alten Verbündeten Karl V. verärgerte.

Im Sommer 1524, erst 64-jährig, starb Hadrian plötzlich. Sein Nachfolger, **Clemens VII.** (1523–1534), war ein unehelicher Enkel des berühmten Lorenzo de' Medici. Clemens war Vizekanzler von Leo X. gewesen und hatte dessen Politik wesentlich mitgestaltet. Unter Hadrian hatte er versucht, das Bündnis zwischen Kaiser und Papst zu erhalten, als das Reich und die Liga mit Franz I. von Frankreich in Streit gerieten. Sowohl der Kaiser als auch Franz I. wollten Italien beherrschen. Clemens war zwischen den beiden allein auf ihr Interesse bedachten Männern in einer misslichen Lage. Franz eroberte 1524 Mailand, worauf sich Clemens aus Vorsicht ihm gegenüber freundlich verhielt und damit Karl verärgerte. Karl schlug Franz im Februar 1525 in der Schlacht bei Pavia und nahm ihn gefangen. Clemens lief nun zu Karl über und bat ihn um seinen Schutz, bekam dann aber Angst vor seiner Macht und trat im Mai 1526 einem gegen ihn gerichteten Bündnis bei. Dieses ständige Hin und Her erweckte den Eindruck der Schwäche, was sich für seine Sicherheit als fatal erwies. 1527 marschierte Karl in Italien ein. Seine Truppen plünderten Rom, während Clemens in der Engelsburg ohnmächtig zusah. Der Schrecken dieser Plünderung ist wohl nur mit dem vergleichbar, was Konstantinopel 300 Jahre zuvor durch die Kreuzfahrer widerfuhr. Clemens ergab sich im Juni, musste aber ein weiteres halbes Jahr der Demütigung über sich ergehen lassen, ehe die Aufmerksamkeit seiner Wachen nachließ und er eines Nachts als Gärtner verkleidet fliehen konnte. Das ihm aufgezwungene Abkommen mit Karl V. kostete ihn Geld, Ländereien und politisches Prestige, doch in den folgenden drei Jahren verbesserte sich die Situation wieder. Clemens erlangte einen großen Teil seiner Ländereien zurück, blieb aber unter der Oberhoheit des Kaisers, was ihn 1531 dazu brachte, sich wieder Frankreich anzunähern. Dieses Lavieren und der ewige Streit mit Karl V. trugen dazu bei, dass die Reformation in Deutschland immer mehr an Einfluss gewann. Wenn Kaiser und Papst im Streit lagen, war jeder Versuch, der Glaubensrevolution Herr zu werden, zum Scheitern verurteilt. Auch trieb Clemens mit seiner zögerlichen Politik England in das Schisma und verhinderte das Zustandekommen eines Generalkonzils, das vielleicht etwas gegen die Reformation erreicht hätte. Es schien, dass die Sintflut nun gekommen war.

Unglücklicherweise waren die Stärken Clemens' nicht die, die ein Papst in dieser Zeit brauchte. Wie Leo X. war er Fürst, Gelehrter und Freund der Künste, hier sind seine großen Leistungen zu suchen. Er förderte den Goldschmied und Bildhauer Benvenuto Cellini, dessen Autobiografie ein lebendiges (wiewohl einseitiges) Bild dieser Zeit zeichnet; er beauftragte Michelangelo mit dem *Jüngsten Gericht* an der Ostwand der Sixtinischen Kapelle; er unterhielt freundliche Beziehungen zu dem großen Denker und Gelehrten Erasmus von Rotterdam; er förderte die Historiker Guicciardini und Machiavelli und vergrößerte die Bestände der Vatikanischen Bibliothek. Er ließ Kirchen und andere Bauten

Ein Kupferstich des 16. Jahrhunderts von Heemskerck zeigt Clemens VII., der sich im Mai 1527 in die Engelsburg geflüchtet hat, während die Truppen Karls V. Rom plündern. Im Dezember gelang es dem Papst, nach Orvieto zu flüchten. Seine Befreiung ließ er später auf Gedenkmedaillen darstellen.

IMAGO · ERASMI · ROTERODA
MI · AB · ALBERTO · DVRERO · AD
VIVAM · EFFIGIEM · DELINIATA ·

THN · KPEITTΩ · TA · ΣYΓΓPAM
MATA · ΔEIΞEI

· MDXXVI ·

Erasmus; Stich von Albrecht Dürer, 1526. Der Inschrift zufolge saß er Dürer selbst Modell. Zu dem großen Renaissance-Gelehrten, einem der einflussreichsten Kritiker des mittelalterlichen Katholizismus, unterhielt Papst Clemens VII. gute Beziehungen.

PAPSTNAMEN

PAUL III.
Herkunft
Italien, Canino
Geboren
29. Februar 1468
Eigentlicher Name
Alessandro Farnese
Abstammung
Condottieri
Zivilstand
Vor der Priesterweihe zeugte Paul vier uneheliche Kinder. 1513 gab er sein ausschweifendes Leben auf und erhielt 1519 die Priesterweihe.
Frühere Ämter
Kardinalbischof, Dekan des Kardinalkollegiums
Zum Papst gewählt
13. Oktober 1534
Alter bei der Wahl
66
Gestorben
10. November 1549, an Fieber
Dauer des Pontifikats
15 Jahre, 29 Tage
Bemerkenswertes
Paul beauftragte Michelangelo mit der Vollendung des *Jüngsten Gerichts* in der Sixtinischen Kapelle. Er erhob seine jugendlichen Enkel zu Kardinälen.

JULIUS III.
Herkunft
Italien, Rom
Geboren
10. September 1487
Eigentlicher Name
Giovanni Maria Ciocchi del Monte
Abstammung
Sohn eines Juristen; Neffe des Erzbischofs von Siponto
Frühere Ämter
Kardinalbischof, Kopräsident des Trientiner Konzils
Zum Papst gewählt
8. Februar 1550
Alter bei der Wahl
62
Gestorben
23. März 1555
Dauer des Pontifikats
5 Jahr, 1 Monat, 13 Tage

restaurieren oder neu errichten und die Befestigungen Roms und anderer Städte ausbauen. Auch Statuen und Grabmäler entstanden unter ihm in großer Zahl.

Nach dem Reformationsschock begann in seinem Pontifikat eine viel versprechende Erholung der katholischen Kirche. Dies zeigte sich bei den damals notorisch korrupten und reformbedürftigen Orden. Bereits 1517 hatten sich Kleriker und Laien im Blick auf einen beispielhaften Lebenswandel zu einer Bruderschaft zusammengeschlossen, dem Oratorium der Göttlichen Liebe. 1524 bestätigte Papst Clemens einen Klerikerorden, die von Gaetano di Tiene gegründeten Theatiner, deren Ziel die Andacht, das Spenden von Sakramenten und ein vorbildliches Leben waren. 1528 schufen die Franziskaner eine Eremitenorganisation, die Kapuziner, die in gewollter Einfachheit und Armut lebten und sich kasteiten. 1533 gründete Antonio Maria Zaccharia die Barnabiten. Sie hatten ähnliche Ziele wie die Theatiner, hielten aber auch öffentliche Bußübungen ab und widmeten sich der Seelsorge und Krankenpflege. Im August 1534 schließlich enthüllte Ignatius von Loyola sechs engen Freunden seine Absicht, eine geistliche Armee zu gründen, deren Aufgabe es war, Ketzerei und religiöse Unwissenheit zu bekämpfen, wohin der Papst sie auch entsenden mochte: Die Gesellschaft Jesu war entstanden.

Im September 1534 erlag Clemens VII. einem Fieber. Auch sein Nachfolger, **Paul III.** (1534–1549), war ein Renaissancefürst und Freund der Künste. Seine Schwester, die schöne Giulia Farnese, war die Mätresse Alexanders VI. gewesen. Er traf folgenschwere Entscheidungen: die Exkommunikation Heinrichs VIII. von England (wegen seiner Scheidung von Katharina von Aragon), die bewirkte, dass England von der Kirche abgespalten blieb; und die Unterstützung Karls V. in seinem Krieg gegen den Schmalkaldischen Bund, ein offensives Bündnis deutscher Protestanten. Pauls bei weitem wichtigster Beitrag zur Geschichte der Kirche war jedoch seine Einberufung des heute als Trientiner Konzil bekannten Generalkonzils. Es trat zum ersten Mal im Dezember 1545 zusammen, dann, in Abständen und unter wechselnden und schwierigen Umständen, immer wieder bis 1563. Trotzdem brachte es in 25 Sitzungsperioden eine erneuerte Kirche zustande, die nicht nur die Reformation überlebte, sondern sich selbst und ihre Lehren in einer erstaunlich wirksamen Gegenreformation festigte.

Die von Clemens VII. betriebene Förderung der Ordensreform wurde von Paul III. fortgesetzt. Theatiner und Barnabiten hatten starken Zulauf. 1535 gründete Angela Merici die Ursulinen, einen Nonnenorden zur Erziehung von Mädchen. 1545 bestätigte Paul mit der Bulle *Regimini Militantis Ecclesiae* formell die Gesellschaft Jesu. Er richtete auch die römische Inquisition ein, besser bekannt als Heiliges Offizium, das er mit ausgedehnten Befugnissen für die kirchliche Zensur und die Verfolgung von Verfehlungen ausstattete.

Trotzdem herrschte am päpstlichen Hof immer noch ungezügelter Nepotismus. 1534 erhob Paul zwei seiner Enkel im Alter von 14 und 16 Jahren zu Kardinälen, obwohl er einen Monat zuvor erklärt hatte, das

Paul III. mit seinen Neffen. Porträt Tizians (Neapel, Museo di Capolimonte). Paul III. war ein hemmungsloser Nepotist.

Kardinalskollegium müsse gründlich reformiert werden. Mitglieder der Familie Farnese begünstigte er, wo er nur konnte. Als er mit 81 starb, waren die Beziehungen zu Karl V. immer noch schlecht und die Türken pochten ans Tor. **Julius III.** (1550–1555) hatte somit eine schwierige Amtszeit vor sich. Er schaffte es, sich Karl V. geneigt zu machen, und bereitete ihm im November 1550 sogar die Freude, das Trientiner Konzil, das seine Beratungen 1548 eingestellt hatte, wieder einzuberufen. Es fanden sechs Sitzungen statt, an denen auch protestantische Theologen teilnahmen, doch bald gab es Probleme. Frankreich unter Heinrich II. verweigerte die Teilnahme und Julius löste mit seinem unbedachten Versuch, Ottavio Farnese, dem Enkel seines Vorgängers, die Statthalterschaft von Parma zu entziehen, einen Krieg aus: Karl V., Ottavios Schwiegervater, betrachtete Parma als Teil des Reichs, was Frankreich nicht hinnahm. Karl gelang es nicht, Heinrich zu besiegen, und zu allem Überfluss rebellierte 1552 eine Anzahl deutscher Fürsten gegen ihn. Angesichts dieser Turbulenzen musste Julius das Konzil unterbrechen. Es folgte ein für den Papst eher abträgliches Abkommen mit Frankreich.

In religiösen Angelegenheiten hatte Julius mehr Erfolg. Er förderte die Jesuiten und bestätigte 1550 ihre Ordensregel; er gründete das Collegium Germanicum, das deutsche Priester für die Gegenreformation in Deutschland ausbilden sollte; am 6. Juli 1553 hieß er England in der Person Kardinal Poles wieder im Schoß der katholischen Kirche willkommen. Wie seine unmittelbaren Vorgänger war Julius ein Förderer der Wissenschaften und Künste, auch wenn viele Dichter, so etwa Pietro Aretino, ihre Hoffnungen auf eine päpstliche Pension enttäuscht sahen. Architektur und Musik hatten es besser, denn Julius ernannte Michelangelo zum leitenden Architekten für Sankt Peter, beauftragte Vasari mit den Plänen für ein neues Landhaus, die Villa Giulia, und machte Palestrina zum Leiter des päpstlichen Chors.

Aber auch der Skandal fehlte in seinem Pontifikat nicht. Er hatte einen Knaben auf der Straße aufgelesen und ihn zum Wärter seines Affen gemacht. Unter dem Namen Innocenzo del Monte wurde der Junge von Julius' Bruder adoptiert und 1550 zum Kardinal erhoben, was auf allgemeines Unverständnis stieß. Den Hoffnungen, die Julius möglicherweise auf ihn gesetzt hatte, wurde der neue Kardinal freilich nicht gerecht. Er war frech, leichtlebig und unfähig, die ihm aufgetragenen Aufgaben zu erfüllen.

Verständlicherweise plante das Konklave bei der Wahl von Julius' Nachfolger eine Verbesserung. Die Kardinäle entschieden sich für einen Mann, der alle wünschenswerten Eigenschaften zu besitzen schien – Geschick, Erfahrung, persönliche Integrität und Reformeifer – und diese sofort nach seiner Amtsübernahme auch unter Beweis stellte. Doch **Marcellus II.** (1555) hatte einen Schwachpunkt – seine Gesundheit.

Palestrina übergibt 1554 Julius III. seine Messen. Obwohl Palestrina einer der größten Renaissance-Komponisten war, wurde er von den beiden folgenden Päpsten nicht mehr protegiert.

PAPSTNAMEN

MARCELLUS II.
Herkunft
Italien, Monte-
pulciano
Geboren
6. Mai 1501
Eigentlicher Name
Marcello Cervini
Abstammung
Sohn eines
Kirchenbeamten
Frühere Ämter
Kardinalpriester,
Kopräsident des
Trientiner Konzils
Zum Papst gewählt
9. April 1555
Alter bei der Wahl
54
Gestorben
1. Mai 1555, an
einem Schlaganfall
Dauer des Pontifikats
22 Tage
Bemerkenswertes
Marcellus war
von Clemens III.
gebeten worden,
die Kalenderreform
zu vollenden.

PAUL IV.
Herkunft
Italien, bei
Benevento

Geboren
28. Juni 1476
Eigentlicher Name
Giampietro Carafa
Abstammung
Neapolitanische
Barone
Frühere Ämter
Erzbischof von
Neapel, Leiter der
Inquisition, Kardi-
naldiakon, päpstl.
Legat und päpstl.
Nuntius in Flandern
und Spanien
Zum Papst gewählt
23. Mai 1555
Alter bei der Wahl
78
Gestorben
18. August 1559
Dauer des Pontifikats
4 Jahre,
2 Monate,
26 Tage
Bemerkenswertes
Paul stellte eine
Liste verbotener
Bücher auf. Er
verbannte die
römischen Juden
in Ghettos und
zwang sie, spezielle
Kopfbedeckungen
zu tragen.

Ferdinand I. (1558–1564). Kupferstich
des 16. Jahrhunderts von Martin Rota.
Er zog den Zorn Pauls IV. auf sich, weil
dieser bei seiner Wahl zum römischen
Kaiser nicht konsultiert wurde.

Nach einem Pontifikat von 22 Tagen verstarb er. Die Kardinäle wählten **Paul IV.** (1555–1559) zu seinem Nachfolger, von dem sie sich die gleiche Reformbegeisterung erhofften. In gewisser Weise war das berechtigt. Das Wort, das man bei Paul IV. assoziiert, ist »nein«. So wurde etwa im September 1555 in Augsburg ein Abkommen ausgearbeitet. Es sah vor, dass Katholiken und Protestanten in Deutschland gemäß dem Grundsatz *cuius regio, eius religio* koexistieren sollten: Der Landesherr bestimmte die Religion. Der Papst verwarf dieses Abkommen, weil ihn der der Kirche daraus erwachsende Schaden (wie er es sah) schmerzte. Karl V., durch Krankheit und die Mühe des Regierens müde geworden, dankte 1556 ab. Die Kurfürsten wählten 1558 seinen Bruder Ferdinand zu seinem Nachfolger. Paul IV. protestierte gegen die Abdankung und die Neuwahl mit der Begründung, man habe ihn bei beidem nicht konsultiert. Im September 1557 stellte die Inquisition eine lange Liste von Büchern auf, die verbrannt werden sollten, darunter sämtliche Werke von Erasmus. Sie wurde Ende 1558 zu dem vom Papst bestätigten Index, »einer Liste«, wie die offizielle Beschreibung lautete, »von Autoren und Büchern, vor denen die römische und universelle Inquisition alle Christen unter Androhung von Zensur und Bestrafung warnt«.

Diese Tendenz zum »Nein« erklärt sich teilweise aus Pauls Charakter, teils aus seinem Reformeifer und seinen Aggressionen gegen die protestantische Ketzerei, aber vielleicht auch aus einer autoritären Neigung, die durch sein Alter (er war bei seiner Wahl 79) nicht geringer wurde. Letzteres lässt sich anhand der Behandlung Kardinal Morones aufzeigen, der, äußerst reformfreudig, zu den geachtetsten und sittenstrengsten Kurienkardinälen zählte. Am 31. Mai 1557 wurde er verhaftet, der Ketzerei beschuldigt und ins Gefängnis geworfen. Der Grund war Pauls außergewöhnlich argwöhnisches Wesen, verstärkt durch seine jahrelange Tätigkeit an der Spitze der Inquisition. Morone kam erst mit Beginn des folgenden Pontifikats wieder frei. Auch Pauls politisches Urteilsvermögen war nicht besser. Aus blindem Hass gegen Spanien im Allgemeinen und gegen Karl V. im Besonderen verbündete er sich schnell mit Frankreich in der Hoffnung, die Spanier aus Italien zu vertreiben, was ihm 1557 eine schwere Niederlage einbrachte. Er war auch nicht frei von Nepotismus. Im Juni 1555 ließ er in einem Konsistorium seinen Neffen Carlo Carafa zum Kardinal erheben und in ein hohes Amt einsetzen. Auch andere Verwandte wurden großzügig belohnt und gefördert. Der neue Kardinal eignete sich allerdings besser für das Waffenhandwerk als für ein Kirchenamt. Auf sein Anraten hin hatte der Papst seinen verhängnisvollen Feldzug gegen die Spanier begonnen. 1559 schließlich wies ein Theatiner den Papst auf das despotische Verhalten Carafas und anderer Verwandter hin. Paul, erschreckt und voll Ekel, enthob den Kardinal und die anderen Neffen ihrer Ämter und verbannte sie – das gerechte Ende für ihre Zügellosigkeit und ein bemerkenswerter Beweis für Pauls Streben nach Tugend.

Das skandalöse Betragen seiner Neffen hatte dem Ruf des Papstes schwer geschadet, da man davon ausging, dass sie mit seinem Einverständnis handelten. Als er an einem Ödem (oder an Altersschwäche) starb, kam es in Rom zu einem Ausbruch von Vandalismus, in dem sich der Hass der Menschen gegen ihn und seine Familie entlud. Die Kardinäle brauchten fast vier Monate, um einen Nachfolger zu wählen: **Pius IV.** (1559–1565). Der neue Papst machte sofort vieles wieder rückgängig. Kardinal Morone wurde aus dem Gefängnis entlassen, Kardinal Carafa hingerichtet, der Index revidiert, die Inquisition gezügelt. Mit Kaiser Ferdinand I. und Philipp II. von Spanien wurden freundschaftliche Beziehungen aufgenommen. Pius berief am 18. Januar 1562 das Konzil von Trient wieder ein und brachte es dank der Mitarbeit Kardinal Morones 1563 sicher zu Ende. Seine nächste große Aufgabe war sicherzustellen, dass die katholischen Länder die Konzilsdekrete annahmen – von denen viele wesentliche Änderungen der kirchlichen Praxis beinhalteten. Dabei wurde er von seinem Sekretär, Kardinal Borromeo,

(Rechts) Pius IV. Kupferstich, 16. Jh. Pius war der Onkel von Carlo Borromeo, den er mit 22 Jahren zum Kardinal machte. Borromeo wurde 1610 von Paul V. kanonisiert.

(Unten) Pius IV. berief 1562 das Trientiner Konzil wieder ein. Die Sitzungen wurden im romanischen Dom und der Kirche Santa Maria Maggiore abgehalten. Viele der Reformen und Doktrinen bildeten bis in die sechziger Jahre des 20. Jahrhunderts das Gerüst des katholischen Glaubens. Stich des 16. Jahrhunderts.

PIUS IV.	
Herkunft	*Zum Papst gewählt*
Italien, Mailand	25. Dezember
Geboren	1559
31. März 1499	*Alter bei der Wahl*
Eigentlicher Name	60
Giovanni Angelo	*Gestorben*
Medici	9. Dezember 1565
Abstammung	*Dauer des Pontifikats*
Sohn eines Notars	5 Jahre,
Frühere Ämter	11 Monate,
Kommissar für die	15 Tage
päpstl. Armeen in	*Bemerkenswertes*
Ungarn und Sieben-	Vor seiner Wahl
bürgen, Vizelegat	zum Papst zeugte
von Bologna, Kar-	er drei uneheliche
dinalpriester	Kinder.

hervorragend unterstützt, der auch auf die beiden folgenden Päpste einen positiven Einfluss ausübte.

Das Ketzertum in Gestalt des Lutheranismus und des Kalvinismus verbreitete sich rasch. Auch Frankreich war dagegen nicht immun. Als Pius im Dezember 1565 einem Fieber erlegen war, hatte sein Nachfolger eine Menge zu tun. **Pius V.** (1566–1572), ein Dominikaner, hatte viel Erfahrung als Inquisitor. Sittenstreng, asketisch, fromm – er besuchte Krankenhäuser, um Sterbenden Trost zu spenden, und wusch täglich um Almosen bittenden Armen die Füße – und rücksichtslos bei der Bekämpfung der Unmoral und Weltlichkeit am päpstlichen Hof und in der Kirche insgesamt, begann er mit der Umsetzung der Beschlüsse des Trientiner Konzils. Er veröffentlichte einen Katechismus, überarbeitete das Brevier (das Gebetbuch der katholischen Kleriker) und legte die Form der Messe fest, die bis in die jüngste Vergangenheit gültig blieb. Priester mussten in ihren Pfarreien wohnen, Orden wurden genau überprüft, zwei davon sogar aufgehoben. Der Handel mit Ablässen und Dispensen wurde in geordnete Bahnen gelenkt, Gotteslästerung und Nichtbeachtung von Feiertagen wurden streng bestraft. Pius ließ der Inquisition freie Hand. Sie war so erfolgreich, dass bei seinem Tod der Protestantismus in Italien praktisch ausgerottet war. Die in Rom nach 1572 vor Gericht gestellten Ketzer waren größtenteils Ausländer. Der Index kam verstärkt und systematischer zur Anwendung. Pius' Glaubenseifer drückte der Kirche seinen Stempel auf und führte 150 Jahre später zu seiner Kanonisation.

Eine Gruppe führender protestantischer Reformatoren, darunter Luther, Calvin, Melanchthon, Zwingli und Knox (Schottland, Perth Museum and Art Gallery). Unten in der Mitte ist das abgetrennte Haupt des Papstes zu sehen.

PIUS V.	
Herkunft	*Zum Papst gewählt*
Italien, Bosco	7. Januar 1566
Geboren	*Alter bei der Wahl*
17. Januar 1504	61
Eigentlicher Name	*Gestorben*
Michele Ghislieri	1. Mai 1572
Abstammung	*Dauer des Pontifikats*
Arm	6 Jahre,
Frühere Ämter	3 Monate,
Großinquisitor,	25 Tage
Kardinalpriester	

In der Politik war der Stil des Papstes etwas schroff. Es war ein Fehler, die Familie Carafa nach ihrer wohlverdienten Ungnade vorschnell zu rehabilitieren. Es war auch falsch, gegen die staatliche Bevormundung der Kirche durch die Betonung des päpstlichen Primats auf Kosten der königlichen Würde zu protestieren. Durch die Exkommunikation Königin Elisabeths I. 1570 entfremdete er England der Kirche völlig und löste eine blutige Verfolgung der englischen Katholiken aus. Mit Philipp II. von Spanien stritt er ständig über das Verhältnis zwischen Staat und Kirche. Ein großer Erfolg hingegen war seine Unterstützung der Heiligen Liga gegen die Türken. Sie führte zu dem großen Seesieg bei Lepanto 1571, nach dem die Türken im Mittelmeer keine ernsthafte Bedrohung mehr darstellten. Fast ein Erfolg war seine Unterstützung der französi-

(Oben) Pius V. Zuccarelli zugeschriebenes Porträt (England, Stonyhurst College). Pius wurde 1712 von Clemens XI. kanonisiert. Seine sterblichen Überreste wurden vom Petersdom in die Kirche Santa Maria Maggiore überführt und in einem prächtigen Grab beigesetzt.

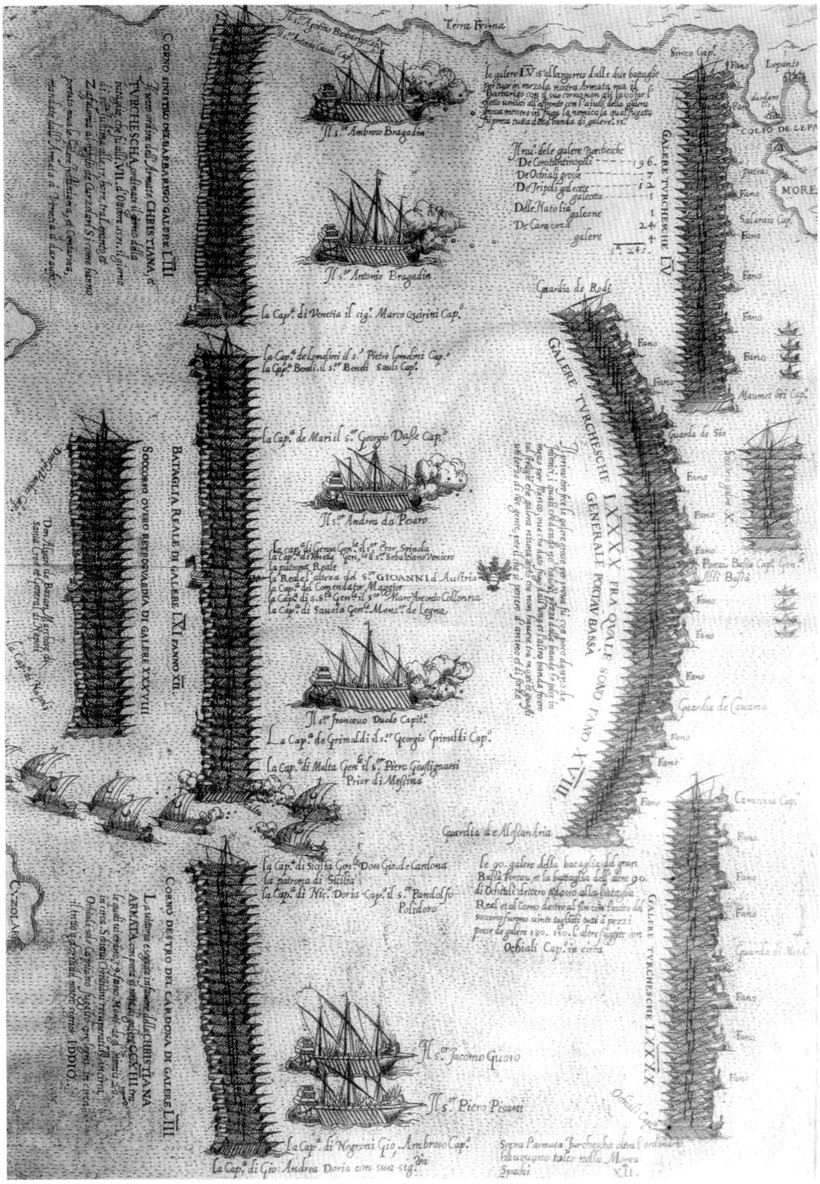

(Rechts) Darstellung der beiden Flottenverbände vor der Seeschlacht von Lepanto am 5. Oktober 1571 (Museo Storico Navale di Venezia). Zeitgenössischen Berichten zufolge fanden in der Schlacht 30 000 Türken den Tod, 10 000 wurden gefangen genommen. 90 türkische Trieren wurden versenkt und 180 erbeutet, außerdem wurden 15 000 christliche Sklaven befreit.

Die Kommission zur Reform des Kalenders vor Papst Gregor XIII. 1582 (Siena, Staatliche Archive). Gregor gründete die Vatikanische Sternwarte, um die für die Kalenderreform nötigen Beobachtungen zu ermöglichen. Anfangs weigerten sich die nichtkatholischen Länder, den neuen Kalender zu übernehmen. Großbritannien übernahm ihn erst 1752, Russland 1918 und die Türkei wartete sogar bis 1927.

KALVINISMUS

Der Reformator Johannes Calvin wurde 1509 im französischen Noyon geboren. Beeinflusst von (aber nicht immer in Übereinstimmung mit) den Vorstellungen Martin Luthers und Ulrich Zwinglis (1484–1531), einem frühen Schweizer Reformator, entwickelte Calvin in Genf seine eigene Form des Protestantismus. Sein theologisches System findet man vor allem in seinem Unterricht in der christlichen Religion (1536–1559). Auf eine genaue Kenntnis der Bibel gestützt, erarbeitete Calvin einige spezielle Lehren: 1. Aufgrund der Prädestination ist manchen Menschen die ewige Seligkeit, anderen hingegen die ewige Verdammnis vorherbestimmt; 2. Gott ist absolut souverän, zur Kenntnis seines Willens kann man durch richtiges und inspiriertes Lesen der Heiligen Schrift gelangen; 3. Menschen stehen im Bann der Sünde, befreien können sie sich nur durch den Glauben an Christus, der ihnen vor Gottes Richterstuhl als eine Art Zeuge beisteht; 4. Die Kirche besteht aus denen, die predigen, und denen, die reinen Sinnes Gottes Wort hören und die Sakramente empfangen, von denen es nur zwei gibt: Taufe und Kommunion.

Durch John Knox setzte sich der Kalvinismus in Schottland fest und kurzzeitig in England und der Neuen Welt. In Frankreich und Ungarn bildeten die Kalvinisten eine starke Minderheit (die Hugenotten waren Kalvinisten), in Holland und Teilen Deutschlands wurden sie rasch die dominierende protestantische Gruppe.

schen Regentin Katharina von Medici bei ihrem Kampf gegen die französischen Protestanten, die Hugenotten – fast deshalb, weil der Friedensvertrag, den die Krone 1570 mit diesen schloss, den Protestanten Straffreiheit, Gewissensfreiheit und freie Religionsausübung gestattete. Pius war bekümmert und empört. Er war der Meinung, dass noch Schlimmeres bevorstehe, womit er Recht behalten sollte.

Im März 1572 verschlechterte sich sein Gesundheitszustand. Am 6. April erteilte er der vor dem Petersdom versammelten Menge einen feierlichen Segen, drei Wochen danach wurde er ernstlich krank und starb schließlich am 1. Mai. Ein außergewöhnliches Pontifikat war zu Ende gegangen. Seine Nachfolger konnten ernten, was er gesät hatte.

Der nächst Papst, **Gregor XIII.** (1572–1585), setzte die von Pius begonnene Trientiner Reform fort und stellte der geistlichen Macht der Gegenreformation eine Streitmacht zur Seite. Er feierte die Bartholomäusnacht (das Massaker an den französischen Hugenotten am 23. und 24. August 1572) mit einem Dankgottesdienst in Sankt Peter und unterstützte aktiv katholische Streitkräfte gegen die Protestanten in Frankreich und den Niederlanden. Im Kampf gegen Ketzer und Ungläubige halfen ihm Kardinäle in Deutschland und die Jesuiten, die als Missionare in Indien, Japan, China und Brasilien wirkten. Er bestätigte auch eine neue Vereinigung, das von Filippo Neri 1575 gegründete Oratorium, und die Reform der Karmelitinnen durch Theresa von Ávila 1580. Sein Reformeifer betraf sogar den Kalender, der seit den Tagen Julius Cäsars, des letzten großen Kalenderreformers, eine starke Abweichung entwickelt hatte. 1582 ließ man auf den 4. den 15. Oktober folgen, damit das Frühlingsäquinoktium wieder mit der Berechnung Cäsars übereinstimmte. Sein »gregorianischer Kalender« wurde von allen christlichen Ländern übernommen, von den katholischen sofort, von den protestantischen erst viel später, in England beispielsweise erst 1752.

Gregor förderte die Jesuiten und vertraute größtenteils ihnen die Leitung von mehr als 20 Schulen an, die in verschiedenen Ländern Pries-

Das Massaker an den Hugenotten in Frankreich am 23. und 24. August 1572. Stich des 17. Jahrhunderts. Dem Historiker Brantôme zufolge freute sich Karl IX. darüber, dass auf der Seine 4000 Leichen flussabwärts trieben.

(Rechts) Medaille Gregors XIII., 1572 (Staatliches Museum, Berlin). Er war groß, hatte blaue Augen, eine Adlernase und einen dichten Bart.

GREGOR XIII.	
Herkunft Italien, Bologna	*Alter bei der Wahl* 70
Geboren 1. Januar 1502	*Gestorben* 10. April 1585
Eigentlicher Name Ugo Boncompagni	*Dauer des Pontifikats* 12 Jahre, 10 Monate, 27 Tage
Abstammung Sohn eines Kaufmanns	*Bemerkenswertes* In seiner Jugend zeugte Gregor einen unehelichen Sohn; um 1542 wurde er zum Priester geweiht.
Früheres Amt Kardinalpriester	
Zum Papst gewählt 14. Mai 1572	

ter für die Gegenreformation ausbildeten. Das Kolleg in Rom wurde später nach ihm Gregorianische Universität benannt. In Rom errichtete er auch ihre Mutterkirche, Il Gesù. Unglücklicherweise kostete das alles Geld, so auch der Bau der Gregorianischen Kapelle im Petersdom oder ein neuer Sommerpalast auf dem römischen Quirinal. Um die nötigen Summen zu erhalten, bediente sich Gregor einer Reihe legalistischer Mittel zur Konfiskation von Ländereien und Besitztümern, was unerwartete und unerwünschte Folgen hatte. Adlige bewaffneten sich, um ihre Interessen zu verteidigen, alte Fehden erwachten, im ganzen Land wurden Kriminelle und Banditen aktiv. Inmitten dieses Durcheinanders starb Gregor und hinterließ seinem Nachfolger eine schwierige Situation.

Wie schon Pius V. war auch **Sixtus V.** (1585–1590) ein Mönch, jedoch Franziskaner. Sanftmut war ihm fremd. Er zögerte nicht, mit eiserner Hand zu regieren und Banditen samt ihren Auftraggebern in großer Zahl

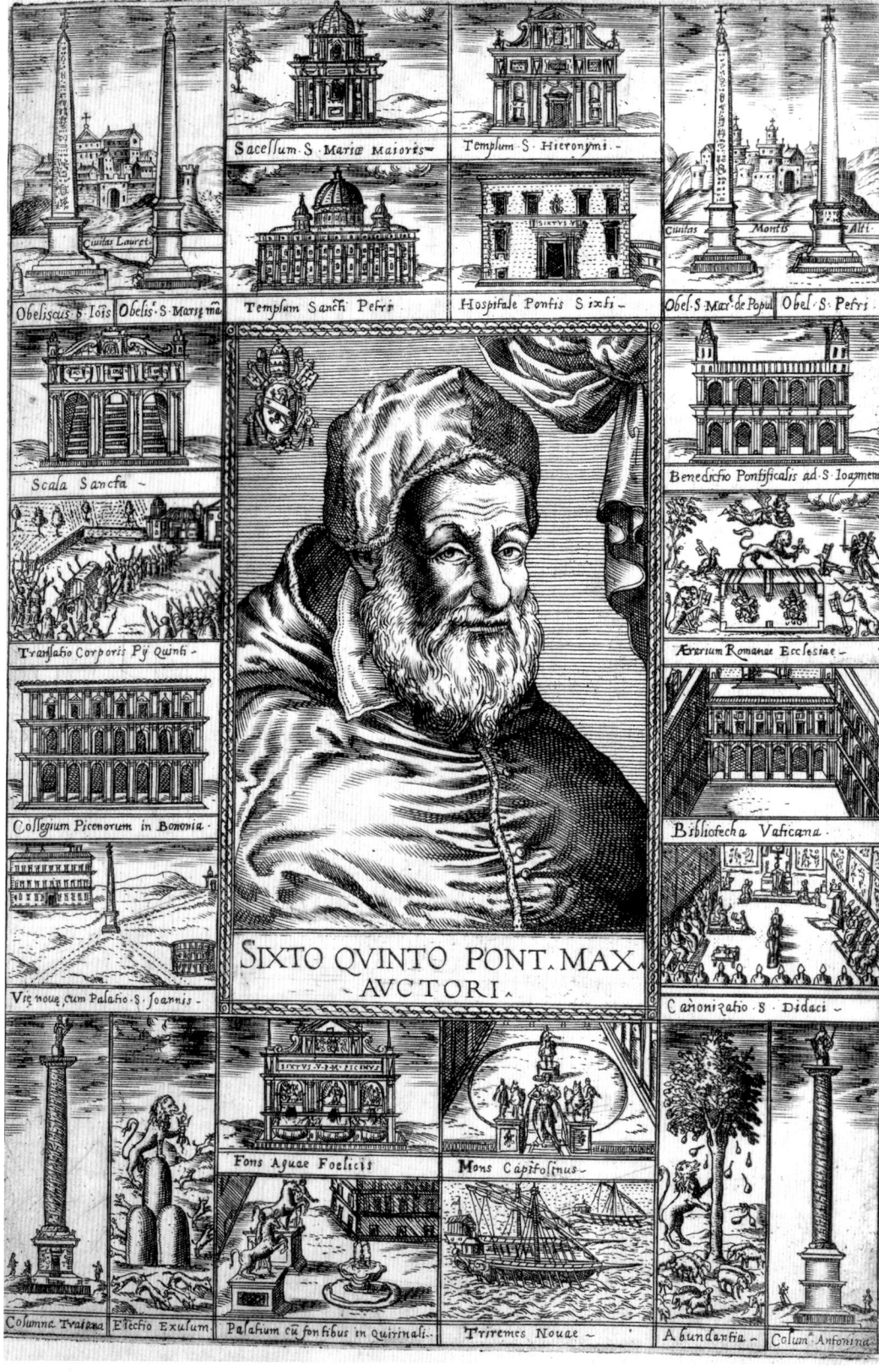

PAPSTNAMEN

SIXTUS V.
Herkunft
Italien,
Grottammare
Geboren
13. Dezember 1520
Eigentlicher Name
Felice Peretti
Abstammung
Sohn eines
Landarbeiters
Religiöser Status
Franziskaner
Frühere Ämter
Inquisitor von
Venedig, Kar-
dinalpriester
Zum Papst gewählt
24. April 1585
Alter bei der Wahl
64
Gestorben
27. August 1590
Dauer des Pontifikats
5 Jahre, 4 Monate,
3 Tage
Bemerkenswertes
Sixtus erbaute
die Laterankapelle
neu, vollendete
den Petersdom
und gründete
die vatikanische
Presse.

URBAN VII.
Herkunft
Italien, Rom
Geboren
4. August 1521
Eigentlicher Name
Giambattista
Castagna
Abstammung
Aristokratisch
Frühere Ämter
Päpstl. Nuntius
in Venedig, Statt-
halter von Bologna,
Kardinalpriester
Zum Papst gewählt
15. September
1590
Alter bei der Wahl
69
Gestorben
27. September
1590, an Malaria
Dauer des Pontifikats
13 Tage

GREGOR XIV.
Herkunft
Italien,
Somma

Geboren
11. Februar 1535
Eigentlicher Name
Niccolò Sfondrati
Früheres Amt
Kardinalpriester
Zum Papst gewählt
5. Dezember 1590
Alter bei der Wahl
55
Gestorben
16. Oktober 1591
Dauer des Pontifikats
10 Monate,
12 Tage

INNOZENZ IX.
Herkunft
Italien, Bologna
Geboren
20. Juli 1519
Eigentlicher Name
Giovanni Antonio
Facchinetti
Frühere Ämter
Päpstlicher Nuntius
in Venedig, Patri-
arch von Jerusalem,
Kardinalpriester
Zum Papst gewählt
29. Oktober 1591
Alter bei der Wahl
72
Gestorben
30. Dezember 1591
Dauer des Pontifikats
2 Monate, 2 Tage

CLEMENS VIII.
Herkunft
Italien, Fano
Geboren
24. Februar 1536
Eigentlicher Name
Ippolito Aldobrandini
Abstammung
Sohn eines
Advokaten
Frühere Ämter
Kardinalpriester,
päpstlicher Legat
Zum Papst gewählt
30. Januar 1592
Alter bei der Wahl
55
Gestorben
5. März 1605
Dauer des Pontifikats
13 Jahre, 1 Monat,
6 Tage
Bemerkenswertes
Clemens machte
seinen jugendlichen
Großneffen zum
Kardinal.

Sixtus V. und die großen Leistungen seines Pontifikats. Kupferstich des 16. Jahrhunderts.

hinrichten zu lassen. Dann nahm er energisch die übrigen Probleme in Angriff: Finanzen, Gewerbe, Verwaltung der Kirche, Umsetzung der Trientiner Reform – schwierige Aufgaben, denen er sich der Reihe nach und unermüdlich widmete. Die Ergebnisse waren beeindruckend: Italien wurde wesentlich sicherer, es entstanden neue Arbeitsplätze, die Lage der päpstlichen Finanzen besserte sich so sehr, dass Sixtus sogar reich wurde; sein umgestaltetes Sekretariat erwies sich als derart effizient, dass sein Aufbau erst in den Jahren 1962–1965 geändert wurde. Mit päpstlicher Hilfe wurde der katholische Glaube in Polen verbreitet, was 1587–1588 mit Hilfe der spanischen Armada beinahe auch in England gelungen wäre. Sixtus ließ Rom umgestalten, baute den Lateranpalast um und vollendete die Kuppel des Petersdoms. Insgesamt kann man sein einem Wirbelwind vergleichbares Pontifikat zu den großen Momenten des Papsttums zählen. Bezeichnend für seine Amtsauffassung ist sein viel zitierter (teils von Kaiser Vespasian übernommener) Ausspruch, ein Fürst müsse stehend im Kampf sterben.

Auf Sixtus folgten drei kurzlebige Päpste: **Urban VII.** (1590), der am Abend nach seiner Wahl erkrankte und nach elf Tagen starb; **Gregor XIV.** (1590–1591), der, von Anfang an kränkelnd, an einem 70 Gramm schweren Gallenstein sterben sollte; und der 82-jährige **Innozenz IX.** (1591), der aufgrund seines Alters und seiner schwachen Gesundheit schon nach zweimonatiger Amtszeit hinweggerafft wurde. Seine entschiedene Ansicht über das Papsttum geht aus folgender Geschichte hervor: Als er um eine Vergünstigung gebeten wurde und man ihm eine hohe Summe anbot, um die Maßnahmen gegen eine im Kirchenstaat ausgebrochene Hungersnot zu finanzieren, wies er dieses Angebot empört zurück und sagte: »Ich verlange kein Geld, ich verlange Gehorsam.«

Diese Päpste hatten versucht, das von Pius, Gregor und Sixtus begonnene Werk fortzusetzen, und alle drei neigten dazu, im Kampf um den französischen Thron, der damals ausgefochten wurde, Spanien gegenüber Frankreich zu begünstigen. Es galt zu verhindern, dass der Hugenotte Heinrich von Navarra diesen Thron bestieg. Die Lösung des Dilemmas brachte Heinrichs Übertritt zum Katholizismus 1593, eine große Entlastung für **Clemens VIII.** (1592–1605), der dann allerdings gezwungen war, das Edikt von Nantes zu akzeptieren, das 1598 den Hugenotten Glaubens- und Gewissensfreiheit sowie andere Vergünstigungen gewährte.

Clemens war schon in den drei vorhergehenden Konklaven ein aussichtsreicher Kandidat gewesen. Als er schließlich gewählt wurde, erwies er sich als eifriger und unermüdlicher Reformpapst im Dienst der Gegenreformation. 1595 wurde ihm die Freude zuteil, dass ein großer Teil Polens vom orthodoxen zum katholischen Glauben übertrat. 1599 ernannte er Franz von Sales (der 1665 kanonisiert wurde) zum Bischof von Genf, was viel dazu beitrug, die Sache des Glaubens in der Schweiz voranzubringen. Heilige scheinen im Leben dieses Papstes eine wichtige Rolle zu spielen: Er erhob nicht nur den 1930 kanonisierten Robert Bellarmine zum Kardinal, er war auch mit dem 1622 kanoni-

Die Gegenreformation

Am Ende des 15. und Beginn des 16. Jahrhunderts erlebte die katholische Kirche mehrere Bewegungen, die auf Reform und geistige Erneuerung abzielten. Auf das Oratorium der Göttlichen Liebe folgten das Oratorium Filippo Neris, di Tienes Theatiner, Zaccharias Barnabiten, Angela Mericis Ursulinen, Theresa von Ávilas reformierte Karmelitinnen und Ignatius von Loyolas Jesuiten. Auch mehrere Päpste bemühten sich aktiv um eine Reform – Hadrian VI., Paul III., Paul IV., Pius IV. und Pius V. Sie alle versuchten, die Auswirkungen der Reformation abzuschwächen und die ärgsten Missstände in der Kirche abzuschaffen, die Orden zu erneuern und den missionarischen Eifer der Jesuiten der Gegenreformation nutzbar zu machen.

Das Konzil von Trient verkörperte das Streben der Katholiken nach Reinigung und Erneuerung. Es umfasste drei Sitzungsperioden: 1545–1548, 1551–1552 und 1562–1563. Trotz der durch politische Krisen bedingten Unterbrechungen gelang es dem Konzil, den Katholizismus neu zu beleben, so dass er sich den protestantischen Lehren und ihrem Vordringen erfolgreich entgegenstellen konnte. Dieser verstärkte Eifer stimulierte auch die Missionsarbeit, wie sich anhand der Tätigkeit der Jesuiten in Indien und dem Fernen Osten

(Unten) Ignatius von Loyola (1491–1556) vor Paul III. (Jesuitenkirche, Rom). Ignatius entstammte einer spanischen Adelsfamilie. Vor seiner Bekehrung war er Soldat. Unter Bußübungen und Gebeten schrieb er sein einflussreichstes Werk, die Geistlichen Übungen.

ersehen lässt, aber auch anhand der Seminare des europäischen Festlands, wo Priester für die Missionierung Englands und Schwedens ausgebildet wurden. Maler, Bildhauer, Schriftsteller, Musiker und Architekten hatten Anteil an dieser Revitalisierung der katholischen Kirche und der daraus resultierenden spirituellen Dynamik.

Maria und Filippo Neri (1515–1595) von Battista. Neri entwickelte aus einer Priestervereinigung sein Oratorium.

(Oben) Titelblatt des Jesuitenkanons (1574). Das Motto der Jesuiten ist: »Zur höheren Ehre Gottes«.

(Oben) Die heilige Theresa von Ávila (1515–1582) wurde 1617 vom spanischen Parlament zu Patronin Spaniens erhoben.

Franz von Sales (1567–1622), Spross einer savoyischen Adelsfamilie, war das älteste von 13 Kindern. Mit widerwilliger Zustimmung seines Vaters wurde er Priester. Als Bischof von Genf gründet er mit Jeanne Françoise de Chantal den Orden von der Heimsuchung Mariä. Gemälde von Cerano (1577–1633) in der Kirche San Francesco di Paola, Mailand.

sierten Filippo Neri eng befreundet. Weniger schön ist, dass er den Philosophen und Kontroversalisten Giordano Bruno von der Inquisition verurteilen und hinrichten ließ. Auch von Nepotismus war er nicht frei: Er erhob zwei seiner Neffen und einen 14-jährigen Großneffen zu Kardinälen. Trotzdem konnte Clemens auf seinem Sterbebett zufrieden auf eine erneuerte und zumindest teilweise gestärkte Kirche zurückblicken. Dank ihrer Frömmigkeit und ihrer energischen Bemühungen war es den Päpsten des 16. Jahrhunderts gelungen, das Schiff Petri durch die Wogen der Reformen in ruhigere Gewässer zu steuern.

Eines der Probleme, mit denen das Papsttum von Anfang an zu tun hatte, war, sich der staatlichen Kontrolle zu entziehen. Diese Gefahr hatten der byzantinische, dann der römische Kaiser und schließlich der französische König verkörpert. Im 16. Jahrhundert trat Spanien an ihre Stelle. Frankreich strebte nicht so sehr eine Bevormundung der Päpste an, sondern wollte vor allem seine kirchlichen Angelegenheiten selbst bestimmen. Da Spanien mit seinen Eroberungen in Amerika und seinen Kriegen in den Niederlanden beschäftigt war, die Päpste wiederum mit der Glaubensrevolution, vor allem im nördlichen Europa, und ihrem Renaissance-Mäzenatentum, das im 16. Jahrhundert seinen Höhepunkt erreichte, wurde die Bedeutung dieser Bedrohungen für ihre Unabhängigkeit noch nicht richtig erkannt. Die eigenartige, dem Papst eigene Teilung der Verantwortung – er ist Haupt der universellen Kirche und zugleich Bischof von Rom – zeigte sich bei den Päpsten dieser Zeit in besonderem Maß: Im einen Augenblick suchten ihre Augen sozusagen den Horizont ab, im nächsten Moment konzentrierten sie sich aber wieder auf die unmittelbare Nähe. Da alle diese Päpste aus Italien kamen, wurde die Fokussierung auf die nächste Umgebung immer deutlicher und die Sichtweise der protestantischen Welt, die Katholiken würden bloß von einem Scheuklappen tragenden »Bischof von Rom« regiert, begann sich in gewisser Weise zu bewahrheiten, auch wenn die Päpste stets bemüht waren, einen weiteren Bereich abzudecken als nur Rom.

Leo XI.
1605

Paul V.
1605–1621

Gregor XV.
1621–1623

Grabmal Leos XI. von Algardi, Sankt Peter. Platina zufolge traf der Tod Leos seine Angehörigen besonders, da sie nicht rechtzeitig die zugedachten Vergünstigungen entgegennehmen konnten.

LEO XI.	
Herkunft	Gesandter in
Italien,	Rom, Kardinal-
Florenz	bischof, päpst-
Geboren	licher Legat
2. Juni 1535	*Zum Papst gewählt*
Eigentlicher Name	1. April 1605
Alessandro	*Alter bei der Wahl*
Ottaviano de'	69
Medici	*Gestorben*
Abstammung	27. April 1605
· Aristokratisch	*Dauer des Pontifikats*
Frühere Ämter	27 Tage
Florentinischer	

PAUL V.	
Herkunft	*Früheres Amt*
Italien, Rom	Kardinalpriester
Geboren	*Zum Papst gewählt*
17. September	16. Mai 1605
1552	*Alter bei der Wahl*
Eigentlicher Name	52
Camillo	*Gestorben*
Borghese	28. Januar 1621,
Abstammung	Schlaganfall
Sohn eines	*Dauer des Pontifikats*
Professors der	15 Jahre, 8 Mo-
Jurisprudenz	nate, 12 Tage

LEO XI. UND PAUL V.

Paul war von sehr hohem Wuchs und hatte wohlgeformte Arme und Beine. Seine Haut war weiß, er war blond und hatte hellblaue Augen. … Sein Gesicht war ernst und ruhig zugleich und es vermischten sich darin Würde, Charme, Fröhlichkeit und Strenge.

Anonym, *Pauli V vita*

Clemens' Nachfolger war ein Medici. **Leo XI.** (1605), tief gläubig, hatte als Bischof alles darangesetzt, die Trientiner Reform umzusetzen und die kirchliche Disziplin im vom Bürgerkrieg geplagten Frankreich wiederherzustellen. Er war bei seiner Wahl schon 70 und starb innerhalb eines Monats, so dass **Paul V.** (1605–1621) zum eigentlichen Nachfolger Clemens' wurde. Er begann sofort einen heftigen Streit mit einigen italienischen Stadtstaaten über den Primat der Kirche. So wollte etwa Venedig zwei Kleriker vor ein weltliches statt vor ein kirchliches Gericht stellen. Paul verhängte ein Interdikt (1606), worauf ihm Venedig das Recht dazu absprach und alle verbannte, die sich an seine Anordnungen hielten. Es folgte ein Krieg der Flugschriften, eine Katastrophe wurde nur durch das Eingreifen Frankreichs verhindert. Diese Episode fügte dem Prestige

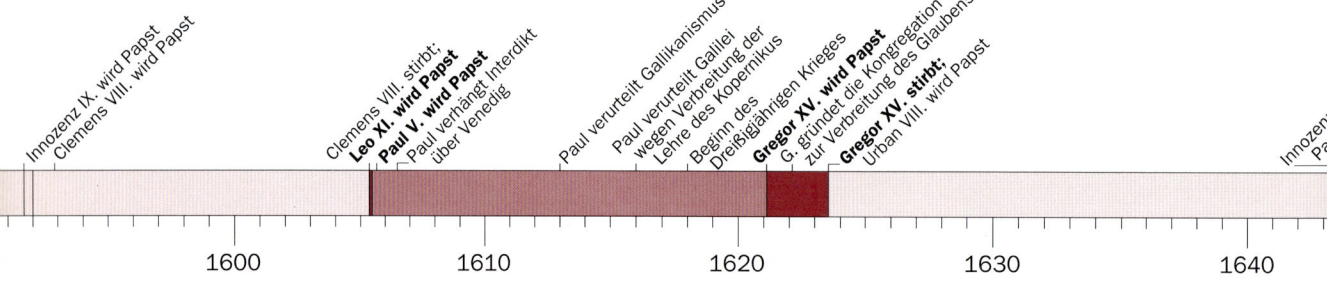

Innozenz IX. wird Papst
Clemens VIII. wird Papst
Clemens VIII. stirbt;
Leo XI. wird Papst
Paul V. wird Papst
Paul verhängt Interdikt über Venedig
Paul verurteilt Gallikanismus
Paul verurteilt Galilei wegen Verbreitung der Lehre des Kopernikus
Beginn des Dreißigjährigen Krieges
Gregor XV. wird Papst
G. gründet die Kongregation zur Verbreitung des Glaubens
Gregor XV. stirbt;
Urban VIII. wird Papst
Innozenz
Pa

1600   1610   1620   1630   1640

Bronzebüste Pauls V. von Bernini (Kopenhagen, Statens Museum for Kunst). Die Büste ist im traditionellen Stil gefertigt, die Augen sind nach Art antiker Statuen gestaltet.

Roms schweren Schaden zu, Paul wurde aber nicht vorsichtiger. 1613 verurteilte er den Gallikanismus, Frankreichs Anspruch, über seine Kirche selbst zu bestimmen. Als Antwort erhielt er 1614 eine Erklärung, der zufolge der französische König die Krone von Gott hatte und die Dekrete des Trientiner Konzils in Frankreich nicht verkündet würden. Der Text war vom französischen Klerus, der ihn in den Provinzen verbreitete, etwas abgeändert worden. All das war wenig ermutigend. Als positiv ist zu vermerken, dass Paul für die Römer Trajans Aquädukt instand setzen ließ, der dann in »Acqua Paola« umbenannt wurde, und das Schiff, die Fassade und die Vorhalle von Sankt Peter vollendete. Er kanonisierte Carlo Borromeo und sprach Ignatius von Loyola, Franz Xaver, Filippo Neri und Theresa von Ávila selig (ein wichtiger Schritt vor der Heiligsprechung).

GREGOR XV.

Seine Gesichtsfarbe war fast immer ein mattes Braun, das stark an Honig erinnerte.

Accarisius, *Vita Gregorii XV*, Buch 3, Kapitel 21

GREGOR XV.	
Herkunft	*Dauer des Pontifikats*
Italien, Bologna	2 Jahre,
Geboren	4 Monate,
9. Januar 1554	27 Tage
Eigentlicher Name	*Bemerkenswertes*
Alessandro	Gregor war
Ludovisi	der erste von
Abstammung	Jesuiten erzogene
Aristokratisch	Papst. Er legte
Früheres Amt	die Regeln für
Kardinalpriester	Konklaven fest;
Zum Papst gewählt	sie gelten fast
9. Februar 1621	unverändert
Alter bei der Wahl	bis heute.
67	
Gestorben	
8. Juli 1623	

Paul erlag im Januar 1621 einem Schlaganfall. Sein Nachfolger, **Gregor XV.** (1621–1623), war der erste von Jesuiten erzogene Papst. In Deutschland tobte bereits der Dreißigjährige Krieg und Gregor unterstützte die katholischen Fürsten, um ganz Deutschland wieder zum rechten Glauben zurückzuführen. Die Protestanten wurden vom schwedischen König Gustav Adolf unterstützt. Hauptkontrahenten waren der katholische Kaiser, Ferdinand II., und ein protestantischer Anwärter auf diesen Titel, Friedrich V. von Böhmen. Mit der Hilfe seines Nuntius Carlo Carafa gelang es Gregor nicht nur, Böhmen wieder katholisch zu machen, sondern 1623 auch, die Kurfürstenwürde Friedrichs V. auf den katholischen Maximilian von Bayern zu übertragen. Da Frankreich seine antikalvinistische Politik fortsetzte und der englische König bemüht war, seinen Thronerben mit einer spanischen Prinzessin zu verheiraten, schien der Papst seinem Ziel, die katholischen Fürsten Europas zu einen und den rechten Glauben in die protestantischen Gebiete hineinzutragen, erheblich näher zu kommen.

In Rom vollendete Gregor eine der von Clemens VIII. begonnenen Aufgaben, indem er 1622 Theresa von Ávila, Ignatius von Loyola, Franz Xaver und Filippo Neri kanonisierte. Darüber hinaus begann er das Verfahren zur Wahl des Papstes zu verbessern. Dabei ging er derart gründlich vor – er verfügte, dass die Wahl hinter verschlossenen Türen, geheim und mit einem Stimmzettel erfolgen müsse –, dass das Verfahren bis heute fast unverändert geblieben ist. Gregor gründete 1622 auch die Kongregation zur Verbreitung des Glaubens, um die weltweite Missionsarbeit der Kirche zu lenken und zu koordinieren. Aus diesem Grund ist sein Pontifikat als Konsolidierung der Arbeit seiner Vorgänger zu sehen.

Im Juni 1623 erkrankte Gregor und starb am 8. Juli mit 70 Jahren. Dass Maximilian von Bayern ihm die Heidelberger Bibliothek schenkte, war für das Vatikanische Archiv von eminenter Bedeutung. Gregors Pontifikat war jedoch zu kurz, um es ihm zu erlauben, sich als Förderer der Künste zu betätigen. Seinem Neffen, Kardinal Ludovico Ludovisi, blieb es überlassen, die schönste Antikensammlung zusammenzutragen, die Rom je gesehen hatte, und seinen Palast, die Villa Ludovisi, mit kostbaren Kunstwerken auszuschmücken.

Gregor XV. und sein Neffe Ludovico Ludovisi. Ganzporträt von Domenicchino (Béziers, Musée des Beaux Arts). Beide legten wertvolle Sammlungen an: Gregor erwarb Bücher für das Vatikanische Archiv, Ludovisi antike Skulpturen. Gregor erweiterte das Vatikanische Archiv, das sich aus einer Sammlung von im Lateranpalast und in Sankt Peter aufbewahrten Eigentums- und Privilegurkunden entwickelt hatte, indem er ihm die Heidelberger Bibliothek hinzufügte, die ihm Herzog Maximilian I. von Bayern geschenkt hatte. Ludovisi füllte seinen Palast mit kostbaren antiken und zeitgenössischen Kunstwerken.

Urban VIII.
1623–1644

Berninis Grabmal Urbans VIII. in Sankt Peter. Der Papst erteilt machtvoll den Segen. Auf seiner linken Schulter sind Bienen erkennbar, das Emblem der Barberini, Urbans Familie. Bienen schmücken auch den Sarkophag und den Sockel der Statue.

URBAN VIII.

Herkunft	*Gestorben*
Italien,	29. Juli 1644
Florenz	*Dauer des Pontifikats*
Geboren	20 Jahre,
April 1568	11 Monate,
Eigentlicher Name	23 Tage
Maffeo Barberini	*Bemerkenswertes*
Abstammung	Zur Abwehr
Reiche Kaufleute	schädlicher
Frühere Ämter	Himmelseinflüsse
Kardinalpriester,	veranstaltete
päpstlicher Legat	Urban mit
Zum Papst gewählt	Tommaso
6. August 1623	Campanella
Alter bei der Wahl	ein magisches
55	Ritual.

Die Proportionen seines Körpers und seiner Gliedmaßen waren gut abgestimmt; er war von hohem Wuchs, hatte dunklen Teint und eine muskulöse Gestalt. Sein Haupt war groß und zeugte von einem wunderbaren Geist und einem ausgezeichneten Gedächtnis. Die Stirn war breit und heiter, die Augen hellblau, die Nase wohlgeformt, die runden Wangen jedoch wurden in späteren Jahren sehr hager; ... seine Stimme [war] klangvoll und angenehm. ... Von seiner Erhebung zum Prälaten an trug er einen halblangen Bart von viereckiger Form.

Andrea Nicoletti, *Della vita di papa Urbano VIII*, Vol. 8

Urban VIII. (1623–1644) wurde nach einem schwierigen Konklave gewählt, bei dem zehn Kardinäle an Fieber erkrankten. Einer der Hauptkandidaten, Kardinal Borghese, musste deshalb sogar seine Kandidatur zurückziehen. Auch die Abstimmung war problematisch, für 24 Kardinäle gab es nur 20 Wahlzettel. In einer Atmosphäre zähneknirschender Kompromisse bekam Urban schließlich die erforderliche Mehrheit. Nach Antritt seines Pontifikats beschloss Urban (nach diesem listenreichen Konklave verständlich), zum Kardinalskollegium auf Distanz zu gehen und sich auf sein eigenes Urteil (das weniger sicher war, als er

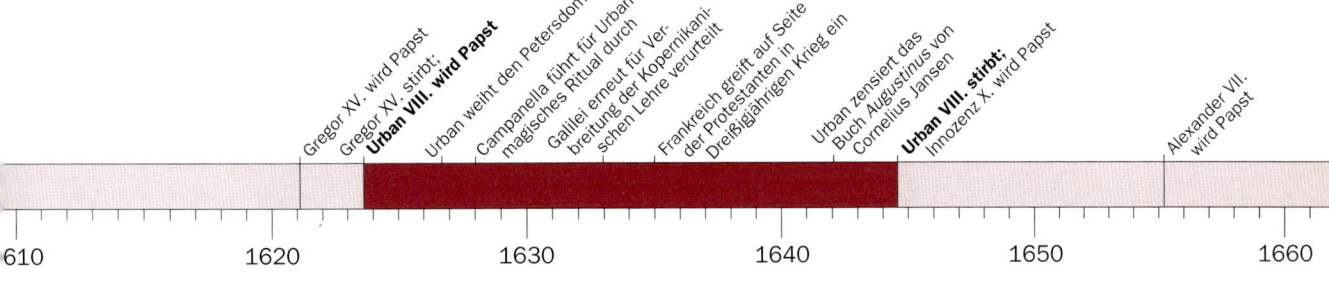

Gregor XV. wird Papst
Gregor XV. stirbt; **Urban VIII. wird Papst**
Urban weiht den Petersdom
Campanella führt für Urban magisches Ritual durch
Galilei erneut für Verbreitung der Kopernikanischen Lehre verurteilt
Frankreich greift auf Seite der Protestanten in Dreißigjährigen Krieg ein
Urban zensiert das Buch Augustinus von Cornelius Jansen
Urban VIII. stirbt; Innozenz X. wird Papst
Alexander VII. wird Papst

| 610 | 1620 | 1630 | 1640 | 1650 | 1660 |

KARDINAL RICHELIEU

Armand-Jean du Plessis de Richelieu (1585–1642) entstammte einer niederadeligen Familie, die seit langem in königlichen Diensten stand. Als sein für das Amt des Bischofs von Luçon vorgesehener älterer Bruder in ein Kartäuserkloster eintrat, wurde Armand an seiner statt Bischof (1607). In dieser Funktion bemühte er sich, die Lebensbedingungen in seiner Diözese zu verbessern. 1616 ernannte ihn Königinmutter Maria von Medici zum Staatssekretär, 1622 belohnte man ihn mit dem Kardinalshut. Richelieu erwies sich schnell als unverzichtbar für Ludwig XIII. und die Königinmutter. Auch nach deren Entmachtung 1630 diente er dem König als Erster Minister des Staatsrats. Unter dieser doppelten Führung entwickelte sich Frankreich zur europäischen Vormacht. Sein Staatsgebiet wurde erweitert und der französische Adel der Zentralgewalt der Krone unterstellt.

Im konfessionellen Bereich war Richelieu bestrebt, die Sonderstellung der französischen Hugenotten zu beseitigen, und belagerte 1627–1628 ihre Hochburg La Rochelle. 1637 überredete er den König, Frankreich der Jungfrau Maria zu weihen, und veröffentlichte Bücher, die traditionelle katholische Lehren über die Askese und die Verteidigung des Glaubens gegen französische Kontroversialisten vertraten.

In der Außenpolitik unterstützte Richelieu hingegen die protestantischen deutschen Fürsten und König Gustav Adolf gegen den römischen Kaiser, um das Reich zu unterminieren und Frankreich zur Hegemonialmacht Europas zu machen.

glaubte) und auf Mitglieder seiner Familie zu verlassen, die er großzügig begünstigte. Seine Selbstsicherheit und sein Nepotismus brachten ihm Probleme ein. So ließ er sich am Ende seines Pontifikats durch seine gierigen Neffen in einen inneritalienischen Krieg (1641–1644) verwickeln, der die päpstlichen Truhen leerte und die Wirtschaft des Kirchenstaats ruinierte. Auf europäischer Ebene näherte sich Urban, anders als vorher Gregor, stärker Frankreich an, vor allem, weil er die Habsburger verdächtigte, imperiale Ansprüche auf Italien zu hegen. Da er Kardinal Richelieu, Frankreichs genialem Erstem Minister, nicht gewachsen war, gelang es ihm nicht, ein Gegengewicht zu den französischen Ambitionen zu schaffen. 1635 musste er hilflos zusehen, wie Kaiser Ferdinand II. mit den deutschen Protestanten Frieden schloss, um sich auf den Kampf gegen Frankreich zu konzentrieren, das auf protestantischer Seite in den Krieg eingegriffen hatte. Urban sagte lediglich: »Wenn es einen Gott gibt, wird Kardinal Richelieu sich für vieles verantworten müssen. Gibt es keinen, so hat er seine Sache sehr gut gemacht.«

Argwöhnisch wandte sich Urban zu seinem Schutz der Magie zu. Er hatte von Astrologen die Horoskope in Rom residierender Kardinäle erstellen lassen, um den Tag ihres Todes zu erfahren. Da er wusste, dass Einzelheiten seines eigenen Horoskops allgemein bekannt waren, beauftragte er Tommaso Campanella mit der Durchführung einer magischen Zeremonie, die ihn gegen die Auswirkungen der bevorstehenden Mond-

Galilei. Terrakottastatue, Andrea Boni von Mailand (London, Science Museum). Galilei (1564–1642), bekannt geworden durch seine Ansicht, dass die Erde sich um die Sonne drehe und nicht umgekehrt, wurde von Paul V. verboten, das heliozentrische System des Kopernikus zu vertreten. Unter Urban VIII. wurde er, obwohl er mit dem Papst persönlich befreundet war, als Ketzer verurteilt und gezwungen, seinen Irrtümern abzuschwören.

(Rechts) Berninis herrlicher Palazzo Barberini. Kupferstich des 18. Jahrhunderts. Die Mitglieder der Familie Barberini waren die größten Kunstförderer im Rom des 17. Jahrhunderts. Nach dem Tod Urbans VIII. kam Berninis Karriere vorübergehend zum Stillstand.

(Gegenüber) Astrologische Karte mit den Tierkreiszeichen. Die magische Zeremonie, die Urban von Tommaso Campanella durchführen ließ, um schädliche Auswirkungen einer Mondfinsternis abzuwehren, bediente sich der Tierkreiszeichen im Rahmen eines Rituals, das alles andere als christlich war.

finsternis schützen sollte. Der Dominikaner Campanella war 1589 wegen Ketzerei ins Gefängnis geworfen worden und erst kurz bevor der Papst ihn Anfang 1628 holen ließ wieder freigekommen. Für das Ritual, das sich Campanella offenbar für diese Gelegenheit ausgedacht hatte, wurde ein Raum im Lateranpalast versiegelt. Die Wände wurden mit weißer Seide behängt, man verbrannte Duftkräuter und andere Substanzen. Zwei große Lampen stellten Sonne und Mond dar, Tierkreiszeichen waren angebracht, gegen verderbliche astrale Einflüsse immune Musiker spielten auf Jupiter und Venus bezogene Melodien. Zweck war die Schaffung eines Himmelsmodells mit günstigen Planetenkonstellationen, die schädliche Auswirkungen der Mondfinsternis verhindern sollten.

Aus welchen Gründen auch immer, das Ritual schien zu wirken. War es aber aus Sympathie für das magische, dem alten astronomischen Konzept des Universums verpflichtete Denken, dass Urban die Verurteilung Galileis 1633 akzeptierte, der eben dieses Konzept in Frage stellte? Vielleicht fand Urban nur alle Begriffe suspekt, die irgendwie nach Ketzerei rochen. 1642 zensierte er ein Buch Cornelius Jansens, das umstrittene theologische Fragen erläuterte, die Augustinus schon lang vorher angesprochen hatte und die den Kern einer als Jansenismus bezeichneten ketzerischen Bewegung bilden sollten.

Das Pontifikat, das mit einem zerstrittenen Konklave begonnen hatte, endete mit einem Aufruhr in Rom. Urbans finanzielle Extravaganzen und Kriege hatten ihn äußerst unbeliebt gemacht, so dass es nach seinem Tod zu Gewaltausbrüchen kam. Aber er hatte der Stadt auf dem Höhepunkt des Barocks seinen Stempel aufgedrückt. Unter seinem Pontifikat schuf Bernini den monumentalen Baldachin über dem Hochaltar des Petersdoms, leider stammte die dafür erforderliche Bronze von den Trägern im Vorbau des Pantheons. Viele Kirchen wurden restauriert und verschönert, der Palazzo Barberini, der Sitz seiner Familie, wurde zu einem prächtigen Palast ausgebaut.

Innozenz X.
1644–1655

Alexander VII.
1655–1667

Clemens IX.
1667–1669

Clemens X.
1670–1676

Innozenz XI.
1676–1689

Alexander VIII.
1689–1691

Innozenz XII.
1691–1700

Clemens XI.
1700–1721

Innozenz XIII.
1721–1724

Benedikt XIII.
1724–1730

Clemens XII.
1730–1740

Benedikt XIV.
1740–1758

Clemens XIII.
1758–1769

INNOZENZ X.	
Herkunft Italien, Rom	*Zum Papst gewählt* 15. September 1644
Geboren 7. Mai 1574	*Alter bei der Wahl* 70
Eigentlicher Name Giambattista Pamfili	*Gestorben* 1. Januar 1655
Frühere Ämter Päpstlicher Nuntius, Kardinalpriester	*Dauer des Pontifikats* 10 Jahre, 3 Monate, 17 Tage

Der neue Papst, **Innozenz X.** (1644–1655), wandte sich von den profranzösischen Tendenzen und dem Nepotismus seines Vorgängers ab. Die Barberini verloren ihre Besitzungen. Die Beziehungen zu Frankreich unter Kardinal Mazarin verschlechterten sich, da der Papst eine Präferenz für Spanien und die Habsburger zeigte. Spanien zuliebe weigerte sich Innozenz, die Unabhängigkeit Portugals und Johann IV. von Braganza als dessen rechtmäßigen König anzuerkennen (1648). Als 1647 Neapel gegen die spanische Herrschaft rebellierte, verwarf Innozenz den Vorschlag Frankreichs, das Königreich selbst zu regieren. Dieser Wechsel in der Politik bekam ihm nicht gut. 1648, nach dem Ende des 30-jährigen Krieges, erließ Innozenz eine Bulle, in der er alle Artikel des Friedensvertrags, die dem Katholizismus schadeten, für null und nichtig erklärte. Sie wurde von sämtlichen Vertragsparteien ignoriert. Mehr Erfolg hatte er 1653 mit der Verurteilung bestimmter Sätze in Jansens *Augustinus*. Diese Maßnahme, die auch der Haltung Frankreichs entsprach, erwies sich als großes Hindernis für die Verbreitung des Jansenismus.

Innozenz' wichtigster Berater war seine Schwägerin Olimpia Maidalchini-Pamfili, die sich mit ihrem ungehemmten Ehrgeiz um ihren Ruf brachte. »Olimpias Einfluss«, so schrieb ein Zeitzeuge, »wächst unaufhörlich. Jeden zweiten Tag besucht sie den Papst und alle Welt zieht sie

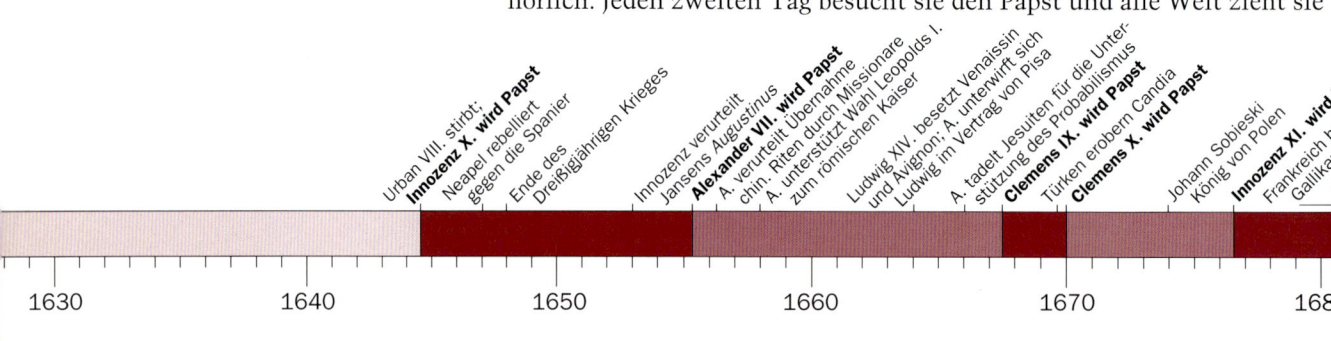

Innozenz X. Büste von Algardi (Rom, Palazzo Doria Pamfili). Als es im Kirchenstaat 1646–1647 zu Überschwemmungen und einer Hungersnot kam, leistete Innozenz großzügig Hilfe.

Olimpia Pamfili, Innozenz' X. einflussreiche Schwägerin. Büste von Algardi (Rom, Palazzo Doria Pamfili). Ihr Sohn Camillo erbaute den Palazzo Pamfili am Corso und eine große Villa an der Porta San Pancrazio.

zu Rate.« Olimpia verkaufte Benefizien und zivile oder militärische Ämter an den Meistbietenden; ihr Sohn wurde zum Kardinal erhoben und fast wäre es ihr gelungen, Kardinal Chigi zu stürzen, der Innozenz seit 1651 als Staatssekretär diente. Selbstverständlich kursierten über ihre Beziehung zum Papst alle möglichen Gerüchte. Als dieser im Alter von 80 Jahren starb, zeigte Olimpia ihre wahre Einstellung. Weder sie noch ihr Sohn wollten sein Begräbnis bezahlen. Sie ließen den Leichnam in einer Ecke der Sakristei des Petersdoms verwesen, bis ihn jemand anders auf eigene Kosten und denkbar schlicht bestatten ließ.

Nach einem dreimonatigen Konklave wurde Kardinal Chigi gewählt, der sich **Alexander VII.** (1655–1667) nannte. Er führte die antifranzösische Politik seines Vorgängers fort. Ungeachtet der heftigen Proteste Mazarins betrieb er die Wahl Leopolds I. von Österreich zum römischen Kaiser, was sich als nachteilig herausstellte, da Mazarin daraufhin keine Gelegenheit ausließ, diejenigen italienischen Familien zu unterstützen, die etwas gegen das Papsttum hatten. Nach Mazarins Tod besetzte Ludwig XIV. die päpstlichen Besitzungen in Avignon und das Comtat Venaissin. Mangels Verbündeter musste sich Alexander 1664 dem König geschlagen geben. Ein Jahr darauf bestätigte er Ludwigs Wünschen gemäß in einer Erklärung, dass Innozenz X. zu Recht bestimmte jansenistische Positionen verurteilt habe und dass alle Kleriker entsprechende Beschlüsse des Papstes zu akzeptieren hatten. 1666 nutzte er eine Atempause, um den Jesuiten die Zähne zu zeigen. Er rügte sie formell wegen ihrer Unterstützung des Probabilismus, einer philosophischen Auffassung, die er aus moralischen und ethischen Gründen ablehnte.

All das bereitete Alexander freilich wenig Freude. Wesentlich angenehmer war der Übertritt der Exkönigin von Schweden zum Katholizismus. Die etwas exzentrische Christina ließ sich nach ihrer Abdankung in Rom nieder, dessen Attraktionen sie vermehrte, indem sie in Männerkleidung auftrat. Der Papst war von ihr begeistert. Entgegen aller Gepflogenheit gestattete er ihr, am Abend ihres formellen Übertritts im Vatikan zu nächtigen.

Als begeisterter Förderer der Kunst engagierte Alexander den Bildhauer und Architekten Bernini. Er errichtete die zur Sixtinischen Kapelle hinaufführende Scala Regia und sein architektonisches Meisterstück, die riesige Kolonnade auf dem Petersplatz.

Im August 1666 bekam der Papst Nierenschmerzen. Am 22. Mai 1667 wurde er von seinen Qualen erlöst.

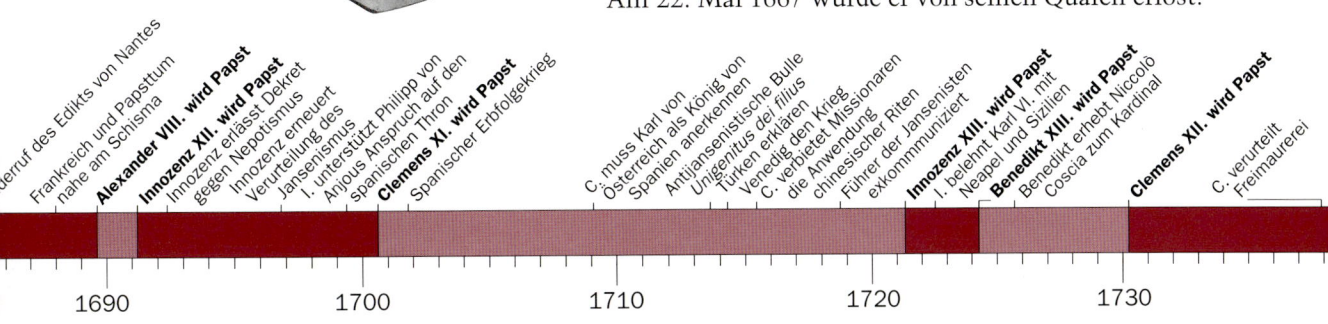

Widerruf des Edikts von Nantes
Frankreich und Papsttum nahe am Schisma
Alexander VIII. wird Papst
Innozenz XII. wird Papst
Innozenz erlässt Dekret gegen Nepotismus
Innozenz erneuert Verurteilung des Jansenismus
I. unterstützt Philipp von Anjous Anspruch auf den spanischen Thron
Clemens XI. wird Papst
Spanischer Erbfolgekrieg
C. muss Karl von Österreich als König von Spanien anerkennen
Antijansenistische Bulle Unigenitus dei filius
C. muss den Krieg Venedig den Türken erklären
C. verbietet Missionaren die Anwendung chinesischer Riten
Führer der Jansenisten exkommuniziert
Innozenz XIII. wird Papst
I. belehnt Karl VI. mit Neapel und Sizilien
Benedikt XIII. wird Papst
Benedikt erhebt Niccolò Coscia zum Kardinal
Clemens XII. wird Papst
C. verurteilt Freimaurerei

1690   1700   1710   1720   1730

(Oben) Exkönigin Christina von Schweden tritt 1655 vor Alexander VII. zum Katholizismus über (Stockholm, Nationalmuseum). Sie schockierte Rom unter anderem durch das Tragen von Männerkleidung.

(Oben) Gedenkmedaille zur Gründung des Petersplatzes 1657 (London, British Museum).
(Oben rechts) Teil der Kolonnade an der Nordseite des Platzes. Mit dem Bau wurde 1656 unter Alexander VII. begonnen. Bernini entwarf den Platz für die riesigen Menschenmengen, die alljährlich am Ostersonntag den Segen *urbi et orbi* erhalten. Die Massen sollten eingefasst werden, ohne dass Klaustrophobie entstand. Bernini löste dieses Problem mit frei stehenden Kolonnaden.

Das Pontifikat seines Nachfolgers war relativ kurz. Anders als Alexander schaffte es **Clemens IX.** (1667–1669), Frankreich zu einem gewissen Maß an gutem Willen zu bewegen und zugleich gute Beziehungen zu Spanien zu pflegen. Unter dem Pontifikat Alexanders hatte ein Konflikt zwischen päpstlichen Soldaten und dem französischen Botschafter dazu geführt, dass der König die Errichtung eines Monuments durchsetzte, das an die Schuld der Soldaten erinnerte. Es durfte nun wieder entfernt werden, ein eher unbedeutender Sieg; hingegen wurde ein Problem mit jansenistischen Bischöfen und Nonnen in Paris trotz der Versuche, diese inakzeptable Tatsache zu verschleiern, zu den Bedingungen des Königs geregelt. Frankreich konnte so bei der Vergabe von Kirchenämtern weiterhin selbst bestimmen. Auch in der europäischen Politik zeigte sich die durch die französische Vorrangstellung bedingte Schwäche des Papsttums. Als die venezianischen Verteidiger Candias, der letzten christlichen Bastion auf dem seit 1645 türkisch besetzten Kreta,

Benedikt XIV. wird Papst
Beginn des Österreichischen Erbfolgekrieges

Ende des Österreichischen Erbfolgekrieges

B. schreibt an französische Bischöfe über Autorität von *Unigenitus*
Clemens XIII. wird Papst
Jesuiten aus Portugal ausgewiesen

Jesuiten aus Frankreich ausgewiesen
C. erlässt projesuitische Bulle
Jesuiten aus Spanien ausgewiesen
Clemens XIII. stirbt; Clemens XIV. wird Papst

Pius VI. wird Papst

1740   1750   1760   1770   1780   1790

PAPSTNAMEN

ALEXANDER VII.
Herkunft
Italien, Siena
Geboren
13. Februar 1599
Eigentlicher Name
Fabio Chigi
Frühere Ämter
Inquisitor von
Malta, päpstlicher
Nuntius in Köln,
Kardinalpriester
Zum Papst gewählt
7. April 1655
Alter bei der Wahl
56
Gestorben
22. Mai 1667
Dauer des Pontifikats
12 Jahre, 1 Monat,
14 Tage

CLEMENS IX.
Herkunft
Italien, Pistoia
Geboren
27. Januar 1600
Eigentlicher Name
Giulio Rospigliosi
Abstammung
Aristokratisch
Frühere Ämter
Statthalter von Rom,
Kardinalpriester
Zum Papst gewählt
20. Juni 1667
Alter bei der Wahl
67
Gestorben
9. Dezember 1669
Dauer des Pontifikats
2 Jahre, 5 Monate,
19 Tage
Bemerkenswertes
Clemens schrieb
Chi soffre speri,
die erste komische
Oper, die am

27. Februar 1639
uraufgeführt wurde.

CLEMENS X.
Herkunft
Italien, Rom
Geboren
12. Juli 1590
Eigentlicher Name
Emilio Altieri
Frühere Ämter
Berater des
Heiligen Offiziums,
Kardinalpriester
Zum Papst gewählt
29. April 1670
Alter bei der Wahl
79
Gestorben
22. Juli 1676
Dauer des Pontifikats
6 Jahre, 2 Monate,
24 Tage

INNOZENZ XI.
Herkunft
Italien, Como
Geboren
19. Mai 1611
Eigentlicher Name
Benedetto
Odescalchi
Abstammung
Reiche Kaufleute
Frühere Ämter
Kardinalpriester,
päpstlicher Legat
Zum Papst gewählt
21. September
1676
Alter bei der Wahl
65
Gestorben
12. August 1689
Dauer des Pontifikats
12 Jahre,
10 Monate,
22 Tage

[Missgünstiges Gerede über Innozenz XI.]

Innozenz XI. wurde beschuldigt, keine Audienzen zu geben, barsch, grausam, unentschlossen und hartnäckig zu sein, Fürsten gegenüber in unbeugsamer Feindseligkeit zu verharren, den Streit zu lieben und, indem er sie jahrelang vakant ließ, Diözesen und kirchliche Besitztümer zugrunde zu richten.

Giovanni Lando, *Relatione di Roma*, 1691

Hilfe brauchten, gelang es Clemens nicht, sie von Ludwig zu erhalten. Nach dem Fall Candias am 5. September 1669 musste Clemens alle finanziellen Lasten tragen, die diese Niederlage nach sich zog. Es mag nicht überraschen, dass er im Oktober 1669 einen Schlaganfall erlitt und fünf Wochen später starb. Clemens war, für einen Papst eher ungewöhnlich, Librettist. Er begründete das Genre der geistlichen Oper, schrieb aber auch den Text zu mehreren komischen Opern. Wegen seiner dichterischen Begabung war die einflussreiche Familie Barberini auf ihn aufmerksam geworden und hatte ihm den Weg für seine Laufbahn geebnet.

Fünf Monate nach Clemens' Tod wählten die Kardinäle einen 79-Jährigen, der den Namen **Clemens X.** (1670–1676) annahm. Da er bereits gebrechlich war, überließ er die Alltagsarbeit Kardinal Paluzzi, dessen Neffe Clemens' Nichte geheiratet hatte. In Polen wehrte Johann Sobieski 1673 einen türkischen Angriff ab, 1674 wurde er zum polnischen König gewählt. Für den Papst waren das gute Neuigkeiten. Ludwig XIV. hingegen, der eine Besetzung Hollands plante, unterstützte Clemens' Bemühungen um eine Abwehr der türkischen Bedrohung in keiner Weise, ließ den Papst jedoch glauben, er wolle Holland erobern, um dort wieder den katholischen Glauben einzuführen. Als dem Papst klar wurde, dass Ludwig ihn getäuscht hatte, wandte er sich Spanien zu, woraufhin Ludwig die Einkünfte französischer Abteien und vakanter französischer Bistümer zur Finanzierung seines Krieges verwendete. Aufgrund der Drangsalierungen Frankreichs – aber auch anderer katholischer Mächte, die seine Schwäche ausnutzten –, war das Pontifikat für Clemens eine schwere Bürde, von der ihn ein Ödem und ein schweres Fieber befreiten.

Die Beziehungen zu Frankreich blieben auch unter **Innozenz XI.** (1676–1689) gespannt. 1673 und 1675 hatte Ludwig die Eigenständigkeit der französischen Kirche betont, ohne dass Clemens dagegen protestiert hätte. Innozenz hingegen stellte klar, dass er diese Bestrebungen ablehnte. 1682 erhielt er die Quittung in Form der von der Mehrheit des französischen Klerus unterstützten Gallikanischen Artikel, die dem Papst jegliche Zuständigkeit für weltliche Dinge absprachen und ihn der Autorität eines Generalkonzils unterstellten. Innozenz verurteilte diese Artikel sofort und vertiefte damit den Graben zwischen dem Papst und Frankreich noch mehr. Nicht einmal der Widerruf des Edikts von Nantes 1685, der die Hugenotten ihrer Privilegien beraubte und sie der Verfolgung aussetzte, konnte darüber hinwegtäuschen, dass Ludwigs Politik sich gegen päpstliche Interessen richtete. Eine Reihe weiterer Konflikte zwischen König und Papst brachte Frankreich 1688 an den Rand des Schismas. Die Franzosen grollten Innozenz noch lange und bewirkten 1744 die Einstellung seiner Kanonisierung. Er wurde erst 1956 selig gesprochen, die Heiligkeit blieb ihm bis heute versagt.

In anderen Bereichen der europäischen Politik waren die Ergebnisse befriedigender. 1683 schlug Johann III. Sobieski die Türken vor Wien, später vertrieb sie eine kaiserliche Liga mit Unterstützung und finanzieller Hilfe des Papstes aus Ungarn und befreite 1688 Belgrad. 1688 brachte auch eine Enttäuschung: Durch eine politische Intrige verlor der Katholik Jakob VII.

Der katholische König Jakob VII. von Schottland und II. von England flüchtete 1688 nach Frankreich, wo er als Pensionär Ludwigs XIV. leben musste. Für Innozenz XI. war der Verlust dieses katholischen Throns ein schwerer Schlag. Jakobs Hof im Exil galt als trist, geprägt von Religiosität und Parteikämpfen.

Alexander VIII. Büste des 17. Jahrhunderts. Alexander war sehr beliebt. Im Gegensatz zu seinem Vorgänger war er höflich, nett und fröhlich (London, Victoria and Albert Museum).

von Schottland und II. von England seinen Thron. Seine protestantische Tochter und ihr holländischer, protestantischer Gatte wurden eingeladen, ihn an seiner statt zu besteigen. Im Juni 1689 erlag der stark an Gicht leidende Pontifex einem Fieber. Wie die Autopsie zeigte, hatte er auch zwei große Nierensteine. Innozenz, genügsam, fromm und reformfreudig, war in vieler Hinsicht ein hervorragender Papst gewesen.

Die ständigen Konflikte mit Frankreich bereiteten auch seinem Nachfolger Probleme. Zwar zeigten sich sowohl **Alexander VIII.** (1689–1691) als auch Ludwig XIV. anfangs konziliant: Avignon und Venaissin, die Ludwig besetzt hielt, wurden zurückgegeben und ein gallikanischer Bischof erhielt den Kardinalshut. Als jedoch Ludwig seine gallikanischen Ansprüche noch einmal erweiterte, brach die Eiszeit erneut aus. Auch die Beziehungen zu Kaiser Leopold I. waren nicht die besten. Im religiösen Bereich hingegen konnte der Papst seine Autorität ungehindert ausüben. In einer früheren Phase seiner Laufbahn hatte Alexander die Römische Inquisition geleitet, eine Erfahrung, die ihn dazu brachte, eine harte Haltung gegenüber dem unter den Jesuiten immer noch verbreiteten Laxismus einzunehmen; so verurteilte er auch weitere jansenistische Positionen und bestrafte die Anhänger des spanischen Priesters Miguel de Molinos, den Innozenz für seinen Quietismus verurteilt hatte – eine Lehre, der zufolge man Gottes Wollen wirksamer in der inneren Ruhe erfährt als in äußerlichen Formen der Gottesverehrung.

Der Papst war bei seiner Wahl schon 79 gewesen, war aber guter Gesundheit, bis man im Januar 1691 entdeckte, dass er ein gangränöses (brandiges) Bein hatte. Am 1. Februar wurde er von seinem Leiden erlöst. Sein ganzes Pontifikat hindurch hatte er tapfer, aber erfolglos gegen die Schwäche gekämpft, die das Papsttum im weltlichen Bereich erfasst hatte.

Der Streit der Faktionen bewirkte, dass das nun folgende Konklave lang dauerte. Nach fünf Monaten einigte man sich auf einen Kompromiss. **Innozenz XII.** (1691–1700) wählte diesen Namen aufgrund seiner Bewunderung für Innozenz XI., nach dessen Art er auch sein Amt ausübte. Am päpstlichen Hof herrschte wieder Sparsamkeit, für die Armen wurden wohltätige Einrichtungen gegründet. Allem voran versetzte er 1691 dem Nepotismus einen tödlichen Stoß: Er verbot den Päpsten per Dekret, ihren Verwandten Ländereien, Ämter oder Einkünfte zuzuschanzen, womit er auf den Widerstand einzelner Kardinäle stieß. 1696 machte Innozenz seine Ablehnung des Jansenismus deutlich, 1699 verurteilte er auf Betreiben Ludwigs XIV. bestimmte mystische Konzepte Madame de Guyons, die von Fénelon, dem Erzbischof von Cambrai, unterstützt wurde. War anderes zu erwarten? Ludwig hatte in seiner langen Regierungszeit bereits sieben Päpste erlebt, nach Innozenz sollte ein weiterer hinzukommen. Es galt der königliche Wille. Da aber aufgrund der poli-

PAPSTNAMEN

ALEXANDER VIII.
Herkunft
  Italien, Venedig
Geboren
  22. April 1610
Eigentlicher Name
  Pietro Ottoboni
Abstammung
  Aristokratisch
Frühere Ämter
  Richter an der Rota
  (päpstl. Gericht),
  Inquisitor von Rom,
  Kardinalbischof
Zum Papst gewählt
  6. Oktober 1689
Alter bei der Wahl
  79
Gestorben
  1. Februar 1691
Dauer des Pontifikats
  1 Jahr, 3 Monate,
  26 Tage

INNOZENZ XII.
Herkunft
  Italien, Spinazzola
Geboren
  13. März 1615
Eigentlicher Name
  Antonio Pignatelli
Abstammung
  Aristokratisch
Frühere Ämter
  Erzbischof von
  Neapel, Kardinal-
  priester
Zum Papst gewählt
  12. Juli 1691
Alter bei der Wahl
  76
Gestorben
  27. September
  1700
Dauer des Pontifikats
  9 Jahre, 2 Monate,
  16 Tage

CLEMENS XI.
Herkunft
  Italien, Urbino
Geboren
  23. Juli 1649
Eigentlicher Name
  Giovanni Francesco
  Albani
Abstammung
  Aristokratisch
Religiöser Status
  Clemens wurde
  erst im September
  1700 zum Priester
  geweiht.
Früheres Amt
  Kardinalpriester
Zum Papst gewählt
  23. November 1700
Alter bei der Wahl
  51
Gestorben
  19. März 1721
Dauer des Pontifikats
  20 Jahre, 3 Mo-
  nate, 27 Tage

INNOZENZ XIII.
Herkunft
  Italien, Poli
Geboren
  13. Mai 1655
Eigentlicher Name
  Michelangelo
  dei Conti
Abstammung
  Aristokratisch
Früheres Amt
  Kardinalpriester
Zum Papst gewählt
  8. Mai 1721
Alter bei der Wahl
  65
Gestorben
  7. März 1724
Dauer des Pontifikats
  2 Jahre, 10 Monate

Ludwig XIV. von Frankreich. Ganz-porträt von Rigaud (Paris, Louvre). In Ludwigs lange Regierungszeit fielen die Pontifikate von neun Päpsten. 1685 widerrief er das Edikt von Nantes, das den französischen Protestanten begrenzte Rechte eingeräumt hatte, ungeachtet dessen geriet er in Konflikt mit zahlreichen päpstlichen Interessen, und dies so sehr, dass die französische Krone und das Papsttum unter dem Pontifikat Innozenz' XI. fast völlig zerstritten waren.

PAPSTNAMEN

BENEDIKT XIII.
Herkunft
  Italien, Apulien
Geboren
  2. Februar 1649
Eigentlicher Name
  Pietro Francesco
  Orsini
Abstammung
  Aristokratisch;
  Herzöge
Religiöser Status
  Dominikaner
Frühere Ämter
  Erzbischof
  von Benevent,
  Kardinalbischof
Zum Papst gewählt
  29. Mai 1724
Alter bei der Wahl
  75
Gestorben
  21. Februar 1730
Dauer des Pontifikats
  5 Jahre, 8 Monate,
  24 Tage
Bemerkenswertes
  Benedikt lebte
  auch nach seiner
  Wahl als Mönch.

CLEMENS XII.
Herkunft
  Italien, Florenz
Geboren
  7. April 1652
Eigentlicher Name
  Lorenzo Corsini
Abstammung
  Aristokratisch
Früheres Amt
  Kardinalbischof
Zum Papst gewählt
  12. Juli 1730
Alter bei der Wahl
  78
Gestorben
  6. Februar 1740
Dauer des Pontifikats
  9 Jahre, 6 Monate,
  25 Tage
Bemerkenswertes
  1732 erblindet;
  seine ganze

Amtszeit hindurch
aufgrund von Gicht
bettlägerig

BENEDIKT XIV.
Herkunft
  Italien,
  Bologna
Geboren
  31. März 1675
Eigentlicher Name
  Prospero Lorenzo
  Lambertini
Abstammung
  Aristokratisch
Frühere Ämter
  Erzbischof
  von Bologna,
  Kardinalpriester
Zum Papst gewählt
  17. August 1740
Alter bei der Wahl
  65
Gestorben
  3. Mai 1758
Dauer des Pontifikats
  17 Jahre, 8 Mo-
  nate, 17 Tage

CLEMENS XIII.
Herkunft
  Italien,
  Venedig
Geboren
  7. März 1693
Eigentlicher Name
  Carlo della Torre
  Rezzonico
Abstammung
  Reiche Kaufleute
Frühere Ämter
  Bischof von Padua,
  Kardinalpriester
Zum Papst gewählt
  6. Juli 1758
Alter bei der Wahl
  65
Gestorben
  2. Februar 1769,
  an einem Schlag-
  anfall
Dauer des Pontifikats
  10 Jahre, 6 Mo-
  nate, 24 Tage

tischen Umstände ein großer Teil Europas, besonders das Reich, gegen Ludwig eingestellt war, beschloss dieser, sich dem Papst gegenüber kompromissbereit zu zeigen. Er gestattete es Innozenz, die Positionen jener französischen Bischöfe, die seit 1682 unter dem drohenden Bruch zwischen der französischen Krone und dem Papsttum gelitten hatten, zu regularisieren, Innozenz hingegen erklärte sich bereit, die gallikanischen Prätentionen Ludwigs anzuerkennen, die auf die Obergewalt der Krone über die französische Kirche hinausliefen. Das war nicht wirklich befriedigend, aber es war ein Modus Vivendi.

Die letzte große politische Aktion des Papstes betraf den seit 1699 vakanten Thron von Spanien. Es gab zwei Aspiranten: Erzherzog Karl von Österreich und Ludwigs Enkel Philipp von Anjou, der in Spanien bevorzugt wurde. Als man Innozenz konsultierte, empfahl er Philipp, der daraufhin Philipp V. von Spanien wurde. Ein Franzose auf dem spanischen Thron, der, wenn von Ludwig XIV. nicht abhängig, so doch mit ihm verbündet war, erweckte in Europa natürlich heftigsten Widerstand. **Clemens XI.** (1700–1721), der die Entscheidung seines Vorgängers erbte, musste so mit einem Krieg leben, der einen Großteil seines Pontifikats andauerte.

Die Beziehungen zwischen dem Papsttum und dem Reich waren seit 1691 schlecht, nicht zuletzt wegen des anmaßenden Auftretens des kaiserlichen Botschafters in Rom. Als jedoch zwischen Frankreich und dem Römischen Reich der Spanische Erbfolgekrieg ausbrach, bemühte sich Clemens, neutral zu bleiben, um als Vermittler fungieren zu können. Dazu kam es allerdings nie, da das Papsttum als politischer Faktor in Europa nicht mehr zählte. Als kaiserliche Truppen den Kirchenstaat und Neapel besetzten, musste Clemens 1709 Philipp V. fallen lassen und Karl als legitimen Herrscher Spaniens anerkennen. Spanien reagierte darauf feindselig. Als der Erbfolgekrieg mit dem Vertrag von Utrecht 1713 endete, wurden einige päpstliche Lehen, darunter Sardinien und Sizilien, ohne Rücksicht auf den Papst den neuen Herrschern übergeben. Cle-

Die Jansenisten zu Füßen des himmlischen Gottes, der die antijansenistische Bulle *Unigenitus dei filius* zerschmettert. Kupferstich, 18. Jahrhundert. Die Kirche fand den Elitismus der jansenistischen Lehre ebenso inakzeptabel wie ihren Grundsatz, das Diktat des individuellen Gewissens sei höher einzustufen als die Anweisungen der Kirche.

Kupferstich aus Kirchers *China Monumentis* (1667). Er zeigt die italienischen Jesuiten Michele Ruggieri und Matteo Ricci. Sie beherrschten Chinesisch und erwarben sich die Achtung der chinesischen Bildungselite. Ricci ließ sich 1601 in Peking nieder, wo er 1610 starb. Die jesuitischen Missionare waren dafür, chinesische Anschauungen und Riten zu respektieren, um den zu Bekehrenden die Annahme der neuen Religion zu erleichtern. Clemens XI. verbot diese Praktiken, worauf sich die Chinesen gegen die Missionare und ihre zum Christentum übergetretenen Landsleute wandten.

Er [Innozenz] starb am 7. März 1724 im Alter von 69 Jahren. Als man ihn in seinen letzten Momenten drängte, die Vakanzen im Heiligen Kollegium zu besetzen, antwortete er: »Ich bin nicht von dieser Welt.« Mit diesen Worten verschied er.

Abbé Darras, *Allgemeine Geschichte der katholischen Kirche* 443

mens' Position war so geschwächt, dass er, als die Türken 1714 Venedig den Krieg erklärten, kein wirksames Bündnis gegen sie zustande brachte.

Ludwigs XIV. lange Regierungszeit endete 1715 mit einem Frankreich, dessen Stellung in Europa deutlich schwächer war als zu Beginn seiner Herrschaft. Trotzdem hatte er beim Papst erreicht, dass dieser im September 1713 mit der Bulle *Unigenitus dei filius* den Jansenismus umfassend verurteilte. Einige seiner führenden Vertreter wurden 1718 exkommuniziert. Clemens traf auch eine Entscheidung, die weiter reichende Folgen hatte: Eine Zeit lang hatten Jesuiten und Dominikaner in China darüber gestritten, ob es im Sinn einer leichteren Bekehrung richtig sei, chinesische Riten christlich zu adaptieren. Clemens sprach sich 1704 dagegen aus und bekräftigte dies 1715. Das Ergebnis war, dass die Chinesen sich gegen die Missionare wandten, chinesische Christen verfolgten und Missionsstationen schlossen.

Im Konklave, das Clemens' Nachfolger wählen musste, ging es sehr lebhaft zu. Die französische und die kaiserliche Faktion waren zerstritten. Nach langer Debatte einigte man sich auf **Innozenz XIII.** (1721–1724), dessen Pontifikat lediglich zeigte, wie schwach der Papst in politischer Hinsicht war. Einerseits war er gezwungen, Kaiser Karl VI. mit Sizilien und Neapel zu belehnen, obwohl beide Staaten dem Papst untertan waren, andererseits musste er Guillaume Dubois, den Ersten Minister des französischen Regenten, zum Kardinal erheben, obwohl er für diese Position völlig ungeeignet war. Er veröffentlichte auch eine Schrift, die schnell zur offiziellen Verurteilung des Jansenismus wurde, erlag aber am 7. März 1724 seiner schwachen Gesundheit, an der er sein gesamtes Pontifikat hindurch gelitten hatte. Die Kardinäle wählten einen Dominikaner zum Nachfolger, **Benedikt XIII.** (1724–1730), der wie sein Vorgänger einer der vornehmsten Familien Italiens entstammte. Benedikt, der erst überredet werden musste, seine Wahl anzunehmen, lebte weiterhin als Mönch. Er übertraf an Genügsamkeit alle seine Vorbilder, besuchte Kranke und Sterbende, kümmerte sich um die Armen und handelte im Grunde so, als sei er lediglich römischer Bischof. Seinen Prinzipien gemäß versuchte er auch, das modische Auftreten mancher Kardinäle in Grenzen zu halten. So erklärte er, er werde das Tragen von Perücken nicht tolerieren. Auch ritt er, was man noch nie erlebt hatte, inkognito und ohne Eskorte vor die Stadt, um sich ungestört bewegen zu können.

In päpstlichen Angelegenheiten hatte er aber keine glückliche Hand. Er bekräftigte 1725 die Verurteilung der Jansenisten, wovon kaum jemand Notiz nahm; einen Aufschrei verursachte er mit dem Fest des heiligen Gregor VII., durch das er daran erinnerte, dass dieser einen Heiligen Römischen Kaiser abgesetzt hatte – eine Taktlosigkeit, die durch seine wachsende Unbeliebtheit nur noch schlimmer wurde. Auslöser für diese war, dass er einen Halunken, Niccolò Coscia, zum Kardinal erhob. Coscia und seine Kumpane hatten nichts anderes zu tun, als sich durch den Verkauf von Ämtern und die Annahme von Bestechungsgeldern zu bereichern und dafür zu sorgen, dass der Papst nur auf sie

Grabmal Benedikts XIII. von Pietro
Bracci in Santa Maria sopra Minerva.
Der Papst ist als ins Gebet versunkener
Greis dargestellt.

hörte. Die päpstlichen Finanzen wurden dadurch geschwächt und Viktor Amadeus II. von Savoyen und Kaiser Karl VI. konnten die Kontrolle über kirchliche Belange in Sardinien und Sizilien erlangen. Ein gutes Beispiel dafür, dass es offenbar eine Art Gesetz gab: Je mehr der Papst sich als Hirt seiner Herde sah, desto weniger hatte er offenbar seine weltlichen Angelegenheiten im Griff.

Benedikt starb im Alter von 81 Jahren. Wie inzwischen üblich, zog sich ein schlecht gelauntes Konklave über mehrere Monate hin. Schließlich wählten die Kardinäle einen 79-Jährigen, der häufig bettlägerig war und 1732 erblinden sollte. Wenn die Wahl **Clemens' XII.** (1730–1740) ein zynisches Manöver sein sollte, um aus der Sackgasse zu kommen, so gelang es dem neuen Papst, seine Wähler zu überlisten. Er lebte noch zehn Jahre.

1732 schrieb Clemens XII. einen Wettbewerb zur Neugestaltung des Trevibrunnens aus, bei dem Nicola Salvis Entwurf den Sieg davontrug. Vollendet wurde der Brunnen 1762, nach Salvis Tod. Das Wasser der Fontana di Trevi kommt aus einem ursprünglich von Agrippa 19 v. Chr. errichteten Aquädukt.

Die römische Kathedrale San Giovanni in Laterano ist eine Patriarchalbasilika und damit eine der wichtigsten Kirchen der römisch-katholischen Welt. Sie war die erste christliche Basilika, die in Rom erbaut wurde. Die Ostfassade wurde von Clemens XII. 1734 hinzugefügt.

Aufgrund seiner Gebrechen musste sich Clemens auf Helfer stützen, insbesondere auf seinen Neffen, Kardinal Corsini. Gemeinsam ließen sie Kardinal Coscia vor Gericht stellen und zu zehn Jahren Gefängnis verurteilen. Dann versuchten sie ohne Erfolg, das Finanzchaos zu beseitigen. Da die Korruption in der päpstlichen Verwaltung tief verwurzelt war, erhöhten sich die Schulden trotz ihrer Bemühungen weiter. Den beachtlichen Reichtum seiner Familie hingegen nutzte Clemens, um Rom noch schöner zu machen – so etwa ließ er den Trevibrunnen und die Fassade von San Giovanni in Laterano errichten.

In weltlichen Angelegenheiten ging der Verfall des päpstlichen Prestiges rasch weiter. Ob es sich um die faktische Annexion päpstlicher Ländereien durch Kaiser Karl, den Polnischen Erbfolgekrieg oder die Besetzung des Kirchenstaates durch spanische Truppen handelte, Clemens' Versuche einzugreifen, zu vermitteln, zu führen, zu steuern oder einfach eine seiner weltlichen Gewalten auszuüben blieben wirkungslos. Als wirksamer erwiesen sich seine Verurteilung der Freimaurerei 1738 – er glaubte, dass die Offenheit der Freimaurer für alle Glaubensrichtungen zur religiösen Gleichgültigkeit führen könnte und ihr Eid auf Geheimhaltung eine potenzielle Bedrohung für Kirche und Staat war –, sein Interesse für die Missionsarbeit in entfernten Ländern wie Äthiopien, Paraguay, Birma und Tibet sowie seine Bemühungen, die Maronitische Kirche im Libanon, eine der alten Ostkirchen, zur Annahme eines Kirchenrechts und einer Liturgie zu bewegen, die besser zu denen der römischen Kirche passten.

Ende 1738 bereitete Clemens mit einer Kombination von Gicht und Hernie seinen Ärzten große Sorge, erholte sich aber wieder. Im Januar 1740 kündigte ein Blasenleiden seinen nahen Tod an. Kennzeichnend für sein Pontifikat war seine Stärke angesichts seiner zahlreichen physischen Behinderungen. Aber es hatte auch gezeigt, wie schnell das Papsttum in einem absolutistischen Europa seine säkulare Macht einbüßte.

Die Wahl des nächsten Papstes war schwierig. Die Kardinäle brauchten dazu ein halbes Jahr. Sie einigten sich auf **Benedikt XIV.** (1740–1758), auf den man erst in allerletzter Minute verfallen war. Benedikt nahm sofort die heiklen Punkte in Angriff, die seinen unmittelbaren Vorgängern Probleme bereitet hatten. Er fügte sich politischen Realitäten, selbst wenn diese seiner weltlichen Gewalt abträglich waren, womit er viele der Schwierigkeiten mit Spanien und Portugal aus dem Weg räumte. Im Umgang mit dem Heiligen Römischen Reich zeigte er sich weniger sicher. Als Kaiser Karl VI. 1740 starb, entstand ein Streit um die Thronfolge zwischen Franz Stephan von Lothringen und Karl Albrecht von Bayern. Ersterer war der Gemahl von Karls Tochter, Maria Theresia von Österreich, die für den Anspruch ihres Gatten eintrat. Benedikt schwankte. Anfangs unterstützte er Maria Theresia, dann Karl Albrecht, wodurch er sich Österreich entfremdete und den Interessen der Kirche in Österreich Schaden zufügte. In rein kirchlichen Angelegenheiten war er erfolgreicher. Er verbesserte die päpstlichen Finanzen, betonte die Pflichten der Bischöfe, begann eine Reform des Breviers, verurteilte die Einbeziehung einheimischer Riten durch die Jesuiten in China, bekräftigte Clemens' XII. Drohungen gegen die Freimaurer, rügte die Jesuiten in Portugal für ihren Laxismus und ihre Beteiligung an Geschäften und erinnerte die französischen Bischöfe in einem Schreiben an die Verurteilung des Jansenismus durch Clemens XI.

Benedikts persönliches Interesse galt der Wissenschaft. Er gründete in Rom vier Akademien für verschiedene Aspekte der Geschichte und der Liturgie, die viele der berühmtesten Gelehrten ihrer Zeit anzogen. An der Universität Rom gründete er zwei Lehrstühle, einen für höhere Mathematik, einen anderen für Chemie. An der Universität Bologna belebte er das Anatomiestudium und gründete einen Lehrstuhl für Chirurgie. Dem

Benedikt XIV. überreicht dem französischen Botschafter, dem Herzog von Choiseul, die Enzyklika *Ex omnibus*. Gemälde von Battoni (Minneapolis Institute of Art). Darin wurde die Verurteilung des Jansenismus bekräftigt, gleichzeitig jedoch verfügt, dass die Sakramente nur denjenigen zu verweigern seien, die sich öffentlich gegen die Bulle *Ungenitus* stellten.

Die Vertreibung der Jesuiten aus Spanien 1767. Die Illustration zeigt sie als »Drahtzieher gefährlicher Bünde und Komplotte«. Benedikt XIV. soll zu ihnen wie folgt gestanden haben: »Benedikt XIV., der so viele Tugenden besaß und so viele geistreiche Dinge sagte und den wir so lange nach seinem Tod noch vermissen, betrachtete [die Jesuiten] als die Janitscharen des Heiligen Stuhls, Soldaten, die rastlose und gefährliche, aber gute Diener waren.« Diderot, *Enzyklopädie*, Stichwort »Jesuit«.

Institut der Wissenschaften von Bologna (seiner Heimatstadt) schenkte er seine Privatbibliothek. Dank dieser und der Schenkung Kardinal Montis, eines weiteren Mäzens, entstand eine Bibliothek, die 80 000 Bände und 2500 Handschriften umfasste. Diese Großzügigkeit, die nicht nur Rom und Bologna, sondern auch anderen italienischen Städten zugute kam, ließ Benedikt XIV. als einen der großen kirchlichen Mäzene im Stil der Renaissancepäpste erscheinen, wobei sein Interesse natürlich anderen Bereichen galt.

1756 war Benedikt todkrank gewesen, hatte sich aber überraschend wieder erholt. 1757 bekam er ein Nierenleiden, im Frühjahr 1758 Fieber und eine Lungenentzündung. Er verschied, betrauert von vielen Katholiken und selbst Protestanten, am 3. Mai gegen Mittag. Das folgende Konklave brachte einen Kandidaten hervor, gegen den Frankreich ein Veto einlegte. Daraufhin entschied man sich für **Clemens XIII.** (1758–1769), eine Kompromisslösung. Anders als Benedikt XIV., der den Jesuiten misstraut hatte, war Clemens äußerst projesuitisch eingestellt, wurde jedoch schon zwei Monate nach seiner Wahl mit einer antijesuitischen Affäre konfrontiert. Josef I. von Portugal war sicher, dass die Jesuiten hinter einem gegen ihn gerichteten Mordkomplott steckten, und jagte sie 1759 aus dem Land. Der Papst protestierte und Portugal brach seine Beziehungen zum Heiligen Stuhl ab. 1764 folgte Frankreich dem Beispiel Portugals und vertrieb sie ebenfalls. Dann wurde Spanien angesteckt. König Karl III. kam zu der Überzeugung, dass die Jesuiten ihn um den Thron bringen wollten. Am 2. April 1767 ließ er 6000 von ihnen verhaften und nach Italien abschieben. Neapel und Parma machten es ihm nach. Als die Flüchtlinge versuchten, sich in Korsika niederzulassen, wurden sie auch von dort vertrieben. Schließlich forderten die europäischen Mächte mit dem stillschweigenden Einverständnis Österreichs den Papst auf, er solle die Gesellschaft Jesu auflösen. Clemens fügte sich und berief ein Konsistorium ein, erlag jedoch einen Tag, bevor es zusammentrat, einem Herzschlag.

Die berauschenden Zeiten des korrupten und sehr weltlichen Herrschertums, das die Pontifikate der frühen Renaissancepäpste geprägt hatte, waren nun ferne Vergangenheit. Sie mussten allen, die zweieinhalb Jahrhunderte zurückblickten, unfassbar erscheinen. Im allmählich beginnenden Industriezeitalter am Vorabend der Französischen Revolution war das Papsttum zu etwas völlig anderem geworden. Es wurde durch politische Schwäche und persönliche Integrität charakterisiert – mehr oder minder das Gegenteil der Eigenschaften eines Alexanders VI. oder Julius' II. Es schien, als sei ein neues Papsttum im Entstehen begriffen.

Clemens XIV.
1769–1774

Pius VI.
1775–1799

Pius VII.
1800–1823

Leo XII.
1823–1829

Pius VIII.
1829–1830

Gregor XVI.
1831–1846

Pius IX.
1846–1878

Leo XIII.
1878–1903

Pius X.
1903–1914

Benedikt XV.
1914–1922

Pius XI.
1922–1939

Pius XII.
1939–1958

Johannes XXIII.
1958–1963

Paul VI.
1963–1978

Johannes Paul I.
1978

Johannes Paul II.
1978–2005

Benedikt XVI.
2005–

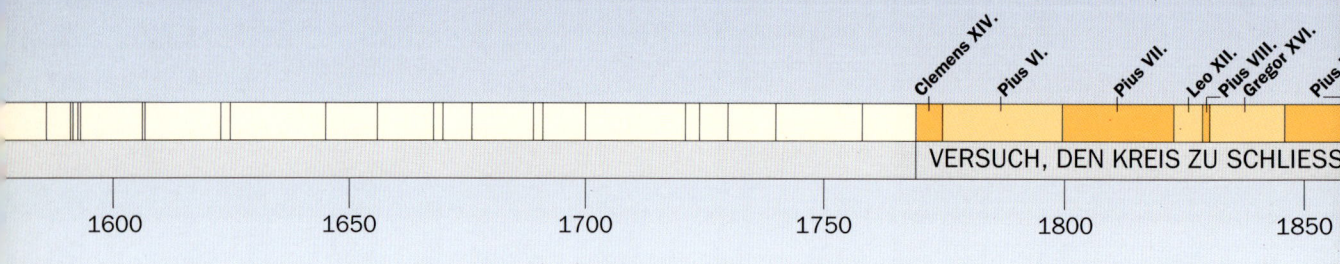

VERSUCH, DEN KREIS ZU SCHLIESS

1600   1650   1700   1750   1800   1850

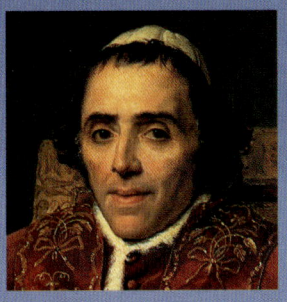

Pius VII.

Leo XIII.

Johannes Paul II.

Benedikt XVI.

VERSUCH, DEN KREIS ZU SCHLIESSEN
1769–2006 n. Chr.

Ende des 18. Jahrhunderts begann die bisher letzte Phase in der Entwicklung des Papsttums. Als Napoleon an die Stelle Ludwigs XIV. als Papstmanipulator und mächtigster Mann Europas trat, schien sich zunächst wenig zu ändern. Und doch brachten zwei Ereignisse einen grundlegenden Wandel: die industrielle und die Französische Revolution. Sie konfrontierten die Welt mit umwälzenden, das Leben der Menschen verändernden Erfindungen und mit der Idee, dass eine materialistische Philosophie »richtig« und früheren Denkweisen überlegen war.

Diese Begeisterung für das Neue und die ihr zugrunde liegende materialistische Mentalität stellten das Papsttum vor die größte Herausforderung seit der Reformation. Im 19. Jahrhundert versuchten die Päpste, sich die letzten Reste ihrer weltlichen Gewalt zu bewahren und, indem sie wahre Hirten ihrer Herde wurden, wieder zu den Wurzeln ihres Amtes zurückzukehren.

Das 20. Jahrhundert brachte weitere Herausforderungen: Zwei Weltkriege, der Kommunismus, die durch Film und Fernsehen immer schneller vorangehende Verbreitung des Materialismus und die Notwendigkeit, sich Veränderungen anzupassen, ohne den Glauben preiszugeben, stellten die Nerven und das Geschick jedes Papstes auf die Probe. Ein imperiales Papsttum hätte den Bedürfnissen der Menschen in diesen Zeiten nicht so entsprochen wie das eines väterlich besorgten Hirten. Deshalb kehrten die Päpste der Moderne zu den Anfängen zurück, als ihre Mission einst mit den Worten begann: »Weide meine Lämmer! Weide meine Schafe!«

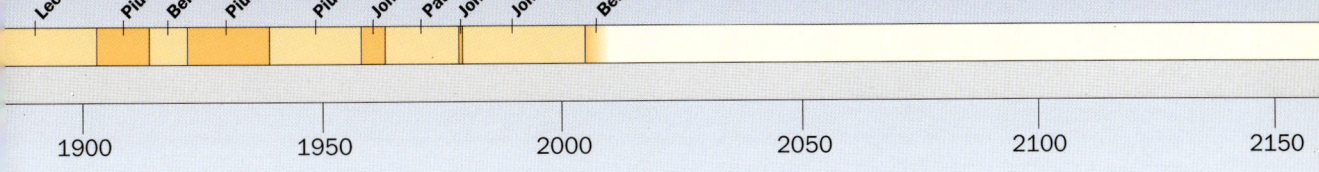

Leo XIII. · Pius X. · Benedikt XV. · Pius XI. · Pius XII. · Johannes XXIII. · Paul VI. · Johannes Paul I. · Johannes Paul II. · Benedikt XVI.

1900 · 1950 · 2000 · 2050 · 2100 · 2150

Clemens XIV.
1769–1774

Pius VI.
1775–1799

Pius VII.
1800–1823

Leo XII.
1823–1829

Pius VIII.
1829–1830

Gregor XVI.
1831–1846

Pius IX.
1846–1878

Clemens XIV. starb aus Furcht vor dem Tod. Seine idée fixe war Gift, und der plötzliche Zerfall seines Leichnams war lediglich die Folge der schrecklichen Angst, die ihn getötet hatte.

Baron C.H. von Gleichen, *Souvenirs* 33

CLEMENS XIV.	
Herkunft	*Früheres Amt*
Italien, Sant'	Kardinalpriester
Arcangelo	*Zum Papst gewählt*
bei Rimini	19. Mai 1769
Geboren	*Alter bei der Wahl*
31. Oktober 1705	63
Eigentlicher Name	*Gestorben*
Lorenzo Ganganelli	22. September
Abstammung	1774
Sohn eines	*Dauer des Pontifikats*
Dorfarztes	5 Jahre,
Religiöser Status	4 Monate,
Franziskaner	3 Tage

CLEMENS XIV.

Gestern sprach ich mit einem Mönch der Heiligen Apostel, der immer am selben Ort wie der Papst gelebt hat und ihn so gut kennt wie sich selbst. … Er sagte mir, dass der Papst von ganz außerordentlicher Intelligenz sei, dass er mehrere Wissensgebiete beherrsche wie Theologie, Kirchenrecht, Metaphysik und Geschichte und dass er eher gelehrt als elegant schreibe, wiewohl er ein geborener Redner sei. Wenn man mit ihm spreche, sei seine Konversation inhaltsreich, anregend und voller die Aufmerksamkeit fesselnder Bilder. Als er noch als einfacher Mönch im Kloster lebte, verglich er sich immer mit einer Seidenraupe, die zu kriechen beginnt, wenn sie Flügel bekommt. Am Tag, als er Kardinal wurde, scherzte er, nun sei seine Arbeit beendet, die Raupe habe sich in einen Schmetterling verwandelt.

Diderot, *Briefe* (Brief an Abbé Galiani, Juni 1769)

Als Clemens XIII. starb, drohte der Kirche eine Krise. Die katholischen Mächte Europas verlangten vom Papst geschlossen die Aufhebung der Gesellschaft Jesu. **Clemens XIV.** (1769–1774) erfüllte diese Forderung schließlich. Nach dreijährigem Zögern, bei dem ihn die nervöse Angst

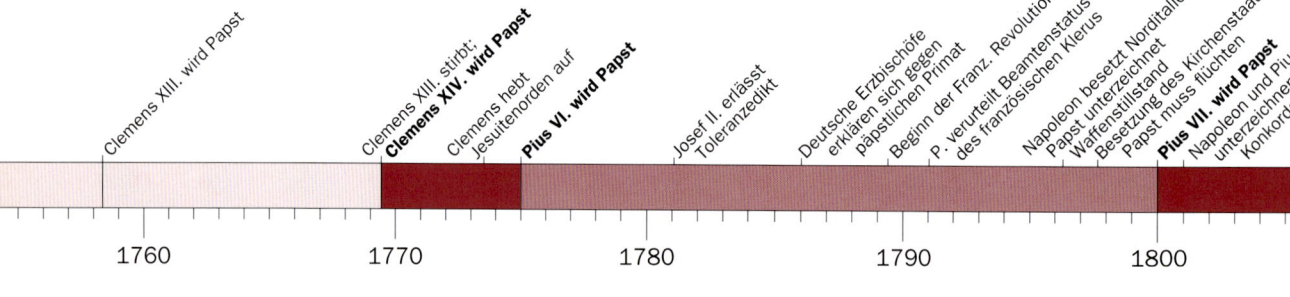

Clemens' XIV. Marmorbüste von Christopher Hewetson (London, Victoria and Albert Museum). 1743 veröffentlichte Clemens eine Ignatius von Loyola gewidmete theologische Abhandlung, in deren Vorwort er die Verdienste der Gesellschaft Jesu pries. Die Aufhebung des Jesuitenordens 30 Jahre später dürfte ihm nicht leicht gefallen sein.

quälte, man könne ihn vergiften, erließ er die verhängnisvolle Bulle *Dominus ac Redemptor noster*. Am 16. August 1773 wurden die Jesuiten aufgelöst und ihr General verhaftet. Für die Entscheidung des Papstes nannte die Bulle zwei Gründe: Auf den vorgeblichen Grund – »da [die Gesellschaft] nicht mehr die Fülle der Früchte hervorbringt und von dem Nutzen ist, zu dem sie gegründet wurde« – folgt der wahre – »und es fast, wenn nicht überhaupt unmöglich ist, der Kirche wahren und dauerhaften Frieden zu bringen, solange [die Gesellschaft] besteht«. Damit war ein psychologischer Bruch mit der Vergangenheit vollzogen. Die Jesuiten waren als Sturmtruppe des Papsttums gegründet worden. Eine kämpfende Kirche hatte die Reformation zum Stehen gebracht und aus ihrer vergangenen Größe Zuversicht schöpfend versucht, ihre Lehrmission zu erneuern. Diese Phase schien zu Ende zu sein. Den weltlichen Mächten gegenüber war das Papsttum schwach, nun hatte es sich einer starken Waffe gegen die Angriffe neuer Philosophien beraubt, die, als »Aufklärung« bekannt, im Verein mit der Industrialisierung eine völlig andere Welt schaffen sollten. Für die Missionstätigkeit war es ein schwerer Schlag, ebenso für die Bildung in Europa, da die Jesuiten an vorderster Front für die Erneuerung der Erziehung kämpften. Lediglich Russland und Preußen verweigerten die Umsetzung der Bulle. Sie boten vielen Jesuiten Asyl, was eine spätere Wiederherstellung des Ordens ermöglichte.

Pius VI.

Die säkulare, oft atheistische Flut der Veränderung, die über Europa hinwegströmte, erforderte ein starkes Papsttum. Aber das Prestige der Päpste war noch nie so gering gewesen und **Pius VI.** (1775–1799) war dem Kampf nicht gewachsen. In seinem Pontifikat, dem bis dato längsten, verschlimmerte sich die Lage noch mehr. Von seinen persönlichen Fehlern abgesehen – Rückkehr zum Nepotismus und Unfähigkeit, mit Geld umzugehen –, schaffte er es nicht, drei historischen Herausforderungen wirksam zu begegnen.

Die erste davon war Kaiser Joseph II. Er stand unter dem Einfluss von Ideen, die der Trierer Weihbischof verbreitete. Drei davon mussten jeder national gesinnten Regierung zusagen, nämlich dass die Kirche keine Monarchie war, dass die Päpste Gewalten beanspruchten, die ihnen Christus nie verlieh oder die frühe Kirche nicht ausübte, und dass alle Bischöfe gleichrangig waren. Dieser so genannte Febronianismus sollte schnell zu einer Verminderung des Respekts vor dem Papsttum führen, zum Ruf nach staatlicher Aufsicht über die Nationalkirchen und zur

PIUS VI.	
Herkunft Italien, Cesena	*Zum Papst gewählt* 15. Februar 1775
Geboren 25. Dezember 1717	*Alter bei der Wahl* 67
Eigentlicher Name Giovanni Angelo Braschi	*Gestorben* 29. August 1799, als Gefangener in der Zitadelle von Valence
Abstammung Aristokratisch	*Dauer des Pontifikats*
Früheres Amt Kardinalpriester	24 Jahre, 6 Monate, 12 Tage

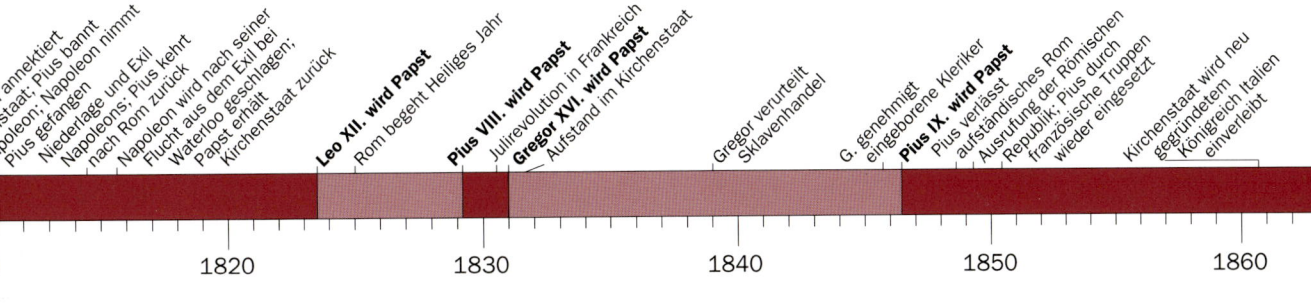

Pius VI. Gemälde des 18. Jahrhunderts von Pompeo Battoni (Vatikanische Museen). Nach der Wahl von Pius schrieben zwei französische Kardinäle nach Paris, der neue Papst sei ein ehrbarer Aristokrat mit guter Erziehung, guten Sitten und ohne Günstlinge. Aber, so fügten sie hinzu: »Nur Gott kennt die Herzen. Menschen können nur nach dem Äußeren urteilen. Erst die Art, wie der neue Papst regiert, wird zeigen, ob wir vor seiner Wahl sein Gesicht oder nur seine Maske sahen.«

Tolerierung der verschiedenen christlichen Bekenntnisse. Joseph erließ 1781 ein Edikt und gab damit den Anstoß zu dieser Entwicklung im Reich: 1786 teilten die deutschen Erzbischöfe dem Papst mit, er solle sich in ihre kirchliche Rechtsprechung nicht einmischen. Im gleichen Jahr versuchte Josephs Bruder, der Großherzog von Toskana, diese Grundsätze in seinen Gebieten einzuführen. Hier zumindest konnte Pius einen kleinen Erfolg verzeichnen: Er zwang Bischof de' Ricci, den Protagonisten dieser Neuerungen, zum Rücktritt.

Drei Jahre später stand Pius vor der zweiten großen Herausforderung, der Französischen Revolution. Als der französische Klerus umorganisiert und die Priester zu Staatsbeamten gemacht wurden, hielt er sich noch zurück. Als jedoch die Kleriker 1791 einen Treueid auf den Staat leisten mussten, verurteilte er diese Maßnahme ebenso wie die Erklärung der Menschenrechte. Die Beziehungen zwischen Frankreich und dem Heiligen Stuhl verschlechterten sich beträchtlich, eine Entwicklung, aus der ihm seine größte Herausforderung erwuchs: Napoleon Bonaparte.

Napoleon war im März 1796 von der französischen Führung beauftragt worden, im Rahmen eines Plans zur Annexion des Kirchenstaats Norditalien zu besetzen. Im Mai zog er in Mailand ein und verkündete seine Absicht, die Römische Republik wieder zu errichten. Aufgrund der wirtschaftlichen und militärischen Lage im Kirchenstaat war kein ernsthafter Widerstand möglich. Der Papst musste einen demütigenden Waffenstillstand unterzeichnen, durch den er eine Menge Geld, Hunderte Handschriften und Kunstwerke und den Rest seines Prestiges verlor. Damit war es noch nicht getan. 1797 wurde bei einem Aufruhr in Rom ein französischer General getötet, was einen *Casus Belli* darstellte, der die Besetzung des Kirchenstaats, die Ausrufung einer Römischen Republik und die Absetzung des Papstes als Staatsoberhaupt rechtfertigte. Pius war gezwungen zu fliehen. Er suchte Zuflucht in Florenz und wurde die nächsten eineinhalb Jahre lang praktisch wie ein Gefangener in Italien und Frankreich von Stadt zu Stadt gebracht. Das Ende kam am 29. August 1799. Eine Pariser Zeitung schrieb triumphierend: »Der Tod Pius' VI. ist die Krönung des Ruhms der Philosophie unserer modernen Zeit.«

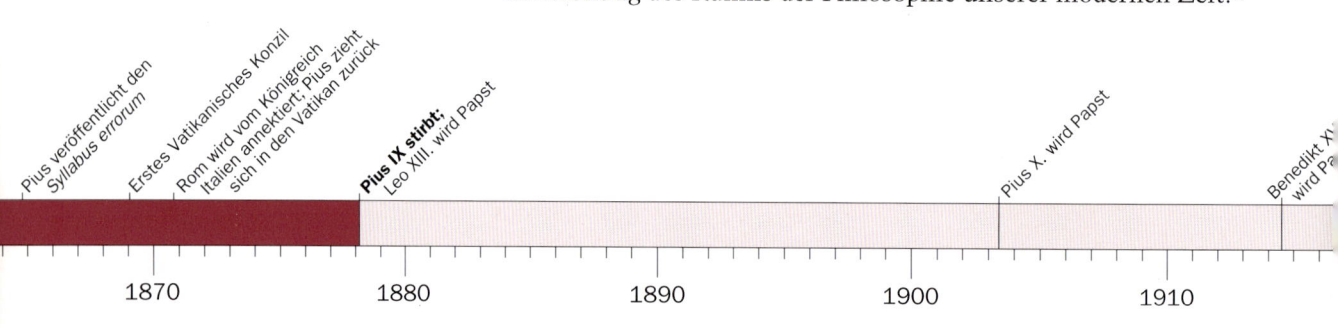

Pius veröffentlicht den *Syllabus errorum*

Erstes Vatikanisches Konzil

Rom wird vom Königreich Italien annektiert; Pius zieht sich in den Vatikan zurück

Pius IX stirbt; Leo XIII. wird Papst

Pius X. wird Papst

Benedikt X[...] wird Pa[...]

1870   1880   1890   1900   1910

NAPOLEON UND DAS PAPSTTUM

Napoleons Beziehungen zum Papsttum richteten sich nach den jeweiligen politischen Erfordernissen. Er blieb jedoch stets Katholik und sein persönlicher Glaube hatte mit seiner Politik gegenüber dem Papst nichts zu tun.

Als General der Revolutionsarmee erkannte er auf seinem Italienfeldzug 1796, dass die Italiener der Kirche ergeben waren. Ungeachtet der Befehle des Direktoriums, Rom zu besetzen und das Papsttum zu vernichten, schloss er mit dem Heiligen Stuhl einen Waffenstillstand, der Pius VI. zur Neutralität verpflichtete, zugleich aber seine Sicherheit in Rom gewährleistete. Als Erster Konsul verankerte Napoleon 1799 die Glaubensfreiheit im Gesetz und gab 1800 bekannt, dass er über eine vollständige Aussöhnung Frankreichs mit dem Heiligen Stuhl verhandeln wolle. Im Gegenzug zur Anerkennung einer begrenzten Autorität des Papstes in Frankreich und der Rückgabe eines Teils des Kirchenstaats sollte Pius VII. die Legitimität von Napoleons Herrschaft anerkennen. 1801 wurde trotz mancher Bedenken ein Konkordat geschlossen. Als aber Pius 1804 nach Frankreich kam, um Napoleon zum Kaiser zu krönen, war er beunruhigt. Er fand, dass die Unterordnung der französischen Kirche unter den französischen Staat eine allzu bittere Pille war. Durch Napoleons Expansionspolitik verschlechterten sich die Beziehungen zwischen dem Papst und dem Kaiser. Als dieser 1808 einen französischen General beauftragte, Rom zu besetzen, und der Kirchenstaat 1809 erneut annektiert wurde, war die Geduld des Papstes am Ende; er exkommunizierte Napoleon. Dieser ließ ihn verhaften und in Savona gefangen halten. 1812 wurde er nach Fontainebleau überstellt, wo er bis zu Napoleons erster Abdankung 1814 blieb.

1815 wurde Napoleon abermals ins Exil geschickt. Als er 1821 starb, hatte Pius VII. ihm verziehen und einen Kaplan an sein Sterbebett entsandt – als Anerkennung für seine früheren Zugeständnisse an die Kirche.

(Oben) »Vergiss nicht, den Hut abzunehmen« – ein Ausdruck britischer Schadenfreude angesichts der Demütigung des Papstes.

(Unten) Napoleon krönt Joséphine, Pius VII. bleibt die Rolle des Zuschauers. Gemälde von David (Paris, Louvre). Entgegen der Abmachung setzte sich Napoleon seine Krone selbst aufs Haupt.

PIUS VII.	
Herkunft	*Frühere Ämter*
Italien,	Bischof von Imola,
Cesena	Kardinalpriester
Geboren	*Zum Papst gewählt*
14. April 1742	14. März 1800
Eigentlicher Name	*Alter bei der Wahl*
Luigi Barnabà	57
Chiaramonte	*Gestorben*
Abstammung	20. August 1823
Aristokratisch	*Dauer des Pontifikats*
Religiöser Status	23 Jahre, 5 Mo-
Benediktiner	nate, 6 Tage

Kardinal Consalvi. Porträt von Thomas Lawrence (Schloss Windsor). Consalvi war unter Pius VII. Staatssekretär. Mit seiner Kompetenz war er dem Papst bei der Lösung seiner zahlreichen innen- und außenpolitischen Probleme eine große Hilfe.

PIUS VII.

Er war eine Art lästige Biene; er konnte aus übergroßer Sensibilität zustechen, war aber genauso bereit, seinen Honig zu spenden, um die Wunde wieder zu heilen.

Gavazzi, *Meine Erinnerungen an die letzten vier Päpste*, 1858

Pius VII. (1800–1823) war ein Kompromisskandidat, den man wählte, um ein durch nationale Gegensätze bedingtes Patt zu überwinden. Mit der Hilfe seines Staatssekretärs, Kardinal Consalvi, konnte er einen Teil des Schadens, den die päpstlichen Interessen und die katholische Kirche unter Pius VI. erlitten hatten, einigermaßen gutmachen. Mit Frankreich und der Römischen Republik wurden Konkordate geschlossen, 1804 wohnte der Papst sogar Napoleons Krönung bei, der sich dadurch aber in keiner Weise davon abbringen ließ, über die französische Kirche selbst zu bestimmen und für seine europäischen Kriege die Unterstützung des Papstes zu fordern. Nach erneuten Zerwürfnissen wurde Pius in Savona gefangen gesetzt (s. S. 213). In der Haft ging seine Demütigung so weit, dass er umfassende und erniedrigende Zugeständnisse machte, so etwa die Verlegung des Papsttums nach Frankreich. Zwei Monate später fand er wieder die Kraft, dies zu widerrufen. Nach Napoleons Sturz wurde Pius in Rom begeistert empfangen. Die Aufregung um die Rückkehr des Kaisers, seine neuerliche Thronbesteigung und die Niederlage bei Waterloo 1815 sollte nicht lange dauern.

Die allgemeine Bewunderung für die Art und Weise, mit der Pius seine Gefangenschaft durchgehalten hatte, bewirkte bedeutende Veränderungen. Der Wiener Kongress gab ihm den Kirchenstaat zurück, die Inquisition und der Index wurden wieder eingeführt, die Gesellschaft Jesu wiederhergestellt, mit Russland und Preußen Konkordate geschlossen. Pius verurteilte protestantische Bibelgesellschaften und die Freimaurerei und setzte 1817 wieder eine Heilige Kongregation zur Verbreitung des Glaubens ein. Es spricht für ihn, dass er nach 1815 Mitgliedern von Napo-

PIUS' VII. ANKUNFT IN ROM

Er trug eine weiße Soutane. Sein Haar, trotz allen Unglücks und der Jahre schwarz geblieben, kontrastierte mit seiner eremitenhaften Blässe. Als er am Grab der Apostel angelangt war, warf er sich zu Boden und verharrte in dieser Haltung, starr wie ein Toter und versunken in die Ratschläge der Vorsehung. Er war zutiefst bewegt. Protestanten, die die Szene beobachteten, brachen in Tränen aus.

Chateaubriand, *Erinnerungen von jenseits des Grabes*, Buch 11

Als Pius nach Rom zurückkehrte, zogen dreißig junge Adlige seine Kutsche zum Petersdom.

LEO XII.	
Herkunft	päpstlicher Nuntius
Italien, bei	in Paris
Spoleto	*Zum Papst gewählt*
Geboren	28. September
22. August 1760	1823
Eigentlicher Name	*Alter bei der Wahl*
Annibale Sermattei	63
della Genga	*Gestorben*
Abstammung	10. Februar 1829
Aristokratisch	*Dauer des Pontifikats*
Frühere Ämter	5 Jahre,
Päpstlicher Nuntius	4 Monate,
in Köln und Bayern,	13 Tage

Leo XII. Statue von Giuseppe de Fabris (1836) im Petersdom in Rom. In seiner ersten Enzyklika gab Leo seiner Entschlossenheit Ausdruck, die generellen Anforderungen an den Klerus zu erhöhen und alle gefährlichen Lehren zu bekämpfen. Seine Bulle *Quod divina sapientia* (1824) enthielt Regeln für eine katholische Erziehung.

PIUS VIII.	
Herkunft	Frascati,
Italien, Cingoli	Großpönitentiar,
Geboren	Kardinalbischof
20. November 1761	*Zum Papst gewählt*
Eigentlicher Name	31. März 1829
Francesco Saverio	*Alter bei der Wahl*
Castiglione	67
Abstammung	*Gestorben*
Aristokratisch	30. November 1830
Frühere Ämter	*Dauer des Pontifikats*
Bischof von	1 Jahr, 8 Monate

leons Familie in Rom Zuflucht gewährte und sich für den Exkaiser einsetzte, als ihm die Haftbedingungen auf Sankt Helena zu streng erschienen.

Mut und politische Fortune hatten nach dem Tief der beiden letzten Pontifikate dem Stuhl Petri wieder zu Prestige verholfen, doch war ein feiner Unterschied spürbar. Das Papsttum war noch immer eine politische Kraft, versuchte nun aber, die Aufmerksamkeit stärker auf seine pastorale und spirituelle Rolle zu lenken.

Leo XII.

Leo ist groß, sein Gesichtsausdruck ist ruhig und traurig zugleich. Er trägt eine einfache, weiße Soutane. Seinem Haus fehlt jeder Glanz. Er lebt in einem ärmlichen Zimmer, in dem es kaum Möbel gibt. Er isst fast nichts. Mit seiner Katze zusammen ernährt er sich von ein bisschen Polenta. Er weiß, dass er sehr krank ist.

Chateaubriand, *Erinnerungen von jenseits des Grabes*, Buch 12

Die Wahl **Leos XII.** (1823–1829) verdankte sich vor allem Kardinälen, die die pastorale Rolle des Papstes betont sehen wollten. Der Einfluss der Jesuiten wuchs, ihr Erziehungssystem wurde wiederhergestellt. Leo bestätigte nachdrücklich die Kritik Pius' VII. an der Freimaurerei, der Toleranz und der Einstellung, religiöse Unterschiede seien unwichtig. Gleichzeitig entstand ein politischer Konservativismus, der sich nachteilig auswirkte. Die strenge Überwachung des täglichen Lebens im Kirchenstaat, die Wiedereinsetzung des Feudaladels und die Verbannung der Juden in Ghettos bewirkten, dass die Wirtschaft stagnierte und Furcht und Argwohn herrschten. Der Papst galt als rückständiger Tyrann. In der Außenpolitik war Leo wesentlich konzilianter als sein Ruf vermuten ließ. Unter dem Einfluss Kardinal Consalvis, dessen liberalere Ansichten im religiösen Bereich er verworfen hatte, pflegte er freundliche Beziehungen zu katholischen und protestantischen Staaten. Nachdrücklich unterstützte er in Großbritannien jeden Versuch, die Katholiken von diskriminierenden Gesetzen zu befreien. Alles in allem bot sein Pontifikat ein eigenartiges Bild: Seinen Bemühungen, die Massen Europas für die Religion zu gewinnen und die Ausbreitung der materialistischen Denkweise zu hemmen, stand seine den Herausforderungen der Zeit in keiner Weise entsprechende Innenpolitik entgegen.

Pius VIII.

Die Römer liebten ihn, denn er widerlegte das Sprichwort Honores mutant mores *(Ehren verändern das Verhalten des Menschen) und vergaß als Papst nicht, dass er als Kardinal jeden Tag in einem Wirtshaus an der Porta Pia gern ein Flasche Orvieto leerte ... Pius VIII. starb von allen geehrt ..., denn wenn er nichts Gutes getan hatte, so hatte er wenigstens niemandem Leid zugefügt.*

Gavazzi, *Meine Erinnerungen an die letzten vier Päpste*, 1858

Louis Philippe nimmt nach der Juli-Revolution 1830 die französische Krone entgegen. Gemälde von François Gérard (Versailles). Nachdem nachts über Paris ein heftiges Gewitter niedergegangen war, dankte Karl X. am 2. August 1830 zugunsten des Herzogs von Bordeaux (Henri) ab, an seiner statt wurde jedoch der Herzog von Orléans, Louis Philippe, zum König ausgerufen. Pius VIII. erkannte den neuen Herrscher an und verlieh ihm den traditionellen Titel »Allerchristlichster König«.

Monument Pius' VIII. von Pietro Tenerani im Petersdom in Rom. Pius VIII. litt sein ganzes Pontifikat hindurch unter Dauerschmerzen, wodurch er im Ton und vom Aussehen her immer leicht gereizt wirkte.

Pius VIII. (1829–1830) war überzeugt, dass religiöse Gleichgültigkeit und protestantische Missionstätigkeit im Verein mit Geheimbünden wie den Freimaurern und den italienischen Carbonari für den Zerfall der Gesellschaft verantwortlich waren, also warnte er davor. Zu den Mischehen erklärte er, die Kirche würde sie künftig widerstrebend zulassen, aber nur gegen das Versprechen der Eheleute, ihre Kinder katholisch zu erziehen.

Eine große Freude bereitete ihm das britische Parlament: Es verabschiedete 1829 ein Gesetz zur politischen Gleichstellung von Katholiken. Das wichtigste Ereignis seines Pontifikats war jedoch 1830 die Juli-Revolution in Frankreich, die nach der Herrschaft Karls X. Louis Philippe auf den Thron brachte. Pius beugte sich der Realität und verlieh auch ihm den französischen Herrschern traditionell verliehenen Ehrentitel »Allerchristlichster König«. Louis Philippe dankte es ihm durch den Abschluss eines Konkordats. Der Gesundheitszustand des Papstes war seit seiner Wahl nie gut gewesen. Plötzlich verschlechterte er sich noch mehr. Am 30. November 1830 starb Pius schließlich.

Gregor XVI.

Seine Gesichtszüge waren … grob und rund, es fehlte ihnen die Feinheit, die auf einen edlen Geist und einen feinen Geschmack schließen lässt. Dieser Eindruck änderte sich, sobald man mit ihm näheren Umgang pflegte und ins Gespräch kam … Seine Miene, vor allem bei ernsteren Themen, hellte sich auf, ein Leuchten überzog sein Gesicht; seine Augen erglänzten und wurden lebhaft, und seine Intelligenz und

Gregor XVI. Stich von Henriquet-Dupont nach einer Zeichnung von Paul Delaroche. An dem Konklave, aus dem er als Papst hervorging, nahmen 45 Kardinäle teil. Es dauerte 50 Tage. Nach der Wahl gab der österreichische Kanzler Metternich seiner Freude darüber Ausdruck, dass der neue Papst auf nunmehr österreichischem Staatsgebiet geboren wurde.

GREGOR XVI.	
Herkunft	dulenser, Präfekt
Italien, Belluno	der Kongregation
Geboren	zur Verbreitung
18. Sept. 1765	des Glaubens,
Eigentlicher Name	Kardinalpriester
Bartolomeo Alberto	*Zum Papst gewählt*
Cappellari	2. Februar 1831
Abstammung	*Alter bei der Wahl*
Aristokratisch	65
Religiöser Status	*Gestorben*
Kamaldulenser	1. Juni 1846
Frühere Ämter	*Dauer des Pontifikats*
Generalvikar des	15 Jahre, 3 Mo-
Ordens der Kamal-	nate, 27 Tage

Gelehrsamkeit zeigten sich in seiner fließenden und anmutigen Redeweise.

Kardinal Wiseman, *Erinnerungen an die letzten vier Päpste*

Gregor XVI. (1831–1846) war der letzte Mönch auf dem Papstthron. Er widersetzte sich allen modernen Strömungen religiöser, philosophischer oder politischer Art. Daraus erwuchsen ihm Schwierigkeiten in Rom wie in Europa. Im Kirchenstaat gärte es schon seit Jahren, nun brach ein Aufstand aus. Mit Hilfe Österreichs schlug Gregor die Rebellion nieder, war aber nicht bereit, politische Reformen einzuleiten. Wieder kam es zu Revolten, diesmal wurde der Kirchenstaat militärisch besetzt und blieb es bis 1838. Die Unzufriedenheit dauerte bis zum Ende von Gregors Amtszeit an, was die päpstlichen Finanzen dauerhaft beanspruchte. Spanien, Portugal und die Schweiz erregten seinen Unwillen mit Gesetzen, die er als antiklerikal ansah. 1832 und 1834 hielt Gregor es für nötig, Preußen an das Dekret Pius' VIII. über die Mischehen zu erinnern.

Auch über seiner Meinung nach schädliche neue Ideen ließ er nicht mit sich reden. 1830 gründete H.F.R. de Lamennais, ein französischer Priester mit liberalen Ideen, die Zeitung *L'Avenir* (Die Zukunft), die für eine völlige Trennung von Kirche und Staat, Glaubens-, Presse- und Vereinigungsfreiheit, allgemeines Wahlrecht und eine Abkehr vom Zentralismus eintrat. Lamennais wurde vom Papst im August 1832 verwarnt, woraufhin er sich einer radikaleren Politik zuwandte. Anfang 1834 legte er sein Priesteramt nieder, 1836 brach er mit der Kirche völlig. Seine Lehren wurden verdammt und seine Bücher kamen auf den Index.

Gregor zeigte aber nicht nur negative Tendenzen. Im 18. Jahrhundert war die Missionstätigkeit spektakulär zurückgegangen. Gregor organisierte die Mission neu und unterstellte sie direkt der päpstlichen Kontrolle. Er erarbeitete Leitlinien für die Missionare und genehmigte 1845 die Weihe einheimischer Priester in den Missionsländern. 1839 verurteilte er die Sklaverei und übte seine päpstliche Autorität auch in Amerika aus. Er erkannte Unabhängigkeitsbewegungen an, setzte Bischöfe in Lateinamerika ein und schuf in Nordamerika neue Diözesen – vier in Kanada, zehn in den USA.

Mit Gregors Tod endete für das Papsttum eine Übergangsphase. Seit dem Tiefpunkt, den Clemens' unglückliches Pontifikat darstellte, hatten die Päpste nach Mitteln und Wegen gesucht, mit dem die moderne Welt überflutenden Materialismus fertig zu werden. Sie dachten, sie könnten es schaffen, indem sie die politische Uhr auf die Zeit vor dem Rationalismus zurückdrehten und jeder Art von Neuerung ihren Wert absprachen, was manchmal zu Auswüchsen führte. So bezeichnete Gregor die Eisenbahn als »Höllenbahn« (chemin d'enfer) und verbannte sie aus dem Kirchenstaat. Nach und nach setzte sich die Erkenntnis durch, dass ein Kompromiss keine Kapitulation war, und die Päpste konnten ihrem Hauptanliegen, dem Erhalt des Glaubens und dem Kampf gegen die schädlichen Einflüsse des Modernismus, unbehindert durch anachronistische politische Verpflichtungen Ausdruck verleihen.

PIUS IX.	
Herkunft Italien, Senigallia	von Spoleto, Kardinalpriester
Geboren 13. Mai 1792	*Zum Papst gewählt* 16. Juni 1846
Eigentlicher Name Giovanni Maria Mastai-Ferretti	*Alter bei der Wahl* 54
Abstammung Aristokratisch	*Gestorben* 7. Februar 1878
Frühere Ämter Erzbischof	*Dauer des Pontifikats* 31 Jahre, 7 Monate, 22 Tage

Garibaldi zeigt Pius IX. die Mütze der Freiheit. Pius war, wie Queen Victoria, »not amused«.

PIUS IX.

Wenn dieses Konzil noch lange dauert, werde ich bestimmt nicht nur unfehlbar (infallibile) sein, sondern auch bankrott (fallito).

> Pius IX. über die große Zahl von Kirchenvertretern, die auf seine Kosten am Ersten Vatikanischen Konzil teilnahmen

Pius IX. (1846–1878) ertrug das bisher längste Pontifikat der Geschichte, das viele Veränderungen sah. Er begann seine Amtszeit mit einer politischen Amnestie und verfügte im Kirchenstaat eine Reihe von Reformen. Als er sich 1848 aus dem Krieg gegen Österreich, das immer noch Norditalien beherrschte, heraushielt, schwand seine anfängliche Beliebtheit. Mit den politischen Unruhen nach der Gründung der Römischen Republik 1849 und des Königreichs Italien 1860, das Rom 1870 zu seiner Hauptstadt machte (s. Kasten), schrumpfte die weltliche Herrschaft des Papstes auf die Vatikanstadt zusammen, wie es bis heute der Fall ist. Die Päpste waren, wenn auch unfreiwillig, zu den Ursprüngen zurückgekehrt und konnten, befreit von den Erfordernissen der weltlichen Herrschaft, wieder ein rein geistliches Amt ausüben. Pius fügte sich nur unter Protest. Verärgert über den antiklerikalen Charakter der von Camillo Cavour und Giuseppe Garibaldi begründeten italienischen Einheit erklärte er sich zu ihrem Gefangenen und zog sich 1871 für immer in den Vatikan zurück.

Die sechziger und siebziger Jahre des 19. Jahrhunderts waren nicht nur für Italien folgenschwer. Im Dezember 1864 veröffentlichte Pius

DIE RÖMISCHE REPUBLIK UND DAS KÖNIGREICH ITALIEN

Im November 1848 musste Pius IX. vor den zunehmenden Unruhen aus Rom nach Gaeta südlich von Neapel fliehen, am 9. Februar 1849 wurde in Rom die Republik ausgerufen. Die

neue Regierung schaffte die säkulare Herrschaft des Papstes ab, konfiszierte Kirchengüter und übernahm das Schulwesen. Im Juli wurde Rom durch eine vom päpstlichen Kanzler zu Hilfe gerufene französische Armee besetzt, was dem Papst 1850 die Rückkehr ermöglichte. Pius modernisierte die Stadt, und dank der Franzosen herrschte Ruhe. Indessen steuerte Ministerpräsident Graf Camillo Cavour im Königreich Sardinien-Piemont geschickt die ganz Italien erfassende Flut des Nationalismus; 1860 wurde an das neu entstandene Königreich Italien auch der Kirchenstaat angeschlossen, dem Papst verblieb nur Latium mit Rom. Als die Franzosen 1870 wegen des deutsch-französischen Krieges abzogen, wurde Rom bald von italienischen Truppen unter Garibaldi besetzt. Der Papst musste ein Abkommen unterzeichnen, das dem Vatikan seine Unabhängigkeit von der neuen Regierung beließ, wenn auch nur für kurze Zeit. Nach dem Plebiszit vom 1. Oktober 1870 wurde Rom zur Hauptstadt des Königreiches Italien.

Viele Römer jubelten dem König zu, aber ebenso viele riefen nach dem Papst.

Das Dekret über die Unfehlbarkeit des Papstes

Wir erklären als von Gott geoffenbartes Dogma, dass der Römische Papst, wenn er ex cathedra spricht, das heißt, wenn er als Hirt und Lehrer aller Christen in höchster apostolischer Amtsgewalt beschließt, dass eine Lehre über Glauben oder Sitten für die ganze Kirche gilt, er durch den göttlichen Beistand, der ihm im heiligen Petrus verheißen ist, die Unfehlbarkeit besitzt, mit der der göttliche Erlöser seine Kirche bei endgültigen Entscheidungen in Glaubens- und Sittenlehren ausgestattet sehen wollte. Diese Beschlüsse des Papstes sind somit aus sich und nicht aufgrund der Zustimmung der Kirche unabänderlich.

Dekret über die Unfehlbarkeit des Papstes

seine bekannteste Schrift, den *Syllabus errorum*, in dem er auch die Ansicht verurteilte, der Pontifex in Rom könne und müsse »sich dem Fortschritt, dem Liberalismus und der modernen Zivilisation anpassen«. In ihrem Kontext bezieht sich diese Stelle klar auf die Abschaffung der Rechte der Kirche, doch Journalisten und Politiker machten daraus ein Bekenntnis zur Rückständigkeit. Aus einer solchen Interpretation lässt sich sicherlich der Gefühlsausbruch des *New York Herald* nach Pius' Tod erklären: »Das Papsttum hat sich überlebt. Es hat die vollen tausend Jahre des Lebens einer Nation, einer Regierungsform oder eines politischen Systems gehabt: Nun musste es sterben.« Pius selbst war überrascht angesichts der Reaktionen auf seine Schrift. 1869 berief er ein Generalkonzil der Kirche ein (das Erste Vatikanische Konzil), dessen Dekrete 1870 erneut den Materialismus und Atheismus verurteilten und die Unfehlbarkeit des Papstes erklärten: Wenn der Papst im Amt eine kirchliche Doktrin zu einem bestimmten Punkt der Glaubens- oder Sittenlehre formuliert, kann er nicht irren. Selbstverständlich verursachte er auch damit einen Entrüstungssturm, aber eigentlich ist darin das logische Ergebnis einer Frage zu sehen, die die Kirche schon seit langem bewegte: Obliegt die letzte Entscheidung über die kirchlichen Lehren dem Papst oder einem Generalkonzil? Man kann darin auch den Triumph des Ultramontanismus sehen, der unverhohlenen Konzentration der kirchlichen Autorität im Papst. Viele europäische Länder protestierten wütend, aber zumindest wusste nun jeder, wo er stand. Die ihrer weltlichen Gewalt beraubte Kirche bot sich als Alternative zu jenem »anderen« Leben Europas an, und mit der Wiederherstellung geistiger und pastoraler Werte war das Papsttum angesichts des Materialismus durchaus in der Lage (ob man seine Methoden und Urteile nun mochte oder nicht), seine Rolle als Welthirt neu zu betonen.

(Rechts) Die Eröffnung des von Pius IX. einberufenen Ersten Vatikanischen Konzils, das mit seinen Dekreten den modernen Materialismus und Atheismus verurteilte. Im Rahmen dieses Konzils wurde auch die Unfehlbarkeit des Papstes erklärt. Pius vertrat in Bezug auf den Katholizismus und das Papsttum sehr strikte Ansichten. Am 8. Dezember 1854 hatte er das Dogma der Unbefleckten Empfängnis Mariens verkündet. Es besagt, dass die Jungfrau Maria ohne den Makel der Erbsünde geboren wurde. Besonders eifrig wurde dieser Glaubenssatz von den Jesuiten propagiert.

Leo XIII.
1878–1903

Pius X.
1903–1914

Leo XIII. im Jahr 1880. In zwei Enzykli-ken (1888 und 1890) drängte Leo auf die Abschaffung der Sklaverei in Afrika; 1899 weihte er die Menschheit dem Heiligen Herzen Jesu.

LEO XIII.	
Herkunft	der den Heiligen
Italien,	Stuhl während der
Carpentino	Sedisvakanz leitet),
Geboren	Kardinalpriester
2. März 1810	*Zum Papst gewählt*
Eigentlicher Name	20. Februar 1878
Gioacchino	*Alter bei der Wahl*
Vincenzo Pecci	67
Abstammung	*Gestorben*
Aristokratisch	20. Juli 1903
Frühere Ämter	*Dauer des Pontifikats*
päpstlicher Nuntius	25 Jahre,
in Belgien, *Camer-*	4 Monate,
lengo (Beamter,	29 Tage

LEO XIII.

Leidvolle, in demütigender Krankheit verlebte Jahre hatten dem Papst, der im 64. Lebensjahr stand, viele seiner früheren Zierden geraubt … Doch sein Blick und seine Stimme glichen dies aus. Ersterer verriet Sanftmut und zugleich Festigkeit, die sofort Zuneigung und Ehrfurcht erweckten … Letztere hatte einen liebenswert verbindlichen, gewinnenden Klang; er sprach ruhig, bedacht und doch flüssig.

Kardinal Wiseman, *Erinnerungen an die letzten vier Päpste*

Im 19. Jahrhundert erlebte der Katholizismus eine ungeheure Ausbrei-tung. Pius IX. und sein Nachfolger **Leo XIII.** (1878–1903) gründeten weltweit eine große Zahl von Diözesen und Vikariaten. Europa selbst blieb problematisch. Bei seinen Bemühungen, antiklerikale und anti-katholische Gesetze zu mildern, erzielte Leo Einigungen mit Deutsch-land, Belgien und Russland, doch die zunehmend hektisch wechselnden politischen Bündnisse untergruben diese Fortschritte, so dass er in seiner Außenpolitik die geringsten Erfolge erzielte. Mehr Erfolg hatte er bei dem Versuch, die Kirche mit der modernen Welt in Einklang zu bringen, ohne ihre traditionellen Lehren zu gefährden. Mit zahllosen Schreiben

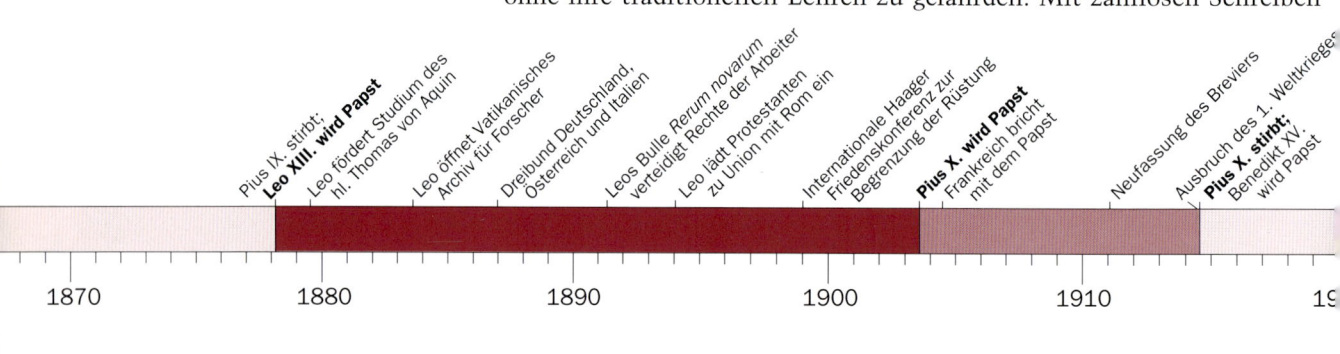

Pius IX. stirbt; **Leo XIII. wird Papst**

Leo fördert Studium des hl. Thomas von Aquin

Leo öffnet Vatikanisches Archiv für Forscher

Dreibund Deutschland, Österreich und Italien

Leos Bulle *Rerum novarum* verteidigt Rechte der Arbeiter

Leo lädt Protestanten zu Union mit Rom ein

Internationale Haager Friedenskonferenz zur Begrenzung der Rüstung

Pius X. wird Papst Frankreich bricht mit dem Papst

Neufassung des Breviers

Ausbruch des 1. Weltkrieges **Pius X. stirbt**; Benedikt XV. wird Papst

1870   1880   1890   1900   1910   19

Ein zeitgenössisches Plakat zeigt die vereinigte Arbeiterschaft, die Leos Bulle *Rerum novarum* feiert, in der er für die Rechte der Arbeiter und für Gewerkschaften eintritt.

DIE WAHL LEOS XIII.

»Nimmst du die nach kanonischem Recht erfolgte Wahl zum Pontifex maximus der katholischen Kirche an?« fragt der Subdiakon in der beklemmenden Stille, in der man fast sein Herz schlagen hört. Kardinal Pecci erhebt sich. Die Bewegung lässt ihn am ganzen Körper erzittern. Mit bebender Stimme, doch deutlich und bestimmt, erklärt er, er sei des Amtes nicht würdig. Da aber alle einer Meinung und fest entschlossen sind, beugt er sich dem göttlichen Willen.

Der Subdiakon kniet vor ihm nieder; der Zeremonienmeister klatscht in die Hände, sämtliche Kardinäle erheben sich zu Ehren des neuen Pontifex von ihren Sitzen. Über diesen senken sich augenblicklich die Baldachine, ausgenommen der des neu gewählten Papstes. Der Subdiakon stellt nun die Frage: »Welchen Namen willst du dir geben?« »Den Namen Leo XIII.« lautet die prompte Antwort.

B. O'Reilly, *Leben Leos XIII.*, 311

verurteilte, akzeptierte und steuerte er. Sozialismus, Kommunismus und Freimaurertum wurden verurteilt; die Demokratie, die Rechte der Arbeiter und die Gewerkschaften wurden anerkannt (in seiner berühmtesten Schrift *Rerum novarum*, 1891, die ihm den Beinamen »Arbeiterpapst« einbrachte); er förderte das Studium Thomas' von Aquin – um zu zeigen, dass zwischen wahrer Wissenschaft und wahrem Glauben kein Gegensatz besteht –, die Astronomie, die Naturwissenschaften und die historische wie biblische Forschung. Leos Denken zeigt sich deutlich in seiner Einladung an die orthodoxen und die protestantischen Christen. Er sprach von ihnen als »unseren getrennten Brüdern« und forderte sie auf, sich mit Rom zu vereinen, eine brüderliche und pastorale Geste, die allerdings die Erwartung einschloss, dass sie sich Rom unterordneten. Allzu weit ging sein Entgegenkommen hier nicht. Als Leo, bis zuletzt im Vollbesitz seiner geistigen Kräfte, mit 93 Jahren starb, verlor die Kirche eine bedeutende Persönlichkeit.

PIUS X.

Auf ihrem Weg zum Hochaltar hielt die lange Prozession dreimal an; Monsignore Menghini, der päpstliche Zeremonienmeister, hob ein silbernes Glutbecken empor, entzündete das darin enthaltene Werg, kniete vor dem Papst nieder und rief dreimal laut und mit jeweils höherer Stimme die feierlichen Worte: »Pater Sancte! Sic transit gloria mundi« (Heiliger Vater, so vergeht der Ruhm der Welt). Das brennende Werg konnte jedoch nicht zum Verlöschen gebracht werden, und je weiter die Prozession voranschritt, desto heller loderten die Flammen, so dass der Zeremonienmeister schließlich das ganze brennende Zeug an einer der Bronzesäulen des Papstaltars auf den Boden werfen musste.

H. de la Garde Grissell, *Sede Vacante*

PIUS X.	
Herkunft Italien, Riese	*Frühere Ämter* Patriarch v. Venedig, Kardinalpriester
Geboren 2. Juni 1835	*Zum Papst gewählt* 4. August 1903
Eigentlicher Name Giuseppe Melchiorre Sarto	*Alter bei der Wahl* 68
Abstammung Sohn eines Postboten	*Gestorben* 20. August 1914
	Dauer des Pontifikats 11 Jahre, 16 Tage

(Rechts) Die Heiligsprechung Pius' X. durch Pius XII. am 29. Mai 1954. Eine Kanonisierung erfordert ein langwieriges Verfahren, das alle Aspekte im Leben des Kandidaten unter die Lupe nimmt; auch müssen fundierte Beweise für Wunder vorliegen, die er im Leben oder nach dem Tod gewirkt hat. Alle den Kandidaten betreffenden Informationen werden von einem Beauftragten der Kirche sorgfältig geprüft. Er wird allgemein als »Anwalt des Teufels« bezeichnet.

Pius X. wird bei einer Zeremonie durch den Vatikan getragen. Die Fächer hatten ursprünglich einen praktischen Zweck, heute werden sie bei päpstlichen Prozessionen nicht einmal mehr aus zeremoniellen Gründen verwendet.

Nachfolger Leos XIII. zu sein, war schwierig. Es ist kaum ein Zufall, dass der nächste Papst der letzte war, der kanonisiert wurde. **Pius X.** (1903–1914) war kein politischer Papst, aber durchaus nicht bereit, sich die Rechte der Kirche auch nur im Geringsten beschneiden zu lassen. Dies führte 1904 zum Bruch mit Frankreich, dessen Regierung das Konkordat von 1801 aufkündigte, das dem Papst eine gewisse Oberhoheit über den französischen Klerus zuerkannt hatte. 1911 protestierte Pius energisch gegen die Trennung von Kirche und Staat in Portugal, ein Bruch konnte knapp vermieden werden. In Italien zeigte er sich etwas entgegenkommender. Für den Vatikan war es wichtig, sich mit dem Staat gütlich zu einigen, deshalb gestattete der Papst, dass italienische Katholiken mit Erlaubnis ihres Bischofs an Wahlen teilnahmen, um so ein Übergewicht sozialistischer Stimmen zu verhindern.

Pius verurteilte die Modernisten, eine Gruppe liberaler Katholiken, und eine Bewegung in Frankreich, die versuchte, linke Ideen mit der katholischen Lehre zu vereinbaren, aber er zögerte auch nicht, Änderungen im Leben und der Verwaltung der Kirche einzuführen. Er organisierte die Kurie neu, ließ das Kirchenrecht überprüfen und reformierte die Priesterseminare, um die Ausbildung der Kleriker zu verbessern. Er begann eine Revision der Kirchenmusik und empfahl den Gregorianischen Choral als Vorbild; er formulierte das Brevier neu, rief Laien und Kinder zum häufigen Empfang der Kommunion auf und ermutigte die Katholiken zur Bildung von Aktionsgruppen für gesellschaftliche Reformen und soziale Gerechtigkeit. Er war auch darauf bedacht, Laien am apostolischen Leben der Kirche zu beteiligen. Durch den Ausbruch des Ersten Weltkrieges zutiefst erschüttert starb Pius X. nur wenige Tage nach dem Beginn der Feindseligkeiten.

Benedikt XV.
1914–1922

Pius XI.
1922–1939

Benedikt XV. war als Kind von zarter
Gesundheit. Eine Schulter war merk-
lich höher als die andere, außerdem
hinkte er leicht. Durch die freundliche
Art, mit der er sich um ihr Wohl kümmerte, hatte er die Bologneser für sich
gewonnen. Auch später blieb er außerordentlich zugänglich.

Als Benedikt XV. Jeanne d'Arc aus
Lothringen heilig sprach, war General
de Gaulle 30 Jahre alt. Er wählte das
Lothringerkreuz als Symbol für seinen
Kampf gegen die Vichy-Regierung.

BENEDIKT XV.

Diesen Krieg hat Luther verloren.

Benedikt XV. am Ende des
Ersten Weltkrieges

Das Pontifikat **Benedikts XV.** (1914–1922) umfasste praktisch den
Ersten Weltkrieg und die darauf folgende prekäre Friedensphase. Im
Krieg blieb er neutral, verurteilte jedoch Grausamkeiten und betrieb die
Rückführung von Kriegsgefangenen in ihre Heimat. Ein Friedensplan,
den er 1917 vorlegte, wurde von den Kriegsparteien abgelehnt. Die
Alliierten übergingen ihn auch 1919 bei den Verhandlungen über ein
Friedensabkommen. Ab 1920 widmete er sich den Bemühungen um eine
Versöhnung der Völker. Sogar Frankreich, das dem Vatikan seit 1910 die
kalte Schulter zeigte, nahm diplomatische Beziehungen mit ihm auf,
vielleicht weil er 1920 Jeanne d'Arc kanonisiert hatte. In Italien tat er
sein Bestes, um das Verhältnis zwischen Papst und Regierung zu
verbessern. Großbritannien hatte sich schon 1915 dazu erweichen
lassen, einen Geschäftsträger in den Vatikan zu entsenden – den ersten
seit fast 300 Jahren.

Pius X. stirbt;
Benedikt XV. wird Papst
B. gründet Kongregation für
die Orientalische Kirche
Ende des 1. Weltkrieges
B. kanonisiert
Jeanne d'Arc
Pius XI. wird Papst
Mussolini kommt an die Macht;
P. gründet Katholische Aktion
P. gründet Päpstl. Institut
für Christliche Archäologie
Lateranvertrag macht
Vatikanstadt zu unab-
hängigem Staat
Pius gründet Radio Vatikan
Pius schließt Konkordat
mit Hitler
Beginn des Spanischen
Bürgerkrieges
Pius verurteilt
Nationalsozialismus
Pius XI. stirbt;
Pius XII. wird Papst

1910   1920   1930   1940   1950

BENEDIKT XV.	
Herkunft Italien, Genno	Bologna, Kardinal- priester
Geboren 21. November 1854	*Zum Papst gewählt* 3. September 1914
Eigentlicher Name Giacomo Della Chiesa	*Alter bei der Wahl* 59
Abstammung Aristokratisch	*Gestorben* 22. Januar 1922, an Lungenentzündung
Frühere Ämter Staatssekretär, Erzbischof von	*Dauer des Pontifikats* 7 Jahre, 4 Monate, 20 Tage

PIUS XI.	
Herkunft Italien, Desio	von Mailand, Kardinal- priester
Geboren 31. März 1857	*Zum Papst gewählt* 6. Februar 1922
Eigentlicher Name Ambrogio Damiano Achille Ratti	*Alter bei der Wahl* 64
Abstammung Sohn des Direktors einer Seidenfabrik	*Gestorben* 10. Februar 1939
Frühere Ämter Erzbischof	*Dauer des Pontifikats* 17 Jahre, 2 Tage

Pius XI. schien über unerschöpfliche Energien zu verfügen. Bei seiner Amtsführung achtete er auf das kleinste Detail.

Wie schon Pius X. förderte Benedikt die katholische Mission und drängte die Missionsbischöfe, Einheimische zu Priestern zu weihen. Der Zusammenbruch Russlands 1917 brachte Benedikt auf den Gedanken, dass die Zeit reif war, um die Westkirche mit den östlichen Kirchen zu vereinigen, weshalb er die Kongregation für die Orientalische Kirche und das Päpstliche Orientalische Institut in Rom gründete. Angesichts der Schrecken des Krieges fand Benedikt allerdings trotz seiner Leistungen nie den Respekt und die Anerkennung, die er verdiente. Für die Mittelmächte war er »der französische Papst«, für die Alliierten »le pape boche«. Im Osten wurde ihm eigenartigerweise mehr Anerkennung zuteil: Die Türken errichteten ihm 1920 in Istanbul ein Denkmal.

PIUS XI.

Was mir an Pius XI. besonders auffiel, war die Autorität, die er auszustrahlen schien; sie wirkt weder steif noch angestrengt, sondern natürlich und mühelos, wissend, dass sie Mühe nicht nötig hat ... Äußerlich sieht er nicht wie ein 74-Jähriger aus. Er ist, oder wirkt, robust. In seinen Zügen, in seinem Ausdruck zeigt sich eine stille Energie, die sich sozusagen »im Ruhezustand« befindet. Offenbar entspricht das Herrschen seinem Temperament.

F. Charles-Roux, *Acht Jahre im Vatikan*

Benedikt erlag plötzlich einer Lungenentzündung. Zu seinem Nachfolger wurde Kardinal Achille Ratti gewählt – ein Gelehrter, Diplomat, Linguist und Paläograph. Der neue Papst nannte sich **Pius XI.** (1922–1939) und machte sich daran, in einer Welt, die immer noch am Rand des Krieges stand und Symptome eines andauernden Strebens nach Krieg zeigte, eine »Pax Christiana« zu schaffen. Er organisierte einen Teil der Vatikanischen Bibliothek neu, gründete das Päpstliche Institut für Christliche Archäologie, baute die Pinakothek für die Gemäldesammlung des Vatikans und verlegte die Vatikanische Sternwarte in die Sommerresidenz Castel Gandolfo. 1931 richtete er in der Vatikanstadt einen Rundfunksender ein, 1936 gründete er die Päpstliche Akademie der Wissenschaften. In all dem zeigte sich sein Wunsch, die Spannungen zwischen der modernen Welt und dem Papsttum zu mildern, und es gelang ihm, den Heiligen Stuhl stärker an die moderne Welt anzupassen, als es seine unmittelbaren Vorgänger tun wollten oder konnten.

Konfrontiert mit einer auseinander brechenden, sich zum Kampf gegen sich selbst rüstenden Welt förderte Pius XI. intensiv die Mission. China, Japan, Indien und Südostasien erlebten in seiner Amtszeit eine enorme Steigerung der Zahl einheimischer Priester und Bischöfe. Er setzte die Bemühungen Benedikts XV. fort, die orthodoxen Ostkirchen zu ermutigen, sich mit Rom zu vereinigen. Seine Bedingung war allerdings die Unterwerfung. Aus diesem Grund sah er die Entwicklung der protestantischen ökumenischen Bewegung mit Unbehagen. 1928 erklärte er

Nach Unterzeichnung des Lateran-
vertrages (oben) erklärte Mussolini
bei seiner Rückkehr in den Palazzo
Chigi, dass er Pius XI. nicht mochte.
»Wir haben«, so sagte er, »beide eine
Bauernmentalität.«

Ein Plakat aus der Zeit des Spanischen
Bürgerkriegs: Italiener, Deutsche und
Marokkaner, die Franco gegen den Kom-
munismus unterstützen, im selben Boot.
Der Priester repräsentiert die Kirche.

bissig, die Kirche Christi sollte nicht aus einer Reihe unabhängiger Organisationen bestehen, von denen jede etwas anderes glaubte. Bezeichnend für sein Pontifikat waren jedoch sein Wunsch nach dauerhaftem Frieden, dem auch die Gründung der Katholischen Aktion zugrunde lag, einer Vereinigung von Laien und Klerikern zur Förderung der Kirchenarbeit, seine zahlreichen Briefe zur Umsetzung christlicher Ideale im privaten und beruflichen Leben, seine Kanonisierungen, seine Einführung des Christkönigsfestes und seine Bemühungen, den durch Wettrüsten und Massenarbeitslosigkeit unterminierten Gesellschaften Leitlinien zu geben.

Gleich nach seinem Amtsantritt versuchte Pius, die Frage der Beziehung zwischen dem Vatikan und dem Königreich Italien zu lösen. Lange Verhandlungen mit Mussolini führten am 11. Februar 1929 zum Lateranvertrag, in dem der Vatikan das Königreich Italien anerkannte und im Gegenzug als unabhängiger und neutraler Staat akzeptiert wurde. Pius sah anfangs im Kommunismus eine größere Gefahr als im deutschen Nationalsozialismus und schloss 1933 mit Hitler ein Konkordat. Wie tyrannisch und gefährlich der Nationalsozialismus war, zeigte sich sehr schnell. Nach zahlreichen an die Nazi-Regierung gerichteten Protesten verurteilte er sie 1937 als antichristlich und befahl, seinen Brief von allen katholischen Kanzeln zu verlesen. Gleichzeitig sah er sich mit dem Spanischen Bürgerkrieg konfrontiert; das faschistische Regime in Italien wiederum zeigte immer deutlicher seine Bereitschaft, die rassistischen Lehren des Nationalsozialismus zu übernehmen, womit sich die Beziehungen des Vatikans zu Mussolini verschlechterten. Zudem begann die mexikanische Regierung eine brutale und blutige Verfolgung der katholischen Kirche, die Pius mit der Christenverfolgung unter Kaiser Diokletian im 3. Jahrhundert verglich.

Pius XII.
1939–1958

Johannes XXIII.
1958–1963

Paul VI.
1963–1978

Johannes Paul I.
1978

Johannes Paul II.
1978–2005

Benedikt XVI.
2005–

D'Arcy Osborne, im Zweiten Weltkrieg britischer Gesandter im Vatikan, erklärte, Pius XII. sei »eine umwerfende Mischung aus Heiligkeit und Charme«.

PIUS XII.	
Herkunft Italien, Rom *Geboren* 2. März 1876 *Eigentlicher Name* Eugenio Maria Giuseppe Giovanni Pacelli *Abstammung* Sohn eines Anwalts *Frühere Ämter* Professor des	Kirchenrechts, Staatssekretär, Kardinalpriester *Zum Papst gewählt* 2. März 1939 *Alter bei der Wahl* 63 *Gestorben* 9. Oktober 1958 *Dauer des Pontifikats* 19 Jahre, 7 Monate, 7 Tage

PIUS XII.

Er sprach Lateinisch, Italienisch, Französisch, Deutsch, Englisch, Spanisch, Portugiesisch, Holländisch, Slowakisch und Ungarisch. An seinem Lebensende machte er es sich zur Aufgabe, Arabisch zu lernen. Er erlernte mit großer Leichtigkeit die verschiedensten Sprachen. So lernte er in wenigen Wochen genug Portugiesisch, um vor dem brasilianischen Parlament sprechen zu können.

R. Galeazzi-Lisi, *Im Schatten und im Licht Pius' XII.*, 1960

Pius XI. starb kurz vor Ausbruch des Zweiten Weltkrieges. Wie Benedikt XV. musste **Pius XII.** (1939–1958) die Kirche durch einen die ganze Welt erschütternden Konflikt führen, an dessen Ende Versöhnung und Aufbau erforderlich waren. In den wenigen Monaten vor Kriegsausbruch gab er sein Bestes, um die Katastrophe abzuwenden; er forderte eine internationale Konferenz und appellierte im Rundfunk an die Welt, den Krieg zu verhindern. Nach Beginn der Kampfhandlungen tat er alles, um Italien herauszuhalten, und den gesamten Krieg hindurch betonte er immer wieder, er sei »unparteiisch«, aber nicht »neutral«. Für Kriegsopfer –

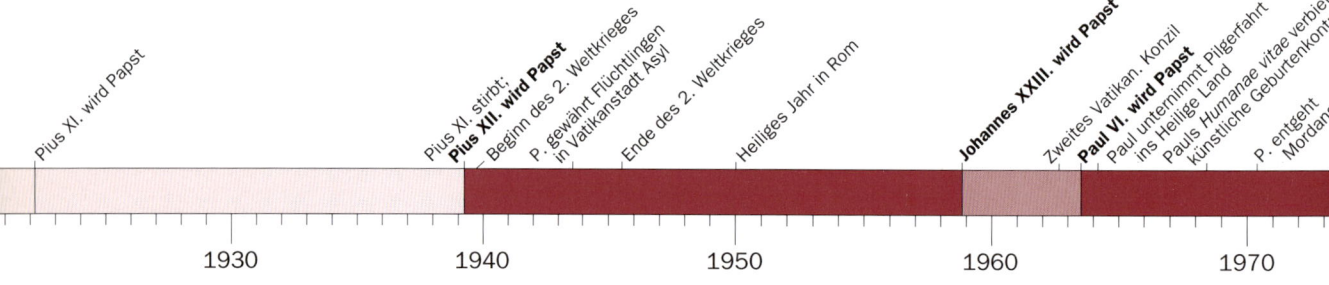

Juden, Flüchtlinge, Kriegsgefangene – organisierte er ein riesiges Hilfsprogramm. Trotzdem wurde später der Vorwurf laut, er habe die Grausamkeiten und den Völkermord nicht eindeutig genug verurteilt. Als wieder Frieden herrschte, akzeptierte er Italiens Entscheidung für die republikanische Staatsform und betonte dem italienischen Adel gegenüber, dass die Zeit der Privilegien vorbei sei. All dies stand im Einklang mit der im und nach dem Krieg von ihm vertretenen Lehre, dass bei sozialen Reformen Würde, Freiheit und Wert des Individuums zu achten seien. Es kann also nicht überraschen, dass er den Kommunismus als eine besonders gefährliche Kraft ansah und versuchte, seinen Theorien durch beharrliche Betonung der Familie und der Unterordnung der staatlichen unter die individuellen Interessen zu begegnen. Wie schon Pius IX. und Leo XIII. verehrte er besonders die Jungfrau Maria. Als das Heilige Jahr 1950 Millionen von Pilgern nach Rom führte, formulierte er das Dogma von der leiblichen Aufnahme der Gottesmutter in den Himmel und beschloss das Jahr im großen portugiesischen Marienwallfahrtsort Fatima.

In seinen Lehren erfasste Pius einen riesigen Bereich. Er erstreckte sich vom göttlichen Auftrag der Kirche über die Herkunft des Menschen, die künstliche Befruchtung, die Gültigkeit der Priesterweihe, den Kommunismus, Rundfunk, Film und Fernsehen, die Evolutionslehre und die Literaturkritik bis zum Konzept der Kollektivschuld. Er war der erste Papst, den die Welt über Radio und Fernsehen kennen lernte, was wohl deshalb nicht zu seinem Ruf passte, weil es im Kontrast zu seiner königliches Asketentum ausstrahlenden Erscheinung stand.

JOHANNES XXIII.

JOHANNES XXIII.	
Herkunft Italien, Sotto il Monte bei Bergamo	in Frankreich, Patriarch von Venedig, Kardinalpriester
Geboren 25. November 1881	*Zum Papst gewählt* 28. Oktober 1958
Eigentlicher Name Angelo Giuseppe Roncalli	*Alter bei der Wahl* 76
Abstammung Bäuerlich	*Gestorben* 3. Juni 1963
Frühere Ämter Päpstlicher Nuntius	*Dauer des Pontifikats* 4 Jahre, 7 Monate, 6 Tage

Auf die tiefe Trauer nach dem Tod Pius' XII. folgte ein Ausbruch journalistischer Neugierde. Wer würde ihm nachfolgen? Pius hatte mehr als 50 Kardinäle ernannt und die Italiener waren im Kollegium in der Minderheit. Trotzdem wurde ein Italiener gewählt. **Johannes XXIII.** (1958–1963) war schon fast 77 Jahre alt. Er hatte beide Weltkriege erlebt und sich in Bulgarien, Griechenland, der Türkei und Frankreich diplomatische Erfahrung erworben. Es war nicht überraschend, dass sein Hauptinteresse der christlichen Einheit galt. 1960 schuf er das Sekretariat zur Förderung der Einheit der Christen, empfing im Dezember des gleichen Jahres den Erzbischof von Canterbury, entbot 1961 dem Patriarchen von Konstantinopel brüderliche Grüße und erlaubte katholischen Beobachtern die Teilnahme am Weltkonzil der Kirchen. Johan-

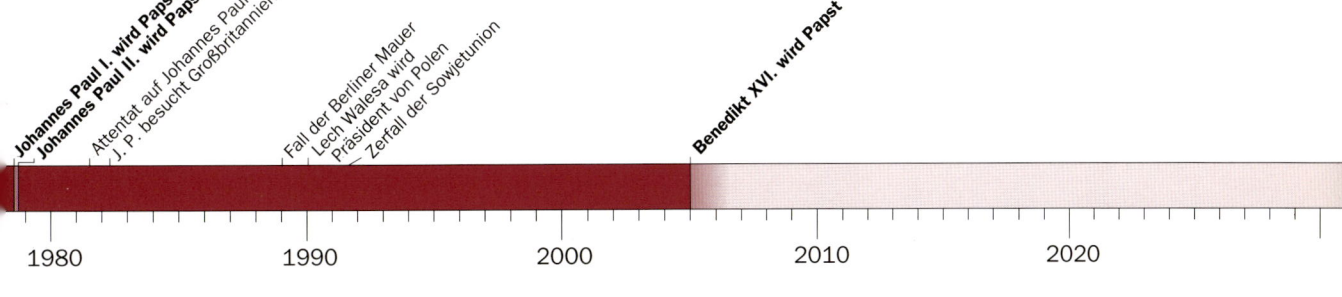

1980   1990   2000   2010   2020

Johannes Paul I. wird Papst · Johannes Paul II. wird Papst · Attentat auf Johannes Paul · J. P. besucht Großbritannien · Fall der Berliner Mauer · Lech Walesa wird Präsident von Polen · Zerfall der Sowjetunion · Benedikt XVI. wird Papst

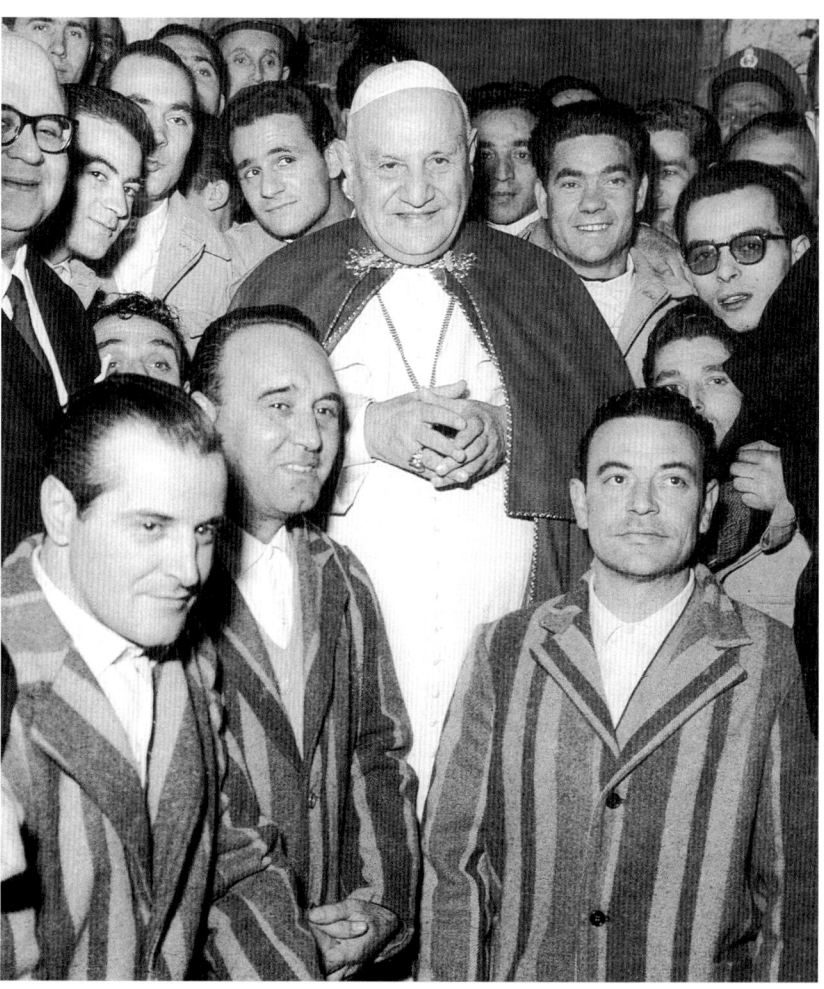

Johannes XXIII. beim Besuch eines Gefängnisses. Als sich der neue Papst für den Namen Johannes entschied, scherzte er: »Dieser Name ist in der langen Reihe der römischen Päpste der häufigste. Fast alle von ihnen hatten ein kurzes Pontifikat.«

Über Nuklearwaffen schrieb Johannes XXIII., im Atomzeitalter sei es unvernünftig zu glauben, man könne ein Unrecht durch Krieg wieder gutmachen.

nes bezeichnete sich als Hirt und griff die Definition der Nichtkatholiken als »getrennte Brüder« von Leo XIII. auf. Dieser scheint ihn tief beeindruckt zu haben: Er widmete sich den von ihm angesprochenen sozialen Fragen und rief die Reichen auf, im Geist des Friedens und der Liebe den Armen zu helfen. Die westliche Welt befand sich mitten im Kalten Krieg, trotzdem setzte sich Johannes, der offen gegen den Marxismus auftrat, für die friedliche Koexistenz ein. Durch die Rolle, die er 1962 in der Kubakrise spielte, erwarb er sich den Respekt Chruschtschows und Kennedys; 1963 erhielt er einen Friedenspreis.

Das Pontifikat Johannes XXIII. wird vor allem mit dem Zweiten Vatikanischen Konzil (1962–1965) verbunden bleiben, das er mit plötzlichem Elan einberief, um die Kirche zu modernisieren – in seinen Augen eine Vorstufe zur Vereinigung mit den »getrennten Brüdern«. Er begann 1960 mit einer Synode in Rom und setzte anschließend vorbereitende Ausschüsse ein, im Oktober 1962 eröffnete er die erste Sitzungsperiode. Gleichzeitig richtete er eine päpstliche Kommission für die Revision des Kirchenrechts ein, die bis 1983 dauerte, als der neue Kodex genehmigt und von Paul II. veröffentlicht wurde.

PAUL VI.	
Herkunft Italien, Concesio	Erzbischof von Mailand, Kardinalpriester
Geboren 26. September 1897	*Zum Papst gewählt* 21. Juni 1963
Eigentlicher Name Giovanni Battista Montini	*Alter bei der Wahl* 65
Abstammung Sohn eines Anwalts	*Gestorben* 6. August 1978
Frühere Ämter Staatssekretär,	*Dauer des Pontifikats* 15 Jahre, 1 Monat, 16 Tage

PAUL VI.

Am 8. Dezember 1962 schloss Johannes XXIII. die erste Sitzungsperiode seines Konzils. Die Teilnehmer hatten über die Liturgie, die Offenbarung und die Kirche diskutiert. Als sie neun Monate später wieder zusammentraten, war Johannes bereits gestorben. Es oblag **Paul VI.** (1963–1978), sein Werk fortzusetzen. Er hatte als Erzbischof von Mailand viel Erfahrung im Umgang mit sozialen Problemen erworben und in den fünfziger und frühen sechziger Jahren des 20. Jahrhunderts zahlreiche Reisen unternommen, so dass er für diese Aufgabe bestens geeignet war. 1963 sprach man über Fragen der Kirche, die Bischöfe, den Ökumenismus, die Liturgie und gesellschaftliche Beziehungen; 1964 beriet man über Glaubensfreiheit, nichtchristliche Religionen, die Offenbarung, das Laienapostolat, die moderne Welt und die katholischen Ostkirchen; 1965 kamen Beratungen über die Mission, das Priesteramt, das religiöse Leben und die christliche Erziehung hinzu. Paul begann, mutig die Dekrete umzusetzen. Er wusste, dass er damit eine Revolution in Gang brachte, die nicht zu Spaltung und Zwietracht führen durfte. Eine unmittelbar spürbare Veränderung war, dass in der Liturgie größtenteils die einheimischen Sprachen an die Stelle des Lateinischen traten. Manche begrüßten dies im Sinne einer besseren Verständlichkeit für die Laien, andere bedauerten den Verlust der Universalität, die Latein im katholischen Gottesdienst gewährleistete. Am entschiedensten vertrat diese Meinung der französische Erzbischof Kardinal Lefebvre, der diese und andere Reformen des Konzils ablehnte und damit viele Anhänger gewann.

John F. Kennedy war der erste katholische Präsident der Vereinigten Staaten von Amerika. Er traf Paul VI. 1963. Paul reiste im Oktober 1965 nach New York, um vor den Vereinten Nationen für Frieden zu werben. Im Yankee-Stadion feierte er ein Pontifikalamt.

Paul VI. empfängt im Rahmen einer Sonderaudienz katholische Nigerianer. Unter anderen kanonisierte Paul VI. auch die 22 in den Jahren 1885–1887 ermordeten ugandischen Märtyrer.

Paul veröffentlichte indessen eine Flut von Schriften, die sich mit den vom Konzil behandelten Themen auseinandersetzten, und unternahm weite Reisen, um das ökumenische Verstehen zu fördern. Von all diesen Schriften verursachte keine so viele Diskussionen wie 1968 *Humanae vitae*, die die aktive Empfängnisverhütung verurteilte. Sie enttäuschte die Hoffnungen vieler, die Kirche würde ihr diesbezügliches Verbot lockern, und wurde von den anglikanischen Bischöfen sofort abgelehnt. Pauls Unnachgiebigkeit und sein Beharren auf dem Zölibat bewirkten, dass das letzte Jahrzehnt seines Pontifikats zunehmend von Sorgen und Konflikten geprägt war.

Der Papst trug seine Bürden mit großem Mut. In den siebziger Jahren trat der Terrorismus auf den Plan. Nach der Entführung und Ermordung seines Freundes, des italienischen Politikers Aldo Moro, wurde die Anspannung des Papstes in seiner Unruhe während der Totenmesse sichtbar. Er war 1970 in Manila selbst Ziel eines Mordanschlages gewesen, was übrigens zeigt, dass seine Reisen ihn auch in entfernte Gebiete führten. Er war der erste Papst, der Flugzeuge und Helikopter benutzte, der ins Heilige Land und nach Indien reiste und der vor den Vereinten Nationen sprach – beeindruckende Neuerungen für einen Papst, den viele als erzkonservativ ansahen.

Mitte 1978 war Paul VI. am Ende seiner Kräfte. In den eineinhalb Jahren davor war er zweimal schwer erkrankt. Am 14. Juni begab er sich nach Castel Gandolfo im Bewusstsein, dass er nicht mehr nach Rom zurückkehren würde. Als man am 6. August in der Kapelle neben seinem Schlafzimmer eine Messe las, erfasste ihn eine heftige Unruhe. Er empfing die Kommunion, dann verfiel er in ein Halbbewusstsein. Wenige Stunden später starb er. Seine Unruhe war ein schwerer Herzinfarkt gewesen.

JOHANNES PAUL I.	
Herkunft	*Zum Papst gewählt*
Italien, Canale d'Agordo bei Belluno	26. August 1978
	Alter bei der Wahl
Geboren	65
17. Oktober 1912	*Gestorben*
Eigentlicher Name	28. September 1978, an einem Herzinfarkt
Albino Luciani	
Abstammung	*Dauer des Pontifikats*
Bescheidene Verhältnisse	1 Monat, 3 Tage
Frühere Ämter	*Bemerkenswertes*
Vizepräsident der Italienischen Bischofskonferenz, Patriarch von Venedig, Kardinalpriester	Johannes Paul veröffentlichte die *Illustrissimi*, eine Sammlung von Briefen an Autoren und literarische Figuren.

JOHANNES PAUL I.

Paul VI. hatte strenge Regeln für das Konklave festgelegt. Kardinäle, die 80 Jahre oder älter waren, hatten kein Stimmrecht, außerdem wurde alles getan, um die Geheimhaltung zu gewährleisten. Die Gesamtzahl der Kardinäle hatte sich auf 138 erhöht und die meisten davon waren keine Italiener. Die logische Folge – ein nichtitalienischer Papst – blieb jedoch noch aus. Am ersten Tag des Konklaves wurde **Johannes Paul I.** (1978) gewählt. Er brach mit der Tradition in mehrfacher Hinsicht. So wählte er einen Doppelnamen und lehnte eine Krönung ab. Stattdessen nahm er ein Pallium entgegen, eine Art Stola, mit sechs Kreuzen bestickt, die katholische Erzbischöfe als Zeichen ihrer Würde über dem Messgewand tragen. Es war eine Geste der Demut und des pastoralen Charakters seines neuen Amtes. Als seine Ziele nannte er die Umsetzung der Dekrete des Zweiten Vatikanischen Konzils unter Erhaltung der traditionellen, das Leben der katholischen Kleriker und Gläubigen prägenden Disziplin. Drei Wochen nach seiner Amtseinführung wurde er tot in seinem Bett aufgefunden. Es scheint, dass die Todesursache ein Herzinfarkt war (und nicht Gift, wie böse Gerüchte unterstellten).

Das letzte Foto Johannes Paul I. Es zeigt ihn auf der *sedia gestatoria*, dem tragbaren päpstlichen Thron, der von zwölf ausgewählten Männern getragen wurde. Er ermöglichte es, den Papst der versammelten Menschenmenge zu zeigen. Die *sedia* wurde inzwischen durch das eigenartige weiße Gefährt ersetzt, das als »Papamobil« bekannt ist.

JOHANNES PAUL II.	
Herkunft	Krakau, Kar-
Polen,	dinalpriester
Wadowice	*Zum Papst gewählt*
Geboren	16. Oktober 1978
18. Mai 1920	*Alter bei der Wahl*
Eigentlicher Name	58
Karol Wojtyla	*Gestorben*
Abstammung	2. April 2005
Sohn eines Offiziers	*Dauer des Pontifikats*
im Ruhestand	26 Jahre,
Frühere Ämter	5 Monate,
Erzbischof von	19 Tage

JOHANNES PAUL II.

Zum ersten Mal seit 456 Jahren erwählten die Kardinäle keinen Italiener. Mit Karol Wojtyla, der sich **Johannes Paul II.** (1978–2005) nannte, wurde erstmals ein Pole Papst. Als er sich eine knappe halbe Stunde nach seiner Wahl in einer Rede an die wartende Menge wandte, machte er sofort einen ungeheuren Eindruck. Die Verweise auf seinen Vorgänger, auf die Gottesmutter (der er sein ganzes Pontifikat über tiefe Verehrung entgegenbrachte) und auf »eure-unsere italienische Sprache« wurden mit lauten Ovationen bedacht. Es begann eines der kraftvollsten und bemerkenswertesten Pontifikate der Geschichte.

Johannes Pauls Entwicklungsjahre in Polen waren durch drei Erfahrungsfolgen geprägt, die sein Denken und sein Wesen bestimmten. Mit 21 hatte er bereits seine nächsten Verwandten verloren: die schon vor seiner Erstkommunion verstorbene Mutter; seinen älteren Bruder, Edmund, der Arzt war und dessen Stethoskop er zur Erinnerung stets mit sich führte; 1941 seinen Vater, seinen Nährboden und Mentor. Seine Jugend und die frühen Erwachsenenjahre standen im Zeichen des Natio-

Karol Wojtyla war ein exzellenter Schüler, trieb alle möglichen Sportarten und wurde auch ein eifriger Ministrant. In einem seiner Schulzeugnisse steht, dass er für das Fach Religion eine besondere Vorliebe zeigte.

nalsozialismus und des Kommunismus, deren Ideologien den Wert des Individuums nur nach dessen Nutzen für den Staat bemaßen. Bevor er Priester wurde, wollte er Schauspieler werden: Er hatte ein bemerkenswertes Talent für die Bühne, aber auch als Autor.

Wojtyla sammelte seine ersten Theatererfahrungen in seinem Geburtsort Wadowice, als ein jüdisches Mädchen aus der Nachbarschaft, Regina Ginka, zwei Jahre älter als er selbst, ein Schülertheater gründete. 1938 zog er mit seinem Vater nach Krakau, wo er an der Jagellonischen Universität studieren konnte. Vater und Sohn lebten hier unter zunehmend schwierigen Bedingungen, trotzdem verbrachte Wojtyla hier zwei fruchtbare Jahre. Er spielte und schrieb Stücke für das Rhapsodie-Theater. Diese Gruppe hatte sich auf rezitatives Theater spezialisiert, ein Genre, in dem der junge Wojtyla, so heißt es, geradezu brillant war. Trotzdem mussten Stückeschreiben und Theaterspielen (für alle Beteiligten gefährlich, da die Nazis fast alle Arten von Versammlungen verboten hatten) hinter der Notwendigkeit zurückstehen, den Lebensunterhalt zu verdienen. In seiner Krakauer Zeit war Wojtyla Lagerarbeiter, Laufbursche eines Restaurants, Arbeiter in einer Chemiefabrik und Bohrarbeiter in einem Steinbruch. 1942 kam sein Priesterstudium hinzu.

Aus all diesen Erfahrungen ging ein Mann hervor, der durch seinen Sinn für Liebe und Leid, die ständige Berührung mit dem Bösen im Menschen und die Entschlossenheit, es durch Liebe zu besiegen – aber auch durch sein Wissen um die Wirkung, die man erzielen kann, wenn Person und Darsteller völlig ineinander übergehen – einen ungeheuren Eindruck auf jeden machte, der ihm begegnete, und genau zu der Art von Führer wurde, den die Kirche suchte.

Was all diese Erfahrungen zu einem kohärenten Ganzen verschmolz, war seine Religiosität, die er vor allem seinem Vater verdankte. Beobachtern fiel auf, wie tief Wojtyla ins Gebet versank, wenn er sich zur Andacht zurückzog; diese Gespräche mit Gott zeigten, dass ein Mystiker im Entstehen war. Als sich seine Berufung zum Priester zeigte, wollte er in ein Karmeliterkloster eintreten – was zweimal verhindert wurde. Zuerst erklärte der Provinzial, die Deutschen würden ihm niemals erlauben, seine kriegswichtige Arbeit aufzugeben, um Mönch zu werden. Den zweiten Versuch vereitelte Prinz Adam Sapieha, der Krakauer Erzbischof, der bei Wojtylas ersten Schritten auf dem Weg zum Priester eine wichtige Rolle spielte. Im August 1944, als Wojtyla wie durch ein Wunder bei einem deutschen Angriff auf das Haus, in dem er sich aufhielt, entkommen konnte, nahm der Erzbischof ihn und andere Seminaristen in seinen Palast auf, wo er sie bis zum Kriegsende beschützte und unterrichtete. Er bestand darauf, dass Wojtyla nicht Karmelit, sondern Weltgeistlicher wurde: Angesichts der gegebenen Umstände brauchte die Diözese Priester. Damit hatte er ihm einen großen Dienst erwiesen, denn der nun folgende Lebensabschnitt brachte ihm unschätzbare Einblicke in die Sorgen und Nöte einfacher Leute.

Das Seminar und die Universität zeigten, dass Wojtyla auch für das Studieren begabt war – am Ende seines Studiums hatte er zweimal pro-

Wojtyla wurde am 1. November 1946, dem Allerheiligenfest, zum Priester geweiht. Seine Primiz feierte er am Tag darauf in der Krakauer Wawelkathedrale.

moviert. Von 1948, als er seine erste Pfarrei übernahm, bis 1958, als er Bischof wurde, erfuhr er die Diskrepanz zwischen der »Heiligen Stadt« und seiner ärmlichen Pfarrei 45 Kilometer östlich von Krakau. In Letzterer – Niegowice – kam er während der Ernte an. Er kniete nieder und küsste den Boden, eine Geste, die in seinem Pontifikat berühmt wurde, die er nach eigener Aussage von einem französischen Heiligen des 19. Jahrhunderts, dem Curé d'Ars, übernommen hatte. Noch bevor er nach Niegowice versetzt wurde, verschaffte ihm Erzbischof Sapieha einen ersten Eindruck von Rom, wohin er ihn 1946 als Begleiter eines jungen Seminaristen entsandte. Er blieb dort zwei Jahre und studierte an dem damals so genannten Angelicum-Institut, wo er seine erste Dissertation schrieb. Da er nicht das Geld hatte, sie drucken zu lassen, erhielt er auch nicht den Doktortitel.

Am 28. September 1958 wurde er, als jüngster polnischer Priester, dem diese Ehre je zuteil wurde, zum Bischof geweiht. Bis an sein Lebensende behielt er sein bischöfliches Motto und seinen Wahlspruch bei: ein großes M für »Maria« unter dem Kreuz und die Worte eines bretonischen Heiligen, *totus tuus*, »ganz dein«. Weniger als zehn Jahre danach, am

Johannes Paul II. mit Kardinal Ratzinger, der sein Nachfolger werden sollte. Sie arbeiteten eng zusammen, insbesondere nachdem Ratzinger 1981 zum Präfekten der Glaubenskongregation ernannt wurde.

Die Kugel, die den Papst fast getötet hätte, ging wie durch ein Wunder (diesen Ausdruck gebrauchten die Chirurgen) knapp an der Hauptschlagader vorbei, zwei Touristen wurden durch sie schwer verletzt. Eine zweite Kugel richtete keinen Schaden an. Trotz der im 20. Jahrhundert alltäglichen Gewalt wurde das Attentat auf Johannes Paul II. als besonders schockierend empfunden.

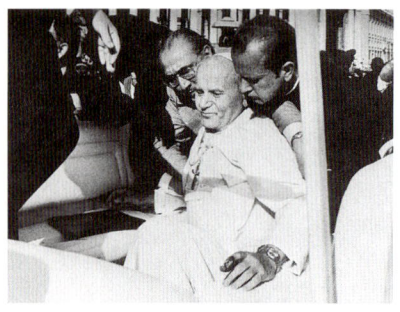

28. Juni 1967, wurde er zum Kardinal erhoben, womit ihm der Weg zum Stuhl Petri offen stand.

Wie sein Leben hatte auch das Pontifikat Johannes Pauls II. unverkennbare Charakteristiken. Ohne Zweifel halfen seine Besuche in Polen, das Land gegen das Regime zu einigen und den Zusammenbruch des kommunistischen Systems nicht nur in Polen selbst, sondern auch im übrigen Osteuropa herbeizuführen, insbesondere in Ostdeutschland. Von einem eigens dafür geschlossenen Bündnis zwischen ihm und Präsident Reagan zu sprechen, wäre übertrieben, auch wenn ihr Zusammenwirken und die finanzielle Unterstützung des Vatikans für die polnische Gewerkschaft Solidarność ebenso undurchsichtig sind wie die Umstände des Mordanschlags auf Johannes Paul.

Dem politischen Terrorismus, der die späten siebziger und frühen achtziger Jahre kennzeichnete, wäre auch er fast zum Opfer gefallen. Als er am 13. Mai 1981 mitten auf dem Petersplatz bei seiner wöchentlichen Generalaudienz die Pilgerscharen begrüßte, wurde er durch einen Pistolenschuss niedergestreckt. Er erholte sich überraschend schnell, auch wenn ihn die Operationen damals mehr schwächten, als bekannt wurde, und seine Gesundheit in späteren Jahren beeinträchtigten. Was im Fall einer Amtsunfähigkeit des Papstes geschehen wäre oder wenn sich seine Genesung allzu sehr in die Länge gezogen hätte, ist eine Frage, die niemals beantwortet wurde. Das Kirchenrecht sieht einen solchen Fall nicht vor, der sich in den langen letzten Jahren von Johannes Pauls Kampf gegen Arthritis und die Parkinsonkrankheit noch einmal abzeichnete. 1983 besuchte der Papst seinen Attentäter in der Zelle. Die beiden Männer sprachen miteinander 20 Minuten auf Italienisch. Was sie sagten, wurde nie bekannt. Der Papst schrieb sein Überleben dem Wirken der Jungfrau von Fatima zu, deren Heiligtum in Portugal er 1982 und 1991 besuchte. Die Kugel, die ihn getroffen hatte, sitzt nun zwischen den Diamanten ihrer goldenen Krone.

Den größten Eindruck auf die Medien machte Johannes Paul wohl durch das Ausmaß und die Länge seiner Reisen. Er besuchte insgesamt 129 Länder, viele davon mehrmals, und es wurde schnell klar, dass er dies aus einem tief empfundenen Pflichtgefühl für seine pastorale Aufgabe heraus tat, die die Religion in den Mittelpunkt stellte und den Menschen nicht nur zeigte, was diese Religion ihm bedeutete, sondern was sie für den Rest der Menschheit bedeutete oder bedeuten konnte. Bei diesen Besuchen äußerte sich auch sein ausgeprägtes Gefühl für das Schauspiel, das er im Dienst der Religion nutzte. Gleiches galt für die Massenmedien: Er wusste genau, dass die Journalisten, die sich zu seinen wöchentlichen Audienzen in Rom drängten oder über seine Reisen berichteten, seine Botschaft (gewollt oder nicht) über die versammelten

Menschenmassen hinaustrugen. Johannes Paul war die Verkörperung von *urbi et orbi*. Wann immer er sprach, sprach er »zur Stadt und zur Welt«. In ähnlicher Weise zielte die beispiellose Zahl seiner Seligsprechungen (mehr als 1300) und Kanonisierungen (fast 500) darauf ab, einer zunehmend von weltlichem Persönlichkeitskult faszinierten Menschheit alternative und wahre Vorbilder zu bieten.

In den Jahren nach 1990 begann sich sein Gesundheitszustand zu verschlechtern. 1992 wurde er wegen eines gutartigen Tumors und Gallensteinen operiert. 1993 brach er sich bei einem Sturz die Schulter, 1994 den Oberschenkel. 1997 zeigte sich deutlich, dass er an Parkinson litt, und von diesem Moment bis zu seinem Tod wurden seine Leiden mit seiner Billigung zur Schau gestellt. Aus einem 2000 verfassten Schriftstück geht hervor, dass er einmal kurz an Rücktritt dachte; dass er seine Meinung wieder änderte, erklärt sich wohl aus seinem Pflichtgefühl. Er musste vor der Welt Zeugnis von einer christlichen Lehre ablegen: keine Auferstehung ohne vorheriges Leiden. Er starb quasi öffentlich. In Rom strömten riesige Menschenmassen zusammen und die Medien der Welt berichteten in nie gekannter Weise über seine letzten Tage. Die Zeit zwischen seinem Tod und seiner Beisetzung war eine einzige Trauerkundgebung. Millionen reisten nach Rom, um an seiner Bahre im Petersdom vorbeizuziehen, und alle waren erstaunt, dass in der Menge die jungen Menschen in der Überzahl waren. Johannes Paul hatte immer schon ein besonderes Verhältnis zur Jugend gehabt. Sein Biograf, Garry O'Connor, fasste dies treffend in dem Ausdruck »Vater der Welt« zusammen.

In den letzten Wochen seines gesundheitlichen Verfalls bemühte sich Johannes Paul II. unablässig, den Kontakt zu den Menschenmassen aufrechtzuerhalten, die sich Tag für Tag auf dem Petersplatz einfanden, um ihn zu sehen und für ihn zu beten.

(Gegenüber und oben links) An der Beisetzung Johannes Pauls nahmen Millionen teil, vor Ort oder über das Fernsehen. Die Trauer war deutlich spürbar. Viele forderten eine sofortige Kanonisierung.

(Oben rechts) Auf Johannes Pauls schlichtem Sarg liegt das Evangelium. Während des von Kardinal Ratzinger zelebrierten Trauergottesdiensts wurde das Buch durch heftige Windstöße immer wieder aufgeschlagen.

In mancher Hinsicht war Johannes Paul für die westliche Welt am Ende des Millenniums eine verwirrende Persönlichkeit. Er war der kompromisslose Monarch eines orthodoxen Katholizismus; aber er tat mehr als jeder andere, um sich selbst und die Kirche Andersgläubigen zu öffnen und den absoluten Wert des Individuums zu betonen, den er als Heranwachsender unter den Nazis und den Kommunisten schätzen lernte. Seine Beziehungen zu anderen Religionen waren von dem Wunsch geprägt zu heilen, statt ihnen feindlich gegenüberzutreten. Seine Erlebnisse in der Kriegszeit machten ihn mitfühlend mit den Juden; er war der erste Papst, der eine Moschee betrat, und er wünschte sich sehnlichst, eine Versöhnung zwischen der katholischen und den orthodoxen Kirchen herbeizuführen. Als energischer Gegner einer modisch-relativistischen Moral begegnete er der Kritik seiner Gegner mit Liebe und Geduld. Er war sich der Theatralik seines Amts ebenso bewusst, wie er es verstand, sie zur Verbreitung des Evangeliums zu nutzen; aber er war auch ein Mystiker, dessen Beziehung mit Gott sein Leben derart prägte, dass öffentliche und private Person ineinander verschmolzen. Bei seiner Beisetzung ertönten Rufe aus der Menge, die seine sofortige Kanonisierung forderten (Benedikt XVI. erklärte, er werde die für die Seligsprechung nötige Zeit verkürzen). Sie waren der spontane Ausdruck eines tief empfundenen Gefühls, dass dieser Papst einer der außergewöhnlichsten in der langen Geschichte der Kirche und sein Tod das Ende einer Ära war.

BENEDIKT XVI.	
Herkunft	loge; 1977
Deutschland,	Erzbischof
Bayern	von München-
Geboren	Freising; 1977
16. April 1927	Kardinal; 1981
Eigentlicher Name	Leiter der Glau-
Joseph Alois	benskongrega-
Ratzinger	tion
Abstammung	*Zum Papst gewählt*
Unterer Mittelstand	19. April 2005
Frühere Ämter	*Alter bei der Wahl*
Universitätstheo-	78

(Gegenüber) Benedikt XVI. segnet die Menge auf dem Petersplatz. Er ist der päpstlichen Tradition treu geblieben, allwöchentlich vor Pilgern und Touristen zu predigen.

(Unten) Joseph Ratzinger als junger Priester mit seinem Vater. Seine Schwester Maria lebte von 1921 bis 1991. Sein Bruder Georg (geb. 1924) ist auch Priester.

Benedikt XVI.

Die Nachfolge Johannes Pauls anzutreten, konnte nur schwierig sein. Nach einem derart langen Pontifikat musste jeder andere wie ein unbefugter Eindringling wirken, vor allem auf Menschen, die nie einen anderen Papst erlebt hatten. Vielleicht lässt sich auch daraus erklären, dass die Wahl **Benedikts XVI.** (2005) reserviert aufgenommen wurde. Joseph Alois Ratzinger, 1927 als Sohn eines bayerischen Gendarmeriemeisters geboren, musste 1943 sein Studienseminar verlassen, da er als Flakhelfer eingezogen wurde. Im April 1945 desertierte er und kehrte mit seinem älteren Bruder Georg wieder in das Seminar zurück. Beide empfingen 1951 die Priesterweihe, dann begann Josephs Laufbahn. Zunächst wirkte er an verschiedenen deutschen Universitäten als Dozent für Theologie. Mit seiner Ernennung zum Erzbischof von München-Freising 1977 begann ein schneller Aufstieg in der kirchlichen Hierarchie: Schon im Juni 1977 wurde er zum Kardinal erhoben, 1981 zum Leiter der Glaubenskongregation.

Beeindruckt hatte er schon auf dem Zweiten Vatikanischen Konzil (1962–1965). Zuerst als »liberal« geltend, machte er einen Sinneswandel durch, als er den Unterschied zwischen auf dem Konzil geäußerten Vorstellungen und den dahinter steckenden Motiven erkannte, aber auch, als er sah, was aus den Idealen, die dem Konzil vorschwebten, bei der praktischen Umsetzung wurde. Ein augenfälliges Beispiel war die Hektik, mit der viele die Tridentiner Messe abschaffen wollten, um sie durch eine Reihe von Riten zu ersetzen, die stark an die private Gottesdienstordnung gewisser »Liturgieexperten« erinnerten. »Ich bin überzeugt«, schrieb er, »dass sich die gegenwärtige Krise der Kirche weitgehend aus der Auflösung der Liturgie erklärt.« In den Jahren nach 1980 wandte Ratzinger seine Aufmerksamkeit der so genannten »Befreiungstheologie« zu, einer Mischung katholischer Lehren und marxistischer Kapitalismuskritik. Er sah darin eine Sackgasse und eine Gefahr für die Entwicklung einer spirituellen Antwort auf entartende weltliche Werte. Als unbeugsamer Verfechter der katholischen Lehre gab er der Kirche in einer Periode der Schwäche und Verwirrung ihre Stabilität wieder. Seinen Standpunkt legte er in der Ansprache dar, die er vor dem Konklave an seine Kardinalskollegen richtete. »Wir bewegen uns«, sagte er, »auf die Diktatur des modernen Relativismus zu, der nichts als endgültig anerkennt und das Ego und seine Wünsche als höchsten Wert ansieht.« Aller Voraussicht nach wird das Pontifikat Benedikts XVI. im Zeichen des Kampfes gegen diese Art von Modernismus stehen.

Freunde Benedikts XVI. sprechen von seiner menschlichen Wärme, seinem Charme und der Fähigkeit, anderen geduldig zuzuhören. Er ist ein fleißiger Autor. Als er noch Kardinal war, zog er mit seinen Predigten stets eine große Zuhörerschaft an.

Zwei Dinge sind am Beginn dieses Pontifikats zu bedenken. Erstens war das Konklave ungewöhnlich kurz. Die Kardinäle wussten, was sie wollten; sie waren überzeugt, dass Ratzinger als Papst in den kommenden Jahren für die Kirche die beste Lösung ist. Zweitens: Johannes Paul II. lehnte beharrlich den moralischen Relativismus ab (der für große Teile der westlichen Gesellschaft charakteristisch ist, aber nicht, auch das ist zu bedenken, für die übrige Welt). In dieser Haltung stimmte Ratzinger mit ihm völlig überein und so wird Benedikt wohl zwar nicht vom Stil, aber vom Wesen her das Pontifikat Johannes Pauls fortsetzen.

Zweitens wird nach der Voraussage des heiligen Malachias, eines Armagher Erzbischofs des 12. Jahrhunderts, der Nachfolger Johannes Pauls II. als *gloria olivae* bekannt sein, als Friedenstifter. In dieser Hinsicht ist Ratzingers Papstname bedeutsam: Benedikt XV., der die Kirche durch den Ersten Weltkrieg lenkte, war als »Friedenspapst« bekannt. Auffällig ist, dass die erste Reise des neuen Papstes nach Bari ging, wo man die Reliquien des heiligen Nikolaus von Myra (4. Jahrhundert) aufbewahrt, der von den katholischen und den orthodoxen Christen verehrt wird. Benedikt erneuerte hier sein Versprechen (und das Johannes Pauls II.), an der Überwindung der jahrhundertealten Trennung der beiden Kirchen zu arbeiten. Sein Wunsch nach Versöhnung erhielt hier seinen ersten deutlichen Ausdruck. Ob sein Bemühen um das Überbrücken dieser Kluft Erfolg haben wird und ob er die Vorurteile, die bei seiner Wahl vielerorts laut wurden, widerlegen kann, muss sich zeigen.

Vor 2000 Jahren mit dem Auftrag »Weide meine Lämmer! Weide meine Schafe!« entstanden, hat sich das Papsttum von der pastoralen Mission zum imperialen Herrschertum und, über die italienische Fürstenmacht, wieder zurück zur pastoralen Mission entwickelt – der passenden Ausgangsposition für die nächsten tausend Jahre.

In meinem Ende ist mein Anfang.

AUSGEWÄHLTE LITERATUR

Accattoli L. 2005, *Johannes Paul II.*, Komet.

Alchermes J. D. 1995, »Petrine politics: Pope Symmachus and the rotund of St. Andrew at old St. Peter's«, *Catholic Historical Review* 81. Seiten 1–40.

Baluze E. (hrsg. von G. Mollat, 1914–1922), *Vitae Paparum Avenionensium*, 4 Bände, Paris.

Barraclough G. 1968, *The Mediaeval Papacy*, Thames & Hudson, London und New York.

Bertomeu E. B. 1973, *Un Gran Aragonés*, Porter Libros, Barcelona.

Blumenthal U.-R. 1981, *Der Investiturstreit*, Kohlhammer, Stuttgart.

Bradford E. 1967, *The Great Betrayal*, Hodder & Stoughton, London.

Brambach J. 2000, *Die Borgia*, Diederichs.

Brown P. 1967, *Augustine of Hippo*, Faber and Faber, London.

Brox N. 2004, *Kirchengeschichte des Altertums*, 2. Auflage, Patmos, Düsseldorf.

Brundage J. A. 1995, *Mediaeval Canon Law*, Longman, London.

Caillet L. 1975, *La Papauté d'Avignon et l'Eglise de France*, Presses Universitaires de France, Paris.

Cambridge Mediaeval History. 1967–69, 8 Bände, Cambridge University Press, Cambridge.

Cardini F. 1996, *An den Höfen der Päpste, Glanz und Größe der Weltmacht Vatikan*, dt. Übers., Pattloch, Augsburg.

Cecchelli M. (Hrsg.) 1981, *Benedetto XIV*, 2 Bände, Centro Studi, Ferrara.

Chadwick H. 1957, »St. Peter and St. Paul in Rome«, *Journal of Theological Studies*, k. A. 8.31–52.

Chadwick H. *c.* 1991, *Heresy and Orthodoxy in the Early Church*, Variorum.

Christie-Muney D. 1976, *A History of Heresy*, Oxford University Press, Oxford.

Davies R. 1989–95, *The Book of the Pontiffs (Liber Pontificalis)*, engl. Übers., 3 Bände, Liverpool University Press.

De Feo I. 1987, *Sisto V*, Mursia, Mailand.

Denzler G. 1997, *Das Papsttum*, Beck, München.

Eastman J. R. 1990, »Giles of Rome and Celestine V«, *Catholic Historical Review* 76, Seiten 195–211.

Ellis G. M. (Übers.) 1973, *Boso's Life of Alexander III*, Blackwell, Oxford.

Enciclopedia Cattolica 1948–54, 12 Bände, Città del Vaticano.

Encyclopaedia of the Early Church. 1992, 2 Bände, James Clarke & Co., Cambridge.

Englisch A. 2005, *Johannes Paul II.*, Ullstein.

Eusebius, *Ecclesiastical History*, Loeb (Hrsg.), 2 Bände, Harvard University Press, Cambridge, Mass.

Falconi C. 1967, *The Popes in the Twentieth Century*, engl. Übers., Weidenfeld & Nicolson.

Falconi C. 1987, *Leone X*, Rusconi, Mailand.

Ferrer E. 2000, *Juan Pablo II, Pregonero de la Verdad*, Desdée de Brouwer, Bilbao.

Fink K. A. 1981, *Papsttum und Kirche im abendländischen Mittelalter*, C.H. Beck, München.

Fischer H.-J. 2005, *Benedikt XVI.*, Herder, Freiburg.

Fontenelle R. 1938, *His Holiness Pope Pius XI*, engl. Übers., Methuen, London.

Frank I. W. 1997, *Kirchengeschichte des Mittelalters*, 4. Auflage, Patmos, Düsseldorf.

Frazee C. A. 1983, *Catholics and Sultans*, Cambridge University Press, Cambridge.

Frend W. H. C. 1965, *Martyrdom and Persecution in the Early Church*, Blackwell, Oxford.

Frend W. H. C. 1984, *The Rise of Christianity*, Darton, Longman & Todd, London.

Fuhrmann H. 2004, *Die Päpste, von Petrus zu Johannes Paul II.*, Beck, München.

Gail M. 1969, *The Three Popes*, Simon & Schuster, New York.

Galeazzi-Lisi R. 1960, *Dans l'ombre et dans la lumière de Pie XII*, Flammarion, Paris.

Gill J. 1961, *Eugenius IV*, Burns & Oates, London.

Gill J. 1964, *Personalities of the Council of Florence*, Blackwell, Oxford.

Gill J. 1979, *Byzantium and the Papacy, 1198–1400*, Rutgers University Press, New Jersey.

Glasford A. 1965, *The Antipope: Benedict XIII*, Barrie & Rockliff, London.

Gleber H. 1936, *Papst Eugen III*, Gustav Fischer, Jena.

Grant M. 1993, *The Emperor Constantine*, Weidenfeld & Nicolson, London.

Greeley A. M. 1979, *The Making of the Popes*, Futura Publications, London.

Guarducci M. 1960, *The Tomb of St. Peter*, engl. Übers., Harrap and Co., London.

Guillemain G. 1962, *La Cour Pontificale d'Avignon, 1309–1376*, Paris.

Gurgo O. 1982, *Celestino V*, Editoriale Nuova.

Gutschera H. et al. 2003, *Geschichte der Kirchen*, Herder, Freiburg.

Halecki O. 1954, *Pius XII*, Weidenfeld & Nicolson, London.

Hales E. E. Y. 1954, *Pio Nono*, Eyre & Spottiswoode, London.

Hales E. E. Y. 1960, *Revolution and the Papacy, 1769–1846*, Eyre & Spottiswoode, London.

Hales E. E. Y. 1962, *Napoleon and the Pope*, Eyre and Spottiswoode, London.

Hales E. E. Y. 1965, *Pope John and his Revolution*, Eyre & Spottiswoode, London.

Hatch A. 1967, *Pope Paul VI*, W. W. Allen, London.

Hebblethwaite P. 1984, *John XXIII*, Geoffrey Chapman, London.

Herde P. 1981, *Cölestin V*, A. Hiersemann, Stuttgart.

Hetherington P. 1994, *Mediaeval Rome*, Rubicon Press, London.

Hofman P. 1984, *Anatomy of the Vatican*, Robert Hale, London.

Holmes G. 1981, *The Papacy in the Modern World, 1914–1978*, Burns & Oates, London.

Holmes G. 1988, *The Oxford Illustrated History of Mediaeval Europe*, Oxford University Press, Oxford.

Holmes J. D. 1978, *The Triumph of the Holy See*, Burnes & Oates, London.

Housley N. 1986, *The Avignon Papacy and the Crusades*, Clarendon, Oxford.

Huskinson J. 1982, *Concordia Apostolorum*, BAR International Series, Oxford.

Johnson M. 1981, *The Borgias*, Macdonald, London.

Jones A. H. M. 1978, *Constantine and the Conversion of Europe*, University of Toronto.

Krautheimer R. 1980, *Rome, Profile of a City, 312–1308*, Princeton University Press.

Ladner G. B. 1983, *Images and Ideas in the Middle Ages*, 2 Bände, Rom.

Landi A. 1985, *Il Papa Deposto: Pisa 1409*, Claudiano, Turin.

Lefton J. 1958, *Pie VII*, Librairie Plon, Paris.

Llewellyn P. 1971, *Rome in the Dark Ages*, Faber, London.

Loomis L. R. (Übers.) 1961, *The Council of Constance*, Columbia University Press, New York.

MacDonald A. J. 1932, *Hildebrand, a life of Gregory VII*, Methuen, London.

MacGregor G. 1958, *The Vatican Revolution*, Macmillan, London.

McInerny R. 2001, *The Defamation of Pius XII*, St Augustine's Press, South Bend, Indiana.

McKitterick R. 1994, *Carolingian Culture: Emulation and Innovation*, Cambridge University Press, Cambridge.

MacLagan M. 1968, *The City of Constantinople*, Thames & Hudson, London.

Maier C. T. 1994, *Preaching the Crusades*, Cambridge University Press, Cambridge.

Mango C. & Dagron G. (Hrsg.) 1995, *Constantinople and its Hinterland*, Cambridge University Press, Cambridge.

Mann H. K. 1925–32, *The Lives of the Popes in the Early Middle Ages*, 18 Bände, Kegan Paul, London.

Melloni A. 1990, *Innocenzo IV*, Marietti, Geneva.

Menestò E. (Hrsg.) 1991, *Niccolò IV: un pontificato tra oriente ed occidente*, Spoleto.

Mollat G. 1963, *The Popes at Avignon*, engl. Übers., Nelson, London.

Morris C. 1989, *The Papal Monarchy: the Western Church from 1050 to 1250*, Clarendon Press, Oxford.

Morrison K. F. 1969, *Tradition and Authority in the Western Church, 300–1140*, Princeton University Press.

Müller G. 1969, *Die römische Kurie und die Reformation, 1523–1534*, Gütersloher Verlagshaus Gerd Mohn, Heidelberg.

Naville C.-E. 1984, *Enea Silvio Piccolomini*, Analisi.

New Catholic Encyclopaedia, 1967, 15 Bände und 2 Ergänzungsbände (1974, 1979), McGraw Hill.

Nielsen F. 1906, *The History of the Papacy in the XIXth Century*, Band 2, John Murray, London.

Noble T. F. X. *c.* 1984, *The Republic of St. Peter*, University of Philadelphia.

O'Connor D. W. 1969, *Peter in Rome*, Columbia University Press, New York.

O'Dwyer M. M. 1985, *The Papacy in the Age of Napoleon and the Restoration*, University Press of America.

Pacaut M. 1956, *Alexandre III*, Paris.

Pardoe R. & D. 1988, *The Female Pope*, Crucible, Wellingborough.

Partner P. 1958, *The Papal State under Martin V*, British School at Rome, London.

Partner P. 1972, *The Lands of St. Peter*, Eyre Methuen, London.

Pastor L. 1891–1953, *The History of the Popes from the Close of the Middle Ages*, engl. Übers., 40 Bände, John Hodges, London.

Pennington K. 1984, *Pope and Bishops*, University of Pennsylvania.

Pesch R. 1980, *Simon-Petrus*, Anton Hiersemann, Stuttgart.

Pietri C. 1976, *Roma Christiana*, 2 Bände, Ecole Française de Rome.

Powell J. M. (Hrsg.) 1994, *Innocent III*, 2. Auflage, Catholic University of America Press, Washington DC.

Procopius (Übers.) 1981, *The Secret History*, Penguin Books, London.

Reinhardt V. 2005, *Der unheimliche Papst, Alexander VI. Borgia 1431–1503*, Beck, München.

Renouard Y. 1970, *The Avignon Papacy, 1305–1403*, engl. Übers., Faber, London.

Rhodes A. 1973, *The Vatican in the Age of the Dictators, 1922–1945*, Hodder & Stoughton, London.

Richards J. 1980, *Consul of God*, Routledge & Kegan Paul, London.

Riley-Smith J. (Hrsg.) 1995, *The Oxford Illustrated History of the Crusades*, Oxford University Press, Oxford.

Rist J. M. 1994, *Augustine*, Cambridge University Press, Cambridge.

Robinson I. S. 1990, *The Papacy, 1073–1198*, Cambridge University Press, Cambridge.

Romanato G. 1992, *Pio X*, Rusconi, Mailand.

Rope H. E. G. 1941, *Benedict XV*, John Gifford Ltd., London.

Sayers J. 1994, *Innocent III*, Longman, London.

Schimmelpfennig B. 1996, *Das Papsttum*, 4., korr. und aktual. Auflage, Wissen-schaftliche Buchgesellschaft, Darmstadt.

Schramm P. E. 1968–71, *Kaiser, Könige und Päpste*, 4 Bände, Anton Hiersemann, Stuttgart.

Schüller-Piroli S. 1979, *Die Borgia Päpste Kalixt III und Alexander VI*, Wien.

Seewald P. 2005, *Benedikt XVI., ein Porträt aus der Nähe*, Ullstein, Berlin.

Setton K. M. 1976–84, *The Papacy and the Levant*, 4 Bände, American Philosophical Society, Philadelphia.

Servatius C. 1979, *Paschalis II*, A. Hiersemann, Stuttgart.

Shaw C. 1993, *Julius II, the Warrior Pope*, Blackwell, Oxford.

Smolinsky H. 2003, *Kirchengeschichte der Neuzeit*, Patmos, Düsseldorf.

Souchon M. 1970, *Die Papstwahlen in der Zeit des großen Schismas*, Scientia Verlag Aalen, Darmstadt.

Southern R. W. 1970, *Western Society and the Church in the Middle Ages*, Penguin, London.

Stevenson J. 1978, *The Catacombs*, Thames & Hudson, London und New York.

Stroll M. 1987, *The Jewish Pope*, E. J. Brill, Leiden.

Tarugi L. R. S. (Hrsg.) 1991, *Pio II e la cultura del suo tempo*, Guerini e associati, Mailand.

Tessier G. 1967, *Charlemagne*, Albin Michel, Paris.

Thibault P. R. 1986, *Pope Gregory XI*, University Press of America.

Thomson J. A. F. 1980, *Popes and Princes, 1417–1517*, George Allen & Unwin, London.

Uhl A. 2003, *Papstkinder, Lebensbilder aus der Zeit der Renaissance*, Artemis & Winkler, Düsseldorf und Zürich.

Ullman W. 1970, *The Growth of Papal Government in the Middle Ages*, 3. Auflage, Methuen, London.

Wallace L. P. 1966, *Leo XIII and the Rise of Socialism*, Duke University Press.

Wallach L. 1959, *Alcuin and Charlemagne*, Cornell University Press.

Walsh J. E. 1983, *The Bones of St. Peter*, Victor Gollancz, London.

Wickham C. 1981, *Early Mediaeval Italy*, Macmillan, London.

Widmer B. *Enea Silvio Piccolomini, Papst Pius II*, Benno Schwabe & Co., Basel.

Wood D. 1989, *Clement VI*, Cambridge University Press, Cambridge.

BILD- UND TEXTNACHWEIS

o = oben, M = Mitte, u = unten, l = links, r = rechts

Die folgenden Abkürzungen werden zur Bezeichnung der Quellen und zur Zuordnung der Illustrationen benutzt: AKG – Photo AKG London; BV – Foto Biblioteca Vaticana; BL – mit Erlaubnis der British Library, London; BM – Copyright British Museum, London; BN – Cliché Bibliothèque Nationale de France, Paris.

1 I Musei Vaticani. 2 Scala. 5o–u Soprintendenza di Monumenti dei Lazio; Archivi Alinari; BM; The Royal Collection © Her Majesty Queen Elizabeth II. 6 Bibliothèque de l'Arsenale, Paris. 7 AKG. 8–9 ML Design. 11l–r AKG; A.F.E., Rom; BN; Stadtbibliothek Trier. 12 Rhode Island School of Design, Providence. 13 Mit freundlicher Genehmigung der Kuratoren der National Gallery, London. 14 Staatliche Museen zu Berlin – Kulturbesitz Gemäldegalerie, Foto: Jörg P. Anders, © bpk, Berlin. 15 AKG. 16or&l ul Tracy Wellman. 18 Archivi Alinari. 19o A.F.E., Rom; u Universitätsbibliothek, Leiden. 20ul © bpk, Berlin; ur Deutsches Archäologisches Institut, Rom. 23 BN. 24or&l I Musei Vaticani; ul Mit freundlicher Genehmigung der Kuratoren der National Gallery, London. 26o I Musei Vaticani; u Archivi Alinari. 27or AKG/Erich Lessing; ol Hirmer Fotoarchiv; u AKG. 28o&u BN. 29 BN. 31 BN. 33 BN. 34 AKG. 36 AKG. 37 Gabinetto Fotografico Nazionale, Rom. 39o Hirmer Fotoarchiv; u Deutsches Archäologisches Institut, Rom. 41 Archivi Alinari. 42 Archivi Alinari. 43u Peter Clayton. 44 Hirmer Fotoarchiv. 45 Hirmer Fotoarchiv. 46 BL. 47o Museo Arqueologico Nacional, Madrid; u ML Design. 48 Hirmer Fotoarchiv. 49o AKG; u Scala. 50 Peter Clayton. 51 Stadtbibliothek Trier. 53l–r Scala; Scala; Scala; Domschatz, Aachen. 54 Hirmer Fotoarchiv. 55 Peter Clayton. 56o ML Design; ul Topkapi-Palastmuseum, Istanbul; uM BL; ur Österreichische Nationalbibliothek, Wien. 59 Archivi Alinari. 60 BL. 61 BV. 63o ML Design; u AKG. 64 BV. 66o ML Design; ul Domschatz, Aachen; ur Stadtbibliothek Trier. 67ol&r AKG; u Tracy Wellman. 70 AKG. 71 Bibliothèque Royale Albert Ier, Brüssel. 74 The Metropolitan Museum of Art, New York, Gabe von George Blumenthal, 1941. 75 Foto Marburg. 76o Staatsbibliothek, München; u Domschatz, Aachen. 77 BL. 78 AKG/Erich Lessing. 80 Burgbibliothek, Bern. 81 BN. 83l–r © Photo R.M.N.; AKG; BV; Scala. 84 AKG. 85 Hirmer Fotoarchiv. 86 Scala. 87 Philip Winton nach Conant. 88l BL; r BV. 89 Universitätsbibliothek, Jena. 90 BN. 91o Games Systems Inc.; u Sonia Halliday Photographs. 93o&u BV. 94 Scala. 95 ML Design. 96ol Archives Nationales, Paris; ul Musée des Monuments Français, Paris; r Musée Condé, Chantilly. 97 AKG. 98l The Bodleian Library, University of Oxford. 99 BL. 100o Hessische Landesbibliothek, Fulda; u BN. 101 AKG. 102 Burgbibliothek, Bern. 103 Burgbibliothek, Bern. 104 Musée du Louvre, Paris. 105o The Conway Library, Courtauld Institute of Art, mit freundlicher Genehmigung von Master and Fellows of Corpus Christi College, Cambridge; u MAS. 106o BN; u ML Design. 107ol Adam Green; r u BN. 109 V&A Picture Library. 110o AKG/Stefan Diller; M BL; u BL. 111o AKG/Joseph Martin; ul AKG; ur © Photo R.M.N. 112 AKG. 113 BN. 115 The Conway Library, Courtauld Institute of Art, mit freundlicher Genehmigung von Master and Fellows of Corpus Christi College, Cambridge. 116l AKG; r Tour Ferrande, Pernes. 117o Rosgartenmuseum, Konstanz; u Archivi Alinari. 119 BL. 120u BN. 121o MAS; u Canali. 123 © Photo R.M.N. 124 BL. 125 Archivi Alinari. 126 BL. 127 BL. 128 BL. 129 BL. 130 Fabbricca di San Pietro, Vatikan. 131 Österreichische Nationalbibliothek, Wien. 132 Scala. 133u Musée Calvet, Avignon. 134 BV. 135 I Musei Vaticani. 136 Tracy Wellman. 136–137 Giraudon. 137o&ul Giraudon; ur Flammarion-Giraudon. 140 BL. 141o BL; u Scala. 142 Archivio di Stato, Siena. 143u BM.

144 Scala. 145 Germanisches Nationalmuseum, Nürnberg. 146 Scala. 147 AKG. 148 Mit freundlicher Genehmigung der Kuratoren der National Gallery, London. 149 BL. 150o Galleria degli Uffizi, Florenz; u AKG. 151 AKG. 153o Archivi Alinari. u BM. 155l–r Scala; Scala; Foto Claude Gourmanel, Musée des Beaux Arts, Béziers; AKG. 156 I Musei Vaticani. 157 Biblioteca Estense, Modena. 158o Scala; M Galleria Borghese, Rom; ul Galleria Carrara, Bergamo; ur Scala. 159l–r Städelsches Kunstinstitut, Frankfurt a. M.; Scala; Scala. 160 Tiroler Landesmuseum, Innsbruck. 161 Museo di San Marco, Florenz. 162 AKG/Erich Lessing. 163 Stadt- u. Universitätsbibliothek, Bern. 164 BV. 165 Fabbricca di San Pietro, Vatikan. 166o Galleria degli Uffizi, Florenz; u BM. 167 AKG. 168 A.F. Kersting. 169 Archivi Alinari. 170o Scala; u BM. 171 Scala. 173 AKG. 174o&u AKG. 175o BV; u AKG. 176u Topkapi-Palastmuseum, Istanbul. 179 Museo di Capodimonte, Neapel. 182 © Perth & Kinross Council, Perth Museum & Art Gallery, Schottland. 183l Stonyhurst College; r Museo Storico Navale di Venezia. 184 Archivio di Stato, Siena. 185o AKG; u © bpk, Berlin. 186 BM. 188o&u AKG. 189 Scala. 190 Fabbricca di San Pietro, Vatikan. 191 AKG/Erich Lessing. 192 Foto Claude Gourmanel, Musée des BeauxArts, Béziers. 193 Archivi Alinari. 194o&u BN. 195o The Science Museum, London. 197o& u Palazzo Doria Pamphili, Rom. 198ol Nationalmuseum, Stockholm; or A.F. Kersting; u BM. 200o BM; u V&A Picture Library. 201 AKG/Erich Lessing. 202 BN. 204o AKG; u A.F. Kersting. 205 A.F. Kersting. 206 Minneapolis Institute of Arts. 207 BM. 209l–r AKG Photo; Scala; AKG/AP; Getty Images. 211 V&A Picture Library. 212 Scala. 213o BM; u AKG/Erich Lessing. 214o The Royal Collection © Her Majesty Queen Elizabeth II. 215 Fabbricca di San Pietro, Vatikan. 216o AKG; u Fabbricca di San Pietro, Vatikan. 218o&ur Punch Ltd; ul ML Design. 219 Scala. 220 AKG. 221 Moro, Rom. 222o&u Hulton Getty. 223o Hulton Getty; u V&A Picture Library. 224 AKG. 225o Archivio Mondadori; u Moro, Rom. 226 AKG. 228o Fotografie Pontificia Giordani, Rom; u Evening Standard/Solo. 229 Fotografie Pontificia Giordani, Rom. 230 Hulton Getty. 231 Hulton Getty. 232 AP/Empics. 233 Getty Images. 234o Bettmann/Corbis; u Hulton Getty. 235 Osservatore Romano-Arturo Mari/Pool/Reuters/Corbis. 236 AP/Empics. 237l Sipa/Rex Features; r AP/Empics. 238 AP/Empics. 239 Getty Images. 240 Getty Images.

Zitatquellen

Die Zitate in diesem Buch stammen aus folgenden Quellen. Alle Übersetzungen durch den Autor, falls nicht anders angegeben.

Accarisius, Vita Gregorii XV (verwendet auf S. 191).
Ammianus Marcellinus, Römische Geschichte (verwendet auf S. 29f).
Anna Komnene, Alexias (verwendet auf S. 89).
Annales Laureshamensis (verwendet auf S. 62).
Anonym, Gesta Innocenti III. papae (verwendet auf S. 103f).
Anonym, Vita et obitus beati Petri confessoris (verwendet auf S. 123).
Benedikt XIV., Briefe (verwendet auf S. 206).
Bernold von St. Blasien, Chronicon (verwendet auf S. 84).
Bischof von Arezzo, Briefe (verwendet auf S. 165).
Burchard und Conrad, Uspergensium Chronicon (verwendet auf S. 97).
Burchard, Liber notarum (verwendet auf S. 164).
Cellini, Autobiografie (verwendet auf S. 177).
Charles-Roux, Acht Jahre im Vatikan [Flammarion, Paris 1947] (verwendet auf S. 224).
Chateaubriand, Erinnerungen von jenseits des Grabes [Paris 1849] (verwendet auf S. 214f).
Continuatio Sanblasiana chronici Ottonis Frisingensi (verwendet auf S. 115).
Continuatio Vindobonensis (verwendet auf S. 120).
Petrus Damiani, De abdicatione episcopatus (verwendet auf S. 78).
Dante, Inferno (verwendet auf S. 140); Purgatorio (verwendet auf S. 118).
Abbé Darras, Allgemeine Geschichte der katholischen Kirche (verwendet auf S. 203).
De la Garde Grissell H., Sede Vacante [Oxford & London, 1903] (verwendet auf S. 221).

Diderot, Enzyklopädie (verwendet auf S. 207); Briefe (verwendet auf S. 210).
Dionysius Exiguus, Dekretalen der römischen Pontifices (verwendet auf S. 38).
Egidio di Viterbo, Geschichte (verwendet auf S. 170).
Einhard, Vita Karoli Magni (verwendet auf S. 62); Annales Fuldenses (verwendet auf S. 68).
Erasmus(?), Julius exclusus (verwendet auf S. 166).
Eusebius, Kirchengeschichte (verwendet auf S. 20f).
Fortsetzung der Gesta episcoporum Virdunensium (verwendet auf S. 108).
Galeazzi-Lisi R., Im Schatten und im Licht Pius' XII. [Paris, 1960] (verwendet auf S. 226f).
Gavazzi A., Meine Erinnerungen an die letzten vier Päpste [London, 1858] (verwendet auf S. 214f).
Gerhoh (von Reichersberg), De investigatione Antichristi (verwendet auf S. 99).
Giovio, Vita Leonis X (verwendet auf S. 172).
Gleichen C. H. von, Souvenirs [Paris, 1868] (verwendet auf S. 210).
Gregorovius F., Lucrezia Borgia [Stuttgart, 1874] (verwendet auf S. 156).
Gregor I., Registrum epistularum (verwendet auf S. 48, 50).
Gregor VII., Briefe (verwendet auf S. 88).
Guicciardini F., Storia d'Italia, englische Ausgabe von Leopold von Ranke, 3 Bände [London, 1908] (verwendet auf S. 161).
Heinrich der Seneschal von Dissenhoven, Vita Joannis XXII. (verwendet auf S. 48, 51).
Innozenz III., Regesta (verwendet auf S. 104).
Johannes Diaconus, Vita Sancti Gregorii Magni (verwendet auf S. 48).
Johannes XXI., De oculo liber (verwendet auf S. 119).
Johannesevangelium, autorisierte Version (verwendet auf S. 12).
Julius II., Päpstliche Dispens, 1503 (verwendet auf S. 168).
Katharina von Siena, Briefe (verwendet auf S. 134f).
Lando G., Relatione di Roma, englische Ausgabe von Leopold von Ranke The History of the Popes, 3 Bände [London, 1908] (verwendet auf S. 199).
Leo I., Briefe (verwendet auf S. 37); Predigten (verwendet auf S. 36).
Leo IX., Briefe (verwendet auf S. 81).
Liber pontificalis (verwendet auf S. 17, 29, 57, 64f).
Liberatus von Karthago, Breviarium (verwendet auf S. 43).
Lukasevangelium, autorisierte Version (verwendet auf S. 12).
Luther Sermon, von Kidd B. J. Documents Illustrative of the Continental Reformation [Oxford, 1911] (verwendet auf S. 168).
Mönche von Canterbury, Briefe (verwendet auf S. 101).
Nicoletti A., Della vita di papa Urbano VIII, englische Ausgabe von Leopold von Ranke The History of the Popes, 3 Bände [London, 1908] (verwendet auf S. 193).
O'Reilly B., Leben Leos XIII. [London, 1887] (verwendet auf S. 221).
Paulus Diaconus, Geschichte der Langobarden (verwendet auf S. 46).
Pelagius II., Briefe (verwendet auf S. 45).
Petrus Diaconus, Chronicon Casinense (verwendet auf S. 90ff).
Petrusakten (verwendet auf S. 12).
Philipp, Brief (verwendet auf S. 127).
Pius IX, Dekret über die Unfehlbarkeit des Papstes (verwendet auf S. 219).
Platina, Viten der Päpste, übers. P. Rycaut [London, 1685] (verwendet auf S. 86).
Prosper von Aquitanien, Chronik des Jahres 445 (verwendet auf S. 36).
Prokopius, Geheime Geschichte (verwendet auf S. 44).
Richard von Poitiers, Chronica (verwendet auf S. 96).
Salimbene de Adam, Chronica (verwendet auf S. 115).
Sanuto, I Diarii (verwendet auf S. 164).
Siricius, Briefe (verwendet auf S. 32).
Troppau M. von, Chronicon pontificum et imperatorum (verwendet auf S. 91).
Walpole H., Briefe, hrsg. Mrs Paget Toynbee, 16 Bände [Oxford, 1903–1905] (verwendet auf S. 206).
William of Malmesbury, Gesta regum Anglorum (verwendet auf S. 76).
Kardinal Wiseman, Erinnerungen an die letzten vier Päpste [London, 1858] (verwendet auf S. 216f, 220).